HISTORIA DEL NARCOTRÁFICO EN MÉXICO

APUNTES PARA ENTENDER AL CRIMEN ORGANIZADO Y LA VIOLENCIA

HISTORIA DEL NARCOTRÁFICO EN MÉXICO

APUNTES PARA ENTENDER AL CRIMEN ORGANIZADO Y LA VIOLENCIA

Guillermo Valdés Castellanos

AGUILAR®

Historia del narcotráfico en México
© 2013, Guillermo Valdés Castellanos

De esta edición:
D. R. © Santillana Ediciones Generales, S. A. de C. V., 2013.
Av. Río Mixcoac 274, Col. Acacias
México, D.F., 03240

Primera edición: agosto de 2013.
Quinta reimpresión: marzo de 2014
ISBN: 978-607-11-2714-3
Diseño de cubierta: Jorge Garnica
Fotografía del autor: Miguel Rivera

Impreso en México

PRISA EDICIONES

Para Magda y Ana.

ÍNDICE

INTRODUCCIÓN

En 2006, las noticias de los decapitados comenzaron a ocupar las primeras planas de los diarios nacionales y las entradas de los programas informativos de la televisión. En abril, junio y agosto de ese año, aparecieron cabezas y cuerpos separados en Acapulco afuera de las oficinas de la policía municipal; los acompañaban cartulinas escritas por quienes decían formar parte de Los Zetas y advertían a los policías que protegían a la gente de "El Chapo" Guzmán, que ése sería su fin si no dejaban de hacerlo. Un mes después, en septiembre, cuando Vicente Fox aún era presidente, otras cinco cabezas rodaron por la pista de una discoteca de Uruapan, Michoacán. A los pocos días, un nuevo grupo criminal que se hacía llamar La Familia publicó un desplegado en diarios locales anunciando una cruzada para expulsar a Los Zetas y hacer "justicia divina" por todo el territorio michoacano.

Fue el comienzo de un nuevo tipo de violencia —de una crueldad inédita hasta entonces y con la intención de causar un profundo impacto mediático—, pero no el de la violencia generada por las organizaciones mexicanas dedicadas al narcotráfico. Ya desde 2004 y durante todo 2005, Nuevo Laredo había sido el escenario de múltiples batallas entre grupos fuertemente armados de Sinaloa y del Golfo, algunas en las principales avenidas del centro de esa ciudad y a la luz del día, que cobraron centenares de víctimas. Y podemos recordar episodios de violencia similares en Tijuana, Guadalajara y Culiacán desde los años noventa, cuando Carlos Salinas y Ernesto Zedillo ocuparon sucesivamente la presidencia de México.

Sin embargo, lo que comenzó a ocurrir a partir de 2008 superó por mucho el enorme asombro y repudio provocado por los primeros cadáveres decapitados. En México no se había presenciado en muchas décadas, desde los años sangrientos de la Revolución mexicana y la rebelión cristera, una ola de violencia como la desatada a partir de ese año, cuando se contabilizaron casi siete mil homicidios cometidos por las organizaciones criminales, 140 por ciento más que en 2007. La cifra llegaría a 17 mil homicidios en 2011, es decir, 47 asesinatos diarios, uno cada 30 minutos. Una verdadera danza de la muerte.

Y si la decapitación de cinco personas ya parecía una muestra extrema de violencia, por el número y la forma, faltarían palabras y adjetivos para nombrar y calificar los episodios de violencia que tendrían lugar en estos últimos años: un par de granadas aventadas contra la multitud inerme que celebraba el Grito de la Independencia en Morelia, con un saldo de nueve muertos y más de 100 heridos; 72 migrantes centroamericanos ejecutados salvajemente en Tamaulipas por no pagar una extorsión de dos mil pesos; 52 personas quemadas e intoxicadas, la mayoría adultos mayores, en un casino de Monterrey incendiado por criminales dedicados a la extorsión; 17 jóvenes de una colonia marginal de Ciudad Juárez asesinados con ráfagas de AK 47 disparadas por otros jóvenes drogados y probablemente con nula conciencia de lo que hacían; 11 miembros de una familia tabasqueña —entre ellos niños y adultos de la tercera edad— cuyo "delito" era que formaban parte de la familia de un marino muerto en el operativo en el que fue abatido Arturo Beltrán Leyva; nueve soldados desarmados y vestidos de civil —habían salido del cuartel en Monterrey en su día de descanso— fueron secuestrados y torturados sin piedad hasta la muerte por pertenecer al ejército; una segunda masacre en San Fernando, Tamaulipas, de más de 200 viajeros que abordaron autobuses de pasajeros en Michoacán con rumbo a Matamoros, por lo que fueron confundidos con gatilleros de La Familia michoacana. Fueron tantos los asesinatos y con tal frecuencia —y en muchas ocasiones con desmesurada crueldad—, que comenzamos a perder la capacidad de asombro e indignación.

Pero la tragedia ahí estaba: una enorme y profunda tragedia humana y social. Por cada homicidio, por cada víctima, en las familias y comunidades un reguero de dolor, de duelo, de rabia y probablemente de deseos de venganza. En el país, desconcierto y estupefacción: ¿qué está ocurriendo?, ¿por qué esta ola incontenible y creciente de violencia?, ¿a qué obedece esta locura, esta violencia irracional?, ¿o será que hay alguna racionalidad detrás de la locura que significan las decenas de miles de muertos?, ¿cómo se llegó a esta situación, qué la hizo posible?, ¿cómo se engendraron estos grupos de la muerte que son capaces día con día de mayores atrocidades?

Aún no hay explicaciones satisfactorias; tenemos que seguir buscándolas. En México no se había vivido una escalada de violencia de esta magnitud en muchas décadas. La fuerza con que irrumpió en los últimos años este fenómeno es nueva, pero no la existencia de una inclinación a la violencia asociada a las organizaciones criminales dedicadas al narcotráfico. Por esas dos razones —lo inédito de su magnitud y la poca atención que merecía su "débil" presencia, aunque tuviera fuertes estallidos esporádicos, como los mencionados anteriormente— nos tomó desprevenidos. Los estudios y los especialistas en el país dedicados a examinar la violencia son muy escasos. No teníamos marcos de referencia, ni suficientes estudios empíricos. En las aproximaciones existentes al problema del narcotráfico y del crimen organizado en general, ha predominado el enfoque periodístico, con gran valor testimonial en algunos casos, pero poco útil en términos explicativos.

Afortunadamente el debate se inició al poco tiempo de que la violencia adquiriera rasgos de escándalo. Comenzaron a publicarse estudios empíricos de los homicidios, ensayos con respecto a las causas probables de la escalada de violencia; estudios regionales que abordan la presencia y actuación de las organizaciones del narcotráfico; relatos y testimonios referidos a la violencia en las ciudades más afectadas. De manera inevitable y obvia, la mayoría de las hipótesis explicativas se han centrado en lo acontecido durante el gobierno del presidente Felipe Calderón, pues es cuando el fenómeno alcanzó su máxima dimensión. Además, una variable particularmente analizada ha sido la política de combate al crimen organizado —en concreto, los operativos realizados por las fuerzas públicas federales conformadas por el ejército, la marina y la policía federal— como el factor que pudiera haber provocado la reacción violenta de los narcotraficantes.

No obstante que la discusión ha sido intensa y se han abierto líneas de investigación muy sugerentes, se debe reconocer que falta trabajar y analizar más el fenómeno en sus múltiples dimensiones: la lógica y la dinámica de la violencia en sí misma a escala nacional y local; las circunstancias sociales, económicas y políticas —en el ámbito nacional, regional y local— que generan las condiciones para el despertar de las conductas violentas de los más diversos grupos y actores sociales; la fortaleza o la debilidad del Estado y, por tanto, el grado de eficacia de sus instituciones responsables de la seguridad y la justicia; las características y la evolución de las organizaciones criminales; el análisis de las diferentes políticas estatales frente a este fenómeno y los tipos de relación entre los cuerpos de seguridad del Estado y la delincuencia organizada. En síntesis, es necesario e indispensable avanzar más en la comprensión del fenómeno de la violencia asociada a la delincuencia organizada, cancelando versiones simplistas —que identifican una sola variable como la causa de toda la violencia— para desentrañar su complejidad.

Es por ello que este trabajo tiene la finalidad de sumarse al debate respecto a la violencia y aportar elementos para explicar y comprender la violencia que ha vivido México en los últimos años, pues sólo en la medida en que se alcance un mayor entendimiento de este fenómeno, de las múltiples causas que lo provocan, es decir, de la violencia ilimitada de las organizaciones criminales, se podrán diseñar y aplicar mejores políticas para reducirla de manera drástica.

Es importante aclarar que este estudio, no obstante el peculiar carácter de su autor —ex director del Centro de Investigación y Seguridad Nacional, Cisen, durante los cinco primeros años del gobierno del presidente Felipe Calderón—, no pretende ser una versión oficial del tema. Se trata de un trabajo producto de la reflexión personal sobre lo aprendido durante mi participación en el Gabinete de Seguridad, complementada con la investigación académica que realicé durante un año sabático gracias a una beca de la Fundación Ortega y Gasset en Madrid.

Si la violencia que ha vivido el país ha sido generada y realizada principalmente por las organizaciones criminales que participan en el mercado ilegal de las drogas —y hay suficiente evidencia de eso—, la pregunta fundamental que se debe contestar es: ¿cómo se formó la delincuencia organizada con ese poder y esa capacidad de violencia? Conocer cómo llegó México a tener este grado de criminalidad, en términos cuantitativos (cantidad de organizaciones y personas involucradas, número de municipios y estados donde está presente, la infraestructura logística y el armamento del que dispone, etcétera) y cualitativos (el grado de sofisticación de sus organizaciones, la diversidad de sus actividades criminales, la fuerza de sus capacidades corruptoras y de sus estrategias mediáticas, la complejidad de sus relaciones con diversos sectores sociales y las redes de negocios con otras organizaciones fuera de México) es indispensable para explicarnos lo ocurrido en los últimos seis años en cuanto a la violencia e inseguridad. Esa densidad criminal presente en el país en 2006 no nació el día anterior a la llegada a la presidencia de Felipe Calderón. Tiene una historia que debe ser conocida y contada. De eso se ocupa este libro.

En la reconstrucción del proceso histórico de la delincuencia organizada en México deben considerarse varios factores. El primero, dado que se trata de un negocio extremadamente lucrativo, es el comportamiento del mercado de las drogas ilegales: mientras más demanda, más oferta. El segundo son las políticas de los gobiernos de Estados Unidos (el mercado al que surten las organizaciones mexicanas) y de México, puesto que las organizaciones criminales son perseguidas por los gobiernos y si las políticas al respecto fuesen realmente eficaces, el crimen organizado debería desaparecer o reducirse a una dimensión insignificante.

En México, un tercer factor decisivo en el fortalecimiento de las organizaciones criminales ha sido, como se verá a lo largo del texto, un doble mal que aqueja a las instituciones de seguridad y justicia: su debilidad y su proclividad, casi de origen, a la corrupción. Ambos males han llegado a tal extremo que en los ámbitos estatal y municipal las autoridades en vez de servir a la sociedad se han convertido en partes activas y defensoras de la delincuencia organizada. Su debilidad y su tendencia a la corrupción no sólo han compuesto el factor indispensable para su fortalecimiento, también han dejado al ciudadano en la más completa indefensión frente a una delincuencia día con día más voraz y violenta. Así, la debilidad e ineficacia de toda la cadena institucional responsable de la seguridad y la justicia (policías, ministerios públicos, jueces y sistema carcelario) que deja indefensa a la sociedad, es la otra cara de la moneda de la delincuencia organizada con descomunales poderes. Se trata de otra tragedia, pues la violencia no se puede explicar sin esa omisión del Estado. Así, pues, este libro recoge la historia de dos tragedias: la de las organizaciones criminales que han generado violencia a diestra y siniestra enlutando al país, y la de unas instituciones de seguridad y justicia, incapaces de defender a la sociedad por debilidad o complicidad.

Finalmente es necesario hacer otra aclaración. Comenzada la tarea de investigar y redactar esta doble historia, me di cuenta de que era un despropósito teniendo en cuenta el tamaño de la empresa y lo limitado del tiempo y de los recursos disponibles. Realizar una historia del narcotráfico en México para tratar de identificar y relacionar los factores que provocaron los elevados niveles de violencia, es tarea de un equipo completo de investigadores, con mucho más tiempo que un año y más recursos de los que yo disponía. Por tanto, más que una historia acabada, se trata de apuntes a lápiz de grandes hipótesis respecto a cómo armar ese complejo rompecabezas que son las organizaciones de la delincuencia organizada dedicada principalmente al narcotráfico y, al mismo tiempo, el de sus relaciones con las instituciones que debían combatirlo. Sin esta historia no se puede comprender lo ocurrido en nuestro país en los últimos años.

AGRADECIMIENTOS

Detrás de este trabajo hay mucha información, ideas, intuiciones, preguntas, conocimiento acumulado y cuestionamientos de numerosas personas con las que trabajé y discutí el tema durante los últimos seis años. La riqueza que pueda tener obedece, en gran medida, a esa multiplicidad de voces y reflexiones, es decir, a ese diálogo sin el cual no hubiera sido posible. Mi reconocimiento y gratitud a todas ellas es lo menos que puedo hacer para dejar testimonio de la importancia que tuvieron en la construcción de esta historia. En primer lugar a Magda, mi esposa y compañera en la doble aventura que fue trabajar en el Cisen y luego emprender la redacción de este libro. Sin su apoyo, cariño y comprensión, expresados de múltiples y maravillosas maneras, día tras día durante los cinco años que estuve en esa dependencia, y sin su capacidad de cuestionar, corregir, matizar y sugerir —mi principal interlocutora durante el año que en Madrid me dediqué a escribir— este texto ni siquiera hubiera llegado a plantearse como proyecto. De ese tamaño es mi deuda con ella. Ana, mi hija, compartió con su mamá la tarea de hacerme accesibles los cinco difíciles años en los que fui servidor público. Mi agradecimiento al ex presidente Felipe Calderón, por haberme dado la oportunidad de participar en la indispensable y urgente tarea de construir un Estado con mejores instituciones de seguridad y justicia para combatir a lo que más ha dañado a la sociedad mexicana en los últimos años: la delincuencia organizada, y por su compromiso y su entereza en el cumplimiento de esta titánica tarea.

Dos equipos a los que pertenecí merecen reconocimientos especiales, pues de ellos aprendí muchas características de la delincuencia organizada y del funcionamiento de las instituciones dedicadas a combatirla. Aprendizaje que se concretó en conocimiento surgido de la experiencia, es decir, obtenido en el terreno y la lucha cotidiana de muchos años, buscando entender la lógica de los criminales y encontrar las fórmulas para combatirlos. Me refiero a los integrantes del Gabinete de Seguridad que en centenares de reuniones que sostuvimos y en infinidad de pláticas y discusiones informales, en los viajes de trabajo y en otras muchas ocasiones, me otorgaron informes y análisis de gran valía sobre lo que estaba sucediendo en el país: Guillermo Galván, secretario de la Defensa; Mariano Saynez, secretario de la Marina; Eduardo Medina Mora, Alberto Chávez y Marisela Morales que estuvieron al frente de la PGR; Genaro García Luna, secretario de Seguridad Pública; Francisco Ramírez Acuña, Juan Camilo Mouriño, Fernando Gómez Mont y José Francisco Blake, titulares de Gobernación en el periodo que yo estuve en el Cisen; y, finalmente, Jorge Tello, quien participó como secretario técnico del Gabinete. Tengo presente no sólo la diversidad de la experiencia y la riqueza de sus conocimientos, también su amistad.

El segundo equipo es el del Cisen, institución que en su corta existencia, un par de décadas, ha logrado reunir un excepcional cuerpo de funcionarios y servidores públicos que se distinguen por su entrega, lealtad, mística de servicio y honestidad. Como son tantos, es imposible nombrarlos, además de que existe la loable tradición de la discreción y la creencia en la importancia del trabajo anónimo por el bien del país. De entre todos, muchos se distinguieron en la tarea específica de generar información e inteligencia nuevas, con visión estratégica y operativa, para combatir a la delincuencia organizada cada vez con mayor eficacia. A los miembros de esas áreas y grupos especiales de trabajo que se crearon (en algunas de ellas participaban funcionarios de otras dependencias del Gabinete de Seguridad a quienes también incluyo), que trabajaban de sol a sol y con quienes discutí y aprendí sin límites —ellos saben muy bien quiénes son—, toda mi gratitud y reconocimiento.

Por último, es necesario que exprese mi agradecimiento a quienes hicieron posible el año sabático durante el cual tuve el tiempo y las condiciones para dedicarme a escribir este texto. La Agencia Mexicana de Cooperación Internacional para el Desarrollo aportó los fondos con los cuales se financió mi estancia como investigador en la Fundación Ortega y Gasset, en Madrid. La Secretaría General Iberoamericana facilitó la relación con la Fundación y apoyó el proyecto. En la Fundación, los profesores Ludolfo Paramio, Iván Rodríguez Lozano y Julio Alberto Rodríguez me hicieron sentir como en casa. La amistad, el apoyo y la interlocución de José María Peña en Madrid también fueron invaluables. La enorme generosidad de Fernando Escalante Gonzalbo, que se tradujo en dos hechos de gran relevancia: abrirme las puertas de la Fundación Ortega y Gasset y hacerme valiosas recomendaciones bibliográficas, merece un agradecimiento especial. Las incisivas preguntas de un gran amigo, Guillermo Zermeño, que dieron lugar a intensas discusiones durante dos maravillosos fines de semana, uno en Santander y otro en Madrid, también quedaron en este texto.

PRIMERA PARTE

APUNTES PARA UNA HISTORIA
DEL CRIMEN ORGANIZADO
EN MÉXICO

CÓMO ARMAR EL ROMPECABEZAS

Como se menciona en la introducción, la literatura sobre la delincuencia organizada y el narcotráfico es escasa y predominantemente descriptiva. Ello obedece en buena medida a la dificultad intrínseca de los estudios dedicados a investigar fenómenos en los cuales la mayor parte de la información es secreta y, por tanto, muy difícil de conseguir. Las organizaciones criminales no tienen registros públicos de sus actividades, ni bases de datos accesibles con respecto a sus miembros, estructuras o ganancias; sus dirigentes no dan entrevistas a la prensa, no escriben memorias más que en muy contadas ocasiones; la información oficial obtenida por las agencias de inteligencia, las policías y los ministerios públicos normalmente es restringida y cuando se hacen públicos los expedientes judiciales resultan ser toneladas de papeles escritos en un lenguaje casi ininteligible.

Otra fuente de materiales e información cotidiana son los medios de comunicación; sin embargo, deben tomarse precauciones, pues en muchas ocasiones la información es presentada con poco rigor y sin el contexto que ayude a su comprensión, a lo que se añade el problema que significa su dispersión. No obstante, la información periodística, sin lugar a dudas, es una fuente muy valiosa, pues una vez hecha la criba y el ordenamiento de los datos, aportan muchas piezas de un rompecabezas extremadamente complejo. Bien investigados, leídos y ordenados, son una fuente indispensable.

Los libros publicados por periodistas mexicanos y estadounidenses cuyo tema es el narcotráfico tienen un importante valor en

la medida en que han recuperado mucha información que estaba
dispersa —tanto de fuentes periodísticas como oficiales, y producto de las tareas de investigación de los propios autores— con
la cual han construido cronologías, historias regionales, biografías
de algunos líderes destacados del narco, análisis de ciertas organizaciones criminales—. En cuanto a los estudios de académicos
de ambos lados de la frontera, representan un paso relevante para
comprender el fenómeno de la delincuencia organizada, puesto
que van más allá de la descripción y la sistematización de la información y se adentran en dos aspectos explicativos fundamentales: la relación entre el narcotráfico y el sistema político
mexicano y las políticas de los gobiernos de Estados Unidos con
respecto a las drogas.

Esos materiales serán el punto de partida que utilizaré para
intentar dar un paso adelante en el estudio de la delincuencia organizada en México. Se trata de continuar armando el gran rompecabezas de este fenómeno mediante tres vectores que permitan
entender su historia y darle un perfil más acabado que el de la pura
descripción cronológica de sucesos.

El primero es la evolución de sus organizaciones económicas
ilegales. El narcotráfico es, en primer lugar, un negocio y todos los
negocios son llevados a cabo por empresas, pero no todas las empresas son iguales. Sus particularidades están determinadas por el
hecho de formar parte de la economía ilegal, es decir, por dedicarse
a proveer bienes y servicios prohibidos por la ley, lo que las hace
diferentes de las que participan en los mercados de bienes y servicios legales. Así, para entender las características de empresas fuera
del marco legal se requiere comprender el funcionamiento de los
mercados ilegales. Por otra parte, el camino recorrido por ellas
desde que eran pequeños plantíos de adormidera y marihuana,
propiedad de chinos y campesinos sinaloenses, hasta convertirse en
grandes empresas paramilitarizadas con alcance transnacional, es
decir, en las diferentes modalidades de empresas criminales existentes en la actualidad, ha sido largo y complejo pero sobre todo
diverso, pues es claro que los modelos empresariales aplicados por
las organizaciones del Pacífico, de La Familia y de Los Zetas, por
poner algunos ejemplos, son diferentes.

Esas diferencias tienen que ver con el segundo vector que ayudará a desarrollar esta historia: Estados Unidos. A éste lo forman dos fenómenos presentes desde principios del siglo XX, que han sido la causa principal del narcotráfico en México, y de gran parte del comportamiento de criminales y funcionarios estatales mexicanos. El primer fenómeno es la evolución del consumo de drogas en ese país, la piscina sin la cual no habría trampolín, según aquel famoso dicho de un presidente mexicano. La razón de ser de los narcotraficantes mexicanos ha sido el mercado estadounidense de marihuana, cocaína, metanfetaminas y heroína. Por tanto, la dimensión y las características de las empresas del narcotráfico están determinadas por los requerimientos productivos y logísticos que les han permitido hacer llegar esos estupefacientes a los consumidores de Estados Unidos. Sin el auge del consumo de opiáceos en la década de los cuarenta y cincuenta, del *boom* de consumo de la marihuana en las décadas de los sesenta y setenta, y de la cocaína en la década de los ochenta no se puede explicar el crecimiento y el fortalecimiento del narcotráfico en México. El segundo fenómeno de este vector son las políticas seguidas por la Casa Blanca en materia de combate a las drogas, ya que han tenido importantes repercusiones en el gobierno mexicano y sus políticas, y en la industria del narcotráfico. La guerra contra las drogas declarada por Richard Nixon y Ronald Reagan, o los procesos de "certificación" del comportamiento de los gobiernos latinoamericanos en materia de combate de los estupefacientes hechos por la Casa Blanca, pasando por muchos programas de cooperación bilateral, por mencionar algunos ejemplos de esas políticas estadounidenses, han afectado drásticamente la forma como el gobierno mexicano ha enfrentado el reto del narcotráfico; asimismo, las estrategias seguidas por las organizaciones criminales para defenderse de los embates de ambos gobiernos y continuar expandiéndose.

Para que el mapa que se pretende dibujar no se diluya es necesario recalcar un tercer rasgo que subraye bien la evolución de la delincuencia organizada: las relaciones entre el mundo del narcotráfico y el de la política. Se trata de recuperar, por un lado, los distintos tipos de intervención que han tenido las instituciones de seguridad y justicia, con todas sus fallas, deficiencias, omisiones, aciertos y complicidades, en la conformación de la criminalidad mexicana. Si de algo no hay duda en esta historia es que la debilidad institucional es la otra cara de una moneda; la delincuencia organizada, con su dimensión y poder, la cara más visible. Este componente de la historia es esencial, pues como se afirma en la introducción, México no ha enfrentado una tragedia —la de miles de criminales sembrando una violencia inmisericorde que ha segado decenas de miles de vidas de mexicanos— sino dos, porque la añeja y arraigada debilidad, ineficacia y venalidad de una gran parte de las policías, los ministerios públicos y de los sistemas judicial y penitenciario —que han provocado la desconfianza de los ciudadanos en sus instituciones de seguridad y justicia— también es una tragedia. Por otro lado, se recuperan los diferentes mecanismos con los cuales las organizaciones criminales han garantizado la impunidad de sus actividades delictivas. Normalmente se habla de la corrupción de autoridades, de la aplicación de la ley de "plata o plomo" para someter a policías y funcionarios de todos los niveles. Sin embargo, en los últimos años se han sofisticado y el concepto de corrupción se ha quedado corto para explicar lo que ha ocurrido en diversas instancias del Estado mexicano y el nivel de penetración del crimen organizado en ellas.

Por último, es necesario hacer dos advertencias. La historia de la delincuencia organizada no puede entenderse cabalmente sin su compleja relación con la sociedad de la cual es parte. El narcotráfico en México también se explica a partir de la pobreza en el campo y de una estructura corporativa de control político de los campesinos que ha bloqueado el desarrollo de ese sector; de una arraigada cultura de la ilegalidad; de la existencia de amplias capas de jóvenes con pocas oportunidades de desarrollo personal y colectivo, producto de un sistema educativo que arrastra grandes rezagos, y de una economía que no les ofrece espacios de participación en el sector formal; de la complicidad de muchos empresarios que facilitan el lavado de dinero y que se benefician de las narcoeconomías regionales; de los graves desequilibrios sociales que han caracterizado el desarrollo de las ciudades fronterizas, etcétera. Todos esos factores sociales y económicos también han contribuido a definir el rostro del narcotráfico mexicano. No obstante, por cuestiones de tiempo, este aspecto que propicia la delincuencia organizada no está incorporado en este trabajo. Es una omisión relevante, pero los diez meses disponibles para elaborar este proyecto fueron insuficientes y decidí dejarlo, por el momento, de lado. La segunda advertencia también tiene que ver con los alcances de este estudio. Escribir la historia del narcotráfico en México y analizar dos de sus aspectos más conflictivos (la violencia y la reconstrucción institucional) es tema para una tesis doctoral de varios años o de menos tiempo, pero de todo un equipo de investigadores. Por tanto, este trabajo debe ser considerado como un avance, como un estudio en todo caso inicial para tener una visión panorámica que deberá ser profundizada y ampliada con otros estudios.

LOS PRIMEROS AÑOS DEL NARCOTRÁFICO (1926-1940)

DEL USO MEDICINAL Y RECREATIVO LEGAL A LA PROHIBICIÓN

La producción y comercialización de estupefacientes no siempre han sido ilegales en México. Desde finales del siglo XIX y las dos primeras décadas del siglo XX algunos productos derivados de la amapola y la cocaína se vendían en las boticas de las ciudades. En internet se puede encontrar la propaganda original de algunos de ellos: Bayer, la farmacéutica alemana, producía el Jarabe Bayer de Heroína, sí de heroína, y lo promocionaba para combatir las enfermedades respiratorias, incluso de los niños. En los carteles publicitarios de 1912 se leía: "En la bronquitis, la tos fuerte, faringitis, laringitis, neumonía y demás enfermedades de los órganos respiratorios, el JARABE BAYER DE HEROÍNA (mayúsculas en el original) produce un efecto sorprendente: regula y facilita la actividad de los pulmones, ejerce una acción calmante sobre los nervios excitados de la mucosa laríngea, mejora el estado general."

Otro producto que tenía un gran éxito era el "vino de coca", un jarabe elaborado con pequeñas dosis de cocaína, producido primero en Bolivia (el Elíxir de Coca) después en Francia (la versión más conocida era el "vino Mariani, para cantantes y deportistas", producido en botellas de 250 cc, con 16 grados de alcohol. Se promociona y se vende como tónico cardiaco que "cura la depresión, la presión baja, da tono a las cuerdas vocales y fortifica la laringe. Puede tomarse frío o hervido como ponche con manzanilla, eucalipto, cardo santo, wira-wira y limón, para curar resfríos e influenza. Los vendedores lo recomiendan para actividades forzosas, físicas y mentales exigentes, para caminatas, y especialmente cuando se trasnocha". Ese vino lo consumían personajes famosos a finales del siglo XIX y comienzos del XX, incluido el papa León XIII, que envió a Mariani una medalla de oro del Vaticano con una entusiasta "aprobación eclesiástica" de la coca. Algunas crónicas de la época narran que el Papa siempre llevaba un frasquito de vino de coca que le enviaba Mariani en "actitud de cortesía",[1]) y también en Estados Unidos, donde había varios fabricantes, uno de los cuales modificó la fórmula (le quitó el vino para que dejara de ser alcohólica y se pudiera vender no sólo a adultos) para convertirla en la actual Coca-Cola. La oferta de medicinas elaboradas con base en estupefacientes se completaba con pastillas de cocaína y cigarros de marihuana contra el asma.

En el libro pionero sobre narcotráfico en México, *El siglo de las drogas*, Luis Astorga afirma que esos productos no eran ajenos en nuestro país: "En el Porfiriato (…) las cantidades de opio importado oscilaron entre casi ochocientos kilos y cerca de doce toneladas, en el periodo que va de 1888 a 1911 (...) El consumo de opio, en forma de láudano y otros compuestos opiados, era legítimo y usual. Los vinos (cordiales) de coca y los cigarrillos de marihuana formaban parte de los productos que se ofrecían normalmente en las farmacias."[2] Pero no todo el opio que se consumía era importado de Estados Unidos, Europa y Asia, pues la amapola, la planta de la que se extraen los opiáceos, se producía en Sinaloa. Los registros oficiales de la flora existente en el estado de Sinaloa mencionan en 1886 a la adormidera blanca (amapola) y la marihuana se registra en la flora de Sonora desde 1828.

[1] Sandro Calvani, *La coca. Pasado y presente. Mitos y realidades*, Ediciones Aurora, Bogotá, 2007.

[2] Luis Astorga, *El siglo de las drogas. El narcotráfico, del Porfiriato al nuevo milenio*, Plaza y Janés, México, 2005, pp. 17-19.

El famoso vino Mariani y otros tónicos elaborados con base en la cocaína, eran promocionados para "combatir la anemia de señoritas, viejos y niños; contra el raquitismo, la parálisis y la senilidad". Se afirmaba que su uso provocaba el rejuvenecimiento y prolongaba la vida. Se recomendaba para todas las épocas del año y en todos los climas. Se vendían en farmacias de la Ciudad de México y de Mazatlán, entre otras, y todavía en 1939 aparecía publicidad de alguno de esos productos.[3]

En cuanto a la marihuana, aunque existía el consumo para usos medicinales (había cigarrillos de "cáñamo o indio", fabricado por Grimault y Cía., para combatir el asma, la tos nerviosa y el insomnio, así como para tratar los dolores reumáticos), su uso estaba más generalizado con fines recreativos. Luis Astorga afirma que la yerba se vendía en los mercados de San Juan y Loreto[4] (muy probablemente también la vendían en muchos otros mercados y no sólo de la Ciudad de México), lo cual indica su presencia amplia y abierta. Si creemos que la canción "La cucaracha" era un reflejo de lo que ocurría en la realidad, la marihuana era el cigarro de las clases populares, incluyendo a los soldados en la época de la Revolución mexicana.

No obstante que la producción, venta y consumo eran legales, Astorga recoge muchos testimonios de la época contrarios al consumo de los estupefacientes, en concreto del opio y la marihuana. El primero se consumía en fumaderos a los que en un principio asistían chinos y, un poco más tarde, mexicanos de todas las clases sociales; también se hicieron clientes asiduos de esos lugares, en Sinaloa (Culiacán, Mazatlán, Navolato) y las ciudades de Mexicali, Guadalajara, Hermosillo y el Distrito Federal. Uno de esos testimonios era el del doctor José Olvera, el cual asevera que quien cae en el vicio de la marihuana lo más seguro es que

> pronto se haga profeso infeliz, que llegue a estúpido o termine en el cadalso. La mariguana enerva, produce alucinaciones halagüeñas, expansión de ánimo, turbulencia que tiende después a la exaltación y al delirio impulsivo […] el

---

[3] *Ibid.*, p. 25.
[4] *Ibid.*, p. 26.

delirio que determina la mariguana es turbulento, pero en
nuestro país llega al furor, a la impulsión terrible y ciega que
conduce al asesinato [...] A la verdad no sé cuál sea más re-
pugnante de estos vicios, si el de la mariguana o el de fumar
opio en elegantes pipas, sentándose en ricos almohadones
a guisa de verdaderos creyentes. Es inconcuso que si se establece esta calamidad y se hace de moda entre los jóvenes
calaveras, muchos hombres serán perdidos para la patria y
aumentará el número de los degradados agregados al grupo
ya considerable de los alcohólicos.[5]

"Juan José Siordia, presidente municipal de Mazatlán, manda publicar un acuerdo en el que pide la cooperación del Jefe de la
Guarnición de la plaza para que 'de una manera especial' sea perseguido el vicio del opio y castigados severamente los que se dedi-
quen a fumar la nefasta droga, que en general son individuos
degenerados pertenecientes a la raza asiática."[6] Debe recordarse
que los chinos fueron traídos a México para construir el ferrocarril
y explotar las minas, primero en Baja California y luego en Sinaloa, durante las últimas décadas del siglo XIX. Ellos trajeron las
semillas de la amapola y el conocimiento para cultivarlas y transformar su flor en opio. Lo producían evidentemente para su consumo. No es raro por eso que los primeros y más numerosos
fumadores de opio estuvieran en esa entidad.

Sin embargo, este periodo de legalidad pronto terminaría. Al
parecer, el consumo de estupefacientes ha ido acompañado siempre por el debate sobre su conveniencia, debido al problema de
salud pública que implica la dependencia de sus usuarios. Ya "en
1810, la dinastía Qing, que reinaba en China, emitió un decreto
prohibiendo la goma de opio y castigando con la pena de muerte
a quienes la vendieran. 'El opio es un veneno que socava nuestras
buenas costumbres y moralidad', afirmaba la primera ley de prohibición de narcóticos en el mundo moderno".[7]

---

[5] *Idem.*
[6] *Ibid.*, p. 30.
[7] Ioan Grillo, *El Narco: Inside Mexico's Criminal Insurgence*, Bloomsbury Press, Nueva York,
2011, p. 47.

LOS PRIMEROS AÑOS DEL NARCOTRÁFICO (1926-1940)

En 1884, el efecto anestésico aplicado de la cocaína fue experimentado por el joven Sigmund Freud, que estaba buscando un sustituto de la morfina para curar a los morfinodependientes. Freud se convirtió en un entusiasmado consumidor de cocaína que recomendaba a todos sus amigos, a sus colegas, a sus hermanas y también en las cartas a su novia Martha Bernays, enviándole algunas dosis. Pero al año siguiente se dio cuenta de los daños de la tóxicodependencia de la cocaína cuyo carácter perverso reconoció públicamente.[8]

Basten esos dos datos para dejar constancia de que siempre se han consumido estupefacientes, y del debate y desacuerdo sobre las consecuencias de su consumo. En Estados Unidos,

> el padre de los guerreros contra las drogas fue Hamilton Wright, de Ohio, un puritano radical y político ambicioso, nombrado Comisionado del Opio de EU en 1908. Su discurso planteaba la necesidad de proteger a los americanos de las drogas que venían de fuera; definida la amenaza como externa, convocaba a que Estados Unidos se convirtiera en el líder de la campaña mundial contra la producción y el consumo de drogas.[9]

Junto con el tema de los daños en la salud de los consumidores de estupefacientes, han sido frecuentes las razones morales y políticas para abogar por su prohibición contaminando y distorsionando ideológicamente la polémica:

> El debate sobre las drogas siempre ha estado nublado por fuerzas emocionales, no científicas, incluido el racismo. Mitos raros se convirtieron en verdades aceptadas: en los primeros días de la prohibición los periódicos de Estados Unidos sostuvieron que los chinos que fumaban opio violaban sistemáticamente a mujeres blancas y que los negros que

---

[8] Sandro Calvani, *op. cit.*, p. 56.
[9] Ioan Grillo, *op. cit.*, p. 50.

consumían cocaína adquirían una fuerza sobrehumana con la cual asesinaban a los blancos.[10]

Es interesante y necesario señalar que el tono y los argumentos, incluyendo el componente racista, empleados por los periódicos estadounidenses, eran similares a las razones y el discurso utilizado por médicos, periodistas y funcionarios mexicanos. Y que el tema de la degradación social y moral que produce el consumo de drogas ya era manejado en China un siglo antes.

Para principios del siglo XX debió haberse fomentado una corriente en contra del uso de los estupefacientes en varios países, que culminó cuando "en 1909 se realiza en Shanghai la primera reunión internacional para proponer el control de ciertas drogas, especialmente el opio y sus derivados. Luego, en 1912, en La Haya, se lleva a cabo la Convención Internacional del Opio, reunión a partir de la cual México empezará a participar aprobando y ratificando los tratados propuestos".[11]

Después de la reunión de Shanghai, Hamilton Wright impulsó con gran fuerza su cruzada en Estados Unidos para que se aprobara el control del consumo de drogas. En 1911, declaró a *The New York Times* que el hábito de consumir opio y morfina se había vuelto una maldición nacional que debía ser detenida (estimaciones de esa época mencionan la existencia de entre 100 mil y 300 mil consumidores, apenas 0.25 por ciento de la población), y expresó su preocupación por otra droga, la cocaína, que ganaba popularidad. Wright se dedicó a coleccionar reportes policiacos sobre negros consumidores de cocaína y destacó una visión sesgada: que el polvo blanco conducía a los negros al delirio. Según Ioan Grillo, los medios comenzaron a jugar un papel relevante en el tema del consumo-prohibición, al publicar numerosas noticias sobre negros enloquecidos por el consumo de cocaína, y asegura que la nota más infame fue dada a conocer por *The New York Times* en 1914: "La pieza de racismo inflamatorio es lamentable (…) Bajo el encabezado, DEMONIOS NEGROCOCAINÓMANOS, NUEVA AMENAZA SUREÑA (mayúsculas en el original) continúa

---

[10] *Ibid.*, p. 51.
[11] Luis Astorga, *op. cit.*, p. 28.

despotricando contra negros enloquecidos por el consumo de coca asesinando gente blanca"; asimismo, relata la historia de un jefe de policía de Carolina del Norte que atendió el robo cometido por un joven negro al que conocía y era inofensivo, pero que bajo el influjo de la cocaína enloqueció y a pesar de que le disparó a quemarropa en el pecho, la bala no le hizo nada, por lo que tuvo que rematarlo con su cachiporra. La cruzada de Wright surtió efecto (cómo no lo iba a tener, parece afirmar Grillo, al ironizar con el siguiente comentario: "cocainómano negro enloquecido convertido en un increíble Hulk y chinos que usan su veneno extranjero —el opio— ¡para seducir mujeres blancas"!); y en diciembre de 1914 el Congreso estadounidense aprobó la primera ley sobre narcóticos que no era completamente prohibicionista, pues sólo buscaba regular más que desaparecer las drogas.[12]

México adoptará la ruta de la prohibición varios años después; fue hasta 1920 cuando las autoridades sanitarias emiten las primeras disposiciones sobre "el cultivo y comercio de productos que degeneran la raza": prohíben cultivar y comercializar la marihuana. En el caso de la amapola o adormidera, hasta 1925 el presidente Plutarco Elías Calles expide un decreto que fija las bases sobre las cuales se permitirá la importación de opio, morfina, cocaína y otras drogas, y en 1926 la prohibición iniciada con la marihuana también incluirá la adormidera.[13] Debe señalarse, entonces, que hubo un periodo de seis a doce años —entre 1914 cuando se regulan las drogas en Estados Unidos, en 1920 cuando en México se prohíbe la marihuana y en 1926 cuando se legisla en contra de los opiáceos— en que la disparidad de legislaciones provocó una situación inmejorable para los incipientes narcotraficantes mexicanos, pues durante esos periodos pudieron producir legalmente opio y marihuana en nuestro país y exportarlos a Estados Unidos donde, por la prohibición, ya habían ganado un sobreprecio, iniciándose de esa manera el gran negocio del narcotráfico. Fue una época propicia para organizar, sin problemas legales, la logística del contrabando hacia el vecino del norte.

---

[12] Ioan Grillo, *op. cit.*, p. 52.
[13] Luis Astorga, *op. cit.*, p. 28.

Por obvio que sea, es importante señalar que una vez decretada la prohibición sobre estas sustancias es cuando comienza el narcotráfico como una actividad criminal lucrativa, aprovechada inevitablemente por quien tuviera la oportunidad de satisfacer una demanda que no desaparecería por decreto. Sucedió en el siglo XIX cuando el emperador chino Qing vedó el opio en su país.

La prohibición creó a los primeros contrabandistas en forma de amables y elegantes caballeros fumadores de pipa del Imperio Británico. Viendo una oportunidad de oro, los mercaderes ingleses de la East India Company contrabandearon miles de toneladas de opio de la India y las introdujeron en la tierra del dragón [China]. Cuando los soldados del emperador Qing tomaron por asalto los barcos británicos, los galeones de guerra de la reina Victoria hicieron llover balas de cañón sobre las costas chinas. Si la East India Company fue el primer cártel de las drogas, entonces la Armada Británica fue la primera banda que operó como la ejecutora violenta del cártel inglés. Después de las dos Guerras del Opio, la compañía inglesa se ganó en 1860 el derecho de traficar opio. Los chinos continuaron fumando y se llevaron la amapola con ellos en su diáspora por el mundo entero.[14]

México no sería la excepción, pues los emigrantes chinos llegarían a Sinaloa en las últimas décadas del siglo XIX.

---

[14] Ioan Grillo, *op. cit.*, p. 48.

LA DIMENSIÓN ECONÓMICA Y EMPRESARIAL DEL NARCOTRÁFICO

Declaradas ilegales las drogas en México y Estados Unidos, es necesario conocer cómo estaba organizado el negocio para el mercado local y cómo se organizó para atender la muy rentable demanda estadounidense. Por sus diferencias es conveniente distinguir entre el opio y la marihuana. Cuando se habla de narcotráfico se piensa en mafias o cárteles y en grandes empresas criminales. Sin embargo, la realidad es mucho más compleja, pues del intento de reconstruir, por un lado, el tamaño del mercado (consumo) y, por el otro, de conocer los rasgos generales de cómo estaba organizada la producción y comercialización (oferta), se podrá concluir que se está ante un fenómeno diferente. (Véase en páginas 87-88 el Recuadro 1: Notas sobre el debate de las empresas ilegales.)

El mercado del opio

En cuanto a la producción y el consumo locales de opio, debe recordarse que ya existía una "industria" incipiente. Como era legal y probablemente muy pequeña, los datos al respecto son escasos. En primer lugar, había un uso medicinal que se satisfacía mediante importaciones de opiáceos, las cuales, entre 1888 y 1911, pudieron haber sido de entre 800 kilos y 12 toneladas. Luis Astorga no aporta el dato preciso.[15] Si consideramos la cifra más elevada, las importaciones habrían sido de media tonelada al año. Cuando su importación fue prohibida en 1926 o su importación y comercialización quedaron sujetas a regulaciones más estrictas,[16] podemos suponer que los chinos, que producían para su consumo, amplia-

---

[15] Luis Astorga, *op. cit.*, pp. 17-19.

[16] Luis Astorga afirma que el presidente Plutarco Elías Calles la prohibió en ese año, pero en mayo de 1929 el Departamento de Salud Pública estableció una disposición que obligaba a los propietarios de las farmacias a llevar un libro de narcóticos donde se registrarían las recetas expedidas que contengan drogas heroicas (entre ellas la morfina y la cocaína), lo que indica que sí había un comercio regulado y, por tanto, producción o importación de la materia prima: la goma de opio.

ron su capacidad productiva para satisfacer la demanda de farmacéuticos y la de un mercado local pequeño pero creciente de consumidores directos, ellos mismos y mexicanos.

En lo referente al consumo recreativo Luis Astorga, que rastreó exhaustivamente archivos y periódicos de la época, presenta datos que dan cuenta de un consumo de opio de la población china en Sinaloa y en el resto del país. Sin embargo, ésta no era significativa, sino más bien una minoría marginal de principios del siglo XX; según el Quinto Censo Nacional de Población de 1930, la población china en todo el país era de 18 965 personas, de las cuales 2 123 vivían en Sinaloa.[17] Obviamente no todos consumían opio, por lo que su demanda debió ser poco significativa.

Pero también había consumo de opiáceos (opio y heroína) por parte de los mexicanos. Astorga documenta la proliferación de los fumaderos de opio en las principales ciudades de Sinaloa, Sonora, Baja California, Chihuahua, Tamaulipas y el Distrito Federal frecuentados por mexicanos de altos ingresos. "En un artículo publicado en *Voz del Norte*, de Mocorito, Sinaloa, se habla de la opiomanía como 'un vicio elegante, caro, suntuoso, aristocrático sobre todo en la forma de morfinismo, esto es, la inyección hipodérmica del alcaloide extraído del opio (…) resulta que la morfina ha invadido, sin duda por imitar a París, el nivel alto en que las damas aristocráticas podían presentar ejemplos de virtud y estímulos de deber'."
En 1927, en un estudio publicado por Jesús Galindo Villa, se asegura que el "morfinismo ataca de preferencia a las clases media o alta de la sociedad más que a las clases populares; a los intelectuales y a los artistas más que a los obreros y campesinos. Es, según se ha dicho, un veneno de los 'degenerados superiores'". El citado reportaje de *El Universal* de 1937 asegura que "entre la gente 'elegante' y jóvenes escritores había quienes se jactaban de haber asistido a un fumadero, o declaraban ante sus amistades estar poseídos por 'el vicio asiático'".[18] Así, pues, se registran centros de consumo de morfina y opio en las ciudades del oeste y norte de México, desde Manzanillo y Guadalajara hasta Mexicali y Ciudad Juárez, pasando por Mazatlán, Culiacán y Hermosillo. Aunque

---

[17] INEGI, Quinto Censo de Población, Estado de Sinaloa, mayo de 1930, pp. 69-73.
[18] Luis Astorga, *op. cit.*, pp. 23, 37 y 41.

son numerosas las concentraciones urbanas que registran consumo de opiáceos, están lejos de ser la mayoría del país, y al considerar que era una adicción de clases con ingresos medios o altos, la población adicta no debió ser muy numerosa.

La única cifra que reporta Astorga al respecto es una nota periodística en *El Universal Gráfico*, la cual recupera datos del Departamento de Salubridad Pública, dependencia responsable en aquella época del problema del consumo de drogas y su combate. Según ese reportaje, publicado a fines de 1937, había 10 mil "viciosos" (en este caso se refiere a usuarios de heroína) en el Distrito Federal.[19] "El kilo de heroína se cotizaba —continúa la nota de *El Universal*— en 10 mil pesos. De un gramo de heroína se podían hacer 70 'papelillos' a cincuenta centavos cada uno. Y como cada usuario de la droga necesitaba cuatro papelillos diarios, el total haría un 'fantástico negocio' de 20 mil pesos diarios, es decir, más de 7 millones al año."[20]

Aunque es imposible precisar la cantidad de consumidores de opio, la cifra de chinos residentes en el país —19 mil, de los que no todos fumaban opio— y la de 10 mil usuarios en la capital del país, nos dan una idea de que los enviciados podrían ser entre 10 mil y 20 mil personas.[21] No era, pues, un consumo significativo y la cantidad de opio que se tenía que producir para satisfacer esa demanda local, sumada la de Estados Unidos, podía ser satisfecha por la comunidad china. El mismo censo de 1930 registra a escala nacional, no sólo en Sinaloa, un total de 4 142 chinos dedicados a actividades agropecuarias (había comunidades relevantes de

---

[19] La población del Distrito Federal mayor de 20 años en aquella época era de alrededor de un millón de personas; por tanto, en caso de que efectivamente fueran 10 mil viciosos, éstos representaban uno por ciento, dato que pudiera ser bastante exagerado. En la actualidad, de los consumidores de alguna droga, los heroinómanos son el grupo más pequeño con respecto a los que consumen marihuana, cocaína o metanfetaminas, pues sólo 0.01 por ciento de la población nacional ha consumido alguna vez heroína (diez veces menos).

[20] Luis Astorga, *op. cit.*, p. 40.

[21] En 1940 había 11 millones de mexicanos de entre 15 y 64 años, por lo que 20 mil consumidores de opiáceos representarían 0.2 por ciento de la población en edad de hacerlo. Según la Encuesta Nacional de Adicciones de 2008 de la Secretaría de Salud, los consumidores de opiáceos eran sólo 0.1 por ciento de la población.

chinos en Sonora, Durango y Baja California), de los cuales 509 eran propietarios de un predio o finca rural. Desgraciadamente no existe el dato que nos revele en qué estados se ubicaban esas fincas rurales propiedad de los residentes chinos; pero no sería raro que un porcentaje importante estuviera en Sinaloa. Sin embargo, de estos pocos datos puede inferirse que los chinos tenían la tierra, la mano de obra y los conocimientos para la producción de la amapola y su transformación en opio. La investigación de Luis Astorga informa de plantíos de amapola en los años veinte del siglo pasado en los alrededores de Culiacán y Navolato, Sinaloa, y para la siguiente década ya había en otras regiones de ese estado, además de descubrirse plantíos en Sonora, Jalisco, Michoacán, Guanajuato y hasta en Xochimilco, en pleno Distrito Federal. Probablemente eran sembradíos de pequeños propietarios, y no es de extrañar que la mayoría de los detenidos por sembrar amapola fueran chinos, pues ellos trajeron las semillas y sabían de su cultivo y cosecha.

A la producción nacional de opio habría que añadir las importaciones legales e ilegales; se tiene registrado en esos años un decomiso de 516 kilogramos de opio en Manzanillo.[22] Para contrabandearlo se necesitaban contactos en el país asiático, por lo que no es raro suponer que los mismos chinos estaban al frente del negocio.

Ioan Grillo resume las condiciones que hicieron posible que Sinaloa se convirtiera en el centro del incipiente narcotráfico mexicano a Estados Unidos y de los chinos sus protagonistas:

Era un estado sin mucho gobierno; existían los plantíos de amapola y mariguana en la sierra, un mercado ilegal a 360 millas al norte.[23] La amapola podía convertirse en dólares. Los inmigrantes chinos y sus descendientes tenían la visión, los conocimientos, la materia prima y los contactos y relaciones para dar comienzo rápido al tráfico de drogas. Durante décadas crecieron como una comunidad que se dispersó desde Sinaloa hacia las ciudades de la frontera del noroeste

---

[22] Luis Astorga, *op. cit.*, p. 47.
[23] En realidad la distancia de Culiacán, Sinaloa a Nogales, Arizona es de 600 millas, pero el argumento de la cercanía se sostiene.

de México; la mayoría eran bilingües (hablaban español y mandarín) y tenían nombres españoles. La lista de los primeros traficantes detenidos incluían a Patricio Hong, Felipe Wong y Luis Siam. Los chinos construyeron redes que sembraban amapola y producían la goma de opio y luego la vendían a comerciantes chinos en Estados Unidos. Así como los británicos desafiaron la prohibición china, ahora los chinos desafiaban la prohibición estadounidense. La vasta frontera entre México y Estados Unidos era ideal para traficar [...] Es una de las fronteras más largas del planeta; se extiende dos mil millas desde San Diego en el Océano Pacífico hasta Brownsville en el Golfo de México. El lado mexicano tiene dos grandes metrópolis: Ciudad Juárez, justo en el centro de la línea, y Tijuana [...] Muchos migrantes en esas ciudades son de la Sierra Madre ubicada en los estados de Sinaloa y Durango, que han creado vínculos entre la frontera y los bandidos de la sierra. La frontera también cuenta con una docena de ciudades medias, incluyendo Mexicali, Nogales, Nuevo Laredo, Reynosa y Matamoros. Entre las ciudades hay vastas regiones de tierra salvaje que corre a través de desiertos y colinas áridas. A lo largo de los años todo, desde esqueletos de ceremoniales aztecas hasta ametralladoras Browning, pasando por tigres blancos, han sido contrabandeados por las arenas de la frontera. Los primeros lotes de opio se deslizaron por esa membrana como agua a través de un cedazo.[24]

Con todos los datos mencionados apenas hemos revelado una parte de la fotografía del negocio del narcotráfico entre 1926 y 1940, que corresponde al de la comunidad china cuya base principal estaba en Sinaloa, y que se apropió de buena parte del negocio en su primera etapa: la producción de amapola y goma de opio en territorio nacional, complementada con una red de distribución para el consumo local, es decir, los fumaderos, y probablemente

---

[24] Ioan Grillo, *op. cit.*, pp. 52-53.

con el control del contrabando proveniente de China.[25] Además, por lo que narra Grillo, la comunidad china también tenía en su poder inicialmente la exportación a Estados Unidos, gracias a los vínculos raciales y familiares que les permitieron construir una red de contactos que facilitaba el trasiego hasta la frontera, y su venta a chinos del otro lado de la línea divisoria.

¿Cómo se puede caracterizar este primer bosquejo del narcotráfico en términos de la delincuencia organizada? ¿Se trataba de una gran empresa criminal, con sus consejos formales de administración y dirección y una estructura operativa con áreas de importación, producción y distribución? No. En lo inmediato lo que se observa es un conjunto de pequeñas unidades enlazadas por vínculos raciales (el origen chino), familiares y económicos, que realizan las distintas etapas del proceso productivo y de comercialización. Desde una perspectiva conceptual quizá lo que más nos podría ayudar a entender ese entramado de personas y acciones orientadas a satisfacer el mercado de opiáceos sea la categoría de redes. Algunos criminólogos han sugerido el empleo del análisis de redes para la comprensión de la delincuencia organizada. Para Carlo Morselli, uno de los proponentes de esta visión, una red es una estructura que se autoorganiza a partir de la conducta que van adquiriendo las partes que la componen. Al contrario de las empresas formales y jerárquicas, es una organización flexible capaz de generar acuerdos elásticos entre sus elementos con la finalidad de aprovechar las oportunidades que se presenten y adaptarse a los cambios, es decir, a las circunstancias del momento. Esta definición da cuenta de distintos sistemas de organización, que van del simple acuerdo de varias personas con las mismas ideas para cometer un crimen de oportunidad, hasta el arreglo de varios grupos que tratan de monopolizar un mercado de bienes ilegales (que bien podría ser nuestro caso); las redes también evidencian fenómenos que van de una sociedad ocasional a membresías de organizacio-

---

[25] La mayor parte de los chinos residentes en México se dedicaban al comercio (siete mil de los 16 mil inmigrantes, 44 por ciento) según los datos del Quinto Censo de Población. No sería raro que muchos de ellos fueran importadores de productos de su país y con base en esos conocimientos y relaciones con su lugar de origen organizaran el contrabando de opio.

nes semiestructuradas; de vínculos familiares a los fundados en la amistad, la pertenencia a un grupo racial o por antecedentes comunes. También a las relaciones establecidas porque comparten recursos complementarios y necesarios para la actividad criminal. Las oportunidades criminales son generadas y ocurren dentro de la red, gracias a la colaboración que se establece con la finalidad de aprovecharlas.[26]

Es un hecho que los chinos no hubieran podido convertirse en los primeros exportadores de opio a Estados Unidos si no establecen esos vínculos entre ellos mismos —basados en su origen y en sus lazos familiares— para compartir los recursos (la tierra, principalmente) que les permitieron escalar la producción y atender una demanda de varias toneladas al año; que los dotara de los recursos para empacarla y trasladarla desde Sinaloa hasta la frontera, ya fuera en Nogales, Mexicali o Tijuana; almacenarla, pasarla al otro lado y conseguir compradores confiables en ese país. Y todo eso sin ser obstruidos por las autoridades. Las redes de colaboración que supone esa actividad exportadora hicieron posible aprovechar la oportunidad generada por la prohibición en Estados Unidos. Sin esas redes no hubiera habido negocio. No conocemos los detalles de las redes (¿eran familias o grupos de conocidos?, ¿cómo organizaban la producción?, ¿quiénes coordinaban los distintos procesos?, ¿cómo se contactaban?, ¿qué arreglos había entre quienes producían y quienes trasladaban y vendían la droga?, ¿eran todos parte de una red o había varias redes?, ¿participaban mexicanos o no?). Pero todo apunta a que más que una empresa formal productora y exportadora, o más que individuos aislados, se está frente a un fenómeno de redes de la delincuencia organizada, integradas por un sinnúmero de pequeños grupos, familias e individuos que podían entrar, permanecer y salir de una red según sus posibilidades, recursos e intereses. Queda para otras investigaciones verificar esta hipótesis preliminar con respecto a la participación de la comunidad china en el narcotráfico.

Algo similar ocurría en otras zonas de este panorama del narcotráfico en sus primeros años de vida: la producción de marihuana

---

[26] Federico Varese, "General Introduction. What is organized crime?", en Federico Varese, *Organized Crime. Critical Concepts in Criminology*, Routledge, Nueva York, 2010, p. 9.

y las redes de comercialización de los estupefacientes destinados al mercado local. Antes de analizar el caso de la marihuana, es pertinente terminar con la comercialización local del opio y la heroína. Ya se mencionó que los chinos tenían una red de comercialización para el consumo local compuesta por los fumaderos de opio a los que asistían básicamente miembros de la comunidad china; debe decirse que esa red se estableció antes de la prohibición, por lo que su apertura no debió suponer ningún problema legal más allá de las críticas crecientes producto de la moralidad de la época que condenaba el uso de las drogas por el daño que causaban a los mexicanos que se habituaban al "vicio asiático". Además de los fumaderos de opio existían otras redes comercializadoras de opiáceos; pero en este caso controladas por mexicanos. Como los fumaderos de opio, algunas farmacias o boticas vendían medicinas elaboradas con drogas —los vinos y pastillas de coca, el jarabe de heroína y láudano, etcétera— antes de la prohibición de esas sustancias, y continuaron haciéndolo después de 1926 cuando su uso medicinal quedó regulado[27] y el recreativo prohibido (véase la nota 16). Luis Astorga recupera de otro autor dos datos que documentan el involucramiento de algunos boticarios en el comercio ilegal de las drogas "heroicas": "antes un kilo de cocaína y dos de morfina eran suficientes para satisfacer la demanda anual de una droguería de Veracruz; pero, agrega, 'hace días vi vender en una botica de barrio un kilo de cocaína en menos de 15 días'".[28]

Y más adelante, en el reportaje de El Universal ya citado, el periodista Salvador Martínez afirma que "dado que en las boticas se podían adquirir las drogas como cualquier otro medicamento, algunos boticarios comenzaron a dedicarse por completo al negocio hasta lograr grandes fortunas (…) hubo quien para asegurarse un éxito más completo se metiera a la política".[29]

Las dos citas anteriores revelan algo más que la participación de ese gremio en el comercio ilegal de drogas fuertes en esa época, pues ofrecen datos sobre la estructura comercial del opio y el papel

---

[27] En 1935, el Departamento de Sanidad estableció un nuevo formulario que debían llenar los farmacéuticos para controlar sus existencias de drogas enervantes de uso legal.
[28] Luis Astorga, op. cit, p. 37.
[29] Ibid., p. 41.

que desempeñaban las autoridades. Me referiré a la primera y más adelante recuperaré el tema de las segundas. En primer lugar, debe destacarse que la mención de las cantidades es importante. Al tener una farmacia la capacidad de vender un kilo de cocaína en apenas dos semanas permite inferir que esos establecimientos desempeñaban el papel de medianos mayoristas. La cadena comercializadora podría estar organizada de la siguiente manera: en primer lugar los mayoristas, que podían ser los mismos productores o importadores legales e ilegales. Los chinos podían ser mayoristas en lugares donde tuvieran conexiones y protección para la venta del opio al siguiente nivel, los medianos mayoristas o grandes consumidores (como podían ser los fumaderos o los boticarios de ciudades de Sinaloa). Pero en ciudades donde no tenían esas conexiones, lo más seguro es que le vendieran la droga a mayoristas locales que tuvieran los recursos para organizar la venta y que normalmente eran los jefes de la delincuencia organizada en esas localidades en colusión con las autoridades; incluso los mayoristas podían ser autoridades de alta jerarquía.

Por ejemplo, en Ciudad Juárez el "Al Capone" de la época se llamaba Enrique Fernández Puerta, un contrabandista de alcohol y falsificador de dólares que llegó a ser el jefe criminal indiscutible de esa plaza luego de que mandara eliminar al mayor Enrique Dosamantes, jefe de la Policía Judicial de Chihuahua. Su poder lo afianzó con la consabida corrupción. En la crónica que hace de él Luis Astorga, afirma que llegó a controlar el Ayuntamiento de Ciudad Juárez, pues enriqueció a muchos funcionarios, incluyendo tres gobernadores. Pero, continúa Astorga, cuando en 1933 llegó al gobierno de esa entidad Rodrigo Quevedo, los hermanos de éste le declararon la guerra para apoderarse de sus negocios y atentaron contra su vida sin éxito. Fernández entendió el mensaje y se mudó con su gente (entre ellos dos asiáticos, lo cual no era extraño, que debieron ser el nexo con los productores sinaloenses del opio) a la Ciudad de México. Pero la capital del país ya tenía dueño en cuanto a la delincuencia se refiere, y "los hampones metropolitanos" no vieron con buenos ojos que un fuereño llegara, se instalara y operara en el centro de la ciudad (vendía "nievita de la buena" por el rumbo de las Vizcaínas); las pandillas locales, encabezadas entonces por los hermanos Félix y Othón Sánchez, y que se escudaban en el negocio de las boticas, se encargaron de eliminar al Capone de Juárez con el apoyo de los hermanos del gobernador de Chihuahua.[30] Así pues, muchas boticas jugaban un papel relevante en la cadena comercializadora, ya que operaban como puntos intermedios, con la fachada de negocios legales, en la distribución hacia los siguientes niveles hasta llegar a los consumidores. Y no era sólo el caso de las farmacias de Veracruz, sino que en la Ciudad de México eran el escudo con el que operaban las principales pandillas de la capital. En el caso de la marihuana, cuando era legal su venta, se podía conseguir en los mercados públicos por lo que éstos debieron ser el equivalente para la yerba de lo que fueron las boticas para las drogas duras. Dicho de otra manera, en los primeros años de la prohibición un sector del comercio legal, las farmacias y los puestos de mercados públicos se convirtieron en parte de la cadena de distribución y venta de mercancías ilegales, lo que facilitaba la tarea de las organizaciones criminales, incluyendo el lavado de dinero, y dificultaba la de las autoridades.

En los relatos periodísticos de esos años también se mencionan reiteradamente cantinas y prostíbulos como lugares donde se ofrecía todo tipo de drogas a los clientes, por lo que estos establecimientos eran parte de la cadena de comercialización; asimismo, registran la existencia de narcomenudistas probablemente vinculados con las organizaciones o pandillas.

El mercado de la marihuana

En cuanto a la marihuana, que su consumo fuera mayor al de las drogas duras —el doctor Gregorio Oneto Barenque, quien realizó un estudio extenso sobre la marihuana con base en más de 200 adictos, afirmaba que "el cultivo de la marihuana en México está a punto de convertirse en industria y que su uso se está extendiendo dado el placer que proporciona y su bajo costo"—,[31] supone la existencia de redes más amplias de producción y comercialización

---

[30] *Ibid.*, pp. 41-42.
[31] *Ibid.*, p. 36.

para el mercado local y para el de Estados Unidos. La investigación de Astorga da cuenta de decomisos y, por tanto, de cultivos de marihuana en Sinaloa y Durango, y algunos más importantes en el Distrito Federal (en las estribaciones del Ajusco y San Ángel; incluso se encontraron plantas en la Alameda Central) y Puebla; en San Luis Potosí, Oaxaca, Guerrero, Querétaro, Guanajuato, Morelos, Hidalgo, Tlaxcala, Sonora, Colima, Veracruz, Nuevo León, Coahuila, Tamaulipas y Estado de México. Cuando menos 18 de los 32 estados de la República la producían, lo que confirma el dicho del doctor Oneto, es decir, que se estaba convirtiendo en una industria.

No hay un estudio relativo a la organización del negocio, sólo datos sueltos sobre su amplia presencia en el país y de algunas acciones al respecto de las autoridades, datos con los que se puede inferir la existencia de multiplicidad de redes como las definidas anteriormente para el caso del mercado del opio, sólo que mucho más numerosas y probablemente más amplias socialmente hablando. Comenzaré el análisis con una afirmación negativa pero que resulta relevante: en la prensa de la época no hay ninguna mención a algo equivalente a lo que ahora conocemos como los cárteles del narcotráfico; sería extraño que si hubiera existido una gran organización (y un gran capo) nunca fuera mencionada por la prensa o las autoridades, lo que nos lleva a deducir la inexistencia de una o varias organizaciones nacionales que predominaran en el mercado de la marihuana. En la prensa se menciona a una "Reina de la marihuana" que era la dueña de los plantíos de Cholula y que, seguramente, controlaba una parte de la distribución de la yerba en la Ciudad de México; también en otra parte menciona a Félix Sánchez como el "Zar de las drogas", pero en realidad era el jefe de una de las pandillas más grandes de la capital. Así, de ser cierta esta hipótesis, estamos de nuevo ante el fenómeno de una multiplicidad de redes de alcance local dedicadas al mercadeo ilegal de la marihuana.

Los datos y hechos recogidos apuntan en esa dirección.

Los plantíos más extensos en el estado de Puebla —narra Astorga— fueron encontrados en San Andrés Calpan, San

Lorenzo Chiautzingo, San Felipe, Los Reyes, San Martín Texmelucan y la Hacienda de Oropeza. Del primer poblado se dice que había una extensión de tres kilómetros cuadrados sembrados. Cuando los agentes de la Policía Sanitaria del Departamento de Salubridad Pública llegaron al lugar, los vecinos, "que en su mayor parte se dedicaban a la explotación de este cultivo", aventaron al río y a un barranco los paquetes que ya tenían preparados. La cantidad así destruida se calculó entre veinte y treinta toneladas. Al continuar su itinerario por otros poblados de la misma región, los agentes se dieron cuenta de que en todas partes desaparecía la mayor parte de la evidencia antes de que llegaran: "las campanas de las iglesias daban la señal de alarma". Los vecinos de los tres primeros poblados "mostraron manifiesta hostilidad a los agentes". No resulta sorprendente la existencia de plantíos en la región cuando se tienen referencias de ejidatarios de Tonanzintla quienes denunciaron ante la policía que, mediante un pago de doscientos pesos, en algunos ejidos se había evitado la consignación del hecho ante las autoridades.[32]

Mediante este pasaje podremos conocer, haciendo una atenta lectura, hechos relevantes respecto a la producción de marihuana en la década de los treinta del siglo pasado.

El primero es la atomización de la producción pues en ella participaban, si no la totalidad, sí una gran parte de los campesinos de los poblados; no había un terrateniente que controlara la tierra y la producción, eran cientos de ejidatarios los involucrados. El segundo, las medidas de autoprotección que establecían frente a la acción de la autoridad (avisarse mediante las campanas de las iglesias expresa claramente una complicidad no sólo dentro de un poblado, sino entre todos los pueblos de una región involucrados en la siembra de marihuana). Y esa complicidad sólo es posible por la existencia de vínculos de solidaridad, ya sea por lazos familiares, de amistad o intereses económicos comunes. Se trata, entonces, de productores individuales fuertemente entrelazados por nexos

---

[32] *Ibid.*, p. 49.

de distinta naturaleza, lo que revela la existencia de las redes. El tercero, si la producción estaba dispersa e individualizada en los ejidatarios y más probablemente en familias de ejidatarios, la comercialización y la compra de protección parecen estar organizadas colectivamente. La narración de la gente aventando los paquetes de marihuana al río y las barrancas para eliminar la evidencia que los incriminara, sugiere una acción colectiva en momentos en que la producción de los diferentes miembros de la comunidad estaba empaquetada y lista para ser comercializada (tiran al río no los paquetes de un ejidatario, sino entre veinte y treinta toneladas que debió ser la producción entera del pueblo). Esos indicios de la organización de las comunidades en torno a la comercialización de las producciones individuales o familiares y el pago hecho por algunos ejidos de Tonantzintla para impedir la acción de las autoridades, sugiere la existencia de algún núcleo coordinador responsable del empaquetado y traslado de la marihuana a los centros de consumo, de conseguir contactos con los compradores y distribuidores en las ciudades, negociar el precio de la venta, etcétera. En síntesis, más que una empresa formal existen redes de productores individuales y familiares, organizados para la comercialización colectiva y para conseguir protección. La organización campesina en México, previa y posterior a la Revolución mexicana, hacía posible ese tipo de acuerdos y la solidaridad para facilitar la producción. Tan simple como eso.

En cuanto a las redes de comercialización en los centros de consumo, la cosa era más compleja, especialmente en la Ciudad de México. En 1930, la capital del país ya tenía más de 1.2 millones de habitantes y crecía aceleradamente, pues en 1940 tendría medio millón más de personas. Aunque los 10 mil consumidores de heroína fuera una cifra exagerada, el dato a consignar es el de un consumo relevante que, en el caso de la marihuana, debía ser varias veces mayor. Éste era un producto de consumo popular que apenas unos años antes podía ser mal visto por algún sector de la sociedad; pero era legal y se consumía abierta y crecientemente. No hay razón para suponer que su prohibición produjera la caída de su consumo; lo que sí produjo fue que las organizaciones criminales existentes aprovecharan la oportunidad y se apropiaran de su comercio. La información en la prensa de algunos narcotraficantes detenidos confirman la existencia de varias redes de comercialización por zonas de la ciudad y por segmentos del mercado. Ya se mencionó que los hermanos Félix y Othón Sánchez eran los líderes de la principal pandilla del Distrito Federal y participaban en la venta de opio y marihuana (la cocaína era prácticamente inexistente en ese tiempo) y que controlaban parte del centro de la ciudad; pero estaban lejos de ser los únicos y de tener el control del mercado. También —ya se mencionó— había una mujer, Felisa Velázquez, a la que llamaban la "Reina de la marihuana", que estableció una red de distribución en un centro de consumo muy rentable, pues cuando fue detenida los presos de una crujía de Lecumberri —la principal cárcel de la ciudad— se amotinaron al temer que les dejaran de abastecer la yerba. Otros centros de consumo muy rentables eran los cuarteles militares, ya que los soldados eran usuarios asiduos: hay reportes de militares detenidos y de quienes les surtían, entre otros varias mujeres. No sería extraño que la "Reina de la marihuana" o que otra mujer, la famosísima "Lola la Chata" —caracterizada en 1937 como "la más activa traficante de drogas, que prácticamente abastecía a los viciosos más empedernidos de la metrópoli, muchos de ellos pertenecientes a las familias acomodadas"—, utilizara en su red a mujeres como narcomenudistas.[33] Otro detenido, Sixto Vargas, era conocido como "el Tigre del Pedregal".

La amplia dispersión de la producción (miles de productores en los estados) y el relativamente pequeño número de redes de comercialización en una ciudad (probablemente 10 o 20 redes) operaba necesariamente a favor de estas últimas en términos de quién se apropiaba de una mayor parte de la renta que producía el comercio ilegal de la marihuana. Si los productores no tienen manera de hacer llegar su producto al consumidor final, dependen de quienes sí poseen redes de distribución y comercialización y éstos les imponen el precio al que comprarán la marihuana. Si los productores no aceptaban el precio impuesto por el distribuidor, éste podría recurrir a otros productores porque abundaban; aunque la

---

[33] *Ibid.*, p. 54.

operación inversa teóricamente también era posible, es decir, que un productor acordara con otro comercializador, no debiera haber mucha diferencia en el precio ofrecido por los diferentes distribuidores. Mientras la sacaba a la luz la riqueza de las jefas de la marihuana (un diario describe a Felisa Velázquez de la siguiente manera: "Es como de 38 años, de aspecto imponente. Viste elegantemente a la manera de aquellas señoras de las cortes de Luis XV o Luis XVI que asombraron al Versalles decadentista"; y de "Lola la Chata" se asegura que "vivía en una lujosa residencia" en las Lomas de Chapultepec[34]), no hay ningún relato que registre la opulencia de los campesinos de Puebla, Guerrero o Sinaloa. Al parecer, desde aquella época a éstos sólo les han tocado migajas del gran negocio del narcotráfico.[35]

Una vez delineado este boceto inicial de la organización económica de los primeros años del narcotráfico en México, vale la pena regresar a la teoría para apuntalar más la hipótesis de que,

---

[34] *Ibid.*, pp. 49, 54.

[35] Es interesante destacar este hecho, pues siempre se argumenta que los campesinos pobres del país optan por participar en el narcotráfico debido a la carencia de otras oportunidades y que, frente a lo lucrativo que es el narcotráfico, es lógico que se decidan por incursionar en el cultivo de drogas. Es probable que esto sea razonable, pero quizá no baste esa explicación, pues si se descarta una opción productiva legal por una ilegal más rentable pero que conlleva riesgos de otra naturaleza, lo mínimo razonable para aventurarse en la segunda sería pensar que las ventajas en términos de ingresos compensarán el riesgo extra. Sin embargo, habría que comprobar empíricamente esa hipótesis, ya que si se observa la situación actual de los ejidatarios de Guerrero, Michoacán, Durango o de la sierra de Sinaloa que desde hace décadas producen enervantes, esas regiones no destacan por su riqueza. La tesis a comprobar es si la siembra de marihuana y amapola ha significado una diferencia relevante en términos de ingresos y bienestar en las regiones que lo han hecho desde hace varias décadas, con respecto a otras que se mantienen en los cultivos tradicionales legales. Los datos del INEGI de 2010 sobre el ingreso promedio de los habitantes de los municipios muy pobres (como los de Guerrero, Michoacán y Sinaloa) donde se cultiva marihuana y de municipios donde no se cultiva revelan que prácticamente ganan lo mismo. Eso significa que el narcotráfico no ha sacado de pobres a los productores de marihuana y amapola, pues las ganancias del negocio se las quedan los capos de las organizaciones. Por tanto, al igual que el Estado, las organizaciones del narcotráfico han fallado en brindar oportunidades de desarrollo a las comunidades campesinas. Con estos datos, la respuesta a la pregunta sobre la razón por la cual los campesinos optan por los cultivos ilegales no sería la de enriquecerse, sino que ante la ausencia de apoyos estatales y de otras opciones productivas, para no empobrecerse más no tienen otra alternativa que participar, por las buenas o las malas, en la producción de enervantes.

en el caso mexicano, el concepto de las organizaciones criminales como redes puede ser de gran utilidad analítica. En un excelente artículo, titulado "Las paradojas del crimen organizado", Letizia Paoli señala lo siguiente:

> Varios estudios llevados a cabo en diferentes partes del mundo han demostrado que los mercados ilegales urbanos están poblados por empresas numerosas, relativamente pequeñas y frecuentemente efímeras. Algunas empresas son familiares; otras son grupos que se crean a partir de un liderazgo carismático y que después se las arreglan para adquirir un cierto grado de estabilidad. La mayoría de los arreglos organizativos establecidos para la producción y la oferta de bienes ilegales, puede ser representada mejor por equipos o tripulaciones *[crews]*: asociaciones flexibles de gente que se agrupan, dividen y se vuelven a unir en la medida en que aparecen las oportunidades [...] La evidencia empírica muestra también que las relaciones entre empresas ilegales son más cercanas a la competencia que a la colusión. Aunque algunos proveedores pueden ocasionalmente disfrutar un considerable poder monopólico sobre un mercado local [usualmente pequeño], la mayoría de las empresas ilegales operan con precios fijados no por ellos *[price-takers]* y no como quienes los establecen *[price-givers]* [...] Para los observadores externos, las empresas ilegales aparecen frecuentemente asociadas como redes. Es en efecto, a través de cadenas o redes de individuos, equipos, y pequeños grupos que los productores de narcóticos están vinculados con los consumidores [...] El concepto de red también es un concepto útil para describir los sistemas de distribución de mercancías ilegales. Aunque entre los miembros de una red se pueden establecer relaciones de largo plazo, la mayoría de esas relaciones son plenamente relaciones de comprador-vendedor, las cuales no son de exclusividad en ningún sentido, ni están organizadas centralmente.[36]

---

[36] Letizia Paoli, "The Paradoxes of Organized Crime", en Federico Varese, *Organized Crime...* , p. 102.

Queda un aspecto por considerar en el negocio de la marihuana: la exportación a Estados Unidos. Casi no hay información al respecto (la existente es acerca del consumo local). Sin embargo, todo parece indicar que en esos primeros 15 años en que el narcotráfico como tal estaba comenzando a organizarse, no era fácil para cualquier organización de narcotráfico local allegarse de todos los recursos humanos, financieros, logísticos, de protección política y de contactos comerciales en Estados Unidos para pasar de red local a red exportadora. Quienes sí tenían mayores posibilidades de hacerlo eran los productores del norte, en concreto los sinaloenses y los sonorenses, por la cercanía de la frontera, y en particular los chinos que habían logrado crear las redes para la exportación del opio, por lo que esa misma infraestructura podía utilizarse para vender marihuana a los estadounidenses. No hay datos que permitan afirmar si los chinos, además de sembrar amapola, también cultivaran marihuana, la cual, sin duda alguna, era producida por campesinos mexicanos. Aun cuando los chinos produjeran algo de marihuana, es probable que para satisfacer la demanda estadounidense no les alcanzara y tuvieran que asociarse con productores mexicanos. Si los productores de marihuana del norte del país tenían amigos y familiares como para construir sus redes de trasiego a la frontera y de venta del lado norteamericano, pudieron haber prescindido de los chinos. No se sabe a ciencia cierta, pero lo más probable era que los recursos y el *know how* de la exportación estuvieran en manos de los asiáticos y que durante algunos años los mexicanos tuvieran que recurrir a ellos para iniciar sus propias empresas exportadoras.

La expropiación del negocio a los chinos

El caso es que en la misma década de los treinta se produjo un fenómeno decisivo para el incipiente narcotráfico mexicano y consistió en expulsar a los chinos del negocio de la producción y exportación del opio para que quedara controlado en su totalidad por productores mexicanos. Ioan Grillo narra la historia de esa expropiación, acompañada y amparada por una brutal campaña

racista, comparable con la discriminación ejercida por los estadounidenses en contra de los campesinos mexicanos residentes en su
país por ser mexicanos y marihuanos:

> El antagonismo hacia los chinos había crecido durante va-
> rias décadas —asegura Grillo—, los mexicanos calumnia-
> ban a los chinos por ser inmorales e inmundos y al mismo
> tiempo les envidiaban sus exitosos restaurantes y tiendas. El
> racismo alcanzó niveles irracionales estimulado por políti-
> cos prominentes. Los criminales también lo impulsaron. En
> 1933, el cónsul americano en Ensenada, Baja California,
> mandó un reporte a Washington sobre el creciente ambiente
> antichino en el cual citaba a un informante americano de
> origen chino, que aseguraba que había delincuentes entre
> los activistas antichinos. Entre ellos destacaba un contraban-
> dista apellidado Segovia, que se movía en los estados de Baja
> California, Sonora y Sinaloa financiando grupos violentos
> antichinos. El objetivo de Segovia, decía el reporte del cón-
> sul, era apropiarse de la producción de opio de los asiáticos.
> La tensión racial explotó en las calles. Entre quienes se unie-
> ron a la turba de linchadores estaba un estudiante universi-
> tario de nombre Manuel Lazcano. Nacido en un rancho de
> Sinaloa en 1912, Lazcano se convertiría en una prominente
> figura en el sistema político y en el ámbito judicial, pues du-
> rante tres sexenios ocupó el puesto de Procurador de Justicia
> de Sinaloa. Posteriormente se avergonzó de su participación
> en los ataques raciales contra los chinos y aseguró estar im-
> presionado por la crueldad que alcanzaron. Las memorias
> de Lazcano son una de las más sinceras de las escritas por
> algún funcionario mexicano y se han convertido en una de
> las principales fuentes sobre los primeros años del narcotrá-
> fico […] Lazcano describe cómo la turba recorría las calles
> cazando chinos. Una vez encontradas las víctimas los arras-
> traban hasta una cárcel clandestina en casas tapiadas y los
> mantenían prisioneros con piernas y brazos atados. Cuando
> ya tenían suficientes detenidos, los amontonaban en vago-
> nes de carga del ferrocarril y los mandaban fuera del estado.

Entonces, los sinaloenses se apropiaban de las propiedades y casas de los chinos. La limpieza étnica en Sinaloa coincidió en el tiempo con la persecución nazi de los judíos en Europa. Lazcano no ignora la comparación. "Hemos visto en películas la brutal represión de la que fueron víctimas los judíos —escribió Lazcano— y las escenas de cómo fueron transportados como animales. Bueno, lo mismo ocurrió en Sinaloa pero con los chinos. Ver esas escenas en la vida real fue sobrecogedor [...]

En otras partes, los gángsteres mexicanos no se tomaban las molestias de deportarlos en vagones de carga; ellos simplemente asesinaban a balazos a sus rivales chinos. En Ciudad Juárez, se reportó que un pistolero apodado "El Veracruz" acorraló y asesinó a once chinos que trabajaban en el tráfico de opio. Su jefe era presuntamente una mujer de Durango llamada Ignacia Jasso, alias "la Nacha". Los mexicanos comenzaron a dominar el tráfico de drogas desde su lugar de crecimiento en la Sierra Madre hasta las ciudades fronterizas [...].[37]

¿Por qué el crimen organizado es necesariamente violento?
Una digresión teórica

Estos episodios —el financiamiento de grupos antichinos, la ejecución sistemática de asiáticos, los secuestros y deportaciones masivas o la masacre de once chinos a manos de un sicario mexicano, con la finalidad de expulsar del comercio de las drogas a quienes lo controlaban en mayor medida— revelan con gran claridad que desde el principio del narcotráfico en México está inscrita con todas sus letras la naturaleza y dinámica violenta de las organizaciones que participan en mercados ilegales.[38] Desde sus inicios, la delincuencia organizada mexicana, dedicada a la producción y trasiego de

---

[37] Ioan Grillo, *op. cit.*, pp. 58-60.
[38] A los cuales podemos añadir el atentado contra Enrique Fernández en Ciudad Juárez por los hermanos del gobernador para sacarlo de esa plaza y su posterior asesinato en el Distrito Federal, perpetrado por las pandillas locales en su lucha por recuperar un territorio que era de ellos y se los había arrebatado el chihuahuense.

drogas, fue violenta. La participación de varias organizaciones no derivó en acuerdos que delimitaran territorios o generaran una división funcional de las tareas (unos siembran, otros transportan, aquellos se encargan de la comercialización) que hiciera que su negocio fuera pacífico. El análisis de las más diversas expresiones de la delincuencia organizada en Italia, Estados Unidos, Japón, China (Hong Kong), Colombia, o cualquier otro país, ha demostrado que la naturaleza de la competencia económica que se da en los mercados ilegales implica necesariamente el uso de la violencia.

El carácter violento por naturaleza de las organizaciones participantes en los mercados ilegales es fundamental para entender las cada vez más frecuentes olas de violencia en nuestro país y, por lo tanto, debe entenderse muy bien. El razonamiento, producto de las investigaciones de diferentes casos de organizaciones criminales, es el siguiente:[39] el funcionamiento de los mercados de bienes y productos ilegales se da por definición sin el Estado y en contra del Estado. Al producir y comercializar bienes y servicios que están prohibidos por la ley, las empresas que los proveen actúan necesariamente fuera del marco legal y no pueden recurrir al Estado que provee la protección legal a los ciudadanos y empresas que sí operan legalmente.

La economía no es otra cosa que miles de intercambios entre distintos agentes: entre productores de diferentes bienes y servicios; entre productores y comercializadores; entre comercializadores y consumidores; entre empresas y bancos; entre ciudadanos y empresas, etcétera. Esos intercambios suponen acuerdos, más o menos informales según sea el caso, que en última instancia están basados en la confianza, es decir, en la expectativa de que las dos partes que acuerdan el intercambio cumplirán lo prometido. El comercializador confía en que el productor de legumbres le va a vender lechugas y jitomates frescos, que debajo de los que lucen bien no habrá jitomates podridos y que se los va a entregar a tiempo; el banco espera que el dueño de la tarjeta de crédito haga

---

[39] Seguiré básicamente las ideas desarrolladas por Diego Gambetta en su artículo, "Fragments of an Economic Theory of the Mafia", y por Letizia Paoli en el artículo, ya citado, "The Paradoxes of Organized Crime", artículos compilados en Federico Varese, *Organized Crime. Critical Concepts in Criminology*.

sus pagos cada mes y que aquél no fije intereses usureros; el comprador de un coche confía en que el vehículo funcione tan bien como lo proclama la publicidad; todos confiamos en que los billetes que recibimos no sean falsos; todos tenemos confianza en que el banco nos va a entregar nuestro dinero el día que vayamos a solicitarlo y, en tiempos más recientes, hasta confiamos en que el vendedor en internet, del que poco sabemos y al que nunca le veremos la cara, nos hará llegar lo que compramos por medio de una pantalla. Así, la economía se fundamenta en un bien intangible y extremadamente frágil pero de enorme importancia: la confianza. Sin ella se paralizaría por completo la economía de un país e incluso la del mundo entero. Y por eso la economía es el campo donde más trampa se hace y donde más conflictos se generan, pues la capacidad y el ingenio para engañar, para abusar de la confianza son ilimitados.

Cómo garantizar que se produzca y se mantenga la confianza es un tema económico de lo más relevante. Cuando no había Estados tal como los conocemos ahora, los lazos o vínculos de cercanía (familiares y de amistad, la pertenencia a una misma comunidad) eran los proveedores de confianza; por tanto, los intercambios económicos se hacían entre parientes, amigos y miembros de la misma comunidad, pues el conocimiento que se tenía de ellos garantizaba el cumplimiento de acuerdos; lo que no ocurría con desconocidos, sin ignorar que la misma familia o comunidad tenía castigos para quienes defraudaran la confianza. Cuando crecen las sociedades y las necesidades económicas ya no pueden ser satisfechas en el ámbito familiar o comunitario, los intercambios se masifican y las relaciones económicas no pueden limitarse al mundo de lo cercano y conocido; se despersonalizan las relaciones económicas. Entonces el factor confianza se volvió más relevante: ¿cómo confiar en desconocidos?, ¿quién garantizará el cumplimiento de los acuerdos y las transacciones económicas? Las sociedades han construido, no sin dificultades y de manera imperfecta, una solución: el Estado de derecho. En términos generales y simples el Estado de derecho es un arreglo, es decir: *a)* un marco normativo (leyes y reglamentos bajo un principio fundamental: todos, incluyendo a los detentadores del poder político y económico, están sometidos a su figura)

acordado social y políticamente (tiene legitimidad), apoyado por
b) las instituciones que implementan su funcionamiento: gobierno,
policías, fiscales o ministerios públicos, jueces y sistemas penitenciarios, bajo otro principio básico: la justicia debe aplicarse eficaz
e imparcialmente, es decir, a todos por igual. Aunque los marcos
normativos de los países no se reducen al ámbito económico, las
normas en esa materia tienen la finalidad general de proveer y garantizar que los contratos económicos se cumplan. Si una de las
partes incumple o comete fraude en contra de la otra, el aparato
del Estado se encargará de hacer justicia; es decir, obligarla a cumplir o reparar el daño, o que sea castigado el infractor por romper
el principio básico de la confianza otorgada.

Ésta es la razón por la que el Estado de derecho es una condición fundamental del desarrollo económico, pues en los países en
que existe de forma aceptable, las transacciones económicas gozan
de un grado de confianza sólido y la gente no teme comprar, gastar,
prestar o solicitar dinero; invertir, ahorrar, pues los contratos que
amparan esas actividades (fundadas en leyes y reglamentos que en
teoría velan por el interés de los ciudadanos, y tienen legitimidad
porque fueron aprobadas mediante mecanismos democráticos) tienen un alto grado de probabilidad de ser respetados. Y si no, hay
un Estado que vela para que se cumplan. El Estado —como garante de los derechos de cada quien— es, hasta el momento, la última y mejor (o menos imperfecta, si se quiere) garantía de que la
confianza estará presente en las relaciones económicas.[40]

---

[40] No existe el Estado de derecho perfecto en ninguna parte, pues algunas o muchas de
las leyes pueden ser injustas o legisladas en función de intereses claramente particulares,
y la aplicación de la justicia puede ser muy imperfecta. Sin embargo, hay países en que
su funcionamiento es bueno o bastante bueno y sus sistemas de seguridad y justician ob-
tienen el respaldo y la confianza sociales necesarios para operar con legitimidad. Cuando
no se tiene un nivel adecuado de eficacia del Estado de derecho, se pierde la confianza,
otra vez esa frágil pero vital cualidad de las relaciones sociales en las instituciones de seguridad y justicia, y si llega a extremos graves puede resquebrajarse la confianza en otras
instituciones claves del Estado, como los órganos que legislan, los partidos políticos y los
gobiernos mismos. Más adelante se desarrollará esta parte de las omisiones y los defectos
del Estado de derecho y el tema de la confianza en las instituciones políticas y de justicia,
para analizar las relaciones entre delincuencia organizada y sistema político.

Regresemos ahora a nuestro tema: la economía ilegal. La característica fundamental del funcionamiento de los mercados de bienes y servicios prohibidos por la ley es que operan por naturaleza y definición sin el concurso del Estado, es decir, sin la posibilidad de un marco legal legítimo que regule las transacciones de esos mercados y sin las instituciones públicas que garanticen la aplicación de la norma en caso de incumplimientos. En otras palabras, las leyes que existen en los mercados ilegales son dictadas por los mismos actores que participan en ellas. Y de esta circunstancia fundamental se derivan dos de las razones por las cuales la violencia es inherente a los mercados ilegales. La primera ha sido identificada por Letizia Paoli, pero asimismo por otros analistas de la delincuencia organizada: las organizaciones criminales emplean la violencia como mecanismo para asegurarse el cumplimiento de los acuerdos entre ellos. Si un mafioso engaña a otro y no paga un cargamento de droga o se lo roba, el agraviado no puede recurrir a las autoridades, entonces se hace justicia por su propia mano aplicando un castigo ejemplar: la muerte. Mientras menos confianza exista entre los actores de la economía ilegal la tendencia a incumplir acuerdos y a engañar en las transacciones será elevada y, por tanto, habrá numerosos conflictos entre las organizaciones, provocando el uso generalizado de la violencia. En vez de dirimir las diferencias e incumplimientos en los juzgados, ante una autoridad imparcial que una vez que conoce las versiones de ambas partes y valora las evidencias presentadas, decide quién violó la norma y establece un castigo y una reparación por los daños infligidos, los conflictos entre criminales son resueltos de manera diferente: recurren a los AK-47 y sin pedir muchas explicaciones eliminan, con o sin razón, a quien los defraudó o intentó hacerlo. De esa manera, el uso de la ley del más fuerte y la violencia suplen al Estado de derecho, y la confianza como base de las transacciones es sustituida por el miedo.

A esa razón del uso de la violencia se puede añadir otra: su utilización para fijar las reglas de esos mercados. ¿Quién no quisiera fijar las reglas del mercado o actividad económica en la que participa? Pues en los mercados de bienes y servicios ilegales los criminales las dictan a su antojo, pero como hay más de un criminal,

¿cuál de todos lo hace y con qué base? La respuesta es simple: las dicta el más poderoso y el derecho con que lo hacen se deriva de las armas. ¿Quién puede decidir quién produce qué droga y en qué cantidades?, ¿qué grupo opera en qué territorios y no en otros?, ¿quién decide los porcentajes de las utilidades que se va a llevar el productor, el transportador o las cuotas por utilizar el territorio de otra organización? La respuesta es la misma: el más poderoso, el que puede someter al resto con la violencia. Es cierto que hay evidencias de pactos entre capos de la Cosa Nostra en Estados Unidos o de los jefes del narco en México que han intentado ponerse de acuerdo con respecto a la distribución de territorios y algunas otras reglas básicas de funcionamiento —por ejemplo, regular el cobro de piso o impuesto que debe pagar una organización si quiere utilizar el territorio de otra para pasar droga a Estados Unidos—, pero en esas mismas ocasiones había capos con más poder que otros y con capacidad de sesgar los acuerdos en su favor y, posteriormente, cuando menos en el caso mexicano, al poco tiempo —como se verá más adelante— comenzaron los incumplimientos generando severos conflictos violentos para imponer de nuevo reglas y territorios.

En síntesis, la naturaleza ilegal de los mercados incentiva el uso de la violencia por dos motivos: *a)* la conveniencia de ser quien fije las reglas de toda la actividad económica, y *b)* la necesidad de asegurar, mediante la fuerza y el miedo, el cumplimiento de los acuerdos como método de resolución de conflictos y de garantizar su control sobre territorios específicos.

Si lo anterior fuera poco, existe otro factor en los mercados ilegales que orilla a las organizaciones a recurrir a las metralletas. Se trata de lo que Diego Gambetta ha estudiado con respecto a la mafia siciliana. A diferencia de otras organizaciones criminales como los cárteles del narcotráfico,[41] colombianos o mexicanos,

---

[41] Existe cierto consenso entre los académicos de que es inexacto llamar cárteles a las organizaciones que trafican drogas, sean mexicanas o colombianas y tienen razón, pues ese concepto se aplica a empresas que se asocian para obtener un poder monopólico sobre una mercancía o servicio, lo cual no parece ser el caso del funcionamiento de las organizaciones de México ni de Colombia, ya que no tienen el poder para fijar los precios de la cocaína ni de la marihuana, porque éstos son fijados en Estados Unidos donde está el principal centro de consumo. Les llamo en este caso cárteles sólo por comodidad

cuyo negocio principal es producir y comercializar drogas, o de organizaciones que se dedican a las apuestas o al tráfico de personas y a la trata de blancas, lo que la mafia siciliana vende es la confianza o protección (aunque recientemente también ha participado en el narcotráfico y en otras actividades criminales, su especificidad se la da la venta de protección). Un mercado de esa naturaleza sólo puede ser posible donde el Estado ha fallado en la tarea fundamental de garantizar, mediante la aplicación de las leyes, la confianza en las transacciones económicas. Si en la adquisición de tierras o en la compra de cualquier mercancía existe una probabilidad elevada de ser víctima de un fraude porque no haya autoridades o no sean confiables, los empresarios de todo tipo y los ciudadanos en su calidad de consumidores estarán desprotegidos y la economía funcionará muy mal. Ante esa problemática que vivía Sicilia —la República italiana estaba apenas formándose en Roma y no tenía la capacidad ni los recursos para establecer el Estado de derecho en ese alejado territorio italiano, además de que existía una larga tradición de desconfianza hacia las autoridades de todo tipo— en la segunda mitad del siglo XIX, la mafia encontró lo que ahora llaman un "nicho de mercado": vender protección, es decir, la garantía del cumplimiento de los contratos económicos. Cuando un campesino compraba la protección de la mafia, lo que adquiría era el compromiso de ésta de hacer valer sus derechos en los acuerdos establecidos entre el comprador y el vendedor. Si, por ejemplo, ese campesino compraba una vaca lechera y el vendedor lo engañaba y le entregaba una vaca enferma que no producía leche, la mafia se encargaba de "castigar" al estafador, pues contaba con "ejecutores" de todo tipo, dispuestos a imponer cualquier castigo, incluyendo la muerte. Pero la mafia no sólo vendía ese tipo de protección contra fraudes en compra-ventas, también protección en el sentido literal. Por ejemplo, a los terratenientes y a los comerciantes ricos les vendía protección contra ladrones y asaltantes; a los usureros les vendía protección contra deudores morosos; a las bandas de ladrones les vendía protección contra la invasión de su territorio por

---

y por tratarse de un concepto de fácil entendimiento por la gente que no es especialista en el tema; pero en la medida de lo posible utilizaré el concepto de organizaciones criminales o del crimen organizado.

otras bandas. La venta de protección es un mercado diverso y amplio pues todo mundo la necesita, tanto los ciudadanos que trabajan legalmente, como quienes operan sin acatar ley alguna (éstos la necesitan en mayor medida). Es el negocio por excelencia cuando el Estado no existe o es muy débil. Por esta razón, la mafia se convierte en un sustituto imprescindible pero deforme del Estado, pues simple y llanamente se trata de la protección que deberían brindar las instituciones públicas de seguridad y justicia.[42]

Establecido un mercado (ilegal) de venta de protección o confianza, apunta Gambetta, este mercado tiende necesariamente a ser monopólico debido a la naturaleza de su producto. Para brindar confianza es necesario tener los medios para castigar los incumplimientos, es decir, se requieren la disposición y los mecanismos para emplear la violencia e imponer castigos ejemplares a los defraudadores de quien compró la protección. ¿Es posible que en un territorio o en un mercado, digamos el de las drogas, haya más de una "empresa" que ofrezca protección? Es improbable, pues la violencia necesaria para ser un proveedor confiable de protección tiene que ser la mayor posible; es decir, la empresa que protege no puede ser la segunda más violenta pues la que es la número uno en capacidad de violencia la puede eliminar y tratará de hacer todo lo posible por sacarla del mercado. Esto es, en el uso de la violencia los grados no importan, estamos frente a un bien que se clasifica de manera binaria: o se es el más violento o no se tienen posibilidades reales de ser un proveedor de protección. Pongamos un ejemplo: en un barrio urbano existen dos organizaciones que venden protección y un comerciante de coches compra la protección de la organización A, mientras que un ciudadano que compra un coche tiene la protección de la organización B que es más débil que la A. El vendedor engaña al ciudadano y le vende un auto defectuoso, pero como la organización que protege a éste no es tan

---

[42] En México, las organizaciones delictivas se han dedicado fundamentalmente al narcotráfico y a otras actividades criminales (secuestro, robo de automóviles) y no a la venta de protección; no obstante, la debilidad de nuestro Estado de derecho es un fenómeno que debe ser estudiado y explicado. Sólo Los Zetas y La Familia han vendido protección en sentido estricto. Más adelante analizaré con detalle el caso mexicano desde esta perspectiva y las particularidades que adquiere la venta de protección en esos casos.

poderosa como la que protege al vendedor, su protección no será efectiva. O más simple aún: si yo soy un empresario necesitado de protección y sé que en mi localidad existen dos mafias que la proveen, ¿cuál escogeré, la más barata aunque no sea la más violenta y poderosa o la otra aunque sea más cara pero que sí garantiza mis intereses? Todo mundo tenderá a contratar a la mafia más violenta y poderosa, la cual se volverá monopólica pues sacará del mercado al resto de sus competidoras.

Ésta es la razón por la cual el mercado de la protección tiende a ser monopólico, y sus implicaciones en términos de violencia son muy relevantes, pues significa que habrá fuertes luchas entre las organizaciones que pretenden convertirse en la empresa monopólica de la protección en un territorio o en un mercado de bienes ilegales. Presentarse como la organización criminal más violenta no es un asunto teórico sino concreto: se tiene que acreditar de manera pública y fehaciente que se poseen los medios (gentes entrenadas, asesinos profesionales y armas al por mayor) y que se han utilizado de manera convincente en contra de sus adversarios y enemigos. La reputación como proveedor de protección confiable es lo que vale. Y para ganársela hay que haber ejercido ostensible y convincentemente, sin ningún prurito ético, violencia en todas sus formas posibles. Cuanto más cruel y despiadada, mejor.[43]

Aunque el mercado de las drogas —del que estamos hablando en sus inicios en México— no tiene las mismas características que las del mercado de la venta de confianza o protección, sí tiene similitudes por su tendencia a lograr una competencia mínima, como observaremos en este recorrido por su historia. Por ser oligopólico, puesto que son pocos los participantes en un mercado, propicia también el carácter violento de las organizaciones mexicanas dedicadas al narcotráfico. Las organizaciones están prácticamente obligadas a luchar entre sí por la subsistencia; si quieren sobrevivir tienen necesariamente que confrontarse para defender su territorio y su pedazo de mercado, ya que no tienen un protector como la mafia italiana en Sicilia. Los chinos de los años treinta asentados en México no tuvieron protección ni tenían

---

[43] A este argumento volveré más adelante cuando se analice lo sucedido en México a partir de 2006.

capacidad de ejercer la violencia, por lo que fueron eliminados sin misericordia por sus competidores que aprovecharon el odio racial para movilizar a la población, la que ejerció tales niveles de crueldad que el ex procurador de Justicia, Lazcano, calificó esta situación como una "limpieza étnica".[44]

La violencia está, por tanto, grabada en los genes, en el ADN de la delincuencia organizada. Y la han utilizado, como se verá en esta historia, siempre que hay conflictos entre organizaciones o al interior de éstas; siempre que hace falta definir o modificar reglas y establecer o redefinir territorios y siempre que la condición monopólica u oligopólica del mercado de protección o de las drogas están en riesgo. Es una cuestión normal del funcionamiento de los mercados ilegales, pues sin violencia no se sobrevive en ellos. Es decir, las organizaciones criminales no necesitan de la persecución del Estado para desatar la violencia y hay claros ejemplos de ello. Aunque faltará discutir también en qué medida las distintas políticas estatales de combate crean las condiciones para catalizarla e incluso, de manera más radical, se debe analizar si en determinadas circunstancias, en situaciones críticas (que habría que definir), cualquier medida o acción estatal necesariamente dispara la violencia, esto es, si hay situaciones en que la violencia puede ser inevitable.

Después de este paréntesis necesario para entender cómo operan los mercados ilegales y por qué son violentos, regresemos a la historia de los primeros años del narcotráfico en México. Para ello es necesario abordar dos componentes: la situación del consumo de drogas en Estados Unidos y las políticas del gobierno de ese país, y la política del Estado mexicano con respecto al mismo fenómeno.

LA INFLUENCIA DE ESTADOS UNIDOS

Después de que la heroína y la cocaína quedaran prohibidas en diciembre de 1914 por el Congreso de Estados Unidos, le llegó su turno a la marihuana. Durante las primeras dos décadas del siglo pasado, varios estados de la Unión Americana aprobaron legisla-

---

[44] La extrema violencia, con crueldad inusitada, no es exclusiva de los tiempos recientes, como muchos lo quieren hacer creer.

ciones estatales que prohibían el consumo recreativo de esa yerba y regulaban su uso médico. En 1925, después de que en la Convención Internacional del Opio se regulara, con el apoyo de la Casa Blanca, la exportación del "cáñamo indio", mejor conocido como *hashish*, y para el tráfico internacional de esa planta se certificara que la compraventa de marihuana era exclusivamente para usos científicos y medicinales, en Estados Unidos se dieron a la tarea de unificar las legislaciones estatales en materia de regulación y prohibición de las drogas. Esa tarea terminó 10 años después cuando ya todos los estados del vecino país habían regulado el consumo de la marihuana, y en 1937 se aprobó la Ley del Impuesto a la Marihuana (ley federal ya no estatal), la cual declaró ilegal en todo Estados Unidos la posesión y el comercio de marihuana, fijando un impuesto muy elevado para su uso industrial y medicinal.

Esta actitud prohibicionista se había reforzado en 1930 cuando la Casa Blanca creó el Federal Bureau of Narcotics (FBN), el organismo gubernamental encargado de proponer y ejecutar las políticas en materia de drogas, vigilar que se pagaran los impuestos a la importación y su uso médico e industrial —razón por la cual estaba adscrito al Departamento del Tesoro, de Estados Unidos— y perseguir a quienes violaran las leyes en la materia. Al frente del FBN nombraron a Harry Anslinger, funcionario que desde que en la década de los veinte del siglo pasado entró a trabajar en el Departamento de Estado[45] y luego en el Departamento del Tesoro estuvo interesado en impulsar las acciones necesarias para regular el consumo de drogas y castigar a quienes las comercializaran y las consumieran. Su puritanismo era tal que de hecho convirtió su vida entera en una cruzada contra las drogas, pues estuvo al frente del FBN 32 años y cuando en 1962 abandonó ese organismo —que fue el antecedente de la DEA—, el presidente John F. Kennedy lo designó representante de su gobierno en la Comisión de Narcóticos de la ONU. Fue el gran impulsor de la ley federal de 1937, armando una campaña mediática con el apoyo de William Randolph Hearst, el principal dueño de periódicos en Estados Unidos en esa época, en la cual se difundió, como se hizo en 1914 antes de la

---

[45] Dependencia del gobierno de Estados Unidos que define y ejecuta la política exterior de ese país; es equivalente a la Secretaría de Relaciones Exteriores de México.

prohibición de la heroína y la cocaína, que la marihuana era un "veneno" que volvía violentos a los que la consumían, incitándolos a cometer los peores crímenes. Además se aseguraba que los principales consumidores de la "nefasta yerba" eran los negros y mexicanos. Se utilizó la misma fórmula, es decir, mezclar droga, racismo y violencia para alarmar a la sociedad y a los legisladores estadounidenses. Anslinger citaba reiteradamente una nota policiaca que se refería a un joven de Florida que había asesinado a sus padres y hermanos; la policía aseguraba que había enloquecido y cometido ese crimen por consumir marihuana. En el debate previo a la aprobación de la ley, también se mencionó la existencia de intereses económicos, pues al prohibir la marihuana se iba a eliminar al cáñamo —una variedad de la yerba— como una fibra en competencia con el algodón y otras fibras sintéticas que comenzaban a introducirse en la industria textil.

En la visión de Anslinger el consumo de drogas, especialmente de marihuana, crecía de manera alarmante por lo que era indispensable prohibir su producción y comercialización dentro de su país, y que el resto del mundo lo hiciera, por lo que impulsó que la Casa Blanca presionara a los países productores de drogas, entre ellos México, para que adoptaran las mismas políticas prohibicionistas.[46]

Sin embargo, las presiones a nuestro país empezaron mucho antes de la creación del FBN. Poco después de la prohibición del opio en aquel país en 1914, el gobierno estadounidense creó una policía antinarcóticos con recursos muy escasos. No obstante, se las arreglaron para investigar el tráfico de heroína proveniente

---

[46] De hecho, Estados Unidos era de los países más activos en la Liga de las Naciones, el organismo multilateral que antecedió a la Organización de las Naciones Unidas, ONU, en la lucha porque se prohibiera el tráfico de opio, cocaína y marihuana a escala mundial. En la Convención sobre la Supresión del tráfico Ilegal de Drogas Peligrosas, celebrada en 1936 en Ginebra, Anslinger, en representación de Estados Unidos, intentó incluir en la resolución final la criminalización de todas las actividades de cultivo, producción, manufactura y distribución relacionadas con el opio, la cocaína y la marihuana que no fueran de uso medicinal y científico. Muchos países se opusieron y finalmente Estados Unidos no firmó la versión final por considerar que la Convención fue muy débil en sus posturas, en especial con relación a los temas de la extradición de criminales, de la extraterritorialidad de las leyes y la confiscación de las utilidades del narcotráfico.

de México e implementaron un caso contra narcotraficantes mexicanos:

En septiembre de 1916 un agente especial a cargo de la aduana de Los Ángeles envió un reporte a Washington con implicaciones explosivas. Sus informantes rastrearon una organización de narcotraficantes chino-mexicanos que contrabandeaban opio de Tijuana a California. En Los Ángeles vendían el opio a un chino llamado Wang Si Fee, quien también tenía conexiones en San Francisco. En la organización participaba una figura oscura llamada David Goldbaum, de nacionalidad poco clara, quien sobornó nada menos que al gobernador de Baja California, el coronel Felipe Cantú. Después de una negociación acalorada Goldbaum acordó hacerle un anticipo de 45 mil dólares y pagos mensuales de 10 mil dólares para asegurar la inmunidad a los narcotraficantes. El reporte muestra cómo desde esa época, los agentes usaban una táctica que caracterizará los esfuerzos antidrogas de Estados Unidos durante todo el siglo XX: el pago a informantes encubiertos dentro de las organizaciones […] Los policías estadounidenses estaban más preocupados por la revelación central de su caso: que los políticos mexicanos estaban metidos en el negocio […] También documentaron que el gobernador Cantú permitía que su policía decomisara droga, como el caso de 400 botes de goma de opio asegurados en el puerto de Ensenada que luego reaparecerían a la venta. Cantú vendía el opio a través de un distribuidor chino de Mexicali, llamado J. Uno […] Un segundo reporte del Departamento del Tesoro añadió que el mismo Cantú era adicto a la morfina […] Los investigadores mandaron todo el reporte a Washington —pilas de documentos incriminatorios— para que el gobierno de EU le exigiera a México que actuara en contra de Cantú. Sin embargo, no existen registros de que alguna vez Washington hubiera presionado a México sobre ese tema y Cantú terminó su periodo como gobernador sin problema. A lo mejor Cantú era parte del grupo revolucionario (en 1916 la revolución mexicana estaba en su apogeo) con el cual estaba aliado el gobierno de EU. A lo mejor la Casa Blanca estaba más preocupada por la I Guerra Mundial en Europa. Posiblemente a los funcionarios no les importaba frenar el flujo de opiáceos, los cuales eran enviados a manos llenas a las tropas que peleaban en las sangrientas trincheras en Francia. Cualquiera que hubiera sido la razón, el caso Cantú sentó un precedente por el cual los agentes antinarcóticos de EU se quejarán a lo largo de todo el siglo XX: una tras otra, ellos construirían casos en el que estarían involucrados políticos de países extranjeros, y siempre el Departamento de Estado no haría nada al respecto o bloquearía las investigaciones. La guerra contra las drogas fuera de EU y la política exterior de ese país han tenido objetivos diferentes y dos prioridades muy distintas.[47]

La cita es larga pero ilustrativa de cómo serían en el futuro las relaciones entre ambos países en esta materia. Expone hechos muy familiares: agentes de Estados Unidos investigando en territorio mexicano; traficantes y políticos mexicanos vinculados; policías locales involucradas en el negocio; el papel de la parte estadounidense como el gran motor del mercado de estupefacientes y la necesaria complicidad de sus autoridades en el cruce y la distribución en su territorio, minimizada; la transmisión implícita del mensaje de que ellos son los buenos y los mexicanos los malos y, finalmente, una visión unilateral del problema, reflejo de la asimetría en las relaciones entre ambos países. Y estas observaciones se refuerzan por el hecho de la disparidad de legislaciones entre México y Estados Unidos, cosa que desconocían o no le importaba a los agentes antinarcóticos estadounidenses: en 1916 producir y comercializar opio en México no era ilegal.

La novedad, quizá, es la queja de los agentes sobre la omisión y la oposición del Departamento de Estado de traducir en presión diplomática los resultados de las investigaciones policiales. Y este dato es importante, pues expresa dos hechos relevantes para el análisis de la implementación de las políticas públicas del gobierno

---

[47] Ioan Grillo, *El Narco...*, pp. 54-56.

estadounidense, y también del mexicano. En primer lugar, que los gobiernos no son entes monolíticos sino que están compuestos por una multiplicidad de agencias con intereses diferentes y, en ocasiones, contradictorios. Y segundo, que el tema de las drogas no siempre es la prioridad en la toma de decisiones de la Casa Blanca con respecto a México. Aunque desde hace casi 100 años el gobierno de Estados Unidos se ha comprometido con una política agresiva y la mayoría de las veces unilateral, en contra de los países productores o de tránsito de las drogas, no siempre actúa en consecuencia y las presiones hacia esos países son tomadas con base en muchos otros factores ajenos al tema de los estupefacientes.

Durante las décadas de los veinte y treinta, las presiones de Estados Unidos sobre México con relación al tráfico de opio y marihuana, estuvieron orientadas a volver homogéneos los marcos jurídicos en materia de estupefacientes, pues mientras en el país del norte estaban prohibidos en México eran legales.

En 1923, el presidente Álvaro Obregón prohibió la importación de todos los narcóticos y decretó ley seca en 50 millas aledañas a la frontera. Además, ordenó que desde Ciudad Juárez patrullaran la frontera para impedir el paso de contrabando de alcohol porque, según creía, ayudar a la efectividad de las leyes de prohibición estadounidenses evitaría transgresiones del lado mexicano [...] En 1925, el presidente Plutarco Elías Calles negoció un tratado bilateral con Estados Unidos para combatir el contrabando y ordenó a las autoridades judiciales incrementar las acciones en contra de traficantes y usuarios de opio, heroína y cocaína, incluyendo las armas y el alcohol. Estados Unidos no cumplió el tratado más de un año, porque mostró poca eficacia para evitar el paso de alcohol y permitir el tránsito de armas.[48]

Finalmente en 1926 se daría la prohibición en nuestro país, con lo cual se eliminaba la ventaja que significaba para

---

[48] Froylán Enciso, "Los fracasos del chantaje. Régimen de prohibición de drogas y narcotráfico", en Arturo Alvarado y Mónica Serrano (coords.), *Los grandes problemas de México*, t. XV. Seguridad Nacional y Seguridad Interior, El Colegio de México, México, 2010, p. 69.

los productores e importadores de drogas mexicanos la diferencia de las legislaciones.[49]

El gobierno de Pascual Ortiz Rubio modificó el Código Penal Federal para criminalizar la posesión, venta y consumo de estupefacientes; estableció que los delitos de tráfico de drogas y toxicomanía (usuarios habituales) se convirtieran en federales (para los vendedores las penas eran cárcel de seis meses a siete años y multas de 50 a cinco mil pesos); y, en octubre de ese año, entró en vigor el Reglamento Federal de Toxicomanía en el que se consideraba toxicómano a quien sin fines terapéuticos fuera usuario habitual de las drogas. Este reglamento fue producto de un acuerdo bilateral con Estados Unidos.[50] Al final del gobierno del presidente Lázaro Cárdenas, hubo un intento de redefinir la política interna con respecto a las drogas. El 17 de febrero de 1940, un nuevo Reglamento de Toxicomanía del Departamento de Salubridad, estableció que los toxicómanos no deberían considerarse delincuentes, sino enfermos, según la visión del doctor Salazar Viniegra, alto funcionario del Departamento de Salubridad en 1938 y 1939. "Éste pretendía definir el problema del consumo como un asunto de salud pública y el combate al tráfico como la necesidad de fortalecer el control estatal del mercado de drogas para disminuir sus ganancias".[51] En las consideraciones del reglamento se afirma que "el único resultado obtenido con la aplicación del referido reglamento de 1931 ha sido la del encarecimiento excesivo de las drogas y hacer que por esa circunstancia obtengan grandes provechos los

---

[49] Existe confusión sobre la fecha exacta en que México asumió plenamente la política prohibicionista de las drogas, pues Mónica Serrano ("México: narcotráfico y gobernabilidad", en *Revista Pensamiento Iberoamericano*, núm. 1, 2ª época, Madrid, septiembre de 2007) menciona que en 1916 el endeble gobierno central prohibió la importación de opio; después estuvieron la prohibición de Álvaro Obregón en 1923 y las medidas punitivas de Plutarco Elías Calles de 1925; pero el mismo Elías Calles tuvo que emitir decretos en 1926 (según Astorga) o en 1927 (según Enciso) para declarar ilegal la producción e importación de drogas y regular su uso medicinal. Parece que la medida que comenzó a tener efectos reales fue la de Calles, cuando el gobierno central ya no era tan débil como el de 1916.
[50] Froylán Enciso, *op. cit.*, p. 70.
[51] *Ibid.*, p. 71.

narcotraficantes".[52] Sin embargo, este viraje no fue bien visto en Estados Unidos y comenzaron las presiones para que el gobierno cardenista diera marcha atrás. Y usaron su poder. "A finales de marzo, Estados Unidos había suspendido la exportación de drogas para fines médicos a México. Esto provocó la reacción virulenta del gremio médico y de farmacéuticos y boticarios. El gobierno mexicano se vio obligado a entablar conversaciones diplomáticas." El resultado fue la derogación del nuevo reglamento a los pocos meses y, después, la reapertura del flujo de medicinas durante la Segunda Guerra Mundial, periodo en que el abasto proveniente de farmacéuticas alemanas se había dificultado. Una ley que permitiera el abastecimiento legal de drogas a los "viciosos" era mal vista por Estados Unidos, no sólo por motivos legales sino quizá también "geoestratégicos".[53]

No obstante, ya estaban sentadas las bases o los supuestos sobre los cuales operaría la política del gobierno estadounidense con respecto a México en esta materia: los países productores son la causa del problema, pues ellos abastecen las drogas y hay que presionarlos lo más que se pueda para que combatan a los diversos tipos de narcotraficantes; además, éstos tienen el apoyo y la complicidad de muchas autoridades, por lo que combatir la corrupción es fundamental para resolver el problema. Por otro lado, los políticos y diplomáticos de otras áreas del gobierno se reservaban el derecho de frenar, matizar o exacerbar las tendencias duras de los policías antidrogas, según los intereses de Washington y la tendencia de las relaciones con México, siempre asimétricas. Enciso señala en su texto que entre las razones que tenían los estadounidenses para que México adoptara el régimen prohibicionista, estaba la preocupación de quienes veían en el flujo de narcóticos una amenaza para la salud de los ciudadanos norteamericanos que caían en las adicciones, y para los empresarios estadounidenses dedicados al narcotráfico, ya que ese gran negocio podía asentarse por completo en México excluyéndolos.

---

[52] Luis Astorga, op. cit., p. 44.
[53] Froylán Enciso, op. cit., p. 72.

El Estado mexicano y el narcotráfico: débil desde el principio

Las presiones que pudieran haber ejercido los estadounidenses en esos primeros años del desarrollo del narcotráfico sobre el gobierno mexicano, e incluso la voluntad política que los mismos funcionarios mexicanos tuvieran para llevar a la práctica la política prohibicionista inaugurada en la década de los veinte del siglo pasado, se topaban con una realidad dura de roer: la precaria situación del Estado mexicano después del movimiento armado que comenzó en 1910 y del conflicto cristero, luchas que terminaron casi dos décadas después. Esa debilidad limitó drásticamente las posibilidades reales para instrumentar políticas eficaces en cualquier campo, no sólo en materia de combate al narcotráfico. El consumo de drogas como problema de salud y el nacimiento del narcotráfico como problema de seguridad (surgimiento de las primeras organizaciones criminales dedicadas a la producción, procesamiento, comercialización local y, sobre todo, a la exportación a Estados Unidos) coincidieron con un periodo sociopolítico particularmente complejo. La Revolución mexicana hizo estallar el régimen político porfirista y la construcción del nuevo sería un proceso largo y sinuoso, del cual surgiría un Estado mexicano con unas características que serían decisivas en la definición del perfil que adquirirá en las siguientes décadas la delincuencia organizada. Sin embargo, en lo que se refiere a esta primera etapa de las décadas de los veinte y treinta del siglo pasado, aparte de la trascendente decisión de los nacientes gobiernos revolucionarios de sumar a México en la dominante corriente prohibicionista en materia de estupefacientes en el ámbito internacional, los efectos de la acción del Estado en la delincuencia organizada —el tercer hilo conductor del relato, con el cual se completa esta primera parte de la historia— se dieron más por omisión que por la aplicación de una política general en la materia.

Mónica Serrano, una académica especializada en el tema, sintetiza muy bien el contexto general del país y sus implicaciones para el narcotráfico:

El gobierno suscribió, con esas modificaciones a sus leyes (las relativas a la prohibición de las drogas), los compromisos de un régimen internacional en ciernes, pero sin contar con la capacidad real de respaldarlos [...] No existía un aparato administrativo ni un andamiaje institucional capaz de controlar el territorio nacional o el movimiento a través de sus fronteras y no existía tampoco, la capacidad para reclamar de manera efectiva el monopolio —legítimo o no— de la violencia. En otras palabras, no existía una autoridad central a la vez previsible y eficaz que garantizara el acatamiento de las nuevas regulaciones para el control de la producción y el tráfico de drogas [...] la expansión de la economía ilícita de las drogas en esas décadas, no fue pues ajena o contraria, sino concurrente a la fragmentación política y militar del país.[54]

Los esfuerzos para construir el Estado posrevolucionario en los años veinte y treinta del siglo pasado se concentraron fundamentalmente en la creación y redefinición de las instituciones económicas, agrarias y sociales, en medio de enormes carencias presupuestales, producto de la frágil situación de la hacienda pública —situación normal después de un conflicto armado y un largo periodo de inestabilidad política y económica, pues los sistemas y procesos de cobro de impuestos tardan en recuperarse— y de la crisis económica que vivió el mundo a partir de 1929 y que afectó severamente a la economía mexicana. Si se revisan los informes presidenciales de 1926 a 1940,[55] destaca el esfuerzo por dotar a los gobiernos revolucionarios de instrumentos para relanzar económicamente al país y atender los reclamos agrarios y sociales, sedimentos del movimiento armado: desde la creación del

---

[54] Mónica Serrano. "México: narcotráfico y gobernabilidad", *Revista Pensamiento Iberoamericano*, núm. 1, 2ª época, Madrid, septiembre de 2007, pp. 258-259.

[55] Documentos muy útiles para conocer de las prioridades establecidas por los presidentes en sus administraciones, pues eran el medio más importante para comunicarle al Congreso y a la sociedad entera lo que los titulares del Ejecutivo consideraban como sus acciones y legados relevantes. Se les puede consultar en José R. Castelazo, *200 años de Administración Pública en México. La Administración Pública en los Informes Presidenciales*, t. V, vol. 2, 1920-1976. Adolfo de la Huerta-Luis Echeverría Álvarez, Instituto Nacional de Administración Pública, A. C., México, 2010.

Banco de México, de Nacional Financiera y todas las instituciones que hicieron posible el reparto agrario y los apoyos a la economía campesina ejidal (Reforma Agraria, Banco Nacional de Crédito Ejidal) hasta la creación de Petróleos Mexicanos, la Comisión Federal de Electricidad, las juntas de Conciliación y Arbitraje en materia laboral, sin descuidar aspectos sociales como la educación (autonomía de la UNAM, creación del IPN, educación socialista en todo el país).

En medio de esa furia creadora de instituciones, de promulgación de leyes y aplicación de programas de gobierno, todos con la finalidad de construir un Estado fuerte y de promover la justicia social, contrasta con la escasa atención concedida a las acciones con respecto a la seguridad y justicia y, por tanto, al problema del narcotráfico. Todo lo que Plutarco Elías Calles, Emilio Portes Gil, Pascual Ortiz Rubio, Abelardo Rodríguez y Lázaro Cárdenas consideraron importante para incluirlo en sus informes al Congreso en materia de seguridad y justicia son asuntos poco relevantes: la promulgación de una nueva Ley Orgánica de los Ministerios Públicos y una reorganización de la PGR que más bien eran redefiniciones de funciones ante la falta de personal en los ministerios públicos; también se informa de acciones que nunca fueron suficientes para conformar una política coherente en esas materias; la intención de dotar a las Islas Marías de los recursos para convertirlas en una cárcel modelo que rehabilitara a los internos mediante el trabajo; un plan para reorganizar la policía del Distrito Federal (se compondría de 16 compañías de gendarmes a pie y un escuadrón montado) y otro para aumentar de 600 a 1 000 los miembros capacitados de la gendarmería de a pie de la Ciudad de México; disposiciones sobre infractores menores; creación de algunas delegaciones del ministerio público; la publicación del reglamento de la policía sanitaria. Del consumo y tráfico de drogas, ninguna palabra.

Que las cuestiones ligadas al narcotráfico no fueran una prioridad es muy comprensible no sólo porque las dimensiones de éste eran menores, también porque comparado con otras problemáticas y demandas sociales, los presidentes y sus gobiernos se enfocarían en los temas esenciales de aquella época: la educación, el reparto agrario, el fomento del crecimiento económico, la estabilidad y la paz políticas, etcétera. Sin embargo, eso no significa que el Estado no tuviera algún tipo de política y mecanismos de intervención con respecto al narcotráfico, de acuerdo con los agentes del Estado que se involucraban en este asunto.

En primer término debe señalarse que en lo general el Estado mexicano adoptó la posición prohibicionista, que se plasmó en un marco normativo que declaró ilegales producción, importación, comercialización y consumo de la marihuana, los opiáceos y la cocaína cuando no fueran para usos medicinales o terapéuticos, debido a que durante las últimas décadas del siglo XIX esas tres drogas tenían mucha aceptación en el medio farmacéutico y eran utilizadas como remedios de múltiples enfermedades. De cualquier manera la decisión del gobierno mexicano obedeció, en buena medida, a presiones internacionales, específicamente de Washington; pero también era cierto que en México existían grupos opuestos al consumo de los estupefacientes debido a sus implicaciones en la salud pública (el crecimiento de las adicciones[56]) y a la prevalencia de una moral conservadora que presentaba a los consumidores de drogas como degenerados, antisociales, criminales, enemigos de la sociedad, que además exhibía un desprecio por las clases bajas. El consumo de drogas era causa de degeneración social y racial.[57] Parte importante de ese marco normativo fueron los ajustes de 1931 al código penal para convertir en delito federal las actividades del narcotráfico y penalizar el consumo.

La forma como se puso en práctica esta posición prohibicionista es un tema mucho más complicado. En primer lugar, debe decirse que la dependencia estatal responsable de aplicar la ley en la materia no era una instancia policiaca, es decir la Procuraduría General de la República, sino el Departamento de Salubridad,

---

[56] En la exposición de motivos del Reglamento Federal de Toxicomanía promulgado bajo el gobierno de Lázaro Cárdenas, se reconoce que por falta de recursos económicos del Estado, no ha sido posible hasta la fecha seguir procedimientos curativos adecuados con todos los toxicómanos, ya que no ha sido factible establecer el suficiente número de hospitales que se requiere para su tratamiento, de lo que se infiere que no eran pocos y su número aumentaba (ver Froylán Enciso, "Los fracasos del chantaje. Régimen de prohibición de drogas y narcotráfico", p. 71).

[57] Luis Astorga, *op. cit.*, pp. 29-30.

por lo que contaba con una policía sanitaria responsable de combatir no sólo el consumo de drogas, también el del alcohol, además de supervisar y vigilar las cuestiones sanitarias propiamente dichas (la vigilancia del cumplimiento de las normas de salubridad en los establecimientos donde se venden y preparan bebidas y alimentos, por ejemplo). No hay datos disponibles sobre la cantidad de agentes que la conformaban, pero no debieron ser muchos y su capacidad para hacer que se cumplieran las leyes y los reglamentos en materia de estupefacientes debió ser mínima, considerando, por ejemplo, sólo dos aspectos: *a)* la supervisión de las miles de farmacias y boticas donde se expedían drogas para uso medicinal, pero que también lo hacían para consumo recreativo, y *b)* la búsqueda y destrucción de sembradíos de marihuana y amapola. Por esa razón, la policía sanitaria era apoyada por otros cuerpos policiacos de los gobiernos estatales y del Distrito Federal, además de la PGR.

Aun así, las capacidades eran pocas según se desprende de las conclusiones de una reunión convocada a principios de 1937, por el titular del Departamento de Salubridad, el doctor José Siurob,

> con los principales representantes de las dependencias federales relacionadas con la justicia. En el panorama que allí se presenta, según la síntesis periodística, afirma que México es un centro de concentración y distribución de estupefacientes. Señala el problema que representa la participación de diversas policías, celosas de sus respectivas áreas de influencia, en la persecución de delitos contra la salud; las dificultades con algunos jueces que dejan libres a narcotraficantes; problemas con algunos gobernadores, uno de los cuales avisó que había enviado opio decomisado a las autoridades sanitarias y cuando se abrieron las latas… se encontró chapopote. Se lamentaba de la ineficacia de las campañas y comentaba que "antes, a los agentes se les pagaba con la propia droga. ¡Ya se imaginarán ustedes que esos agentes eran también vendedores!" […] Entre las conclusiones de la reunión se mencionan: 1. La necesidad de que un solo organismo dirija la campaña contra las drogas; se sugería que fuera la PGR, pero el presi-

dente renovó su confianza en Salubridad. 2. La integración de un Comité Nacional de la campaña. 3. Que un solo organismo hable a la prensa de la Campaña. 4. La formación de un catálogo de toxicómanos y traficantes. 5. Que las policías no retengan las drogas como depósitos propios.[58]

En ese mismo año un grupo de madres de adictos presentó al presidente Lázaro Cárdenas un pliego petitorio para que la PGR fuera la única dependencia responsable de la persecución de narcotraficantes, se otorgara un aumento de sueldos a los policías de narcóticos y se estrechara la vigilancia en puertos, aduanas y fronteras; asimismo que se destruyeran plantíos de marihuana en los estados de Puebla, Oaxaca, Guerrero, San Luis Potosí y Querétaro. También solicitaron que el Departamento de Salubridad se concentrara en la atención de los adictos a quienes se consideraba como enfermos y que a los narcotraficantes se les aplicara una pena de veinte años de prisión no conmutables.[59]

Este breve relato de las dificultades que enfrentaba el Departamento de Salubridad y las demandas de un grupo de madres afectadas por el problema revelan, en síntesis, las dificultades reales a las que se enfrentaban día con día las autoridades: incapacidad de destruir los plantíos; policías escasos, mal pagados y con incentivos para convertirse en parte del problema y no de la solución (la posibilidad de quedarse con la droga y convertirse en vendedores); problemas de diseño institucional (la PGR con facultades restringidas al respecto mientras que al Departamento de Salubridad le faltaban recursos; ausencia de mecanismos de coordinación entre dependencias; jueces temerosos o comprados); falta de información para dimensionar el problema, etcétera. Sin embargo, eso no era todo el problema del lado de las instituciones: abajo de los puestos directivos, en los estados donde operaba el narcotráfico, las fronteras entre éste y la autoridad se desdibujaban peligrosamente. Lo que en términos generales se identifica como corrupción policiaca, es decir, policías que se venden a los criminales para no perseguirlos y protegerlos, aparece como una realidad

---

[58] *Ibid.*, pp. 39-40.
[59] *Ibid.*, pp. 44-45.

innegable. En este sentido, los hechos registrados desde esa primera época del narco en México son numerosos.

Sin embargo, quizá el término corrupción es insuficiente para calificar todas las variantes de participación de las autoridades en el mercado ilegal de las drogas, y sea necesario profundizar un poco más en las relaciones entre Estado y delincuencia organizada, a partir de diferentes casos consignados por quienes han investigado el problema, pues cada modalidad expresa aspectos relevantes de esa relación.

La modalidad más simple y evidente de corrupción es la del policía que acepta sobornos de los narcotraficantes para darles protección y asegurarles impunidad a sus acciones. El relato de Ioan Grillo sobre el control del tráfico de estupefacientes en Ciudad Juárez, una vez que los chinos fueron desplazados por "La Nacha" —la que se convirtió en la primera mujer mafiosa con fama en México—, menciona ese tipo de protección sin especificar quiénes en concreto la prestaban. Dice Grillo:

> Sin duda alguna, ella era una empresaria talentosa. La Nacha se dio cuenta de la cambiante demanda del mercado y expandió la producción de heroína y, según se reporta, tenía sus improvisados laboratorios para procesar el opio de la Sierra Madre [...] ella también tenía dinero para comprar a la policía. Tal como lo reportó el periódico *El Continental* el 22 de agosto de 1933: "Ignacia Jasso, alias La Nacha, no ha sido todavía arrestada por las autoridades por la posesión y la venta de drogas heroicas [heroína] que todo mundo dice que ella ha hecho desde hace varios años en su casa en la calle de Degollado N° 218. Hemos sido informados de que La Nacha viaja tranquilamente por todas las calles de Ciudad Juárez en el lujoso coche que acaba de comprar. Parece que ella tiene importantes influencias y esa es la razón por la cual no ha sido capturada".[60]

---

[60] Ioan Grillo, *op. cit.*, p. 61.

Luis Astorga recoge varios casos de la década de los veinte de la prensa o registros policíacos; unos genéricos, como del que simplemente comenta que "ante el auge del fenómeno se empieza a decir ya que 'algunos altos funcionarios públicos se dedican a proteger el tráfico de drogas'. Sin más detalles es mencionado un diputado 'muy conocido en las lides parlamentarias' "; mientras que otros son más explícitos, como el del capitán Luis Huesca de la Fuente, ex jefe de la Policía de Narcóticos del Departamento de Salubridad Pública, encarcelado, entre otras cosas, por proteger a traficantes, entre ellos a María Dolores Estévez, alias "Lola la Chata", ya mencionada antes como "la narcotraficante más activa" en la Ciudad de México.[61]

Otra modalidad importante de participación de autoridades en el mercado ilegal de drogas es la que menciona, entre otros, el doctor Siurob, titular del Departamento de Salubridad, quien afirma sorprendido que a los policías que trabajan en este asunto les pagaban con la misma droga decomisada, por lo que para hacer líquido su "salario" tenían que convertirse en vendedores de droga. Increíble, pero tomando en cuenta la seriedad de la fuente, habría que tomar como cierto el hecho. En este caso se deben resaltar dos datos. El primero es que la participación de las autoridades en el narcomenudeo no se da por iniciativa de los criminales, no hay una invitación, ni un soborno o amenaza de por medio para provocar que los policías se involucren; es iniciativa de los jefes de la policía pagar los sueldos de sus agentes con estupefacientes y ese es el segundo dato relevante que se desprende de lo dicho por Siurob. Habría que preguntarse qué concepto de la ley tendrían esos jefes policiacos que no consideraban un problema, y seguramente tampoco un delito, usar como medio de pago sustancias *prohibidas* y obligar a sus agentes a delinquir (vender drogas era un delito) para poder subsistir. Estamos frente a un fenómeno más grave que cuando un criminal soborna a una autoridad, pues la misma autoridad no concede importancia a la existencia de la ley. Simplemente la ignora y la desprecia o se cree por encima de ella. De esa manera desaparece cualquier posibilidad de existencia del Estado

---

[61] Luis Astorga, *op. cit.*, pp. 44-45.

de derecho, es decir, de una vida social regida por normas legítimas (aprobadas o emitidas por autoridades legítimas) y de instancias responsables de sancionar a quien no las cumpla. Sin embargo,
también debe resaltarse otro hecho: ese desprecio por el Estado de
derecho que mostraban algunos jefes policiacos o políticos, no es
compartido por todos los funcionarios del Estado ni por toda la
sociedad. La actuación del doctor Siurob es un ejemplo de autoridad que sí creía en la acción legal del Estado y se esforzaba por
hacerla tangible; incluso fue su dependencia la que promovió en
1940 la modificación del Reglamento de Toxicomanía de 1931,
para que los drogadictos no fueran considerados criminales sino
enfermos, como un medio para que el Estado de derecho, en materia de combate a las drogas, tuviera mejores probabilidades de ser
aplicado. Así, desde los primeros años de la prohibición de las
drogas encontramos una dicotomía en el entonces incipiente Estado mexicano, que estará presente a lo largo de varias décadas:
dos posiciones y actuaciones encontradas en torno a la legitimidad, pertinencia y aplicabilidad del marco jurídico en torno a los
estupefacientes. Esa dicotomía se expresará a lo largo de los años
en distintas ecuaciones según sea la cantidad y calidad de los agentes estatales posicionados en uno u otro lado de la ley, y de los recursos invertidos, es decir, de las capacidades reales para hacerla
valer. Y eso a su vez dependerá de los incentivos que tengan los
gobernantes en turno para hacer cumplir o no la ley.

En esos primeros 15 años de la prohibición (1926-1940) los
recursos que el Estado mexicano podía invertir en la aplicación de
la ley en materia de estupefacientes eran escasísimos, y una gran
parte de los aparatos policiacos y de la clase política no consideraban inconveniente que la norma fuera puesta en práctica. Este
hecho (la precariedad del Estado de derecho en materia de narcotráfico y en otras áreas) antecedió y facilitó la corrupción que los
narcotraficantes comenzarían a practicar con soltura y a manos llenas, y la participación por propia iniciativa de diversas instancias
o agentes políticos y policiacos en el mercado ilegal de las drogas.
Dos casos paradigmáticos de la época son el del coronel Esteban
Cantú y el de Arturo Vaca Martínez. El primero, como ya se mencionó, era militar con 1 800 hombres bajo su mando los cuales,

según Mónica Serrano, se convirtieron en su ejército particular.[62] Si añadimos el descontrol político de la época caracterizada por las balas y la confusión social, secuela de la Revolución mexicana, no es extraño que se convirtiera en amo y señor, es decir, en cacique y jefe político del territorio de Baja California (1915-1920). Pero como gobernar y mantener un ejército cuesta dinero y seguramente la recaudación era poca y el gobierno federal probablemente no le mandaba dinero, Cantú también se convirtió en empresario de la droga: exportar opio a Estados Unidos, donde ya estaba prohibido, era muy rentable. El dinero que le dejaba el contrabando de opio al país vecino le ayudaba a financiar las arcas gubernamentales, y a consolidar su poder local en la medida en que también le daba independencia política respecto del gobierno central. La ecuación era sencilla: Estado débil, poder militar y político necesitado de recursos, y una gran oportunidad de negocio al otro lado de la frontera.

El segundo es el de Vaca Martínez quien, después de haber sido jefe de la Policía de Narcóticos, creó una banda de narcotraficantes en la Ciudad de México y para ampliar su negocio eliminó a Félix Sánchez, quien era conocido como el "Zar de las drogas".[63] A diferencia de otro jefe de la misma Policía de Narcóticos, el capitán Luis Huesca, quien terminó en la cárcel por proteger a traficantes, Vaca Martínez se pasó del otro lado, no permaneció como autoridad corrupta, sino que se convirtió en empresario de las drogas. Casos como éste serán abundantes en las siguientes décadas.

Este conjunto de hechos y ejemplos de intervenciones estatales en el incipiente mercado ilegal de las drogas —desde las normas prohibicionistas hasta los policías a los que les pagan con droga decomisada o se la apropian sin problemas; o jefes policiacos que se convierten en narcotraficantes, pasando por funcionarios que toman en serio sus responsabilidades y políticos que financian su gobierno y su cacicazgo con las rentas de la exportación de opio a Estados Unidos— describen la multiplicidad de formas de relación entre Estado y delincuencia organizada dedicada al narcotráfico desde su comienzo. Sin embargo, es necesario

---

[62] Mónica Serrano, *art. cit.*, p. 257.
[63] Luis Astorga, *op. cit.*, p. 42.

profundizar en el estudio de por qué fueron de esa y no de otra manera. Mónica Serrano, en su excelente artículo ya citado, "México: narcotráfico y gobernabilidad", apunta elementos explicativos muy valiosos:

> La evidencia disponible sugiere que las relaciones entre el mundo criminal y la clase política en ascenso no sólo fueron reguladas desde el ámbito local, sino organizadas en torno a funciones establecidas. Gracias a las investigaciones de Walker y de Astorga, hoy sabemos que algunas autoridades locales no sólo toleraron, sino que regularon y/o protegieron las actividades criminales a cambio de beneficios económicos y de la subordinación política de los nuevos empresarios criminales. En este sistema de regulación en ciernes, el referente más importante sería el tipo de relaciones simbióticas, a partir de las cuales políticos y empresarios criminales buscaron favorecerse mutuamente [...] Esta lógica de reciprocidad no sólo normaría las relaciones entre políticos y criminales, sino que ayudaría a establecer las bases de un sistema de regulación estatal del mercado criminal. Debe ser claro, sin embargo que ésta no era una situación exclusivamente regional. En efecto, los vínculos entre el mundo político y el mundo ilícito de las drogas no fueron sólo típicos del poder local, sino que se extendieron gradual, pero sostenidamente hacia el ámbito federal, contaminando a su paso la relación con Washington [...] El problema era simple y sin solución aparente: la prohibición impuesta del lado estadounidense resultó extraordinariamente lucrativa del lado mexicano. Aunque las autoridades mexicanas hicieron suya la prohibición, su acatamiento se topó con serias dificultades. No sólo había obstáculos que frenaban y entorpecían el cumplimiento de la norma, sino que el Estado quedó arrinconado y sin mucho margen de maniobra.[64]

---

[64] Mónica Serrano, *art. cit.*, pp. 259-260.

No obstante este acercamiento más analítico a las relaciones entre narcotráfico y sistema político, queda un asunto sin mayor explicación. Por la asimetría en las relaciones con Estados Unidos, y por tanto de conveniencia, México adoptó el régimen prohibicionista en materia de drogas; asimismo, porque los primeros años en que el mercado de estupefacientes ya era ilegal, coincidieron con la fragmentación militar y política del país, rescoldos de la Revolución mexicana; es decir, con un Estado y un gobierno central débiles, sin las capacidades institucionales ni los recursos para hacer efectiva la prohibición; y que las relaciones entre criminales y autoridades locales y luego federales se establecieron porque las dos partes se beneficiaban (dinero por impunidad). La cuestión pendiente, entonces, es el porqué de la inclinación casi natural de las autoridades a dejarse corromper, a venderse e incluso, en algunos casos, a convertirse en empresarios criminales. Se puede entender que la fragilidad institucional de los primeros gobiernos estatales y federales posteriores a la Revolución mexicana limitara las acciones punitivas, pero no explica por completo su maridaje con la delincuencia organizada; que hubiera pocos recursos para mantener una policía eficaz no implica que a los agentes se les pagara con droga y se permitieran tales facilidades para que éstos se transformaran en narcotraficantes. Nos referimos a la siempre borrosa frontera entre legalidad e ilegalidad, al desprecio que muchos políticos y policías mostraban por la ley, a su nula preocupación por acatarla y por hacer lo que fuera necesario para que la sociedad también la cumpliera. ¿Por qué tanta corrupción en todas las instituciones estatales responsables de la seguridad y la justicia? ¿Por qué esa fragilidad del Estado de derecho que no es producto únicamente de las dificultades objetivas de un Estado que se estaba formando? En los siguientes capítulos, cuando esa vinculación entre Estado y crimen organizado se despliegue en toda su magnitud y complejidad, tendremos elementos suficientes para intentar una explicación.

LOS CINCO GENES DEL ADN DEL CRIMEN ORGANIZADO

En 15 años se incubó el huevo de la serpiente. En ese periodo el narcotráfico comenzó a desarrollarse como la expresión más clara y fuerte de la delincuencia organizada en México. Y nació con todos los genes característicos de las organizaciones criminales dedicadas a proveer bienes ilegales, los cuales se desarrollarían a plenitud con el transcurso del tiempo:

1. Un negocio de rentabilidad elevada. Aunque el consumo local de marihuana y opio generaba buenas ganancias, la vecindad con Estados Unidos y el conservadurismo de ese país (que provocó la prohibición de las drogas), abrieron un gran mercado cuya rentabilidad sería enorme. Estados Unidos no tardaría en convertirse en el mercado de las drogas más grande del mundo, con lo cual estaban puestas las bases para un desarrollo exponencial de las empresas criminales con carácter transnacional. La existencia previa a la prohibición de las drogas de un mercado local de marihuana (un cigarro de consumo popular) y, en menor medida, de opio (fumaderos de chinos que ampliaron la clientela con miembros de las clases altas de las ciudades) simplemente estableció la plataforma de despegue del negocio.

2. Una estructura criminal basada en redes familiares y comunitarias y, por tanto, con un importante arraigo en la sociedad de la cual surgía. Las organizaciones pioneras eran muchas y estaban dispersas pues, como eran los primeros años, entraron al negocio todos los que pudieron y quisieron: los que ya participaban en el mercado cuando aún era legal y los que fueron atraídos por la rentabilidad derivada de su nuevo carácter ilegal. Estaba compuesta por: *a)* redes de pequeños productores campesinos, chinos y mexicanos, de marihuana y amapola, vinculadas familiar y comunitariamente (ejidos); *b)* una multiplicidad de redes urbanas de comercialización, estructuradas a partir de la delincuencia ya existente (pandillas, bandas de ladrones), de los comercios

que antes de la prohibición ya se dedicaban a la venta de estupefacientes legalmente (mercados públicos y boticas); de jefes policiacos y policías de a pie convertidos en narcomenudistas, y *c)* de organizaciones dedicadas fundamentalmente a la exportación de marihuana y opio a Estados Unidos, encabezadas por políticos relevantes de los estados fronterizos y por las redes asiáticas que comenzaron con el negocio del opio. Estas últimas eran organizaciones más estructuradas y con mayores recursos, pues la exportación al país vecino requería de mayor capacidad organizativa y logística, abasto seguro de la droga, medios de transporte, contactos del otro lado de la frontera para su comercialización, recursos para sobornar autoridades de ambos países, etcétera. El narcotráfico se convertiría en la base de la economía de varias regiones del país, entre ellas Sinaloa, Guerrero y Michoacán, lo cual le daría un fuerte arraigo social.

3. Violencia y corrupción. La violencia como instrumento de control de las empresas participantes y la corrupción como mecanismo de relación y convivencia con el Estado que les facilitaría y garantizaría el crecimiento y la impunidad. Si bien al principio entraron al mercado ilegal todos los que quisieron y pudieron, pronto comenzó a evidenciarse que en ese submundo, los conflictos por el control de territorios se dirimirían violentamente, el gen característico de los mercados que operan al margen del Estado. Lo normal en un mercado virgen o nuevo es su distribución por áreas geográficas; quien conoce un territorio, a sus gentes, a las autoridades, las costumbres, etcétera, tiene ventajas para operar en él sobre quienes llegan de fuera. Y en estos primeros años se presentaron los primeros reacomodos, con casos de "desplazamiento" y eliminación de capos ya sea por debilidad (Enrique Fernández, el "Al Capone" fue expulsado de Ciudad Juárez cuando los hermanos del gobernador decidieron que ese territorio sería suyo), o por invadir territorios (el mismo Fernández que se mudó de Ciudad Juárez a la Ciudad de México y en esta ciudad fue asesinado). Pero el proceso más violento de la época fue la

expropiación del negocio de exportación de opio a la comunidad china asentada en Sinaloa y otros estados del norte, realizada por diversos grupos criminales mexicanos, lo cual dejó en claro que cuando se trataba de apoderarse de un mercado ilegal el uso de la violencia es inevitable.

4. Estado de derecho poco prioritario. Las intervenciones estatales ante la problemática del narcotráfico estuvieron marcadas desde un principio por un rasgo del Estado mexicano, presente a lo largo de todo el siglo XX: el escaso valor otorgado al estado de derecho que se tradujo en una debilidad estructural de las instituciones de seguridad y justicia. El compromiso laxo de las autoridades con el cumplimiento de la ley fue un caldo de cultivo para la tarea corruptora de las organizaciones criminales. Además, en este primer periodo del narcotráfico, la debilidad del Estado fue aún mayor por la precaria situación de los gobiernos central y estatales, producto de la Revolución mexicana, que defenestró al régimen porfirista; así, los primeros años del narcotráfico coincidieron con un aparato estatal en construcción, cuya prioridad era darle vida a las nuevas instituciones económicas, agrarias y sociales sin fortalecer las de seguridad y justicia. Eso provocó que el modelo de convivencia entre autoridades y delincuencia organizada surgiera en primera instancia en el ámbito local, y fueron los gobernadores quienes se encargaron de establecer los vínculos de convivencia con aquélla. Fue un camino de dos vías: políticos y policías que organizaban sus empresas de narcotráfico y narcotraficantes privados que pagaban por la protección estatal, sin descartar que algunos de ellos se convirtieran en políticos. Era un modelo de beneficios mutuos pues se satisfacían las necesidades de ambas partes: los políticos necesitaban dinero para fortalecer su dominio y garantizar la estabilidad política, mientras que los criminales requerían protección e impunidad para operar sin problemas y crecer sin obstáculos. El intercambio dejaba satisfechas a las dos partes, aunque más tarde le produjera enormes costos al país.

5. La asimetría en las relaciones México-Estados Unidos. La problemática del narcotráfico en México estuvo vinculada desde su origen a Estados Unidos y a la relación asimétrica entre ambos países. Un elemento central en la visión dominante del gobierno estadounidense y en la prensa de ese país con respecto al narcotráfico, afirmaba que controlar la oferta de estupefacientes era la mejor manera de resolver el problema del consumo en su país. Por tanto, siempre se consideró necesaria una política exterior agresiva en contra de los países productores y de tránsito de las drogas hacia su territorio. Por esa razón, México ocuparía el lugar de mayor importancia en las preocupaciones de la Casa Blanca y de las agencias de seguridad de Estados Unidos; además, la percepción que se tenía del gobierno y las autoridades mexicanas era de debilidad y corrupción. El mayor poder de Estados Unidos se tradujo en presiones para que México adoptara el régimen prohibicionista y políticas similares a las suyas. En 1940, el gobierno de Lázaro Cárdenas modificó el Reglamento de Toxicomanía y el Código Penal que consideraba enfermos y no criminales a los drogadictos porque Estados Unidos, como medida de presión, frenó la exportación a México de medicamentos.

Recuadro 1: Notas sobre el debate de las empresas ilegales

Los estudios conceptuales respecto a la delincuencia organizada se ocupan, en buena medida, de su carácter de organizaciones económicas. En las tipologías de las organizaciones criminales los principales rasgos utilizados para distinguirlas son el objetivo que persiguen, los medios que emplean para conseguirlos y las consecuencias o manifestaciones de las actividades ilegales.[65] Es obvio que las más comunes son las dedicadas a obtener ganancias monetarias y poder económico por medio de actividades directamente criminales (robos, secuestros); de la provisión de

---

[65] Michael Maltz, On defining 87 "Organized Crime", en Federico Varese, *Organized Crime. Critical Concepts in Criminology*, p. 66.

bienes y servicios ilegales (tráfico de drogas, personas, prostitución, etcétera) o de crímenes de cuello blanco (fraudes de todo tipo, protección sindical falsa, robo de secretos industriales; acuerdos oligopólicos para establecer precios, etcétera).

Existe una amplia discusión en cuanto a la definición de la delincuencia organizada. Los prototipos de organizaciones criminales que dieron origen al debate son la mafia siciliana y la Cosa Nostra o mafia norteamericana. No es de extrañar, por tanto, que las primeras conceptualizaciones, ubicadas en Estados Unidos entre 1950 y 1970, señalaran que la delincuencia organizada eran empresas del tamaño de las grandes corporaciones que operaban en la economía normal, sólo que dedicadas a actividades de todo tipo fuera de la ley (extorsión, tráfico de drogas, prostitución, control del mercado de las apuestas y de los sindicatos, etcétera), con una sólida estructura jerárquica formal, que administraba varios niveles organizacionales y funcionales. Una especie de Coca-Cola o Ford Motor Company, pero del crimen. Otra característica relevante de esas grandes empresas criminales, compartida con las que operan legalmente, era su capacidad para controlar los mercados de bienes y servicios de su interés. Además, tenían un fuerte componente étnico, al grado de que en algún momento se llegó a pensar o decir que italiano era sinónimo de mafioso, no sin las protestas de la amplia y poderosa comunidad italiana residente en Estados Unidos.

Esa concepción, inexacta e ideologizada, fue rápidamente cuestionada y comenzaron a surgir nuevas tipologías y definiciones que dieran cuenta con mayor precisión de cómo estaban estructuradas y cómo operaban las mafias siciliana y estadounidense, también de fenómenos muy diversos, presentes en Estados Unidos e Italia (donde, además de la mafia siciliana, operan la "Ndrangheta" de Nápoles y la "Camorra" de Calabria), y en otros países como las Triadas de Hong Kong, la Yakuza japonesa; los cárteles colombianos de la droga,[66] la mafia rusa y las pandillas juveniles de las grandes ciudades.

---

[66] Es notable no encontrar ningún texto sobre las organizaciones del narcotráfico mexicano en la compilación más completa sobre el tema, la publicada por Federico Varese.

Peter Reuter, uno de los mejores especialistas en la delincuencia organizada, destruyó la idea de que está compuesta por grandes empresas que controlan los mercados ilegales. Su tesis, respaldada con estudios empíricos por otros investigadores como Mark Haller en ciudades como Chicago y Nueva York, sostiene que la venta de drogas, la prostitución y las apuestas, entre otros mercados fuera de la ley, son operados por pequeñas organizaciones —pandillas juveniles, bandas de ladrones de autos, narcomenudistas, etcétera— cuya vida puede ser efímera y que de ninguna manera tienen la capacidad para controlar por sí mismas los mercados ilegales en los cuales trabajan. Tampoco son empresas organizadas formal y jerárquicamente.

Al toparse con esa realidad de organizaciones grandes y poderosas como la Cosa Nostra y pequeñas y efímeras como una banda de jóvenes que venden droga en un barrio, se plantearon definiciones que dieran cuenta de ambas realidades: "Crimen organizado es aquel cometido por dos o más victimarios que ya están o pretenden mantenerse asociados con la finalidad de cometer crímenes." Esta definición tan general, si bien es cierta, de poco sirve para analizar los fenómenos ligados a la delincuencia. Se introdujeron más categorías de análisis en la definición: los objetivos que pretenden, los medios utilizados, los tipos de organización y de relaciones que establecen con el Estado y la sociedad, entre otros. De la combinación de esas categorías se pueden elaborar varias tipologías y múltiples definiciones. Por ejemplo, Frank Hagan[67] elabora una a partir de las características que muchos criminólogos han incorporado de sus análisis y que reúne los tres componentes esenciales de la delincuencia organizada que están presentes en la mayoría de definiciones: "Una organización que a) utiliza la fuerza o la amenaza de hacerlo; b) genera utilidades por la venta de bienes o servicios ilícitos que son demandados socialmente, y c) aseguran la impunidad de sus operaciones mediante la corrupción."

Una definición parecida y útil para este análisis es la propuesta por John Bailey y Roy Godson: el concepto de "delincuen-

---

[67] Frank E. Hagan, "The Organized Crime Continuum", en Federico Varese, op. cit., p. 79.

cia organizada" refiere básicamente a criminales profesionales con las siguientes características:

1. "Operan de manera permanente en el tiempo. No son individuos que se juntan una o dos veces para trabajar juntos y luego se separan.
2. "Tienen una estructura y un liderazgo identificables que puede variar, pero con jerarquías y división de funciones. Las jerarquías pueden ser centralizadas y con una estructura piramidal, parecidas a las organizaciones complejas del sector privado o público, o estar compuestas por grupos que operan como redes con vínculos flexibles y poco sólidos.
3. "Su objetivo básico es obtener ganancias económicas de actividades ilegales...
4. "Usan la violencia y la corrupción para defenderse tanto de las autoridades estatales como de organizaciones rivales, y para disciplinar a sus propios miembros como a aquellos grupos o personas a quienes piensan explotar."[68]

---

[68] John Bailey y Roy Godson, *Organized Crime... Democratic Governability*, University of Pittsburgh Press, Pittsburgh, 2000, p. 6.

AUGE Y CONSOLIDACIÓN MONOPÓLICA (1940-1980)

En este segundo periodo que va de 1940 a los primeros años de la década de los ochenta, la delincuencia organizada en México dedicada al narcotráfico tendrá un crecimiento espectacular, producto primero de un aumento desmedido de la demanda de opio y luego de marihuana por parte de los estadounidenses, que hicieron a ese país el consumidor más grande del mundo. Las organizaciones desplegaron a sus anchas todos los genes de su ADN criminal adquiridos en su primera etapa.

LA DINÁMICA ECONÓMICA DEL MERCADO DE LAS DROGAS 1940-1980

El mercado de opio en los años cuarenta y cincuenta del siglo pasado

Cuando Estados Unidos se involucró en la Segunda Guerra Mundial, su industria farmacéutica tuvo necesidad de producir grandes cantidades de morfina para atender a los soldados heridos; pero enfrentaba un problema grave: las importaciones de goma de opio (materia prima para elaborar la morfina) se habían reducido drásticamente debido al mismo conflicto bélico, ya que los países productores (Turquía, Afganistán, China, India) estaban en guerra o las rutas de exportación no eran seguras y los cargamentos no llegaban a tiempo; las líneas de abastecimiento estaban cortadas. Mientras, la demanda de los hospitales militares en los diversos frentes de guerra (Europa, África y Asia) crecía. Había que asegurar el suministro de materia prima lo antes posible. Se cuenta que el gobierno de Estados Unidos, mediante un acuerdo, solicitó a México —su vecino que ya producía amapola y además tenía la ventaja de la cercanía, lo que facilitaría su transporte seguro y a tiempo— incrementar los sembradíos de amapola y la producción de goma de opio. El trato debía ser secreto, pues al tratarse de una sustancia prohibida por las leyes de ambos países, no sería bien visto que después de reclamarle a México que frenara la producción de amapola, ahora le solicitara lo contrario. No hay ningún documento que avale el acierto, pero según Ioan Grillo, un reportero estadounidense que en esa época visitó México y recorrió la sierra de Sinaloa, recabó hechos y datos que confirmaban que el pacto era una realidad. Astorga recoge la versión de que fue la mafia italiana de Estados Unidos la que operó el acuerdo, enviando a uno de sus hombres importantes, Benjamin, "Bugsy" Siegel, a México con la misión de convencer a los políticos mexicanos de incrementar la producción de opio y tuvo éxito; después, con la venia de las autoridades, se fue a recorrer todo el noroeste, desde Nayarit hasta Baja California Norte a organizar y financiar a los productores locales.[69] Con base en su investigación, el reportero le preguntó formalmente al Federal Bureau of Narcotics (FBN) si existió el acuerdo. La respuesta la dio su director Harry Anslinger, quien afirmó que "ese supuesto acuerdo era pura fantasía e iba más allá de la imaginación más desbocada".[70]

Lo innegable era la necesidad de morfina y que de algún lado salió el opio para producirla; que muchos soldados de Estados Unidos se volvieron adictos a la heroína y a la morfina durante la guerra, y a su regreso continuaron su adicción. Sin embargo, no existe una estadística confiable con relación al consumo (en 1954, el Bureau

---

[69] Luis Astorga, *El siglo de las drogas. El narcotráfico, del Porfiriato al nuevo milenio*, Plaza y Janés, México, 2005, p. 82.
[70] Ioan Grillo, *El Narco: Inside México's Criminal Insurgence*, Bloomsbury Press, Nueva York, 2011, p. 65.

of Narcotics admitió la existencia de 60 mil adictos a la heroína en Estados Unidos; pero tres años antes la Comisión de Narcóticos de Nueva York había estimado que sólo en esa ciudad había aproximadamente 90 mil consumidores de heroína[71]) que permita dimensionar el crecimiento de la producción en nuestro país. El Departamento del Tesoro estadounidense estimó que en 1943 México produjo 60 toneladas de opio, tres veces más que en 1942.[72] Aunque es probable que la cifra de consumidores estuviera subestimada y la de producción de opio sobrestimada, es un hecho el incremento de la producción. Hay suficientes registros de hallazgos y destrucción de plantíos con los cuales es posible reconstruir el mapa productivo de la amapola:

Según la PGR, en 1949 fueron destruidos 933 plantíos con una superficie aproximada de 400 hectáreas en las cuatro entidades mencionadas (Sinaloa, Sonora, Chihuahua y Durango) y había 1 600 individuos consignados y sujetos a procesos. Pero lo que más llama la atención es la cantidad de municipios sinaloenses mencionados en las notas sobre destrucción de plantíos: Badiraguato, Culiacán, Sinaloa de Leyva, Mocorito, Cosalá, Choix, El Fuerte, San Ignacio. En varias ocasiones, las áreas destruidas, según las estadísticas oficiales, sobrepasaban las 100 hectáreas (sólo en Badiraguato: 114 en 1943 y 109 en 1944), donde a juzgar por la cantidad de poblados mencionados, lo raro era que no se cultivara adormidera. Sin embargo, el récord le corresponde a la región de Metates, Durango, con 230 hectáreas en 1944. Según datos del primer informe del gobernador sinaloense, general Pablo Macías Valenzuela, en 1945 fueron destruidos 373 plantíos, la mayoría en Badiraguato —se decía que la amapola de esa región era de mejor calidad que la de Esmirna, Turquía— con una superficie de 275 hectáreas. La persistencia de los cultivadores badiraguatenses en el negocio de la "minita amapolera", como la llamaba el periodista mazatleco Nicanor, dará fundamento a lo que para algunos es "leyenda negra"

---

[71] William O. Walker III, *Drug Control in the Americas*, University of New Mexico Press, Albuquerque, 1981, p. 173.
[72] *Ibid.*, p. 166.

y para otros condiciones sociohistóricas del surgimiento, desarrollo y enraizamiento de una forma de vida y una cultura inéditas.[73]

Para tener una idea más precisa de ese *boom* de sembradíos de amapola en el norte del país —los tres estados del, desde entonces, famoso "triángulo dorado", formado por los territorios donde colindan Sinaloa, Durango y Chihuahua, más Sonora, estado donde se sembraba en los márgenes de los ríos Yaqui y Mayo además de las zonas de Altar y Esperanza—, habría que incluir el escepticismo de las agencias estadounidenses sobre las cifras de erradicación de cultivos. Cuando el gobierno mexicano les informó a éstas que en 1942 había destruido entre una tercera parte y la mitad de los sembradíos de amapola, la incredulidad fue generalizada en las oficinas de Washington, pues las tres campañas reportadas sólo correspondían a Sinaloa y no se había realizado ninguna en Chihuahua, Sonora y Durango; además, el observador del gobierno de Estados Unidos creía que las acciones destructivas ocurrían después de que la amapola era cosechada. Este escepticismo parece aún más justificado, cuando el doctor Gustavo Baz, secretario de Salubridad Pública del gobierno de Manuel Ávila Camacho (1940-1946) y responsable de la política contra las drogas en México, proponía a los estadounidenses que si aumentaban la ayuda económica al gobierno mexicano, éste podría erradicar 25 por ciento de la superficie cultivada de amapola. Sin esa ayuda, el doctor Baz aseguraba que el programa de destrucción de plantíos desfallecería. Con estos pocos datos podemos suponer que varias miles de hectáreas eran dedicadas a la producción de opio. En marzo de 1948 el periódico *St. Louis Post-Dispatch* reportó la existencia de más de 10 mil sembradíos de amapola en México, en los cuales probablemente se producía más de la mitad del opio, la morfina y la heroína que era introducida ilegalmente a Estados Unidos.[74]

Este aumento de la demanda y la oferta de opio y sus derivados, ¿cómo afectó a las organizaciones criminales que se dedicaban a ello? Si los datos del consumo y la producción son escasos, los referentes a las empresas criminales no existen cuando menos en

[73] Luis Astorga, *op. cit.*, p. 61.
[74] William O. Walker III, *op. cit.*, pp. 165, 168 y 177.

lo que se refiere a las décadas de los cuarenta y cincuenta. No obstante, es posible elaborar algunas hipótesis a partir de la información relacionada con los personajes involucrados en el negocio, ya sea porque fueron detenidos y consignados por esa razón o fueron ampliamente señalados por la prensa de aquellos años como famosos narcotraficantes.

En la segunda mitad de la década de los cuarenta, hubo un gran escándalo en Sinaloa por motivo de una gira de trabajo realizada en noviembre de 1947 en esa entidad, por el Procurador General de la República, el oficial mayor de la Secretaría de la Defensa y el subsecretario de Salubridad Pública, con la finalidad de poner en marcha un plan contra el narcotráfico. Luis Astorga narra con detalle las acusaciones mutuas y los desmentidos de todo tipo cuando la prensa de la Ciudad de México señaló que dos gobernadores del norte estaban involucrados en el narconegocio. No los mencionaba explícitamente pero era del dominio público que se refería al de Sonora, el general Abelardo L. Rodríguez, y al de Sinaloa, general Pablo Macías Valenzuela, quien había sustituido al coronel Rodolfo T. Loaiza, asesinado en febrero de 1944. En los reportajes publicados se afirmaba que ambos militares y mandatarios estatales eran cabecillas de bandas de narcotraficantes, que eran dueños de aviones y pistas de aterrizaje (en 1947, un alto funcionario de Estados Unidos había afirmado que el opio se estaba contrabandeando a su país por vía aérea); que poseían cientos de hectáreas donde se sembraba amapola. Luego, otra nota periodística señaló a dos ex gobernadores del territorio de Baja California Norte, el general Juan Felipe Rico y Alberto V. Aldrete, como los "directores de la banda internacional de traficantes de drogas".[75] Otra información relevante dada a conocer por Eduardo Téllez, reportero de *El Universal*, con base en información de la Policía Judicial Federal, puso al descubierto la existencia de "bandas internacionales, integradas especialmente por norteamericanos" que financiaban a los productores de amapola y aportó nombres de algunos narcos sinaloenses, entre los cuales estaba el candidato a presidente municipal de Culiacán y director del Hospital Civil, el

---

[75] Luis Astorga, *op. cit.*, pp. 71-74.

doctor Mariano Romero, de quien se dice que "está íntimamente ligado o es propietario de unos laboratorios en que se beneficia la adormidera".[76]

Otros reportajes periodísticos se concentran en la participación de directores y ex directores de la policía judicial de Sinaloa, los cuales eran responsables de organizar el cobro de las cuotas que debían pagar los campesinos dueños de tierras donde se sembraba amapola. Se denuncia también la protección a narcotraficantes famosos y que cuando por alguna razón uno de éstos era detenido, lo cuidaban y más tarde lo liberaban. Astorga recupera otras notas de periodistas locales que operaban como voceros de la gente, ya que ponían por escrito los secretos que a voces se comentaban en mercados, calles y comederos de las ciudades: "En Sinaloa, este lucrativo e inmoral negocio ha venido tomando carta de naturalización y se ha ejercido con la más inaudita de las impudicias (…) cuando se habla de suntuosa residencia propiedad de equis tomatero o garbancero, suele también decirse con gran frecuencia, magnífico edificio de boato y ostentación propiedad de ex magnate del opio", escribió el periodista Jorge Medina León en *La Voz de Sinaloa* en septiembre de 1947. Uno de esos "ricos agricultores", originario de Badiraguato, Sinaloa, Miguel Urías Uriarte fue detenido y acusado de tener un laboratorio donde procesaban opio, pero al mes lo dejaron libre —según lo afirmado por un ex director de la Policía Judicial—, pues era protegido del nuevo director de la corporación policiaca y del gobernador Pablo Macías.[77]

Manuel Lazcano, quien fue procurador de Justicia de Sinaloa en esa época, relató en sus memorias algunos episodios que revelan otra manera de funcionar de la oferta de drogas. Cuenta Lazcano:

> Políticos, comerciantes, empresarios, policías, campesinos, todo el mundo sabía que se sembraba amapola […] se sabía quiénes eran los que se dedicaban a la siembra […] Vecinos, conocidos, campesinos y pequeños propietarios […] Los líderes son […] de extracción social un poquito más alta que la de los campesinos […] La Policía Judicial sabía

---

[76] *Ibid.*, p. 76.
[77] *Ibid.*, pp. 70-71.

quiénes eran los productores [...] el jefe de la Policía era el que iba y controlaba el porcentaje que les tocaba, a cambio del disimulo, el apoyo o lo que quiera. De tal suerte que el jefe de la Judicial era un personaje con poder porque tenía importantes ingresos de dinero. Además, el cargo entrañaba y significaba mucha relación con el gobernador [...] Yo conocí a varias personas que sembraban. Muchos eran amigos míos que cultivaban amapola y luego de la cosecha se iban a Nogales con cuatro o cinco bolas en un veliz o en unos morrales. Se iban vestidos como campesinos. Y lo curioso es que en la frontera pasaban en la aduana sin ningún problema [...] Era evidente que los dejaban pasar [...] ciertas familias, algunas conocidas, bien relacionadas y con posibilidades económicas de Badiraguato, Culiacán, Guamúchil y Mocorito decidieron explotar esa veta.[78]

Ya en la década de los cincuenta era de tal magnitud el flujo de opio a Estados Unidos por vía aérea que

en 1953, el Departamento de Aeronáutica Civil, dependiente de la Secretaría de Comunicaciones y Obras Públicas, ordena la suspensión de vuelos de aviones comerciales en campos aéreos de Sinaloa, Sonora, Chihuahua y Durango [...] Asimismo es clausurada la Escuela de Aviación de Culiacán. Había fuertes sospechas de que algunos pilotos realizaban vuelos para transportar "goma". Efraín González, fundador de la escuela e instructor de vuelos [...] recuerda esa época y señala que lo primero que hicieron las autoridades fue pararle los aviones porque dijeron que en ellos se habían transportado muchos kilos de goma. "Fui a reclamarles y les dije que no había transportado kilos de goma sino toneladas [...] además les dije que por qué no paraban Aeronaves de México y al ferrocarril; que ellos habían transportado más goma que mis aviones. A los pocos días me dejaron volar."[79]

---

[78] *Ibid.*, pp. 80-82.
[79] *Ibid.*, p. 91.

Con estos datos es posible identificar avances muy significativos en la construcción del negocio ilegal de las drogas en esta segunda etapa.

a. En primer lugar, todo parece indicar —aunque debería investigarse más a fondo— que se pasó de las redes chinas de producción y exportación de opio a la creación de varias empresas criminales privadas, cuyos dueños y directores eran, si le damos crédito a las versiones periodísticas de la época, desde la década de los treinta y hasta bien entrada la de los cuarenta, los gobernadores en turno de los estados del norte, cuando menos en los estados de Sinaloa, Sonora, Baja California (hay indicios de que el gobernador Carlos Trejo y Lerdo de Tejada protegían el tráfico de drogas), Coahuila (se afirma que el negocio estaba controlado por el gobernador Nazario Ortiz Garza) y Chihuahua, territorio controlado por el gobernador y general Rodrigo Quevedo y su hermano José, presidente municipal de Ciudad Juárez.[80] Esas empresas eran responsables de la exportación, la parte más lucrativa del negocio, pues los datos indican que promovían la construcción de pistas de aterrizaje y poseían aviones para transportar la droga a la frontera o hasta territorio estadounidense. Esa tarea implicaba organizar, por una parte, un sistema de recolección de materia prima (la goma de opio) producida por los campesinos de la sierra y, por la otra, que hubiera laboratorios donde se transformara ya sea en heroína o en morfina. Diego Osorno recoge una anécdota de las memorias del citado Manuel Lazcano, quien de gira electoral por Badiraguato, es alojado en la casa de una familia del pueblo; no podía dormir por un penetrante olor que salía de unas latas que estaban en la habitación en la que estaba, las cuales contenían goma de opio. Al comentar el hecho con

---

[80] Luis Astorga en *The Field of Drug Trafficking in Mexico* recoge las declaraciones de un joven de una distinguida familia de Ensenada, detenido en California por traficar opio, en las que señala que Salomón Maldonado Sánchez, pariente cercano del gobernador Braulio Maldonado, controlaba el tráfico de enervantes en Baja California (Christian Geffray *et al.*, *Globalisation, Drugs and Criminalisation. Final Research Report on Brazil, China, India and Mexico*, Unesco, París, 2002, p. 96).

su anfitriona al día siguiente, ésta le confesó sin rubor: "lo que pasa, señor candidato, es que por aquí ha estado Enrique comprando para el general Juan José Mares."[81] Osorno concluye que en ese tiempo la venta de droga no se ocultaba, lo cual es absolutamente cierto; pero para efectos del análisis de la delincuencia organizada, revela cómo los militares tenían organizada esa red de recolección de materia prima que luego transformaban y posteriormente exportaban a Estados Unidos. Seguramente había muchos Enriques que recorrían los poblados de la Sierra Madre.

b. En segundo lugar, esa anécdota y el resto de datos citados confirman que la producción de amapola permanecía dispersa, pues participaban cientos, miles de campesinos y pequeños propietarios en los estados en donde se sembraba, aunque es probable que los gobernadores tuvieran tierras de su propiedad en las que también sembraran, como parece que fue el caso de Abelardo L. Rodríguez. Esos productores sembraban pequeñas parcelas de tierra (en 1949 se destruyeron 933 plantíos que sumaban 400 hectáreas, lo que da un promedio de 4 200 metros cuadrados, menos de la mitad de una hectárea, por plantío). De esa manera, la producción estaba atomizada, dispersa en miles de plantíos pequeños y de difícil acceso por estar ubicados en la sierra, lo cual dificultaría en extremo la acción destructora del Estado o, puesto en positivo, esa dispersión garantizaba la producción y el abasto de la goma de opio. Otro dato interesante es que en el esquema productivo también participaba la incipiente burguesía agrícola. Los pequeños propietarios que comenzaron sembrando amapola, se convirtieron después en importantes productores de tomate, garbanzo y otros productos agrícolas, en Sinaloa y Sonora, y probablemente siguieron combinando cosechas de productos legales e ilegales.

---

[81] Diego Enrique Osorno, *El Cartel de Sinaloa. Una historia del uso político del narco*, Grijalbo, México, 2009, p. 65.

c. En tercer lugar, en este periodo adquiere relevancia un nuevo eslabón en la cadena productiva, que no existía anteriormente o, cuando menos, del que no se tiene registro, y es el de los laboratorios de procesamiento de la goma de opio para transformarla en heroína o morfina, lo que le agrega valor al negocio de exportación. Hay registros de laboratorios ubicados en las zonas de producción —como el descubierto en el municipio de Badiraguato y que provocó la detención de Miguel Urías Uriarte, personaje que adquiriría relevancia en el mundo del narco sinaloense en la década de los cincuenta— y otros en las ciudades, como los del doctor Romero en Culiacán. Si se toma en cuenta que montar un laboratorio supone una inversión considerable y tener personal con conocimientos especializados, lo más probable es que estos complejos pertenecieran no a los campesinos productores, sino a gente de las ciudades con mayores recursos y mejor educación, que además contaran con una red de recolección de la materia prima. También podían pertenecer a los dueños de las empresas exportadoras, o si eran de ciudadanos independientes y no de los generales, estaríamos ante una red de pequeñas empresas asociadas comercialmente con las empresas exportadoras.

d. En cuarto lugar, destaca la presencia directa de estadounidenses en territorio mexicano como agentes compradores y financiadores de la producción de opio, lo cual confirma que el mercado de la droga había adquirido dimensiones considerables —difícilmente un inversionista vendría a México a financiar la siembra de un plantío de media hectárea o a comprar medio kilo de goma o de heroína— y que en nuestro país había con quién negociar y emprender una empresa de tal magnitud. No sabemos a ciencia cierta si el norteamericano que vino a ofrecer grandes cantidades de dólares en efectivo para asegurar el abasto de goma de opio y morfina era el famoso Bugsy; haya sido quien haya sido no es pensable que hubiera recorrido el triángulo dorado yendo de pueblo en pueblo, negociando con cada campesino. Debieron de ser acuerdos con "empresarios" de la droga que tuvieran capacidad para cumplir con entregas regulares y de cantidades importantes. De esa manera, también estaríamos ante un fenómeno nuevo dentro del mercado ilegal de las drogas: la asociación comercial y financiera de grandes empresas binacionales. Ya no son los parientes y las familias chinas, sino organizaciones criminales de gran envergadura de Estados Unidos y de México.

e. En quinto lugar, también es evidente que se creó un sistema de impuestos para los campesinos productores de amapola, pues en el ámbito de la ilegalidad no hay que desaprovechar ninguna oportunidad, y las estructuras policiacas estatales en realidad se convirtieron en las recaudadoras de ese impuesto, como lo apunta con ingenuidad Manuel Lazcano, quien por ser el procurador de Justicia era el jefe del director de la Policía Judicial de Sinaloa y del sistema impositivo. Ese cobro que exigían a los productores para garantizar la impunidad o el apoyo de las autoridades era en realidad otro negocio: la venta de protección en el sentido clásico de la mafia siciliana. Recuérdese que para vender protección e impunidad se requiere de la capacidad de usar la violencia y quién mejor que la policía para tales tareas. Falta por averiguar si era un negocio independiente de la Procuraduría de Justicia del estado y de la policía, o si sólo era una de las divisiones de la empresa del gobernador. Lazcano afirma que el jefe de la policía tenía vínculos directos con el mandatario estatal sugiriendo que él no participaba (difícilmente Lazcano se iba a implicar por sí mismo en una actividad criminal), pues su director de la policía judicial se lo "brincaba" y acordaba directamente con el gobernador; pero lo que no aclara es si éstos eran socios en la venta de la protección o si el director de la policía sólo le rendía cuentas, no como policía sino en calidad de responsable de la división recaudadora de la organización empresarial del mandatario estatal. Independientemente de la propiedad, lo relevante del negocio de venta de protección era la participación de la policía judicial como estructura (lo que no significa que todos los policías formaran parte del negocio, quizá había algunos honestos, fuera por voluntad propia o por exclusión): era una carambola de tres bandas o lo que en futbol se llamaba un partido de cuatro puntos (ahora de seis puntos), pues el Estado perdía por partida doble y las empresas criminales ganaban, ya que no sólo neutralizaban a la institución responsable de atacarla, sino que expropiaban los recursos estatales y los ponían a su servicio. De esa manera el narcotráfico, al apropiarse de las policías, impedía al Estado ser el garante del Estado de derecho, mientras la delincuencia organizada creaba las mejores condiciones para expandirse. Pero debe hacerse una aclaración para subrayar la gravedad del fenómeno: el narcotráfico nulificaba al Estado; pero, para ser más exactos, debe reconocerse que en esta etapa de la historia, el narcotráfico estaba organizado y dirigido por una parte relevante del Estado mismo: los gobiernos estatales del norte. Por ello no requerían de una mafia privada que sustituyera al Estado para garantizar la confianza; era una parte del Estado mismo —un gobierno estatal y su aparato policial— que sin quitarse la investidura, operaba al mismo tiempo como empresa criminal. Una parte del Estado nulificaba al Estado en su conjunto.

f. Finalmente, se debe destacar que la economía ilegal de la droga alcanzó en este periodo, además de la complejidad de un mercado pujante (grandes y pequeñas empresas entrelazadas en las tareas propias del narcotráfico, es decir, la transformación y exportación: miles de productores independientes; redes de comercialización bien organizadas que usaban transporte terrestre, ferroviario y aéreo; laboratorios para agregar valor a la materia prima; sistemas de financiamiento estadounidense; alianzas comerciales entre empresas criminales de ambos países; medios de comunicación) un nivel de "democratización" o penetración y aceptación social enormes, cuando menos en Sinaloa, pues en él participaban campesinos, pequeños y grandes agricultores, profesionistas, estudiantes,[82] familias enteras, políticos, policías y militares. Muchos sectores sociales y miles de ciudadanos recibían alguna parte de las crecientes utilidades del narcotráfico. La economía ilegal y la legal comenzaron a tejer redes intrincadas. Producir goma de opio era tan popular, señala Ioan Grillo, que el equipo profesional de beisbol de Culiacán que participaba en la Liga Mexicana era conocido sin rubor alguno como "Los gomeros". El narcotráfico de opio y heroína se integró a la cultura sinaloense, con sus *pick up's*, sus santos populares. Fue en ese ambiente en que nació Joaquín "el Chapo" Guzmán en 1957.[83] Román R. Millán, director general de un periódico de Culiacán y después procurador de Justicia de Sinaloa en 1951-1952, escribió un editorial en defensa abierta de la economía estatal del opio y afirmaba que era de interés nacional mantenerla en vez de atacarla: "Si fuéramos morfinómanos o 'heroicos' o sencillamente nos gustara fumar opio no habríamos de defender, como lo hacemos y lo hemos venido haciendo, el cultivo de la adormidera tan tenaz y sistemáticamente combatido por nuestro gobierno para satisfacer las exigencias del extranjero o para cumplir compromisos internacionales contraídos sin previo concienzudo estudio y sin la menor defensa de los intereses nacionales."[84]

El auge de la marihuana a partir de la década de los sesenta

El siguiente catalizador del narcotráfico en México, probablemente más potente que el del opio de los años cuarenta y cincuenta, sería el *boom* del consumo de marihuana en los años sesenta que desde entonces ha dejado enganchado a un considerable sector de la juventud estadounidense. La profunda revuelta social y política ocurrida en esa década —amplios movimientos de protesta en favor de los derechos civiles y en contra de la guerra de Vietnam, en no

---

[82] Astorga también registra la detención en la Ciudad de México de estudiantes sinaloenses que llevaban el opio desde su tierra natal a la capital para financiar sus estudios y salir de brujas, *The Field of Drug Trafficking in Mexico*, p. 94).

[83] Ioan Grillo, *op. cit.*, pp. 65-66.

[84] Luis Astorga, *op. cit.*, pp. 88-89.

pocas ocasiones acompañados de mucha violencia— junto con una amplia revolución cultural que trastocaría la conservadora y rígida moral de la sociedad estadounidense —el *rock and roll* se convertiría en expresión de una nueva concepción de la vida, de las relaciones sociales y la sexualidad, etcétera— fueron el contexto que posibilitó el incremento del consumo de todo tipo de drogas, en especial de la marihuana, entre amplios sectores de la población, especialmente los jóvenes. "El verano del amor comenzaría en junio de 1967 cuando los Beatles lanzaron su disco *Sargeant Pepper's Lonely Hearts Club Band*. Lo cierto es que el *boom* del consumo de drogas, especialmente de marihuana, era un fenómeno que expresaba la rebeldía y la búsqueda de un mundo nuevo. Ese mismo mes miles de jóvenes fumaban mota al por mayor frente a las cámaras de televisión, mientras Jimmy Hendrix y Janis Joplin tocaban nuevas mezclas de rock en el festival de Monterey (California)."[85]

Poco después el impulso libertario del uso de las drogas se convertiría en lo que un maestro de secundaria, Buddy Gleaton, dedicado a la prevención del consumo de estupefacientes, llamó la "cultura comercial de la droga". Al explicarle el problema al entonces zar de la droga del gobierno de James Carter, Lee Dogoloff, con motivo de una encuesta entre estudiantes de secundaria y preparatoria que reveló que en 1979, once por ciento de los estudiantes del último año de prepa fumaban mariguana todos los días, porcentaje que se había triplicado en apenas tres años, Gleaton le dijo a Dogoloff:

> Piense en su hija. Usted le puede decir que fumar marihuana es malo, pero fíjese en todas las influencias que la impulsan a hacerlo —Gleaton sacó de una bolsa pipas, aparatos para liar cigarros, revistas sobre la marihuana—: es una industria de miles de millones de dólares. ¿Ha visto usted las películas de Cheech and Chong?[86] ¿Se ha dado cuenta usted de cómo el uso de drogas ilegales es glorificado en la TV y en el *rock and roll*? Vea usted la película *De 9 a 5*, en ella Dolly Parton

---

[85] Ioan Grillo, *op. cit.*, pp. 67-68.

[86] Pareja de cómicos que alcanzaron un gran éxito al representar un par de personajes, uno de ellos chicano, que se la pasaban drogados y se divertían mucho en sus viajes de drogas. Las drogas no sólo eran buenas, sino también divertidas.

y Jane Fonda se la pasan sentadas drogándose como si fuera la cosa más natural del mundo. Seguramente ha visto en la revista *Seventeen* los anuncios del perfume "Opio", o de las gotas para los ojos que quitan lo rojo [síntoma de haber fumado marihuana]. La cultura comercial de la marihuana — música, periódicos, revistas, películas— quiere quitarte a tu hija. No sólo los traficantes de droga se vuelven ricos cuando tu hija se pone a viajar con las drogas.[87]

Para tener una idea más precisa de esta ola de consumo de marihuana, el Substance Abuse and Mental Health Services Administration (SAMHSA), dependencia del gobierno de Estados Unidos que tiene como tarea reducir el impacto del abuso de las drogas y de las enfermedades mentales en las comunidades de ese país, publicó estadísticas del número de estadounidenses que se iniciaban en el consumo de drogas a partir de 1962:

CUADRO 1 Número de personas que se inician en el consumo de marihuana (miles)			
Año	Todas las edades	Menores de 18	Mayores de 18
1962	68	nd	nd
1963	171	nd	nd
1964	289	nd	nd
1965	797	368	429
1966	698	208	490
1967	1 345	570	775
1968	1 988	747	1 241
1969	2 611	898	1 713
1970	2 906	1 214	1 692
1971	3 001	1 389	1 611
1972	2 863	1 521	1 342

[87] Dan Baum, *Smoke and Mirrors. The War on Drugs and the Politics of Failure*, Little, Brown and Company, Boston, 1996, p. 120.

1973	3 673	1 799	1 875
1974	3 587	1 952	1 636
1975	3 476	1 849	1 627
1976	3 621	2 269	1 352
1977	3 437	1 920	1 517
1978	3 488	2 117	1 371
1979	2 971	1 760	1 211
1980	2 633	1 502	1 132
Totales	**43 623**		

Fuente: SAMHSA, Office of Applied Studies, National Survey on Drug Use and Healt, 2002.

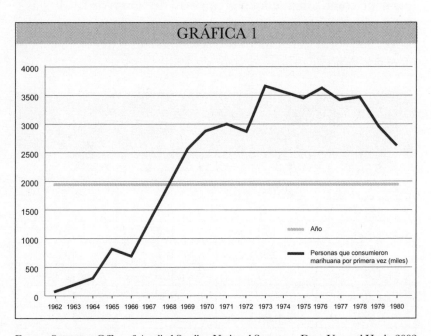

GRÁFICA 1

Fuente: SAMHSA, Office of Applied Studies, National Survey on Drug Use and Healt, 2002.

La cifra total de ciudadanos estadounidenses que probaron la marihuana entre 1962 y 1980 es de 43.6 millones. En 1980 había en Estados Unidos 227 millones de habitantes, de los cuales alrededor de 160 formaban la población de entre 15 y 64 años. Por tanto, los 43 millones que habían probado la marihuana representaban 27 por ciento de ese segmento de la población. Uno de cada cuatro estadounidenses sabía de qué se trataba eso de fumar marihuana. Otro dato que revela esa estadística es que, conforme pasaban los años, era más temprano el momento en que se iniciaban en el consumo de la hierba. De 1962 a 1971, el porcentaje de nuevos consumidores mayores de 18 años superaba al de menores, pero a partir de 1972 la tendencia se invierte llegando a su pico en 1976, cuando más de dos millones y cuarto de adolescentes tuvieron su primera experiencia con la *cannabis*.

Había que producir mucha marihuana; a nuestros vecinos les gustaba cada día más. El narcotráfico mexicano estaba de plácemes. Estimar la producción de marihuana en México para satisfacer la mayor parte del consumo en Estados Unidos (en ese país también se producía *cannabis)* es un ejercicio complicado. Puede hacerse a partir de la demanda, es decir, estimando cuánta marihuana es demandada por el total de consumidores. El problema es tener información respecto a cuántos fumadores existían en esa época y la cantidad que consumían. Existe información sobre lo primero, pero no sobre lo segundo. La primera estadística al respecto es para el año de 1979. Según el Substance Abuse and Mental Health Services Administration, quienes alguna vez en su vida habían probado la marihuana sumaban 50.3 millones de personas mayores de 12 años; de esos los que habían consumido en el último año (dato que es utilizado para registrar a consumidores ocasionales) ascendía a 29.9 millones de estadounidenses, y los que la habían fumado en el último mes (dato utilizado para identificar a los consumidores regulares) era de 23.8 millones.[88]

En la actualidad, la Rand Corporation, un *think tank* internacional no lucrativo, es la organización más seria en el mundo que ha producido metodologías sólidas para estudiar el tamaño de los diferentes mercados de la droga en el mundo. Con base en esos aportes metodológicos, en el gobierno de Felipe Calderón se realizó un estudio para dimensionar la producción y el ingreso de las organizaciones de narcotraficantes mexicanas. Con los mismos supuestos de esa investigación respecto a cuánto consumen en la actualidad los fumadores de marihuana en Estados Unidos[89] se

---

[88] SAMHASA, *1996 National Household Survey on Drugs Abuse.*

[89] Esos supuestos son los siguientes: hay dos tipos de fumadores de marihuana: *a)* los intensivos o regulares que consumen un gramo al día durante 150 días al año (150 gra-

pueden hacer suposiciones razonables acerca de las necesidades de la hierba y, por tanto, de la producción en aquella época. Si los 23.8 millones de fumadores registrados en la encuesta consumían cada uno 150 gramos al año, la cantidad de marihuana requerida para que pudieran disfrutar de sus "porros" sumaba 3 570 toneladas. Además, si a los 29.9 millones que fumaron marihuana en el último año le restamos los 23.8 que también lo hicieron en el último mes, tenemos una diferencia de 6.1 millones de fumadores, que son los consumidores ocasionales cuyo consumo anual es de 15 gramos anuales; por lo tanto, multiplicando eso por 6.1 millones, la cantidad de marihuana requerida para satisfacer la demanda de este segmento del mercado es aproximadamente de 90 toneladas. En total, en 1979 el mercado estadounidense estaba formado aproximadamente por 30 millones de fumadores que consumían 3 660 toneladas. Si México aportaba tres cuartas partes de los requerimientos del mercado de Estados Unidos, según las estimaciones de las autoridades de Washington, en 1979 México exportaba alrededor de 2 750 toneladas de marihuana, cifra a la que habría que sumar la decomisada en el momento del cruce. Si estimamos en 10 por ciento los decomisos, 275 toneladas, los cargamentos que salían de nuestro territorio hacia el país vecino eran superiores a las tres mil toneladas.

Debe señalarse que, además de la marihuana, las exportaciones de opio seguían creciendo. En 1971 el presidente Richard Nixon aplicó a Turquía una política agresiva para que controlara la producción de opiáceos. El combate del gobierno turco contra la producción de adormidera (en 1972 prohibió el cultivo de amapola) y el éxito de la Conexión Francesa, operativo mediante el cual el gobierno francés, con el apoyo de agentes de Estados Unidos, cerró los principales laboratorios donde se fabricaba la heroína en Francia (operativo en que se basó la famosa película *French Connection*) fueron una bendición para los productores sinaloenses de opio, quienes pronto se dieron cuenta de que los pedidos de goma de opio crecían.[90] "Con la suspensión de los cultivos de amapola en Turquía, la heroína

---

mos anuales), y *b)* los ocasionales o ligeros que consumen medio gramo al día y sólo fuman 30 días al año (15 gramos anuales). Así, para consumir una tonelada es necesario que haya 6 667 fumadores intensivos o 66 667 fumadores ocasionales.
[90] Ioan Grillo, *op. cit.*, p. 78.

mexicana cubrió entre 80 y 90 por ciento de la demanda estadounidense, es decir, experimentó un incremento de casi 70 por ciento
entre 1971 y 1975".[91] El tamaño del narcotráfico en su división marihuana se multiplicó varias veces en apenas 15 años y la de opio
mantenía un ritmo de crecimiento significativo desde los años cuarenta; iban por su cuarta década de expansión. Por tanto, las organizaciones de narcotraficantes mexicanas dieron un salto empresarial
y organizacional significativos.

LA EVOLUCIÓN DE LA INDUSTRIA DEL NARCOTRÁFICO: HACIA UNA EMPRESA DOMINANTE

El primer impacto en México del gusto creciente de la juventud
de Estados Unidos por las drogas fue el incremento en la producción. Además de los estados del triángulo dorado —Sinaloa, Durango y Chihuahua—, creció el cultivo en entidades como Nuevo
León, San Luis Potosí, Michoacán, Guerrero y Oaxaca, entre
otros. Muchos campesinos aprovecharon la oportunidad de tener
un ingreso superior al que percibían sembrando maíz. Efraín, un
campesino de la Montaña de Guerrero, le platicó a Ioan Grillo
cómo fue que se involucró en la producción de marihuana: su familia se enteró del *boom* de la marihuana cuando un primo de ellos
comenzó a plantarla en un pueblo vecino. Cuando su papá se dio
cuenta de que su sobrino obtenía buenas ganancias, le pidió apoyo
a este pariente. Su primo le dio semillas y lo presentó con el comprador. El papá de Efraín tenía cuatro parcelas y algunas vacas y
comparado con sus vecinos, no era de los más pobres; pero aun así
no le alcanzaba para mantener a su familia de nueve hijos, además
de los hijos de un hermano suyo que había muerto asesinado. Al
principio sólo sembraron la mitad de una parcela y cuando la co-
secharon la vendieron en Teloloapan. Una vez que encontraron
al comprador, el mismo con el que negociaba su primo, les dio
1000 pesos por los 25 kilos que habían producido. Aunque los 40
pesos por kilo que obtuvieron era una cantidad mucho menor al

---

[91] William O. Walker III, *op. cit.*, p. 192.

precio de venta en Estados Unidos (los 40 pesos equivalían a cinco dólares cuando fue publicado el libro de Grillo y en San Diego, California, se vendía en 60 dólares el kilo), para la familia de Efraín había sido la cosecha que más ingreso les había generado en toda su vida. Hicieron fiesta y se compraron ropa para todos. Así, al siguiente año sembraron dos de las cuatro parcelas con marihuana y producían cosechas de varios cientos de kilos cada una. No se hicieron ricos, dice Efraín, pero ya no pasaban hambres como antes. Después de dos años de sembrar mota, llegaron los soldados a destruir los plantíos. Afortunadamente, continúa el relato de Efraín, el comprador de la marihuana les avisó con una semana de anticipación de las maniobras militares y tuvieron tiempo de cosechar una parte y esconderla antes de la llegada de los soldados.[92]

El caso de esa familia guerrerense se multiplicó por miles en muchos municipios, especialmente donde existían condiciones de pobreza extrema y la casi total ausencia de las instituciones del Estado, tanto las de seguridad pública como las responsables de la política social y de fomento agropecuario. Así, las condiciones económicas, sociales y políticas del empobrecido campo mexicano, abandonado por el Estado, facilitaron la incorporación de miles de familias campesinas al mercado ilegal de la "verde", como ya muchas otras lo habían hecho con la amapola. Las notas de erradicación de cultivos y decomisos de cargamentos de marihuana realizados por las autoridades permiten tener una idea de cómo se iban extendiendo los sembradíos por diversas regiones del país y dan cuenta de decomisos cada vez más frecuentes, no de kilos de la yerba, sino de toneladas:

> Sierra de Galeana, Nuevo León, cinco toneladas en 1960. "Operación Volcanes", 21 toneladas, y "Operación Guanajuato", seis toneladas el mismo año. Culiacán, 43.5 toneladas en 1962. Tijuana, una tonelada en 1963. Badiraguato, una tonelada en 1964. El Tamarindo, Sinaloa, cinco toneladas en 1965. Durango y San Luis Potosí, cinco tone-

---

[92] Ioan Grillo, *op. cit.*, pp. 69-72.

ladas en 1966. Durante el mismo año, la PGR anuncia la destrucción de tres mil toneladas de marihuana y amapola en Chihuahua y Sinaloa. El Carrizo, Sinaloa, dos toneladas en 1967. Mazatlán, 16 toneladas en 1968. Culiacán, 40 toneladas en 1968. Se descubren y destruyen plantíos de diferentes tamaños en innumerables lugares: 9 hectáreas en el rancho La Rosita, entre Navolato y Altata, cerca de Culiacán; siete hectáreas en Guasimillas, también cerca de Altata; 50 hectáreas a 7 kilómetros de Villa Ángel Flores, Sinaloa.

También se reportó la existencia de un plantío de marihuana de 1000 hectáreas en los municipios de Arteaga y Galena en el estado de Coahuila.[93]

La producción dispersa, pero organizada, de droga en pequeñas parcelas repartidas por medio territorio nacional, era el principio de la cadena productiva del mercado. Una descripción de cómo se organizaban las familias campesinas en la sierra de Sinaloa confirma que desde el inicio del proceso productivo existía ya una organización y planeación de la producción:

La fraternidad en las rancherías y comunidades en realidad está basada en los acuerdos que logran establecer los miembros de las distintas familias para la realización exitosa del trabajo agrícola, desde la etapa de preparación de las rozas, el cuidado y preparación de las plantas, hasta su entrega final a las personas encargadas de hacer la compra a todos los sembradores. De esta forma, las cosechas están vendidas de antemano; aunque existen también las siembras libres, pero sin la seguridad de que el producto se venda, pues al no entrar en trato, hay mayor posibilidad de que estas cosechas sean destruidas por el ejército, que a su vez está enterado del convenio. Esto es en el mejor de los casos, pues también puede ocurrir que el cargamento sea interceptado en carretera por las fuerzas federales. Por tales razones, las familias prefieren organizarse previamente en el interior de las

---

[93] Luis Astorga, *op. cit.*, p. 106.

comunidades, durante la fase inicial de la producción. Para ilustrar de mejor manera lo anterior, ofrecemos el siguiente testimonio: "Saben cuáles son los tiempos de siembra, los precios y hasta dónde puedes avanzar la producción, cuando rompes estas reglas, surgen los enfrentamientos, acuerdos que se hayan pactado con los representantes de las autoridades y del gobierno, hay acuerdos previos, todo mundo lo sabe, lo saben en la comunidad, en los pueblos cercanos y saben quiénes trabajan. El ejército sube a quemar y cortar algunas rozas, las de los sembradores independientes, pero no queman todos los plantíos."[94]

Producir e introducir a Estados Unidos tres mil toneladas de marihuana cada año suponía necesariamente una exportación más "industrial" y menos casera y dispersa. Una demanda de tres mil toneladas al año significaba que, en promedio, 8.2 toneladas diarias, 8 200 kilos cada 24 horas, tenían que cruzar la frontera. Organizar la logística para lograrlo no era sencillo. Comenzaba con la tarea de recolección y empaquetado de la droga; luego estaba la del transporte desde las zonas de producción hasta la frontera (algunos lugares como Oaxaca y Guerrero están a más de dos mil kilómetros); después, disponer de recursos para diversificar los mecanismos de cruce de la línea fronteriza con el menor porcentaje de decomisos (aviones, túneles, vehículos con compartimentos secretos; el sistema de "mulas" o personas poco sospechosas que cruzan la frontera con pequeños cargamentos, corrupción de policías y agentes aduanales de Estados Unidos, etcétera) y, finalmente, tener compradores al mayoreo en las ciudades fronterizas donde era entregada la mercancía.

El problema es que la información disponible para conocer y entender qué pasó en términos de organización empresarial entre 1950 y 1980 es muy poca. Sabemos que en la década de los cuarenta existían varias empresas de narcotráfico dedicadas fundamentalmente a la exportación de opiáceos y, en menor medida, de marihuana; esas organizaciones eran dirigidas, según apuntan las

---

[94] Juan Antonio Fernández Velázquez, "Breve historia social del narcotráfico en Sinaloa", *Revista Digital Universitaria*, vol. 11, núm. 8, agosto de 2010.

evidencias no necesariamente jurídicas, por políticos con gran poder local (gobernadores o ex gobernadores, generales retirados que se convirtieron en caciques; diputados, etcétera) y, por lo tanto, su ámbito de operación era regional y coincidía con el territorio que gobernaban. Eran negocios bien organizados y con un gran futuro, como ya se apuntó. Sin embargo, los nombres de los jefes de esa época ya no reaparecen en las siguientes décadas, ni tampoco se sabe que sus hijos o colaboradores cercanos hayan mantenido esos negocios tan rentables y pujantes. En los años setenta los nombres de los jefes del narcotráfico, como se verá más adelante, son otros; pero no se mencionan como grandes figuras de alcance nacional, mientras que en los años ochenta ya se habla del "cártel" de Sinaloa o de Guadalajara y luego de La Federación como el gran "cártel" del narcotráfico, el más importante del país. ¿Qué pasó entre 1950 y 1980? ¿Por qué desaparecieron los caciques y gobernadores del negocio o, en todo caso, por qué aceptaron un papel secundario? ¿Cómo se construyó ese "cártel" nacional? En lo referente a la desaparición de los políticos locales como protagonistas de primer orden del narcotráfico, la explicación tiene que ver, en alguna medida, con el fortalecimiento del gobierno federal en detrimento de los poderes estatales, es decir, con el proceso de centralización y concentración del poder en el presidente de la República que supuso, entre otras cosas, el fortalecimiento de los aparatos policiacos federales, como se verá más adelante. Sin embargo, el otro dato indiscutible es que 30 años después el narcotráfico mexicano tendría una empresa dominante, cuasimonopólica, cuyos propietarios y dirigentes eran todos sinaloenses. Considerando la dimensión y el potencial del negocio generado por el crecimiento exponencial de la demanda de drogas en Estados Unidos, no es extraño que surgieran las tendencias monopólicas u oligopólicas del mercado, no sólo por la ambición de alguien de quedarse con todo el negocio, también porque las condiciones que implicaba organizar de manera eficaz y eficiente una cadena productiva capaz de hacer llegar puntualmente a los distribuidores de todo el territorio estadounidense las toneladas de marihuana y opio que sus clientes demandaban, requería de recursos financieros, logísticos y de información, además de procesos organizacionales sofisticados que no cualquier empresa o productor de drogas podía tener.

Antes de analizar cómo se dio ese proceso de concentración, debe señalarse que fueron narcotraficantes sinaloenses los que lograron tal hazaña empresarial. De la poca información sobre el proceso de consolidación de la organización de Sinaloa, el periodista Diego Osorno rescató algunos datos que se refieren a la década de los sesenta:

> Durante esos años, el complejo mundo de las drogas se reduce a los nombres de unos cuantos, quienes son el antecedente de lo que luego serían los capos: se mencionan los nombres de Jorge Favela, Eduardo Fernández, apodado "don Lalo", y Pedro Avilés Pérez, quienes se encargan del "negocio", un término que ayer y hoy es uno de los eufemismos más comunes para referirse al tráfico de drogas [...] el nombre de Pedro Avilés era uno de los más conocidos. Narran los corridos que al "León de la Sierra" —como apodaban a Avilés— le gustaba decir que exportar marihuana y opio era un negocio más al que solamente había que mezclar la menor sangre posible [...] De acuerdo con Andrade [Osorno se refiere a José Alfredo Andrade Bojorges, abogado de Amado Carrillo Fuentes y autor del libro *La historia secreta del Narco*] el "León de la Sierra" coordinaba el tráfico de drogas con la ayuda de Ernesto Fonseca Carrillo en Sinaloa, Jaime Herrera Nevares en Durango y Miguel Urías Uriarte en Sonora [...] con el apoyo de la Policía Judicial Federal [...] San Luis Río Colorado, municipio fronterizo de Sonora, y Mexicali, Baja California, eran los principales cruces que empleaba el León de la Sierra para introducir droga en los Estados Unidos.[95]

El caso es que entre los nombres de los detenidos por delitos de tráfico de drogas comenzaban a figurar muchos sinaloenses cuyos apellidos estarían presentes en los años por venir. En 1955, Ernesto Fonseca Carrillo, quien en los años ochenta sería "don

---

[95] Diego Enrique Osorno, *El Cartel de Sinaloa. Una historia del uso político del narco*, Grijalbo, México, 2009, pp. 123 y ss.

Neto", fue detenido en Mexicali junto con su tío, Fidel Carrillo, por enfrentarse a balazos con policías antinarcóticos y en 1958 ya se encontraba en Culiacán. En 1955 un cargamento de 200 kilos de opio, propiedad de Miguel Urías, fue decomisado en San Luis Río Colorado, y en 1964 su hijo del mismo nombre fue detenido en Sonora con un cargamento de 669 kilos de marihuana. Una señora de Badiraguato, Margarita Caro López, fue consignada por almacenar en su casa 763 kilos de marihuana.[96] Otro Caro también originario de Sinaloa, Javier Caro Payán, primo de los Caro Quintero, que vivía en Tijuana, daría apoyo a los Arellano Félix, asimismo originarios de Sinaloa, cuando éstos llegaron a esa ciudad fronteriza provenientes de Guadalajara.[97]

En cuanto a la manera como la organización sinaloense se convirtió en la empresa dominante del narcotráfico, los pocos datos disponibles sólo permiten plantear algunas hipótesis generales que deben corroborarse con investigaciones a fondo. El primer componente del proceso de concentración debió surgir, una vez que se incrementó la producción (en la década de los setenta en nueve de los 18 municipios de Sinaloa se sembraba regularmente amapola y mariguana), por medio de la construcción de una red de recolección y compra de marihuana que permitiera exportar los grandes volúmenes que requería la demanda estadounidense que había crecido. No importaba que la producción estuviera atomizada y dispersa, incluso quizá era mejor, pues ante las tareas de erradicación de cultivos, mientras menos concentrados estuvieran los plantíos, más difícil era para la PGR y el ejército destruirlos. Además, probablemente era más barato comprar la marihuana cosechada en parcelas de campesinos que rentar o comprar tierra para producirla.

El reto consistía, entonces, en disponer de una organización con presencia en todos los estados donde se produjera droga, y en los principales cruces fronterizos, para que realizara dos tareas básicas: *a)* organizar bien la producción, cosecha, empaquetado y traslado de la droga, y *b)* garantizar su traslado a territorio estadounidense.

---

[96] Luis Astorga, *op. cit.*, pp. 93, 94, 107.

[97] Ma. Idalia Gómez y Darío Fritz, *Con la muerte en el bolsillo. Seis desaforadas historias del narcotráfico en México*, Planeta, México, 2005, p. 102.

Cada una de esas dos grandes tareas implicaba la realización de numerosas acciones de gran complejidad; y es por eso que la incipiente organización, al mando de Pedro Avilés, tenía una estructura de líderes regionales que operaban como responsables de la organización en los estados de Sonora (Miguel Urías), Durango (Jorge Herrera) y Baja California (Javier Caro). Probablemente Avilés, además de ser el principal jefe, se encargaba de las cuestiones operativas en Sinaloa.

En el relato de Ioan Grillo sobre la familia guerrerense que complementó la producción de maíz con la de marihuana, se menciona la existencia de compradores en el estado de Guerrero que hacían las veces de concentradores y empacadores del producto. Algunos pudieron haber actuado como empresarios independientes si conseguían que algún norteamericano en Acapulco les comprara la droga,[98] pero si no lo conseguían era prácticamente imposible para un recolector de marihuana de Guerrero tener los recursos para llevarla hasta Nogales o Tijuana y luego disponer de los contactos y los medios para llevarla "al otro lado". Por esa razón, lo más probable era que los recolectores pertenecieran a alguna organización de mayor escala que comercializaba la droga en grandes cantidades, fuera llevándola a Estados Unidos o entregándola a grandes compradores estadounidenses que venían a México. Es muy probable que una parte la dejaran para su consumo en Acapulco. Apoderarse de o asociarse con esas redes de productores y concentradores locales debió ser una tarea que seguramente realizaron los líderes regionales de la organización de Sinaloa. En el caso específico de Guerrero y Oaxaca, la organización de Sinaloa desarrolló un esquema de participación y control muy inteligente y eficaz que operaba plenamente en la década de los ochenta, por lo que no sería extraño que desde los años setenta hubiera comenzado a gestarse. En vez de mandar gente extraña a la región en su representación, sin conocimiento de los grupos de poder, de las relaciones políticas, de las estructuras policiacas, se

---

[98] Grillo menciona el caso de un estadounidense, Boston George Jung, que compraba la marihuana de intermediarios mexicanos y la llevaba a su país en una avioneta; también menciona a estudiantes de San Diego que cruzaban la frontera para comprar la droga en Tijuana y luego la cruzaban en tablas de surf y en yates (*op. cit.*, p. 73).

establecieron alianzas con políticos locales que tuvieran un poder considerable. La historia de Rogaciano Alba, cacique político, presidente municipal de Petatlán y líder perenne de los ganaderos de Guerrero, fue el "gerente" de las operaciones de la organización de Sinaloa en esa entidad. Él se encargaba de organizar la producción y la recolección de mariguana y amapola en la Costa Grande y la Montaña guerrerense; de asegurar la protección de las autoridades locales, lo que se le facilitaba por pertenecer a la élite de la clase política local y su conexiones con todas las autoridades policiacas y judiciales de Guerrero. Ese modelo de asociación con poderosos caciques locales le facilitó a la organización de Sinaloa la expansión de su empresa por tres razones: *a)* evitaba entrar en conflictos violentos para someter a las organizaciones locales, *b)* comprar la protección y complicidad de las autoridades era mucho más fácil si lo hacía alguien que conocía a los políticos y a los jefes policiacos locales, y *c)* la organización de las tareas productivas también se facilitaba si las realizaba alguien que conocía el terreno y la forma de trabajar de los campesinos, los mecanismos de intermediación, los caminos, etcétera. En Oaxaca, la organización de Sinaloa copió el modelo con la familia de los Díaz Parada quienes, hasta principios de la primera década de este siglo, fueron sus representantes y operadores.

En Sinaloa las cosas no resultarían tan fáciles como en el sur del país, pues la existencia de otras redes con pretensiones dominantes, disputaron a la organización de Avilés el control del negocio. El dominio se construyó recurriendo a la violencia en numerosos casos y relacionándose estrechamente con el mundo político y policiaco.

Un par de notables sucesos violentos pusieron de manifiesto los conflictos entre grupos sinaloenses y la participación de la policía judicial federal en el negocio. Primero, en junio de 1969, en un crucero de Culiacán, fue acribillado con ráfagas de M-1 el mayor Ramón Virrueta Cruz, jefe de la policía judicial de Sinaloa. Ese asesinato marcaría un hito en la escala de la violencia, ya que era la primera vez que atacaban a un mando de esa jerarquía (aunque se desconoce si la causa del asesinato fue porque estaba limpio y se oponía a la organización criminal o porque ya se había vendido y no había cumplido sus compromisos) y revelaba que cuando estaban de por medio los negocios, no había títulos que aseguraran la impunidad; la ley de plata o plomo escaló grandes alturas. Segundo, el intento de asesinato del "Cochiloco", líder local del narco en Mazatlán. Así lo narra Astorga:

> En septiembre de 1973, Manuel Salcido Uzeta alias "el Cochiloco", y otras personas que lo acompañaban, son emboscados y balaceados en sus propios dominios [...] Salcido fue herido y su principal lugarteniente, Alfonso Zamora, resultó muerto. A principios del año siguiente, son descubiertos en un rancho cerca de Mazatlán, los restos de seis jóvenes señalados como traficantes de drogas, asesinados, destrozados a machetazos y quemados. Según las versiones publicadas, Salcido había pagado un cuarto de millón de pesos a tres agentes de la Judicial Federal para que secuestraran a los jóvenes y los llevaran ante él en su casa de Río Humaya 31, colonia Lomas del Mar, en Mazatlán, porque pertenecían a la banda rival de Braulio Aguirre quien le disputaba el control del tráfico de drogas en el sur de Sinaloa; uno de ellos, ex soldado, tenía información comprometedora sobre Salcido; algunos de ellos habían participado en el atentado del año anterior.[99]

A lo largo de la década de los setenta, en la medida en que los sinaloenses construían su imperio ilegal, hubo muchos más indicios de su disposición para recurrir a la violencia (pese al consejo de Pedro Avilés de usarla lo menos posible) para eliminar cualquier obstáculo que se interpusiera en su objetivo: el control del narcotráfico en todo el noroeste del país, desde Oaxaca hasta Baja California. Un reportaje de Manuel Mejido, publicado en 1976 por *Excélsior*, asegura que en la zona serrana de Sinaloa la gente tenía las armas más modernas y en Culiacán "desde hace dos años no hay día en que la prensa no dé cuenta de uno o dos tiroteados con ametralladora o armas de alto poder". "De haberse quedado un

---

[99] Luis Astorga, *op. cit.*, p. 111.

tiempo más en la entidad el periodista —continúa Luis Astorga—
habría cubierto la noticia del asesinato del teniente de la policía
preventiva de Culiacán, Juan García Pombo, quien fue acribillado
en su auto con armas de alto poder. "Culiacán, un rastro humano",
"Sinaloa en poder de las mafias de maleantes", "Sigue Culiacán
siendo un rastro humano", eran algunos de los encabezados de la
prensa.[100]

No está por demás señalar que los descuartizados a macheta-
zos y los cadáveres quemados no son un invento de Los Zetas; que
los asesinatos diarios que convierten a una ciudad en un "rastro
humano" no aparecieron en el sexenio de Felipe Calderón; lo
mismo se puede decir de las masacres como la de 11 chinos en
Ciudad Juárez, ni las violaciones de derechos humanos de los inmigrantes por los narcotraficantes. Es el "ADN" de las organizaciones criminales, es decir, el código de comportamiento o las
instrucciones precisas que guían el desarrollo de estas organizaciones, entre las cuales destaca el uso de la violencia para asegurar
el monopolio del mercado. Sin desconocer que las proporciones
en lo ocurrido en aquellos años y lo sucedido en los recientes son
muy distintas, debe aceptarse que lo que las asemeja es su tendencia a la violencia, la que se desata fundamentalmente por causas
económicas, y no por decisión del gobierno.

Una vez que se construyó la logística y las redes para garantizar la producción, recolección, empaquetado y traslado (distribución) a la frontera de las drogas, era necesario completar la
cadena productiva con su venta en Estados Unidos. En este punto
entraban en contacto la organización de Sinaloa con sus semejantes norteamericanas. No es extraño que se conozca poco de esos
vínculos o qué tipo de contratos establecían, pero es seguro que
coexistían diferentes modelos de comercialización: desde la red
familiar de sinaloenses que contactaban a sus familiares que vivían
en California o Arizona y les llevaban pequeños cargamentos de
marihuana y opio, hasta la compraventa de grandes cargamentos
por organizaciones nativas más estructuradas, así como por compradores independientes estadounidenses que viajaban a México

---

[100] *Ibid.*, p. 114.

para conseguir marihuana y llevarla ellos a su país. De estos últimos, un ejemplo es George Jung, que viajaba a México en su avioneta, la cargaba de marihuana comprada a intermediarios y regresaba a Estados Unidos; ganaba 100 mil dólares al mes (hay una película, *Blow*, que se basa en su vida de narcotraficante).[101] Pero el tamaño de la demanda requería necesariamente de sistemas que garantizaran el trasiego masivo de volúmenes enormes de marihuana. La detención en 1975 de Alberto Sicilia Falcón, uno de los principales narcotraficantes de esa época, aportó elementos para hacernos una idea de cómo comenzaron a tejerse las relaciones entre Sinaloa y los narcotraficantes de Estados Unidos. Así cuenta la historia Ioan Grillo: "En un principio, la DEA creía posible el objetivo establecido por Nixon de la desaparición total de las drogas, pues argumentaban que el error cometido antes era haber ido por los peces chicos y los narcomenudistas en las calles. Ahora irían por los peces gordos y destruirían al diablo."

Pronto armaron un caso mexicano tan bizarro que parecía novela de John Le Carré, con personajes entre los que estaban la amante del presidente de México, guerrilleros cubanos y la Cosa Nostra. Investigando los grandes cargamentos de droga que llegaban a Estados Unidos, identificaron a Alberto Sicilia Falcón: compraba goma de heroína y marihuana en Sinaloa, la llevaba por vía aérea a Tijuana y mediante un ejército de "burros" la pasaba a San Diego. La DEA informó a la policía mexicana y ésta arrestó a Sicilia en julio de 1975 en la Ciudad de México. En su casa se encontraron cuentas en Suiza por 260 millones de dólares y evidencias de sus relaciones con políticos y "celebridades", entre ellas Irma Serrano. Torturado, Sicilia aseguró que manejaba un operativo de la CIA para utilizar el dinero de la droga y comprar armamento para los rebeldes centroamericanos y que, incluso, había sido entrenado por la CIA en Fort Jackson, Florida. Era cierto que estaba metido en el contrabando de armas y una de las gentes detenidas con él (Egozi) había participado en la invasión de Bahía de Cochinos. También había evidencia de su relación con un gángster estadounidense, Sam Giancana. Lo curioso de este primer arresto

---

[101] Ioan Grillo, *op. cit.*, p. 74.

de un capo mayor de las drogas mexicano es que era extranjero: los gángsteres cubanos y norteamericanos tenían mucha experiencia en actividades criminales, conocimientos de las redes de tráfico de mercancías en las fronteras y del lavado de dinero, capacidades todas necesarias para la expansión del tráfico de drogas en México. Y además tenían vínculos con los servicios de inteligencia. Los bandidos de la sierra de Sinaloa estaban aprendiendo el negocio global y de ganancias multimillonarias; los extranjeros como Sicilia, les pasaron el *know how*.[102]

El liderazgo de Avilés, "figura importante del 'bajo mundo' sinaloense —según la DEA—, 'el más grande de los siete del reinado', según uno de sus corridos, 'uno de los más famosos narcotraficantes a nivel nacional', según la PGR, quien era buscado desde 1973 y nunca había sido detenido pese a tener 25 órdenes de aprehensión", terminó al morir "accidentalmente" en un enfrentamiento de un grupo de narcotraficantes con la Policía Judicial Federal (no lo andaban buscando a él) en septiembre de 1978.[103]

Sin embargo, en un rango inferior ya participaban en el negocio quienes serían los líderes de la organización en la siguiente década: Ernesto Fonseca Carrillo, alias "don Neto" o "El Padrino", y Miguel Ángel Félix Gallardo que tomarían el control a partir de entonces.

Al terminar la década de los setenta la organización de Sinaloa había ampliado su control a toda la costa del Pacífico mexicano desde los estados de Oaxaca y Guerrero, que se convirtieron en importantes productores de marihuana (la llamada Acapulco Golden, era una variedad muy cotizada en Estados Unidos en los sesenta y setenta), pasando por Jalisco (aunque hay presencia de algunos líderes sinaloenses en Guadalajara desde principios de los setenta, a raíz de la operación Cóndor realizada por el ejército en Sinaloa, el liderazgo completo de la organización se mudó a Guadalajara) y Nayarit, y continuaba por Sinaloa y Sonora hasta la frontera con Estados Unidos en Baja California. Además, tenían el control del "Triángulo Dorado", la zona productora de marihuana

---

[102] *Ibid.*, pp. 82-83.
[103] Luis Astorga, *op. cit.*, p. 112.

y amapola más importante del país, conformada por las regiones en la que colindan los estados de Durango, Chihuahua y Sinaloa. (Durante la operación Cóndor, en los últimos años de la década de los setenta, la producción de esa región se contrajo al grado de que propició un incremento de la producción de marihuana en Colombia.) Los cruces fronterizos estaban bajo su control desde Tijuana a Nogales. De la geografía del narcotráfico de aquellos años, las plazas importantes que no estaban bajo su control eran los puertos fronterizos de Chihuahua; ahí mandaba una organización regional, con la cual establecería nexos a principios de los ochenta y acabaría controlándola. Pero esa es parte de la historia que debe contarse a detalle, por lo que implicó en términos de la expansión de la organización de Sinaloa a esas plazas estratégicas, y porque nos permitirá conocer cómo era una organización local y cómo la construyó su principal líder.

Es el caso de la organización de Pablo Acosta en Ojinaga, Chihuahua, poblado fronterizo que desde la segunda mitad de los años sesenta ya era un centro de operaciones del narcotráfico por las facilidades que ofrecía para el cruce de opio y marihuana. En la excelente recreación de la vida y personalidad de ese capo, Terrence E. Poppa, un periodista de *El Paso Herald-Post*, reconstruye la estructura y forma de operación de una organización regional de narcotráfico.[104] Por lo valioso de su narración, bien organizada y muy completa, respecto a cómo nació y se desarrolló una organización de narcotraficantes y qué clase de vida era la de su jefe —no encontré otro relato que se le asemeje en calidad—, haré un apretado resumen del que se podrán extraer datos y hechos que ayudarán a comprender cómo operaban las empresas ilegales del narcotráfico en las décadas sesenta y setenta.

La ubicación geográfica y abandono de este pueblo fronterizo, 400 kilómetros al este de Ciudad Juárez, así como de Presidio, la población al otro lado del río Grande, en Estados Unidos, lo convirtió en un punto ideal para el contrabando. El padrino más antiguo que se recuerda fue Diego Aranda (antecesor de Pablo Acosta) quien contrabandeaba en caravanas de hasta 50 mu-

---

[104] Terrence E. Poppa, *Drug Lord. The Life and Death of a Mexican Kingpin: A True Story*, Cinco Puntos Press, El Paso, Texas, 3a. ed., 2010.

las todo lo que estaba racionado en Estados Unidos durante la Segunda Guerra Mundial; entre esos productos llevaba heroína que se refinaba en Parral, luego de que la goma de opio fuera trasladada desde la sierra de Sinaloa. Evadían a la patrulla fronteriza con un sofisticado sistema de comunicaciones entre rancheros y la utilización de terracerías. Aranda se mudó a Portales, un pueblo en Nuevo México, desde donde operaba el contrabando de heroína, llevada de Parral. Sólo la vendía a conocidos mexicanos para reducir el riesgo de ser detenido. En los años sesenta, con el auge de la generación antibélica que emergió en Estados Unidos, floreció la exportación de marihuana. Para los estándares de esos años sesenta, Aranda era un narcotraficante exitoso; pero en 1969, en una pelea producto del juego, mató a su socio, Pancho Carreón, y tuvo que huir de Estados Unidos y se estableció en Ojinaga, que en ese entonces era un pueblo de apenas 10 mil habitantes. Ahí contrató al esposo de su sobrina, Manuel Carrasco, como "mula" para transportar pequeños cargamentos de droga al otro lado de la frontera e, incluso, lo llegó a mandar hasta Chicago. Carrasco era más ambicioso que Aranda y en sus viajes por Estados Unidos fue estableciendo contactos en varias ciudades para crear su propia red de venta de drogas; después hizo contactos directos con los proveedores de heroína de Parral e incluso con los productores de amapola de Sinaloa, y pronto creó sus propios laboratorios de producción de heroína al sur de la ciudad de Chihuahua. Trasladaba la amapola por avión desde Sinaloa a sus laboratorios en Chihuahua y, convertida en heroína, la llevaba a Ojinaga. Cuando Aranda tuvo problemas económicos por unos decomisos que le hicieron, Carrasco le prestó dinero para salir del apuro, pero ya no sería el jefe, sino un empleado de Carrasco.

Pablo Acosta, nacido en 1937 en un rancho cerca de Ojinaga, vivió la década de los cincuenta en lo que se conocía como la ruta migrante de esa región, conformada por tres poblaciones de Texas, Fort Stockton, Odessa y Lovington; después se trasladó a Ojinaga y se dedicó a cosechar algodón en los ranchos de la región; pero como el dinero no le alcanzaba para mantener a su familia, su madre y varios de sus hermanos, se metió al tráfico de heroína en

1968. En su primer viaje como "mula" con una onza (27 gramos) de heroína, fue detenido y pasó cinco años en la cárcel de Leavenworth en Kansas, donde hizo las conexiones que después le servirían para reemprender su carrera dentro del narco en 1973, justo cuando Diego Aranda era asesinado y Manuel Carrasco se quedaba como jefe indiscutido de la plaza de Ojinaga. Acosta se estableció en Odessa donde puso un negocio de construcción de techos que era la fachada de su verdadero trabajo, la distribución de heroína y marihuana que le abastecía Carrasco (un amigo que hizo en la prisión, Martín "Shorty" López, se había ido a trabajar con Carrasco y era el enlace entre éste y Pablo). Pronto la policía estadounidense lo identificó como traficante de drogas. Fichado y con orden de aprehensión, Acosta huyó a Ojinaga después de un operativo realizado por unos policías encubiertos, del que escapó de milagro. Aunque Ojinaga estaba controlada por Carrasco, había grandes oportunidades pues éste estaba en problemas económicos derivados de unos decomisos que le hicieron en Estados Unidos —una tonelada de marihuana y 15 kilos de heroína—, por la pérdida de una avioneta prestada en la que transportaba la droga y que tenía que pagar. Durante la negociación de su deuda con Heraclio Rodríguez Avilez, miembro de la familia que controlaba la producción de heroína en Parral, Carrasco lo asesinó aprovechando una balacera ocurrida durante una borrachera y huyó sin dejar rastro. Martín "Shorty" López asumió el control de la organización pues se hizo cargo de cubrir el "pago de la plaza", es decir, de seguir pagando los sobornos a toda las autoridades, lo que se hacía en la ciudad de Chihuahua.

Pablo Acosta llegó a Ojinaga seis o siete meses después de la desaparición de Manuel Carrasco y su amigo Shorty, que ya era el nuevo jefe de la plaza, lo contrató como guardaespaldas y chofer. Pablo abrió una tienda de ropa para su esposa y un restaurante, además de entrarle al negocio de coches robados en Estados Unidos. El dinero rodaba y todo mundo estaba feliz, menos Manuel Carrasco que reapareció, amenazó de muerte a su sucesor, lo emboscó y acribilló el 1 de mayo de 1977. Carrasco vuelve a huir. Después de la muerte de Shorty, hubo un periodo de incertidumbre (ocho meses) sin que alguien controlara la plaza. Los operadores del asesinado eran pequeños distribuidores que no tenían la capacidad ni las condiciones para convertirse en líderes. Esperaban que les llegara un nuevo jefe de fuera, de las autoridades, pero nadie movía nada. Se llevaron a cabo varias reuniones de los involucrados en el narcotráfico sin decidir qué hacer; no ignoraban que tendrían que negociar en Chihuahua pero, ¿con quién? (Shorty nunca le reveló a nadie quién era su contacto.) Distribuidores de Estados Unidos hablaban con sus contactos en Ojinaga preguntando por lo que sucedía, pero nadie daba una respuesta. A principios de 1978 se reunieron alrededor de 12 gentes que operaban el narco en Ojinaga y discutieron quién sería el líder. De tres posibles (Pablo Acosta, Rogelio González, Víctor Sierra), pues los demás eran o muy jóvenes o muy viejos o sin los tamaños y la experiencia necesaria, eligieron a Pablo. Éste se negó no porque no quisiera, sino porque sabía que como fugitivo de la justicia de Estados Unidos era vulnerable. Rogelio, piloto de avión, también había huido de Sinaloa por matar soldados. Quedó Víctor que fue a Chihuahua en busca del comandante de la policía federal, el que tardó tres días en recibirlo. En la oficina del jefe policiaco se desarrolló el siguiente diálogo:

—Señor comandante, quiero su permiso para trabajar la plaza de Ojinaga.

—¿Cómo sabe usted que yo soy el hombre indicado para tratar esos asuntos?

—Bueno, yo trabajé para Manuel Carrasco y para "Shorty" López y a veces los acompañaba hasta este edificio a traer el dinero de la plaza.

El comandante se levantó, abrió la puerta de la oficina y llamó a tres de sus hombres y les pidió "que le prepararan a Víctor". Fue sometido a torturas durante tres días para que dijera todo lo que sabía de la plaza de Ojinaga: quiénes operaban ahí, cómo lo hacían, qué cantidades manejaban, quién los abastecía, etcétera. Víctor no ocultó nada y después de tres días de intensos interrogatorios, el comandante le dijo que estaba satisfecho con él, pues tenía "huevos", contactos y organización. Le pidió 10 mil dólares mensuales, que luego fueron subiendo hasta llegar a 35 mil. Con el paso del tiempo, el comandante pasaba a Ojinaga a solicitar su dinero o a incrementar la tarifa y se hizo compadre de Víctor.

La jefatura de Víctor duró hasta diciembre de 1980 cuando decidió ir a Las Vegas para supervisar un cargamento (nunca pisaba territorio de Estados Unidos por precaución, pero era la primera vez que llegaban tan lejos). Ahí fue detenido y sentenciado a ocho años de prisión. Durante su jefatura, Ojinaga fue una plaza pacífica por el carácter de Víctor y por un *boom* que alcanzaba para todos; la "aplicación de la ley" era discreta y selectiva (sólo a quienes no pagaban su cuota). Las cosas iban a cambiar. Quedaron dos líderes narcos importantes en Ojinaga: Pablo Acosta y Fermín Arévalo. Este último había estado preso en Islas Marías donde conoció a varios narcos de Sinaloa; cuando salió se fue a traficar heroína a Ojinaga con cargamentos que le enviaban sus amigos sinaloenses. Pablo y Fermín se conocieron en la cárcel de Chihuahua. Fermín ayudó mucho a Pablo durante el tiempo que pasaron juntos en la penitenciaría, incluso le pagó abogados para que saliera pronto. Pablo salió en 1977 y Fermín en 1979, aunque éste dirigía sus actividades ilegales desde la cárcel por medio de sus hijos Lili y Lupe. Al salir de la cárcel, Pablo frecuentaba mucho a los hijos de don Fermín, aunque éstos siempre trabajaron la droga por su cuenta, en las afueras de Ojinaga (no acudieron a las reuniones cuando buscaban quién sustituyera a "Shorty") y Pablo y sus amigos los respetaban, pensando que tenían algún arreglo con alguien en Chihuahua. Fermín quedó resentido cuando Pablo se quedó con el control del narco en Ojinaga, pues era una posición que él siempre ambicionó.

El esquema de protección que implementó Pablo Acosta resultó más sofisticado que el de sus antecesores. Al principio pagaba la cuota de la plaza a la Policía Judicial Federal utilizando intermediarios; después el gobierno federal abrió en Ojinaga una oficina de la policía federal[105] y su comandante recibía los pagos

---

[105] Poppa no es preciso en ese dato, pero al señalar que era una nueva policía, podría referirse no a la Judicial Federal, sino a la Dirección Federal de Seguridad (DFS), pues algunos de sus lugartenientes tenían placas de identificación de la Secretaría de Gobernación, dependencia que controlaba a DFS y luego a los agentes que sobrevivieron a su

directos de Acosta y éste los canalizaba a los niveles superiores. También compró la protección del ejército mediante pagos adicionales al jefe de la guarnición militar por medio de un ex director de la policía municipal de Ojinaga, dueño de la radiodifusora local, quien formalmente se decía que era el funcionario de relaciones públicas de los militares, pero en realidad su tarea consistía en ser el enlace entre el ejército y los narcos de la región.

Gracias a los pagos al ejército, el general responsable de la guarnición disponía de soldados para proteger un plantío de marihuana de alrededor de 30 hectáreas. Con esta multiplicidad de pagos, Acosta logró obtener para él y para su gente credenciales de las distintas agencias que protegían sus operaciones (Policía Judicial Federal, Dirección Federal de Seguridad y ejército), además de la autorización para portar armas y protección contra revisiones de cualquier tipo. Acosta se volvió intocable en toda la región.

En 1981, con Fermín libre, Pablo perdió un cargamento de marihuana en Estados Unidos y sospechó que Lili, el hijo de Fermín, había dado el pitazo a las autoridades de Estados Unidos. El decomiso resultó costoso, pues además de la droga, perdió a Rogelio, el piloto, a su hermano quien fue detenido y el avión. Pablo no actuó en contra del hijo de su amigo, pues sólo tenía sospechas; pero fue hasta que Lili no le pagó una deuda contraída por un cargamento de marihuana, en agosto de 1982, que lo mandó matar. Inició la guerra entre los dos grupos. El enfrentamiento duró más de un año; al menos se contabilizaron 26 muertos, entre ellos un hermano de Pablo y éste sufrió más de un atentado. Cuando los costos de la violencia aumentaron (presiones de medios, autoridades, más dinero para asegurar protección, compra de armas, más guardaespaldas, miedo e incertidumbre), Pablo decidió acabar con el conflicto y fue a buscar a Fermín a su rancho; éste se escondió y dijo a su esposa que saliera a platicar con él. Acosta le pidió que dijera a Fermín que ya debía acabarse el pleito; ella se negó. Mientras Pablo y la esposa de Fermín discutían, éste preparó con algunos de sus hombres que estaban en su casa una emboscada. Cuando Pablo y su comitiva salían del rancho fueron

---

desaparición en 1985, y pasaron a formar parte de la Dirección de Investigaciones Políticas y Sociales.

atacados y respondieron el fuego. En la refriega, Fermín murió y Pablo quedó ileso. Terminó el pleito. La esposa levantó la denuncia ante el ministerio público y el juez dictó orden de aprehensión contra Pablo y cinco gentes más, pero nunca se cumplieron. Se dijo que Acosta pagó el equivalente a un millón de dólares para que el ministerio público desistiera de aprehenderlo.

Terminada la guerra, Pablo, con una aura de invencibilidad, controló y usufructuó su plaza; su trabajo era intenso, los días se llenaban de todo tipo de actividades relacionadas con el abasto de droga (conseguir heroína, supervisar que se plantara y cosechara adecuadamente la marihuana), su empaquetado y almacenamiento; luego con su traslado al otro lado de la frontera (implicaba robar coches y camionetas, repararlas y equiparlas y conseguir avionetas) y la comercialización que suponía negociaciones diferenciadas con los diversos compradores; además, se encargaba de realizar puntualmente los pagos de protección y, finalmente, de organizar el lavado de dinero. Por si eso fuera poco, también se abocó a ser "padrino". Regalaba dinero, medicinas, construía asilos, aulas en las escuelas del gobierno, campos deportivos, vestía equipos de beisbol y futbol, pagaba tratamientos médicos, etcétera. Construyó una amplia base social en Ojinaga. Los comandantes de la guarnición militar le rendían pleitesía; cuando llegaba un nuevo general siempre iba a visitar a Pablo y a renovar el pacto de protección, la alianza apenas se disfrazaba. Incluso las autoridades estadounidenses del condado de Presidio le solicitaron que no exportara la violencia a su territorio; un policía local de Estados Unidos se reunió con él varias veces. Tras ello, los asesinatos y ataques a agentes policiacos en esa región se terminaron, pues Pablo les planteó que si se enteraba de que alguien había disparado contra alguno de aquéllos, se las vería con él. Acosta no se ocultaba, todo mundo sabía donde vivía (la calle sexta) e iban a solicitarle cualquier tipo de apoyo; actuaba a la luz pública y hasta con cinismo. Le gustaba estacionarse afuera de la casa de la viuda de Fermín. La opinión de un trabajador del municipio resume claramente el poder adquirido por el capo: "Si alguien manda en este pueblo, es Pablo. Le sobran huevos. Él es el único que les dice a los policías y militares qué tienen que hacer."

Pablo Acosta murió en abril de 1987, durante un operativo realizado por la Policía Judicial Federal para capturarlo, encabezado por el comandante Guillermo González Calderoni. Dos o tres años antes de su muerte, Acosta había ampliado su empresa criminal para traficar cocaína que le llegaba desde Colombia. Al parecer gracias a la mediación de la organización de Sinaloa —la cual operaba en esa época desde Guadalajara— y en concreto, por la recomendación hecha por Ernesto Fonseca Carrillo, "don Neto" o por Miguel Ángel Félix Gallardo a los colombianos, para que utilizaran la ruta de Ojinaga por la facilidad para cruzar la frontera y porque había una organización con las capacidades logísticas y de protección necesarias. Ese aval ante los colombianos fue posible a cambio de que Pablo Acosta aceptara incorporar a su organización a una especie de "gerente supervisor" de los narcotraficantes sinaloenses que garantizara la confiabilidad y seriedad de las operaciones de Acosta. Ese garante de la relación entre Ojinaga y Sinaloa se llamaba Amado Carrillo Fuentes, quien poco después de la muerte de Acosta se quedaría con los restos de su organización y trasladaría su centro de operaciones a Ciudad Juárez, convirtiéndose en el poderoso "Señor de los Cielos". De esa manera, la organización de Sinaloa amplió considerablemente su territorio y participación en el mercado ilegal de las drogas y, por tanto, su poder.

De esta historia se puede inferir no sólo cómo operaba la empresa del narcotráfico de Ojinaga, también otras empresas del narcotráfico en esa época:

1. El concepto y la organización del negocio. La organización tiene como base para funcionar el control de una "plaza", es decir, un territorio en el cual puede desarrollar las actividades de narcotráfico sin problema, siempre y cuando exista un arreglo con las autoridades que son quienes otorgan la concesión de la plaza. No sólo hay que pagar por ella sino, además, tener los recursos y las capacidades para explotarla adecuadamente (en versión del comandante de la policía Víctor, quien fungió como jefe antes de Pablo Acosta, tener "huevos, contactos y organización"). Sin embargo, la plaza

no es sinónimo de empresa sino de un ámbito geográfico de acción más un acuerdo de protección oficial. La organización de Pablo Acosta convivía y compartía la plaza con varios grupos de narcotraficantes (se menciona que 12 gentes en Ojinaga trafican drogas a Estados Unidos, que se ponen de acuerdo para nombrar un líder) los cuales se conocen entre sí y no tienen problemas, siempre y cuando colaboren para el pago por la protección a las autoridades y no le disputen el liderazgo a quien manda. Es muy probable que cada uno de esos 12 participantes tuviera sus productores o sus proveedores de marihuana y amapola, sus acarreadores o cruzadores, y sus contactos de venta al otro lado de la frontera. Por tanto, en realidad se trata de una red de pequeñas organizaciones o empresas familiares y de amigos en un ámbito comunitario (un pueblo de 10 mil habitantes) con relaciones de complicidad y acuerdos de convivencia con las autoridades locales y con la población. Aunque la plaza no era la organización de Pablo Acosta y ésta no era una gran empresa al estilo de las privadas, es muy probable que entre las distintas organizaciones hubiera algún tipo de colaboración (al menos para llevar en paz el negocio colectivo); pero también es cierto que en una plaza no podía haber dos líderes o dueños de la plaza.

2. Violencia. No obstante la existencia de periodos de convivencia pacífica, la violencia aparece de la misma manera que lo hizo en el caso de la consolidación de la organización de Sinaloa, es decir, cuando se disputa el liderazgo o haya incumplimiento de contratos. Manuel Carrasco consintió el asesinato de Aranda y eliminó a su proveedor de heroína porque no se pusieron de acuerdo para solventar un adeudo (los conflictos se resolvieron a balazos en una cantina), y a su sucesor, el "Shorty" López, por traicionarlo al adueñarse de la plaza sin esperar a que él reapareciera. El dominio de Acosta se consolidó hasta que terminó una pequeña guerra con la familia de Fermín Arévalo, resentida al no convertirse en la organización líder de la plaza, después de un par de años de actividades y 26 familiares y operadores

asesinados. Era imposible que hubiera dos jefes en una misma plaza y, a pesar de la estrecha amistad entre ambos narcos —en los negocios nada es personal— Pablo Acosta tuvo que eliminarlo, igual que a sus otros rivales. Cuando algún intruso se metía en la plaza y no pagaba, o algún miembro de la organización se pasaba de listo, lo eliminaban sin problema alguno con la complicidad de las autoridades. No hay remedio: los mercados ilegales tienen en la violencia el mecanismo por excelencia para dirimir diferencias y castigar deslealtades y, además, tienden a ser monopólicos en cuanto al liderazgo.

3. La relación con la autoridad. La plaza no existe sin la complicidad de las autoridades. No se trata sólo de narcotraficantes corrompiendo a policías y soldados, sino de un esquema de convivencia de un sistema político con el crimen organizado, ideado, avalado y operado por autoridades federales de alto nivel. Aunque en el ámbito local el capo es intocable y una figura pública que no se esconde e incluso puede ser el jefe de los representantes de las agencias estatales y mandar sobre ellos, sabe que frente al gobierno federal es un subordinado y su poder depende de que le mantengan la concesión de la plaza. Cuando el capo se vuelve incómodo o rompe las reglas no escritas del acuerdo informal, es perseguido y aplastado por el Estado, tal y como sucedió con Acosta cuando decidió conceder una entrevista a Terrence Poppa y éste la publicó en El Paso, Texas. La amplia difusión de la entrevista que mostraba la impunidad con que operó Acosta durante varios años, revelando además la complicidad de numerosas autoridades, fue el motivo por el cual el gobierno envió a González Calderoni a capturarlo.

4. Sobre el liderazgo y los vínculos familiares. Entre fines de los años sesenta y principios de los ochenta, la organización de Ojinaga tuvo cinco jefes (Diego Aranda, Manuel Carrasco, Martín "Shorty" López, Víctor Sierra y Pablo Acosta) sin vínculos familiares (sólo entre Aranda y Carrasco existía un parentesco político, no directo). Eso puede ser una de las razones de su inestabilidad, pues con excepción de Acosta,

los otros duraron poco y cayeron por conflictos internos o
fragilidad económica o la mezcla de ambas. El tema de la
confianza y la lealtad en las empresas criminales es crucial,
pues siempre existe el temor a una traición; la mejor manera
de garantizar la confianza y lealtad de los miembros de una
organización criminal es por medio de los vínculos familiares, pues ello reduce considerablemente el riesgo de la traición o deslealtad, puesto que los lazos afectivos pueden ser
más poderosos que la ambición de poder o de dinero. No en
balde las organizaciones criminales más longevas y estables
son las formadas por clanes familiares como en el caso de la
mafia siciliana, o la Cosa Nostra de Estados Unidos e incluso
en México. Son ilustrativos los casos de los Arellano Félix
que dirigieron la organización de Tijuana alrededor de 20
años; la organización de Sinaloa que ha estado en manos de
varias familias: los Carrillo, los Caro, los Beltrán, los Zambada y los Guzmán. Más adelante se analizará la relación
entre estos vínculos y la violencia. Mientras tanto es importante señalar, en el caso de Ojinaga, que la no existencia de
esos clanes familiares generó debilidad en la organización, es
decir, en cuanto a la lealtad y confianza internas como por
la incertidumbre en la sucesión de la jefatura.

5. Sobre la organización económica y la rentabilidad del ne-
    gocio. Ojinaga reunía condiciones geográficas e institucio-
    nales muy favorables (cercanía de la frontera y lejanía de
    los centros políticos y urbanos) para el tráfico de drogas; sin
    embargo, en los principios el negocio no parecía ser muy
    rentable por su dependencia del abasto de la mercancía. El
    negocio se reducía entonces a llevar a Estados Unidos he-
    roína y marihuana adquirida y procesada fuera de la plaza.
    Destaca que tanto Diego Aranda como Manuel Carrasco
    tuvieran problemas económicos por el decomiso de unos
    cargamentos de drogas, lo que revela que no tenían reservas
    financieras para enfrentar contingencias como la pérdida
    de una tonelada de marihuana o el pago de una avione-

ta.[106] Con el liderazgo de Acosta cambió la situación, porque
creció el negocio con la producción local de marihuana, la
introducción de cocaína, y la ampliación de la red de distribuidores en el país vecino. Ello generó mayores utilidades
como lo revela el hecho de que dedicaron una parte al "gasto
social" en beneficio de la población. No obstante, Ojinaga
dependía en gran medida de Sinaloa para conseguir la goma
de opio y necesitaba de su aval para que fuera abastecida de
cocaína por los colombianos. Al final Sinaloa se quedó con
la organización y la plaza.

ESTADOS UNIDOS Y SU *WAR ON DRUGS*. EPISODIO 1

La expansión del mercado ilegal de las drogas y la consecuente
transformación de la estructura empresarial del narcotráfico en
una gran organización dominante, conviviendo y cooptando a las
pequeñas empresas regionales, es una parte de esta historia. Un
factor adicional que en este periodo contribuyó a darle forma, fue
la política adoptada por el gobierno estadounidense, especialmente
por el de Richard Nixon, quien ideó el concepto de la "guerra
contra las drogas" y, contra todo pronóstico, la puso en marcha a
partir de 1969.

Cómo se gestó la guerra contra las drogas

En la década de los años sesenta, no obstante el *boom* del consumo,
las drogas estaban lejos de ser un tema prioritario en la definición
de las políticas públicas de la Casa Blanca. El presidente John F.
Kennedy, quien tomó posesión en enero de 1961 y su sucesor Lyn-
don B. Johnson (1963-1968), tenían una agenda más complicada:
la Guerra Fría dominaba la escena internacional (en 1961 se cons-

---

[106] En años recientes, los narcos desechan las avionetas e incluso aviones grandes como
los Boeing 727 viejos, pues su costo representa una parte relativamente baja del costo
total del transporte en el caso de la cocaína. Si una tonelada de cocaína transportada en
una avioneta se puede vender en 25 millones de dólares, se pueden dar el lujo de perder
la avioneta cuyo valor de reposición puede ser 200 o 300 mil dólares.

truyó el muro de Berlín) y la expansión comunista en Indochina y Cuba eran asuntos impostergables; en esos años Estados Unidos se involucró en la costosísima guerra de Vietnam y sus planes para derrocar a Fidel Castro y abortar la Revolución socialista en la isla, fracasaron estrepitosamente con la invasión de Bahía de Cochinos. En el ámbito doméstico, los presidentes demócratas tenían el reto de atender las demandas de un poderoso movimiento social impulsado por la población negra (en aquella época aún no se le llamaba afroamericana) contra la discriminación y la pobreza, movimiento que en sus primeros años estuvo dominado por líderes pacifistas como Martin Luther King. Después del asesinato de éste, dicho movimiento se radicalizó y líderes que favorecían la acción violenta, como Malcolm X, lo dominaron. Por otra parte, en la medida en que Estados Unidos aumentaba su participación militar en Vietnam sin que ello significara que se encaminaban a la victoria, se desarrolló un amplio movimiento antibélico, que al igual que el de los derechos civiles de la población, se extendió y lanzó a las calles en reiteradas ocasiones a cientos de miles de manifestantes. La sociedad norteamericana se polarizó.

La respuesta de los gobiernos demócratas a las demandas sociales y de derechos civiles, consistió en incrementar sustancialmente el gasto público en programas sociales muy ambiciosos en beneficio de las minorías (la "comunidad negra" y a los blancos sumidos en la pobreza). Ese proyecto de política social fue conocido como "la Gran Sociedad". Además, los gobiernos demócratas impulsaron y lograron que el Congreso aprobara las leyes que suprimían la discriminación y segregación racial, y garantizaban la integración de los afroamericanos y su derecho a registrarse en los padrones electorales (Ley de los Derechos Civiles de 1964 y Ley de los Votantes de 1965). Para la segunda mitad de los años sesenta los activistas de los derechos civiles no estaban satisfechos con lo logrado; seguían realizando manifestaciones cada vez más violentas en ciudades como Los Ángeles, Cleveland, Detroit y Chicago, pues argumentaban que la aplicación de las nuevas leyes y la superación de la pobreza eran muy lentas. No obstante, era claro que el Partido Demócrata tenía el respaldo mayoritario de los votantes negros y de los trabajadores blancos quienes se habían beneficiado del enorme gasto social. En materia de drogas privaba una política liberal. Harry Anslinger, director del Federal Bureau of Narcotics (FBN), impulsor del prohibicionismo más acendrado y promotor de una política agresiva contra los países productores de drogas, fue relevado de su cargo por el presidente Kennedy en 1962 (lo había asumido 32 años antes). Lo sucedió Henry Giordano cuya labor pasó inadvertida.

En noviembre de 1968 habría elecciones presidenciales y pese a la turbulencia social y política que vivía Estados Unidos, producto de los movimientos sociales y culturales de protesta, a fines de 1967 las tendencias electorales señalaban que los demócratas no tendrían problemas para reelegirse y asegurar un tercer gobierno consecutivo. Los republicanos estaban preocupados, pues no encontraban un tema de campaña sobre el cual basar la estrategia y pudieran derrotar en las urnas al presidente Johnson, quien se perfilaba como el candidato con mayores probabilidades de ganar en las urnas. Sin embargo, en enero de 1969, el republicano Richard Nixon asumió la presidencia. ¿Cómo se produjo un cambio tan radical que llevó a la Casa Blanca a un republicano conservador pese a los pronósticos generalizados en contra? Dan Baum, un antiguo reportero del *Wall Street Journal*, narra ese viraje y sostiene que el tema de las drogas tuvo que ver mucho con la estrategia sobre la que Nixon se basó para derrotar a los demócratas. Hago una síntesis de la historia de Baum:[107]

En el verano de 1967, Don Santarelli, un abogado joven, brillante y sobre todo conservador —de los que en los años sesenta no había muchos— fue reclutado por diputados republicanos para que se integrara como su asesor en el Comité de Asuntos Judiciales de la Cámara de Representantes. Él y sus mentores discutían qué temas debiera contener la agenda del candidato republicano a la presidencia en las elecciones de 1968, pues consideraban que en los asuntos principales de Estados Unidos de esos años, los demócratas tenían la ventaja. Si se trataba de la Guerra Fría y el anticomunismo, el presidente Johnson ya estaba escalando la guerra en Vietnam quitándoles también esa bandera; la economía marchaba

---

[107] Dan Baum, *Smoke and Mirrors...* , pp. 3-12.

sobre ruedas jalada por el gasto bélico, la inflación era baja y el desempleo mínimo. Por si eso fuera poco, desde la era Kennedy, la política de satisfacer las demandas de los derechos civiles y sociales de los negros y de los trabajadores afiliados a los sindicatos, les había fortalecido ante esos sectores del electorado.

Sin embargo, Santorelli pensaba que los demócratas estarían pronto en aprietos por su política de gasto social excesiva, ya que después de tres años los resultados no eran los esperados (terminar con la pobreza) y la comunidad negra estaba radicalizándose. La voz pacifista de Martin Luther King se perdía entre los reclamos del partido Panteras Negras, organización socialista y revolucionaria que defendía el uso de la violencia para defenderse de la brutalidad policiaca en contra de la población negra. En 1965 tuvieron lugar los primeros disturbios raciales en el barrio Watts, en Los Ángeles; en 1966 los hubo en Cleveland y Chicago y en 1967 fueron 11 ciudades donde se dieron saqueos cometidos por negros. La televisión transmitía por la noches la violencia de los enfrentamientos entre negros y policías, como si fueran noticias de Sudáfrica o de Argelia. La población blanca comenzó a quejarse por dos motivos: el temor de quedar atrapada en un enfrentamiento o sufrir la violencia de grupos de negros descontrolados; y el gasto social excesivo, que pagaba con sus impuestos, sólo para que los negros se rebelaran.

Al mismo tiempo que hacían erupción los disturbios raciales, los reportes del FBI con respecto al crimen callejero reportaba incrementos. Los especialistas en ese tema no le ponían mucha atención a esos reportes por considerarlos normales y atribuían el aumento de la criminalidad al crecimiento demográfico y a la expansión urbana; no pensaban que mostraran una tendencia negativa por una sociedad en la que se perdía el Estado de derecho. Pero tales consideraciones académicas fueron ignoradas cuando en 1967 uno de estos reportes señaló que en siete años el número de negros arrestados por homicidio se había duplicado. Ése era un dato para que la gente lo tuviera muy presente pues era una imagen muy vendible, como lo eran las imágenes de negros adictos a la heroína. Los homicidios, arrestos, decomisos de droga en los sesenta crecían mucho y con ellos también algunos crímenes asociados con los drogadictos: robos con violencia, robos pequeños, asaltos. Aunque el perfil del heroinómano de los años sesenta era el mismo que el de los cuarenta (hombres mayores de treinta años, no necesariamente negros), la ensalada estaba lista: disturbios callejeros violentos, negros heroinómanos, estadística del crimen en ascenso. Así, en encuestas de 1967, la opinión mayoritaria de los blancos era en el sentido de que los esfuerzos gubernamentales para terminar con la discriminación y desigualdad racial habían llegado muy lejos y estaban fuera de control. Santarelli estaba feliz con esos datos, pues concluyó que parecía que el país se estaba poniendo en contra de la agenda de los demócratas consistente en gasto social y gobierno omnipresente. La intuición de Santarelli consistía en que el crimen era la causa de este cambio en la tendencia. Y para su sorpresa, los demócratas no le prestaron atención al problema.

El enfoque del gobierno de Johnson y, en especial, el del titular del Departamento de Justicia, Ramsey Clark, fue que el problema era sociológico y económico: el crimen se combate con gasto social para desterrar la pobreza y mejorar las condiciones de vida de los pobres, con viviendas, empleos, servicios médicos, psiquiátricos y terapias familiares. Esa perspectiva de atención al crimen era además la conclusión de una comisión especial creada por el presidente Johnson. A los republicanos esta visión, defendida por el responsable de procurar justicia, les parecía propia de un trabajador social, no de alguien cuya tarea fundamental consistía en perseguir y detener delincuentes. Parecía que Clark predicaba que no tenían toda la culpa los criminales que saqueaban, robaban y asesinaban, sino algo más. En un escrito al Comité Judicial del Congreso, Clark escribió que "el crimen refleja no sólo el carácter de quienes lo cometen, sino el carácter de la sociedad entera (...) lo que los criminales son y lo que han experimentado es producto de la sociedad, de la influencia de ella y de sus antepasados". Y añadió que no tenía mucho sentido encarcelar individuos hasta que se hubieran examinado por completo las causas últimas de su conducta criminal.

Eliminar las "causas últimas" (es decir, las condiciones sociales adversas en que viven muchos ciudadanos y que operan como incentivos para delinquir) era el concepto sobre el cual estaba fundada la iniciativa demócrata La Gran Sociedad (el ambicioso proyecto de gasto social en favor de las minorías y los pobres). Santarelli y sus amigos republicanos idearon la manera de atacar a muerte esa iniciativa, pues para ellos La Gran Sociedad era un intento débil, más bien un fracaso rotundo en la prevención del crimen. La plataforma republicana para la contienda electoral de 1968 sería el regreso a la ley y el orden. Y comenzaron a redactar una iniciativa de ley con respecto al crimen, con medidas duras y ejemplares para detener y castigar a los criminales. En 1967 nadie anticipó la guerra contra las drogas, pero la estrategia electoral del Partido Republicano conduciría invariablemente a su invención a un año de la llegada al poder de Nixon. La intención de los republicanos de enterrar La Gran Sociedad pasaba por convencer a los estadounidenses de que la gente es pobre y violenta no por grandes causas estructurales que pueden corregirse de manera general, sino porque son individuos malos que merecen y necesitan disciplina y castigo. En este contexto, el consumo de drogas era el crimen conveniente para concentrar sus esfuerzos. En octubre de 1967 la revista *Reader's Digest* publicó un artículo que defendía los puntos de vista de Santarelli: "Nuestros líderes de opinión han ido muy lejos en la promoción de la doctrina de que cuando la ley es violada, la sociedad, no el delincuente, debe ser culpada." Estados Unidos debe dejar de buscar las últimas causas del crimen e invertir en más policías. El acercamiento al problema del crimen debe ser obtener una retribución "rápida y segura"; la primera respuesta del gobierno debe ser la "fuerza inmediata y decisiva". Así concluía el artículo, cuyo autor era Richard Nixon, en vísperas de su campaña por la presidencia.

Así, a fines de 1967 la derecha republicana había encontrado "el" tema de su campaña política: el regreso a la ley y el orden, una vez que identificaron y vincularon conceptualmente (aunque sin evidencia empírica) el incremento de la criminalidad con el uso de heroína y la violencia de la comunidad negra, y luego encontraron el nexo político con el más ambicioso programa social de los demócratas a favor de la igualdad racial y social de las minorías negras y de los trabajadores pobres. Mejor, imposible.

Sin embargo, para justificar y darle mayor legitimidad a la guerra contra las drogas que pronto entraría en acción, hacía falta otra operación conceptual, política y mediática: primero, equiparar la marihuana con las drogas duras; segundo, vincular el consumo de marihuana con la rebelión y los valores antiesta-dounidenses, es decir, con el comunismo;[108] y, tercero, vincular el movimiento de la comunidad afroamericana por los derechos ci-viles con el movimiento antibélico de los jóvenes blancos universi-tarios y ambos con el uso de las drogas. Continúo con el relato de Dan Baum:

Los guetos negros de las ciudades no eran el único lugar donde reinaba el desorden en ese agitado 1967. Cuando los esta-dounidenses cambiaban el canal de la televisión de los disturbios raciales, en el siguiente aparecían imágenes similares proyectadas desde los campus de las universidades más prestigiosas del país: filas de policías con cascos, nubes de gas lacrimógeno, garrotes agitándose. El movimiento antibélico arrastraba legiones de jóve-nes "decentes" a lo que muchos veían como un amedrentador movimiento contracultural de insubordinación y promiscuidad se-xual. Los jóvenes escuchaban el ofensivo *rock and roll*, quemaban banderas de su país, rompían las tarjetas de reclutamiento del ejér-cito, alababan al enemigo comunista y ridiculizaban todo lo que representaban sus padres. Estados Unidos parecía romperse, con los negros jalando por un lado y los jóvenes blancos por el otro. Además, la sociedad de ese país conoció los carrujos de marihuana al verlos en las manos de los *hippies*, razón por la cual esa droga fue vista como un símbolo cultural de la rebelión, con un claro impacto político. La casa encuestadora Gallup entendió muy bien esa vin-culación y midió la relación entre marihuana y política presen-tando sus resultados en dos columnas: los que marchan en contra de la guerra y los que no marchan, demostrando que la gran ma-yoría de los primeros habían fumado marihuana. Edgar J. Hoover, el siempre joven director del FBI, no dejó pasar la oportunidad de

---

[108] Ioan Grillo recuperó una afirmación de Richard Nixon muy ilustrativa al respecto: "Ves, homosexualidad, droga, inmoralidad en general. Éstos son los enemigos de las sociedades fuertes. Ésa es la razón por la cual los comunistas y los izquierdistas están promoviendo la marihuana. Ellos están tratando de destruirnos" (*op. cit.*, p. 76).

ejercer su anticomunismo y ordenó a sus agentes: "Dado que el consumo de marihuana y otras drogas se ha generalizado entre los miembros de la 'Nueva Izquierda', aprovechen la oportunidad y presionen para que las policías locales los detengan bajo el cargo de venta o consumo de drogas."

La prensa añadió un nuevo componente a la ensalada conceptual contra las drogas al hacer del consumo de la heroína y de la marihuana (dos drogas muy diferentes en sus efectos en la salud y grados de consumo) una misma historia y un mismo problema. Las televisoras no diferenciaban y siempre que había notas relacionadas con drogas sacaban imágenes de heroinómanos y jóvenes fumando marihuana; las revistas *Newsweek* y *Life* publicaron reportajes alarmistas sobre el consumo de marihuana sin citar ninguna estadística. De esa manera agrandaron el "problema de las drogas" y lo convirtieron en el gran problema de Estados Unidos. Los republicanos se beneficiaron de esa manera de presentar las cosas, pues con una definición tan general de las drogas, éstas eran el común denominador tanto de los saqueos y los disturbios en los guetos negros de las ciudades, como de la inconformidad de los *hippies* y de los jóvenes universitarios que se rebelaban contra los valores de la sociedad norteamericana conservadora. Una encuesta en ese mismo año de 1967, reveló que 50 por ciento de los estadounidenses dijeron que si encontraban a sus hijos consumiendo drogas, los entregarían a la policía.

Ante esta ola mediática contra las drogas y las críticas de que su administración aplicaba una política muy suave contra ellas, el presidente Johnson quiso cambiar esa imagen y tomó medidas que, sin darse cuenta, después se convertirían en pilares de la guerra contra las drogas: otorgó más poderes policiacos al gobierno federal con la creación del Bureau of Narcotics and Dangerous Drugs (BNDD) adscrito al Departamento de Justicia (un cuerpo policiaco contra las drogas, antecedente de la DEA) y con eso sustituyó al FNB que dependía del Departamento del Tesoro. Además solicitó al Congreso la aprobación y los fondos para crear una nueva agencia, la Law Enforcement Assistance Administration (LEAA) mediante la cual el gobierno federal proveería fondos y apoyos a las policías locales para el combate a las drogas.

Después de la ofensiva norvietnamita del Tet, en enero de 1968, los estadounidenses se dieron cuenta de que la guerra que libraban en Vietnam sería muy sangrienta, larga y que difícilmente la ganarían. Johnson renunció a la reelección; en abril de ese año, Martin Luther King fue asesinado, hecho que provocó una nueva oleada de revueltas en numerosas ciudades, lo cual alimentó aún más el deseo de la sociedad de castigar con dureza a los criminales y a los violentos. En ese contexto, los republicanos metieron al Congreso la iniciativa de ley sobre el crimen que había preparado Don Santarelli el año anterior; poco después, Bobby Kennedy, quien deseaba ser el candidato demócrata y se oponía a la iniciativa republicana, fue asesinado el 6 de junio de 1968. Esa misma tarde el Senado aprobó la iniciativa de ley con sólo 17 votos en contra de un total de 100 y, en septiembre, dos meses antes de las elecciones, Richard Nixon, en un acto de campaña en Disneylandia, puso la primera piedra de su campaña para garantizar la ley y el orden: "De la manera como yo veo los problemas de este país, uno de ellos destaca particularmente: el problema de las drogas." La parte puritana y conservadora de la sociedad y del Estado norteamericanos se impusieron de nuevo. Las drogas, y de paso México, estarían en la mira.

Una breve digresión sobre moral y negocios en Estados Unidos

Este relato descriptivo del contexto, los personajes, las narrativas y de cómo se fueron encadenando esos tres elementos con los acontecimientos, nos permite entender cómo un problema de salud y seguridad pública menor (el número de muertes en Estados Unidos asociadas al consumo de drogas legales e ilegales en 1969 fue 1601; las causadas por cirrosis hepática fueron 29866; las muertes por caídas de una escalera en casa fueron 1824[109]) se convirtió en la principal prioridad política del gobierno más poderoso del mundo. Sin embargo, consideramos que es preciso complementarlo si no con explicaciones, al menos con algunas hipótesis

---

[109] Dan Baum, *op. cit.*, p. 28.

que vayan un poco más allá de señalar el hecho de que los estadounidenses han sido prohibicionistas a rajatabla, en buena medida por razones pragmáticas de corte electoral. Lo han sido, y no sólo en su propio país; pero ¿porqué ha prevalecido y dominado esa visión en Estados Unidos? El objetivo de este trabajo no es dar una explicación de ese fenómeno; sin embargo, considerando la importancia que ha tenido para México, vale la pena incorporar elementos mínimos que ayuden a comprenderlo y para ello recuperaré las ideas desarrolladas por el sociólogo estadounidense Daniel Bell, en un artículo publicado en 1953, "Crime as an American Way of Life" ("El crimen como una forma de vida americana").[110] No obstante que no se refiere a las drogas sino al juego ilegal (las apuestas, que en esa época eran quizá la mayor fuente de ingreso de las mafias de Estados Unidos), analiza el tema de las prohibiciones en sus vínculos con la política y el crimen organizado de su país (recuérdese que el narcotráfico es un negocio mucho mayor allá que en México). En pocas palabras, investiga la dualidad en la sociedad de Estados Unidos, es decir, entre moral y negocios.

Bell utiliza varios elementos y conceptos para entender mejor el problema. El primero tiene que ver con un puritanismo exacerbado que los obliga, en el terreno político, a realizar grandes malabarismos:

> Los estadounidenses tienen un talento extraordinario para transigir o hacer componendas entre la política y el moralismo radical. Los arreglos (y transas) políticos más desvergonzados han sido racionalizados o justificados como necesarios por convenientes y realistas. A pesar de eso, en ningún otro país se han presentado intentos tan espectaculares para frenar los apetitos humanos y etiquetarlos como ilegales, y tampoco en ningún lugar han sido tan evidentes los fracasos.

Un segundo elemento es el de la contradicción entre la rentabilidad de los mercados ilegales y la moral puritana, al mismo tiempo

---

[110] Daniel Bell, "Crime as an American Way of Life", en Federico Varese, *Organized Crime. Critical Concepts in Criminology*, vol. I, pp. 136-137.

que se registra la incapacidad de ésta para frenar a los primeros. En la primera mitad del siglo XX en Estados Unidos floreció el

> crimen como un negocio alimentado por los ingresos provenientes de la prostitución, la venta de alcohol y el juego, fenómenos que, por un lado, fueron estimulados por una sociedad urbana muy abierta y, por el otro, trataron de ser suprimidos ferozmente por la ética protestante de la clase media, como no sucedió en ningún otro país civilizado. Las culturas católicas rara vez han impuesto esas restricciones y también pocas veces han sufrido tales excesos. Incluso en la recatada y correcta Inglaterra anglicana, la prostitución es un hecho aceptado en la vida nocturna de Picadilly y las apuestas son una de las industrias más populares y extendidas. En Estados Unidos la aplicación [enforcement] de morales públicas ha sido un rasgo permanente de nuestra historia.

En los dos puntos anteriores el denominador común es el extremismo moral o puritanismo, que proviene de la ética protestante; pero Bell introduce un tercer elemento explicativo proveniente de la psicología: "Debe tener cierta verdad la generalización hecha por Svend Ranulf de que la indignación moral es un hecho peculiar de la psicología de la clase media y representa una forma disfrazada de envidia reprimida." Sin embargo, Bell, sociólogo, le atribuye mucho más peso a un cuarto factor:

> La mayor parte de la verdad reside, tal vez, en la naturaleza peleonera del desarrollo de Estados Unidos y en el carácter social del crimen. El crimen es en muchos sentidos, como el espejo de una feria, que refleja caricaturizadas la moral y las costumbres de la sociedad. El carácter salvaje de la comunidad empresarial estadounidense, particularmente en el comienzo del siglo XX, se reflejaba en el modo de hacer negocios utilizado por los gángsteres [...] En la vieja tradición protestante, la codicia era racionalizada con un fervor moral compulsivo.

El modelo de empresario de esa época era el de un hombre con las virtudes del héroe norteamericano: como los vaqueros del medio oeste, que a punta de pistola conquistaba territorios, el gángster que en la selva urbana ascendía por méritos propios y se hacía un lugar en la estratificada sociedad. "Y el duelo con la ley era la obra de teatro por excelencia de la moralidad: por un lado el gángster, con el que cabalgan nuestros deseos prohibidos, por el otro, el fiscal, representando al juicio final y la fuerza de la ley."

Y esa obra es representada en un contexto más amplio:

> Los deseos satisfechos por fuera de la ley eran algo más que el hambre de los frutos prohibidos de la moral convencional [...] también incluía objetivos tan "normales" como la independencia por medio del negocio propio, aspiraciones tan "morales" como el deseo de mejora y prestigio sociales. Porque el crimen [...] tiene un rol funcional en la sociedad: el crimen urbano —entendido como la actividad ilícita organizada para obtener ganancias de manera continua y no actos ilegales individuales— es una de las extrañas escaleras de movilidad social en la vida estadounidense.

La guerra de las drogas es trasladada a México

Desde los inicios de la prohibición de las drogas, las relaciones entre México y Estados Unidos con relación a este problema no fueron fáciles. Ya en el primer capítulo de esta historia se apuntaron los ejes sobre los cuales las autoridades de Estados Unidos definirían los términos de la lucha contra las drogas: poner el énfasis en la responsabilidad de los países productores y minimizar el problema del consumo en su país; la unilateralidad y asimetría de las relaciones entre ambos países, que se traducía en presiones para que los gobiernos de los países productores y de tránsito adoptaran las políticas establecidas en Washington; las contradicciones entre las agencias estadounidenses responsables del cumplimiento de la ley y el Departamento de Estado, que matizaba y frenaba en ocasiones la agresividad de las primeras. Sin embargo, pese a esa visión y actitud poco propicia para una colaboración estrecha entre ambos gobiernos, los funcionarios estadounidenses eran pragmáticos y pronto se dieron cuenta de que, o buscaban la coordinación y cooperación con su vecino del sur o el problema se agravaría de su lado. Por tanto, la colaboración entre los gobiernos de ambos países se daría desde los inicios de la prohibición; pero los niveles de prioridad y recursos disponibles de ambos gobiernos eran diferentes. Pronto esas relaciones adquirieron, desde la perspectiva estadounidense, un patrón regular de comportamiento, descrito por William Walker:

> Para los funcionarios en Estados Unidos, las relaciones con México en temas del narcotráfico parecían estar destinadas a seguir un patrón de reuniones, promesas y no cumplimiento, tal como lo revela el reporte anual de 1943 del Federal Bureau of Narcotics [...] El modelo se repitió en marzo de 1944 cuando el gobierno mexicano solicitó una reunión en la Ciudad de México con funcionarios de primer nivel de Washington. Después de esta reunión en particular, Messersmith [embajador de Estados Unidos en México] expresó la misma frustración que sus colegas y predecesores habían sentido desde mucho antes. Él creía que en los niveles más altos del gobierno mexicano deseaban cooperar con Estados Unidos y estaban genuinamente comprometidos a detener el cultivo de amapola en las zonas cercanas a la frontera [...][111]

Pero la realidad era que el gobierno mexicano no tenía capacidad para cambiar la situación en las zonas productoras de opio.

Con esos antecedentes y perspectiva, más la persistencia e incremento del problema en ambos lados de la frontera en la década de los sesenta, no fue difícil para los nuevos funcionarios de la administración de Nixon, que además habían hecho de la guerra de las drogas su prioridad, asumir una actitud agresiva para lograr que México se sumara a su cruzada. Así, para presionar al gobierno mexicano por los pobres resultados de su esfuerzo antidrogas, el

---

[111] William O. Walker III, *Drug Control in the Americas*, p. 167.

presidente Nixon le encargó a un joven agente del FBI, Gordon
Liddy, la ejecución de un plan que no era otro que la famosa Operación Intercepción, que consistió en cerrar la frontera entre los
dos países (pensaban que un castigo económico sería eficaz) lo cual
ocurrió el 21 de septiembre de 1969. Los agentes de aduanas de
Estados Unidos revisaban todos los vehículos con rumbo a su territorio, lo que provocó un caos no sólo en los puentes fronterizos
con largas colas de automóviles tardando horas para cruzar, también en la economía de las ciudades de ambos lados de la línea
divisoria. Menos de tres semanas después el bloqueo terminó. Entre los especialistas del tema hay consenso en que fue una operación fallida que agravaría el problema en vez de resolverlo. Aunque
los decomisos realizados y las detenciones de narcotraficantes fueron mínimas, los flujos de marihuana se redujeron temporalmente,
lo que provocó que algunos jóvenes que la fumaban recurrieran a
otras drogas más fuertes, cuando menos fue la experiencia en varias clínicas de California que trataban adictos. Ese hecho permitió
a uno de los doctores de esos centros de atención refutar la tesis
sostenida por funcionarios de la Casa Blanca de que el consumo
de marihuana inducía a los jóvenes a usar drogas fuertes. "No, lo
que los lleva a la cocaína o a la heroína es la falta de marihuana",
les dijo el doctor. Sin embargo, la escasez de la yerba sería temporal, pues pronto los narcos mexicanos redoblarían los embar-
ques al otro lado, sólo que ahora usarían con mayor frecuencia la
vía aérea, asegura Dan Baum.[112]

La discusión sobre los logros del operativo arrojó resultados
mixtos, señala Grillo. Por un lado, mostró que Estados Unidos no
puede darse el lujo de cerrar su frontera sur sin consecuencias
económicas severas y que sus autoridades (policía, agentes aduanales, etcétera) tienen capacidad limitada para detener los flujos
de drogas. Sin embargo, Nixon declaró que su iniciativa había
sido victoriosa, pues consiguió que el gobierno mexicano se com-
prometiera a destruir plantíos y permitió la operación de agentes
de Estados Unidos en sus territorios. La Operación Intercepción
se transmutó en la Operación Cooperación, con la cual se instituyó

---

[112] Dan Baum, *op. cit.*, p. 24.

un nuevo *modus operandi* de la guerra contra las drogas entre los dos países, que consistía básicamente en destruir las drogas en su origen.[113] Walker explica por qué a partir de los años setenta las autoridades de Estados Unidos concentraron sus esfuerzos en atacar las fuentes de producción de drogas, es decir en la erradicación de cultivos. Resulta que la guerra contra las drogas en territorio estadounidense enfrentaba dos problemas serios: corrupción (cuando Johnson creó la BNDD en 1968, hubo un gran escándalo porque se descubrieron muchos agentes del entonces FBN involucrados en el tráfico de drogas) y poca eficacia por la descoordinación existente entre las agencias responsables. (Nixon creó en 1972 otra agencia, la Office of Drug Abuse, ODA, para perseguir a narcotraficantes en Estados Unidos ya que el BNDD se dedicaba más a perseguirlos fuera de su país.) En 1973, la ODA y el BNDD se fusionaron dando lugar a la Drug Enforcement Administration (DEA), pero desde su creación fue objeto de severas críticas de congresistas estadounidenses debido a su mala conducción y administración; además, entró en conflicto con los agentes del servicio de Aduanas. Así, en el ámbito interno, la aplicación de la ley contra las drogas tenía problemas derivados de la corrupción y la descoordinación; en el ámbito externo la eficacia de la estrategia contra la heroína (consistente en detenerla en los puertos fronterizos por donde era introducida) estaba en crisis (los aseguramientos de drogas en las rutas que salían de Turquía y pasaban por el Mediterráneo y Francia; los del sudeste asiático que llegaban a los puertos del Pacífico en Estados Unidos y los de México a través de la frontera norte, habían fracasado). Ante ese panorama, la única acción lógica era limitar la producción en los lugares donde se producía.[114]

Por esa razón, a partir de los años setenta las autoridades norteamericanas tenían como objetivo principal en sus relaciones con México erradicar los cultivos de amapola y marihuana. La Operación Cooperación que se implementó después del conflicto por el cierre de la frontera, incluía ayuda de Estados Unidos a México con armas, helicópteros para la erradicación, capacitación de agentes mexicanos por la DEA, herbicidas y defoliantes. Una ver-

---

[113] Ioan Grillo, *El Narco…*, pp. 76-79.
[114] William O. Walker III, *op. cit.*, p. 191.

sión mejorada de ese programa fue acordado para los años 1976-1977 y se reducía básicamente al uso de herbicidas para destruir plantíos de amapola. Son los años de la famosa Operación Cóndor realizada por 10 mil elementos del ejército mexicano para erradicar sembradíos de marihuana y amapola en Sinaloa. No obstante el grado de cooperación que se dio entre ambos países en los primeros años setenta con el gobierno de José López Portillo (1976-1982), las suspicacias resurgieron al nombrar éste en puestos relevantes de áreas de seguridad a gentes que según los estadounidenses estaban vinculados con el narcotráfico.

Antes de regresar al escenario de nuestro país, vale la pena sintetizar los tres elementos predominantes de la política de Estados Unidos hacia México con respecto a las drogas: *a)* en lo táctico, la preocupación y el énfasis en la destrucción de los plantíos de marihuana y heroína; *b)* en lo operativo, una presión mucho más sistemática y cotidiana al gobierno mexicano o, en términos futbolísticos, un marcaje personal permanente para que los gobiernos mexicanos dieran prioridad a las acciones contra el narcotráfico, y *c)* en lo estratégico, permanecía la ilusión de que el problema interno de las drogas se resolvería allende de sus fronteras, presionando a los países productores por medio de la colaboración marcada por la asimetría, la presión política y la desconfianza mutua.

HACIA UN ACUERDO POLÍTICO DE CONVIVENCIA

El factor fundamental de este periodo desde la perspectiva económica, es decir, de la formación de un mercado ilegal de bienes, fue el crecimiento explosivo de la demanda de marihuana y opio a niveles nunca vistos en Estados Unidos, lo que transformó cualitativamente la estructura criminal en nuestro país. El otro factor que contribuiría a redefinir el rostro del narcotráfico mexicano es el político. A diferencia de lo ocurrido en sus primeros 15 años de vida, cuando los narcotraficantes (algunos de ellos eran parte del gobierno) se toparon con un Estado en formación y, por tanto, con un poder político disperso, fraccionado, y con un gobierno federal con mínima capacidad para enfrentarlo, en los siguientes 40 años la relación de fuerzas cambiaría radicalmente.

Cuando Miguel Alemán Valdés llegó a Los Pinos (presidente en el periodo 1946-1952) prácticamente ya estaban presentes los rasgos que definieron al sistema político mexicano de la segunda mitad del siglo pasado: *a)* un poder político concentrado en la Presidencia de la República en detrimento de los otros poderes de la Unión y de los otros dos niveles de gobierno, y *b)* un partido político dominante, que gracias a su estructura corporativa (campesinos, obreros, clases populares y en ese tiempo los militares conformaban el cuarto sector del entonces Partido de Revolución Mexicana, PRM[115]) extendía el poder y el control presidenciales a los grupos más importantes de la sociedad. La época dorada del presidencialismo mexicano duró de Lázaro Cárdenas a José López Portillo. Su poderío se fundaba en que la institución presidencial y la persona que la encarnaba durante seis años tenía de facto el control del Gobierno de la República (el Ejecutivo con todo su aparato administrativo, más los poderes Legislativo y Judicial y gobiernos locales) y del partido político dominante. Mediante éste se aseguraba la sumisión de buena parte de la sociedad (obreros, campesinos, organizaciones populares gracias a la distribución selectiva y gradual de bienes y servicios públicos) y de la clase política, pues también regulaba el acceso a los puestos de elección popular (gobernadores, alcaldes, diputados, senadores). No obstante esa hegemonía del presidente, no puede afirmarse que el Estado mexicano fuera un ente monolítico, ni que su poder fuera absoluto, que no pasara nada sin que él no se enterara. Sin duda alguna, el presidente de la República tenía y ejercía un poder excepcional durante seis años; pero en la administración pública y en el PRI existían grupos y corrientes con una enorme diversidad de intereses —muchas veces contrapuestos— que acotaban su poder. Por tanto, para

---

[115] En 1929, Plutarco Elías Calles convocó a la creación del Partido Nacional Revolucionario y en 1938, una vez que se habían creado la Confederación Nacional Campesina (CNC) y la Confederación de Trabajadores de México (CTM) el presidente Lázaro Cárdenas lo transforma en Partido de la Revolución Mexicana (PRM) para dar cabida en él a las organizaciones sociales; en 1943 nacería la Confederación Nacional de Organizaciones Populares (CNOP) que también se incorporaría al partido.

ser un presidente poderoso, en ocasiones tenía que pactar y aliarse; en otras estaba obligado a derrotar y reprimir; y no pocas veces toleraba y permitía la existencia, mientras no fueran disfuncionales al sistema en general, de grupos con poderes menores pero reales que velaban por sus intereses.

A ese modelo de organización política Miguel Alemán le hizo dos cambios que tendrían una gran trascendencia con respecto a la delincuencia organizada y al narcotráfico. Primero, para fortalecer el poder de la presidencia, ahora de carácter civil —recuérdese que Alemán Valdés fue el primer presidente civil, no militar, después de la Revolución mexicana— frente a las tentaciones de generales que participaron en el movimiento armado y por ello creían tener derecho a presidir el gobierno, el entonces candidato Alemán Valdés transformó el Partido de la Revolución Mexicana en el actual Partido Revolucionario Institucional. Uno de los cambios aprobados fue eliminar del recién nacido PRI al sector de los militares, lo que significaba simple y llanamente que éstos ya no estaban invitados al juego político del reparto de puestos de elección (no sólo la Presidencia de la República, también de los gobiernos estatales) y en la administración pública. "La orden del nuevo jefe del Estado era que los generales regresaran a sus cuarteles y lo hicieron. El segundo cambio consistió en la creación, en 1947, de la Dirección Federal de Seguridad (DFS), un servicio de inteligencia con características de policía política que dependería directamente de él y después pasaría al mando de la Secretaría de Gobernación, cuya función sería proteger al Estado mexicano de sus enemigos internos. En aquella época comenzaba la Guerra Fría y México estaba alineado geopolíticamente con Estados Unidos, por lo que los movimientos de orientación comunista serían considerados subversivos y, por tanto, enemigos de México y de su gobierno. Sin que mediara ninguna declaración con respecto al narcotráfico como peligro para el Estado, pronto la DFS se involucraría en las tareas de combate a sus actividades.

La decisión de llevar a cabo una política más activa en la lucha contra el narcotráfico se debía, no sabemos si por completo o al menos parcialmente, a las presiones de la Casa Blanca; pero el caso es que, sin llegar a ser una prioridad de primer orden de los gobiernos de ese periodo, los esfuerzos por combatirlo adquirieron una visibilidad clara y permanente. En un análisis de la actuación de la PGR hecha por Antonio Lozano Gracia, quien fuera Procurador General de la República (1994-1996), señala que es a partir de Miguel Alemán cuando por primera vez las acciones para enfrentar el tráfico de drogas comienzan a ser mencionadas de manera sistemática en los informes presidenciales.[116] En cuanto a las formas de intervención del Estado en el fenómeno éstas se dieron, por un lado, en el contexto general del sistema presidencialista, es decir, de una estructura de poder político concentrado en el presidente y ejercido de manera vertical sobre el resto de la estructura política, pero que mantenía espacios para la actuación, con cierto grado de autonomía, de algunos grupos integrantes de la vasta estructura política del poder. Por el otro, en el contexto de un reacomodo institucional de primer orden, cuyos principales elementos fueron: *1.* la salida del ejército de la estructura de poder formal, en concreto la pérdida de sus cotos de poder en los gobiernos estatales del norte de la república; *2.* el cambio en el ordenamiento jurídico a fin de trasladar del Departamento de Salubridad (las drogas como un problema de salud) a la PGR las atribuciones y responsabilidades de hacer cumplir la ley en materia de narcotráfico (éste conceptualizado a partir de entonces como un problema de seguridad pública); *3.* la aparición en el escenario de una nueva agencia estatal que llegaría a desempeñar un papel preponderante en las relaciones entre el Estado y el narcotráfico: la DFS; y *4.* la participación creciente del ejército en las tareas de erradicación de plantíos, ante la notoria pequeñez, debilidad y fragilidad de la estructura operativa de la PGR (no se diga de las policías estatales o municipales), modificaron radicalmente las formas de intervención estatal en el fenómeno.

La abundante información con relación a las acciones del gobierno federal para tratar de frenar el crecimiento del narcotráfico (campañas de erradicación de cultivos, decomisos de droga, detenciones y enfrentamientos armados con narcotraficantes) y de la participación abierta de todo tipo de funcionarios y policías en las

---

[116] Antonio Lozano Gracia, *La fuerza de las instituciones. Poder, justicia y seguridad pública en México*, Planeta Mexicana (Ariel), México, 2001, pp. 80-101.

empresas ilegales del narco, muestran a un Estado completamente esquizofrénico. ¿El Estado mexicano convertido en el extraño caso del doctor Jekyll y el señor Hyde? ¿O es un fenómeno diferente?

Documentemos brevemente las dos personalidades del Estado, comenzando con el doctor Jekyll:[117]

- En noviembre de 1947 se anuncia un plan del gobierno federal para combatir a narcotraficantes que motiva un viaje a Culiacán del procurador, del oficial mayor de la Defensa y del subsecretario de Salubridad.
- Óscar Rabasa, diplomático mexicano, es nombrado con el apoyo de Estados Unidos, presidente de la Comisión de Narcóticos de la ONU en los periodos 1953 y 1954.
- Noticias cada vez más frecuentes en la prensa de enfrentamientos entre policías, militares y gomeros.
- Inicia la Operación Cooperación con Estados Unidos en 1969.
- Por primera vez se reportan disparos desde los sembradíos de amapola y marihuana contra avionetas de la PGR que realizan tareas de fumigación (años sesenta).
- Febrero de 1975, Pedro Ojeda Paullada, Procurador General de la República, se reúne en Culiacán con los gobernadores y procuradores de Sinaloa, Durango y Chihuahua, y con los jefes de zona militar. Declara que "ha llegado el momento de crear voluntad nacional para combatir el narcotráfico".
- Operación Cóndor, la batida más grande en México contra el narcotráfico: participan 10 mil soldados, bajo la dirección del general José Hernández Toledo. Por parte de la PGR, el jefe del operativo es Carlos Aguilar Garza.

Ahora el turno de los señores Hyde del Estado:

- Detención del jefe de la policía de San Luis Río Colorado, Sonora, con cargamento de heroína (1944).

---

[117] Todos los datos aquí mencionados provienen del libro de Luis Astorga, ya citado.

- Ex presidente municipal de Badiraguato, detenido por traficar heroína (1944).
- Acusaciones entre policías judiciales del estado de Sinaloa de participar en el narcotráfico. Francisco de la Rocha Tagle, ex jefe de la policía judicial, publica cartas denunciando que él fue ingenuo y tiene pruebas de la participación de muchos políticos, entre ellos Rafael León Arrieta, antiguo subalterno de Rocha y ahora jefe de la policía judicial (1947).
- Diputado local de Sonora, Francisco Landavazo, acusado de ser gran traficante después de que policías judiciales destruyeran un plantío de marihuana en su rancho (1947).
- En la prensa del Distrito Federal se menciona a dos gobernadores del norte del país completamente involucrados en el narcotráfico y que promueven la construcción de pistas de aterrizaje clandestinas. Uno de ellos es el de Sonora, el general Abelardo L. Rodríguez; éste declara que el problema no estaba en Sonora, sino en Sinaloa.
- Jefe de la Policía de Narcóticos ordena que se cultive la adormidera, fijando la parte que le corresponderá (1950).
- La CTM de Sinaloa asegura que entre los funcionarios de la campaña contra los narcotraficantes de opio, dos están coludidos con los segundos, y hasta les proporcionan combustible para sus aviones (1950).
- Manuel Toledo Corro es detenido en California vendiendo heroína. Se dijo que era agente secreto al servicio de Estados Unidos. En 1954 es detenido en Mazatlán Roberto Méndez, ex alcalde de Mocorito, por ser narco. Se dice que era pivote central del negocio.
- Víctor Hoyos, de Ensenada, es detenido en 1954 en Estados Unidos por contrabandear heroína valuada en un millón de pesos. Dice que los autores intelectuales eran el diputado Pedro Loyola Luque, el ex comandante José Inés Oviedo y los millonarios Federico Pérez Millán y Walter Hussong.
- Un teniente coronel del ejército y tres miembros de la fuerza aérea de México son detenidos en Los Ángeles con heroína. El jefe del narco en Baja California es Salomón Maldonado, pariente cercano del gobernador Braulio Maldonado. En un

rancho cerca de Tijuana es aprehendido el ex jefe de la policía judicial de Baja California, Héctor Esquer Apodaca.

• Los pagos que se hacen a los jefes de brigada de la policía
para evitar la destrucción de plantíos, oscilan entre 35 y 50
mil pesos. En Badiraguato se dice que un ex oficial de la
judicial es quien controla a los sembradores con la complicidad de los presidentes municipales y colectores de rentas
(1962).

• En 1968, Arturo Durazo captura en el aeropuerto del Distrito Federal al profesor Félix Cabral con un kilo de heroína
pura, proveniente de Ecuador. Un año después, Durazo detiene en Tijuana a Severiano Ibarra, ex policía judicial de
Sinaloa, con kilo y medio de heroína.

• El narcotraficante detenido más publicitado en la década es
Jorge Moreno Chauvet, producto de la información proporcionada por Alfonso Fernández cuando es detenido en el aeropuerto de la Ciudad de México por traer de París 10 kilos
de heroína. Moreno es detenido junto con Fernando Rocha
Chavarrí, ex agente de la DFS y otras 17 personas (1964).

• En Nueva York es detenido el embajador mexicano en Bolivia, Salvador Pardo Bolland, junto con un diplomático de
Uruguay y otro de Francia, por contrabando de heroína valuada en 168 millones de pesos; fue sentenciado a 38 años
de prisión.

• Francisco Sahagún Baca, comandante de la judicial federal
en Hermosillo desde 1972 hasta 1975, permite la huida de
un grupo de narcotraficantes. Se convierte en prófugo de la
justicia, se refugia en España y regresa a México en el sexenio de López Portillo bajo la protección de Arturo Durazo
Moreno.

• Carlos Aguilar Garza, coordinador regional de la PGR de la
campaña contra el narcotráfico en el noroeste, fue detenido
en 1984 con seis kilos de heroína y cocaína en Tamaulipas.

Esta dualidad del Estado mexicano ha sido analizada por académicos mexicanos y estadounidenses, y sus conclusiones no son
muy diferentes. En primer lugar, es pertinente insistir en que no

se trata de un fenómeno simple de delincuentes "malos" que corrompen a las autoridades "buenas", hecho que además quedó asentado en el primer capítulo. Lo real era un conjunto de relaciones complejas en multiplicidad de actores que participan de un bando y del otro, desde el soborno típico para que la policía no detenga a un narco o para que el jefe del penal permita una fuga, hasta la conversión de jefes policiacos en jefes de plaza, pasando por la policía estatal de Sinaloa que opera como empresa de protección, y de gobernadores que nunca "vieron nada". Y ese alud de acontecimientos (como los enumerados) y de relaciones obedecían a distintas lógicas.

Luis Astorga sintetiza de esta manera las relaciones entre los "campos político y el de las drogas" en el periodo 1947-1985:

La cualidad de la relación entre política y drogas, que hasta entonces había involucrado directamente a los gobernadores y a sus círculos cercanos, cambió. En su lugar, fueron creadas mediaciones institucionales entre ambos campos. Sus funciones eran contener, reprimir y controlar a productores y traficantes y, muy probablemente, administrar el negocio. Como había más socios en el negocio, las ganancias tenían que compartirse de manera diferente, hacia abajo y horizontalmente. Si no se quería romper el encanto y mantener funcionando la maquinaria, se requería una larga cadena de cómplices junto con la vigencia de la ley del silencio. Aún no había contrapesos institucionales o instancias independientes que obligaran a la rendición de cuentas. El partido de Estado [PRI] gobernaba sin preocupaciones de ese tipo. Las nuevas mediaciones institucionales desviaron las sospechas y acusaciones que antes se hacían en contra de los gobernadores hacia los miembros de los cuerpos policíacos […] En ninguno de estos casos (de los grandes narcotraficantes de los 40's asociados a mafiosos de Estados Unidos como Max Cossman o Bugsy Siegel) el poder de los narcotraficantes y de sus organizaciones puede presumir de ser mayor que el de las autoridades políticas. Ellos sobornaban a funcionarios menores a cambio de mayor libertad de movimiento; pero mientras más alto subían en sus tratos con los representantes del Estado, se hacía más clara su subordinación. Con ellos no sobornaban; se les exigía un tipo de impuesto. El poder de imponer las reglas del juego y sacarlos de la jugada en cualquier momento no era de los traficantes. Ellos dominaban en su propio campo, pero eran dominados en el campo más amplio del poder político. La creación de las mediaciones institucionales hizo aparecer como si los grandes políticos no estuvieran interesados en el negocio de las drogas. En realidad su involucramiento se volvió más opaco y difícil de probar.[118]

Mónica Serrano amplía el análisis de las relaciones entre los mundos y aporta más detalles del intercambio que se dio y de las reglas del acuerdo informal:

Al amparo de un régimen de partido hegemónico el país encontró mayores niveles de estabilidad. El resultado fue un orden que descansó bajo bases más o menos sólidas, muchas de ellas, apuntaladas por pactos y acuerdos —algunos formales, otros de carácter informal— en los que la negociación y los compromisos de reciprocidad fueros siempre una parte fundamental. Por consiguiente, no debe sorprender que el orden priísta también contribuyera a la estabilización de la esfera criminal. De ahí que las semejanzas entre el entramado priísta y el andamiaje político-criminal no sean del todo casuales. Desde luego que la federalización implicó la transferencia del control local del narcotráfico a las autoridades centrales y el tránsito de un modelo local de regulación —en manos de gobernadores y notables regionales— a un sistema centralizado de regulación y protección de una industria pujante. Ese modelo de regulación arraigó en una serie de prácticas y relaciones complejas, todas ellas al amparo de acuerdos de reciprocidad. La responsabilidad de las autoridades era gestionar la organización eficiente y pacífica del

---

[118] Luis Astorga, "The Field of Drug Trafficking in Mexico", en Christian Geffray *et al.*, *Globalisation, Drugs and Criminalisation...*, pp. 62-63.

mercado, a cambio de "impuestos" extraídos de la actividad criminal. Para entenderlo, conviene dejar claro que los traficantes no operaron como agentes autónomos, sino al frente de franquicias cumplidamente otorgadas por las agencias reguladoras. Gracias a estos "permisos" y a la protección provista por representantes y agentes oficiales, los empresarios criminales pudieron desarrollar zonas de producción, hacer uso de vías de comunicación y transporte [...] En este modelo de regulación de plazas, es decir, el control de los retenes y los puntos estratégicos de tránsito, permaneció en manos de policías locales y federales. En la práctica, el funcionamiento rítmico y coordinado de estos mecanismos permitió a las autoridades centrales contener y regular el mercado e impedir la consolidación de los narcotraficantes como un poder autónomo.[119]

A lo que habría que precisar que ese logro sería temporal, pues pronto se convertirían en un poder autónomo.

Así, pues, a pesar de que no hay una evidencia directa de su existencia, todo indica que los "campos" de la política y de las drogas convivieron con base en algún tipo de acuerdo o acuerdos obviamente informales y tácitos (nunca se hubieran podido convertir en formales y explícitos) como lo infieren Astorga y Serrano, a partir de datos e indicios indirectos de dos tipos: *a)* las relaciones documentadas entre algunos políticos y policías con jefes de las organizaciones criminales (por ejemplo, Miguel Ángel Félix Gallardo, líder sinaloense del narco en su estado, fue escolta del gobernador de Sinaloa Leopoldo Sánchez Celis (1963-1968), padrino del hijo de éste y amigo personal de Guillermo González Calderoni, jefe de la Policía Judicial Federal); *b)* de las formas de funcionamiento del sistema político (la necesidad de controlar a todos los poderes y grupos sociales para garantizar la estabilidad social y política) y de las organizaciones criminales. Peter Lupsha, un prestigiado académico estadounidense, recupera bien esa

---

[119] Mónica Serrano, "México: narcotráfico y gobernabilidad", *Revista Pensamiento Iberoamericano*, núm. 1, 2ª época, Madrid, septiembre de 2007, p. 265.

complejidad de las relaciones en las que participaban autoridades federales y estatales:

Había demasiado dinero y poder en potencia en lo que estaba ocurriendo en los estados como para que las instituciones del gobierno federal lo ignoraran. Por tanto, comenzaron a emerger relaciones políticas mucho más sofisticadas con los traficantes y sus organizaciones. Un ejemplo típico de ello es el caso de Jesús, "Chuy" Murillo. Él había sido socio durante mucho tiempo del dueño de la plaza de Culiacán, Sinaloa, Pedro Avilés Pérez. Pero en 1979 se alineó con el patronazgo mejor conectado del ex policía estatal de Sinaloa, Miguel Ángel Félix Gallardo. Ese año Murillo se trasladó a Ciudad Obregón, Sonora, donde adquirió propiedades y negocios en el Valle del Yaqui […] para administrar su corporación contrató a un político y abogado local pero muy bien conectado pues era el líder municipal del PRI de Cajeme, Sóstenes Valenzuela Miller. Este municipio, un suburbio de Ciudad Obregón, era un lugar estratégico pues ahí se ubicaba el aeropuerto. Respaldado por Murillo y su socio, José Luis "Mayito" Gallardo Félix —hermanastro de Miguel Ángel Félix Gallardo—, Sóstenes se convirtió en candidato a la presidencia municipal. Una vez que ganó y gobernó, le heredó la alcaldía a su socio en el PRI, José Félix Holguín, quien también fue apoyado por los narcotraficantes. Su triunfo fue celebrado, por supuesto, en el rancho "Campo Agrícola San Miguel" propiedad de Miguel Ángel Félix Gallardo. A su vez Sóstenes Valenzuela, gracias a la ayuda de sus patrones narcotraficantes y de su amistad con el gobernador de Sonora, Rodolfo Félix Valdés, se convirtió en el Procurador de Justicia de Sonora.

Estos vínculos del traficante de drogas Jesús Murillo y la familia Gallardo Félix con el PRI ejemplifica las relaciones tan incrustadas entre el narcotráfico y el sistema político. También subraya la naturaleza de largo plazo de esas asociaciones, así como las expectativas de reciprocidad que implicaban. Incluso en esta etapa de las relaciones, denominada como la fase de "La Plaza", caracterizadas por el soborno y la extorsión, el traficante de drogas no sólo debía compartir las ganancias de su negocio, sino que se esperaba que proporcionara información sobre sus tratos, socios y sus competidores. Especialmente de aquellos que intentaban traficar drogas sin permiso. También se esperaba que los traficantes ayudaran a la policía y al sistema político a llevar molienda para alimentar el molino de la justicia y de esa manera, disponer de material para las relaciones públicas con los cuales impresionar a las autoridades de E.U. sobre las acciones contra el narcotráfico. De esa manera, mientras el narcotraficante obtenía protección y alertas de operativos del gobierno, la policía ganaba credibilidad, elogios y ascensos; el sistema político obtenía dinero y control, y el gobierno de E.U. se quedaba con las estadísticas (sobre golpes al narcotráfico) que justificaban su buen desempeño en la materia.[120]

Sin embargo, aceptado el hecho de la existencia de ese acuerdo y que del lado del Estado los poderes locales fueron desplazados por las autoridades federales, quedan muchas preguntas sin una respuesta clara o única. En primer lugar, está el punto de quiénes estaban involucrados en ese pacto del gobierno federal. Las preguntas en este sentido son muchas: si el presidente de la república lo ordenaba y, por tanto, era el gran jefe del narco o sólo sabía de su existencia (¿es posible, en aquellos tiempos de presidencialismo tan acendrado, pensar que no estuviera enterado del asunto?) y por pragmatismo lo toleraba, pero sin era parte real del acuerdo. Si el titular del Ejecutivo era ajeno —al menos parcialmente— al acuerdo, quién lo definía: ¿el secretario de Gobernación, el director de la Federal de Seguridad, el procurador general de Justicia, el secretario de la Defensa, o todos juntos? Después están las interrogantes sobre la instrumentación del acuerdo: ¿todas las partes del gobierno involucradas (policías judiciales, agentes de la Dirección Federal de Seguridad, ministerios públicos, jefes militares de zona,

---

[120] Peter A. Lupsha, "Drug Lords and Narco-Corruption: The Players Change but the Game Continues", en Alfred W. McCoy y Alan A. Block, *War on Drugs. Studies on the Failure of U.S. Narcotics Policy*, Westview Press, Colorado, 1992, pp. 180-181.

gobernadores, policías estatales, etcétera) estaban de acuerdo con lo que tenían que hacer y sobre cuánto les tocaba en el reparto? Tratándose de un negocio tan rentable, ¿los conflictos entre los miembros del gabinete por controlarlo eran inevitables? ¿Todos cumplían con su parte y había la capacidad suficiente para, primero, saber cuándo alguien no lo hacía y, segundo, para castigar a quien no lo hiciera? Por ejemplo, ¿se podía dar el caso de que un comandante de la policía judicial federal en alguna "plaza" alejada y menor no enterara a sus superiores de todos los negocios que hacía con los criminales? De la misma manera, el jefe o los jefes del narco en algún estado ¿tenían el control total de su gente y en todos los rincones donde operaban? Como no tenemos respuestas concluyentes al respecto, hay discrepancias sobre la estructura, los alcances y detalles del modelo de relación y dominación —que sí existía— entre el gobierno federal y las empresas de narcotraficantes. John Bailey, director del Proyecto México de la Universidad de Georgetown, y Roy Godson, director del National Strategy Information Center, sintetizaron el debate en este sentido:

> Podemos identificar dos escuelas de pensamiento al respecto. Una llamada escuela "sistémica-centralizada" que considera la existencia de un sistema con una guía o conducción central que vincula al sistema político mexicano con el crimen organizado. Desde esta perspectiva, los líderes políticos controlan las redes de alianzas desde arriba hacia abajo. En contraste, una escuela de "disputas fragmentadas" ve un conjunto de relaciones entre el sistema político y el crimen organizado mucho más fluido y complejo. Desde esta perspectiva, las alianzas entre política y crimen son dinámicas y cambiantes, dependiendo de una gran variedad de circunstancias. El control por parte de los funcionarios gubernamentales no está dado de antemano; más bien los criminales pueden tomar la iniciativa y asumir a su vez el control [...] Dicho de manera simplista [en la visión sistémica centralizada], la percepción es que la cadena de control sobre el crimen y la corrupción corre desde el presidente, por medio de los secretarios de seguridad importantes, hacia abajo a través de la

oficinas de los gobernadores y los ministros de justicia, para
conectar con intermediarios de los líderes profesionales del
crimen organizado. Las organizaciones criminales obedecen
las líneas de acción marcadas por las autoridades [...] Una
variación de esta perspectiva postula que debajo de la superficie opera un sistema de gobierno paralelo pero oculto en la
sombra [...] Mientras el presidente se mantiene como el poder de última instancia, los actores de este sistema "sombra"
ejercen un gran poder [...] y operan muchas de las actividades organizadas necesarias para el control [político y social],
pero que no están vinculadas formalmente al gobierno. Entre esas tareas están las de controlar al crimen organizado.[121]

Aunque las citas anteriores han sido largas, aportan los elementos
conceptuales que explican la compleja relación que se tejió en esas
décadas entre las empresas del mercado ilegal de drogas y el Estado mexicano, que merecen ser listados y revisados no sólo desde
su funcionalidad política inmediata (la estabilidad y gobernabilidad, poca violencia, paz social) sino a partir de las consecuencias
no deseadas y, por tanto, de la evolución de ambos.

• Todo indica que existió un acuerdo informal, nunca explícito,
  de conveniencia mutua: los narcotraficantes obtenían permisos o franquicias para participar en el gran negocio del mercado ilegal de las drogas y protección, aunque nunca total ni
  para siempre, pues hubo decomisos y detenidos, incluyendo capos. Por convicción real de autoridades honestas, que también las había, por acción imprevista de alguna autoridad
  que no respetaba el pacto con los delincuentes, porque éstos violaron los términos del acuerdo o por presión estadounidense, no importa la razón, el caso es que el Estado
  también actuaba en contra de ellos al mismo tiempo que
  les prometía lo contrario. La cooperación con las políticas
  antidrogas de Estados Unidos se intensificó a finales de los
  años sesenta e incluso en los setenta el gobierno realizó el

---

[121] John Bailey y Roy Godson, "Introduction a *Organized Crime & Democratic Governability*,
University of Pittsburgh Press, Pittsburgh, 2000, pp. 3-5.

operativo Cóndor, que destruyó temporalmente la base productiva de marihuana y amapola en Sinaloa y obligó a los capos de la organización a emigrar de Culiacán a Guadalajara. Es cierto que ninguna operación de ese tipo podía desaparecer el mercado ilegal de las drogas cuando la demanda estaba en auge. Sin embargo, el hecho de que el gobierno tuviera que aplicar ese tipo de medidas que entorpecían las operaciones de las empresas criminales, podrían haber tenido una consecuencia no prevista: minar la confiabilidad de los criminales en la palabra de los funcionarios del gobierno, que pactaban con ellos la protección que sabían que no iban a poder otorgar cuando los estadounidenses presionaran. Ante esto, la opción estratégica de las organizaciones, a mediano plazo, era revertir la debilidad que los obligaba a subordinarse ante el gobierno.

- El Estado recibía bienes tangibles e intangibles a cambio. El tangible era dinero. A cambio del permiso de operación y de la protección relativa, los narcotraficantes pagaban un "impuesto" que se quedaban principalmente las agencias de seguridad involucradas y, se supone pero obviamente no hay evidencias al respecto, los altos funcionarios del Estado. Unos testimonios de agentes de la PGR obtenidos por Stanley Pimentel, un ex agente del FBI, introducen un elemento muy relevante para entender otra de las causas del acuerdo entre autoridades y criminales: la pobreza de la PGR. "Una de las fuentes que entrevisté para este trabajo reportó que la Secretaría de Hacienda no proveía fondos suficientes a otras instituciones gubernamentales, tales como la PGR y la Policía Judicial Federal (PJF) y que estas agencias habían tenido que encontrar la manera de obtener fondos para las operaciones. Por muchos años, la PGR y la PJF han asignado agentes a sus oficinas (plazas) por todo el país esperando que cumplieran sus deberes con honestidad, al mismo tiempo que les daban muy poco o nada de dinero para operar. Esos funcionarios llegaban a sus puestos y debían encontrar maneras de conseguir recursos para pagar al personal y los gastos de la oficina, y sobrevivir con sus escasos salarios. Era a través de arrestos de figuras del crimen organizado y el decomiso de bienes de contrabando [tales como coches robados, drogas, armas, televisiones, etcétera] [...] Era de esa manera como sobrevivía la policía".[122] Hay testimonios y datos en el mismo sentido en las obras de Jesús Blancornelas, *El Cártel* y de María Idalia Gómez *Con la muerte en el bolsillo*. El dinero recabado al crimen organizado, no obstante, no le era esencial al Estado, que bien podría reasignar algunos millones de dólares a la PGR; las rentas producto del crimen organizado que se apropia el Estado nunca han sido relevantes en términos del presupuesto público. El gasto programable del gobierno federal en 1995 fue de 44 mil millones de dólares, y el presupuesto de la PGR fue de sólo 220 millones, es decir, 0.5 por ciento. Contratar diez mil policías (pensando que el narco sobornara a esa cantidad de policías federales) y pagarles un sueldo digno con buenas prestaciones (1 500 dólares mensuales), le hubiera significado al Estado un gasto adicional de 195 millones de dólares, menos de 0.4 % del gasto programable. La escasez de presupuesto obedecía más bien a la casi nula importancia que le daban los gobiernos de la época al Estado de derecho. Simplemente era cómodo evadir la responsabilidad de hacerse cargo adecuadamente de la PGR y dejar que el crimen organizado lo hiciera. Esa manera de financiar al personal y los gastos operativos de la PGR [y seguramente lo mismo pasaba con las policías estatales, tanto las preventivas como las judiciales] sólo podría ser un beneficio económico para el Estado desde una perspectiva absolutamente irresponsable, pues generaron una de las más graves distorsiones posibles: que las policías, en vez de proteger a la sociedad y prevenir e investigar delitos, se con-

---

[122] Stanley Pimentel, "Organized Crime and Politics in México", en John Bailey y Roy Godson, *Organized Crime ... Democratic Governability*, p. 42. Yo tengo testimonios personales de que en aquella época y hasta mediados de los noventa efectivamente así operaba la PGR. Mi testigo me aseguró que en Tijuana el comandante de la PGR tenía a su cargo cuatro o cinco policías judiciales con salario, pero para cumplir con las tareas asignadas contrataba alrededor de 80 ayudantes o madrinas, a las cuales tenía que pagarles con el dinero que conseguía del crimen organizado.

virtieran en administradoras y extorsionadoras del crimen; convertían a los criminales en cobradores de sus rentas y al hacerlo, ellas se transformaban en una versión más cruel y aterradora de crimen organizado, pues usaban el disfraz de servidores y protectores de la sociedad. La cultura que esas prácticas ha generado en la sociedad y en las policías es una aberración: muchos de quienes aspiraban [¿aspiraban?] a ser policías lo hacían para ser delincuentes con placa y pistola oficiales; y los ciudadanos simplemente han acumulado una arraigada desconfianza hacia las fuerzas policiacas. La debilidad institucional en materia de seguridad y justicia no se ha debido, por tanto, fundamentalmente a nuestra condición de país pobre o en vías de desarrollo que no tenía presupuesto para pagar salarios decentes a los policías y jueces, o para equipar adecuadamente a los cuerpos policiacos. También es producto de ese pacto de convivencia "civilizada" entre Estado y delincuencia organizada, porque se corrompieron de raíz las instituciones; les cambiaron la naturaleza y la función [garantizar la seguridad de los ciudadanos y la existencia de una justicia real y eficaz] por las contrarias: ser parte de la delincuencia organizada y, al mismo tiempo, proteger a los criminales. Y no sólo eso, pues la consecuencia lógica de esa perversión ha sido reforzar la desconfianza de la sociedad en las instituciones de seguridad y justicia. La segunda tragedia que el país está pagando muy caro desde hace mucho tiempo.

- Entre los bienes intangibles recibidos por el Estado estaba el hacer sentir su poder sobre un actor social potencialmente peligroso y violento. Y en este sentido fue eficaz el acuerdo, pues los sometió mediante el poder del Estado mismo [cuando un narcotraficante se volvía un lastre podían deshacerse de él, como fue el caso de Pablo Acosta], pero no sólo para hacer prevalecer el Estado de derecho y contenerlos y debilitarlos, sino para lucrar con ellos, lo cual creó condiciones para su fortalecimiento e insubordinación posterior. Otro de los intangibles del pacto fue contener la violencia.

violencia. Aunque hubo periodos muy violentos que corresponden a las luchas por el control de la organización de Sinaloa en su proceso de convertirse en la empresa dominante [en los años setenta], la ausencia de violencia excesiva pudo deberse no a una cláusula acordada dentro del pacto en sí, sino a otros dos factores: *a)* el sometimiento relativamente pacífico de las plazas fronterizas por la organización de Sinaloa, y una vez controladas por ésta, desapareció la causa principal de la violencia: dos o más organizaciones disputándose un mismo territorio; y *b)* la estrategia misma del Estado de "administrar" al crimen organizado por plazas, pues en ese sentido las mismas autoridades se encargaban de impedir las luchas entre organizaciones por el control, puesto que éstas no tenían aún fuerza suficiente (no existían los ejércitos de sicarios, ni tenían la enorme capacidad de fuego con la que contarían unos pocos años después) para rebelarse del control gubernamental.

• El pacto fue posible gracias a la concentración del poder político en el gobierno federal y, en concreto, en el presidente de la república [los pactos entre pocos son más fáciles de lograr; un acuerdo entre 15 o 20 gobernadores y varias organizaciones criminales hubiera sido más difícil de concretar y respetar] y eso permitió un grado importante de control de las acciones de las dependencias de seguridad y funcionarios políticos [Ejército, PGR, DFS, gobernadores, etcétera] que implementaban el acuerdo. Sin la cohesión y disciplina burocrática, el pacto no se hubiera concretado. En ese sentido, el presidencialismo y su capacidad de someter al resto de los poderes y niveles de gobierno a su poder, creaba las condiciones para que los términos del acuerdo se cumplieran. Sin embargo, esto también fue posible porque las organizaciones criminales en los años cincuenta y sesenta eran pequeñas y aún se desarrollaban, no tenían la fuerza suficiente para enfrentarse al Estado, por lo que no debió ser difícil imponerles los términos del acuerdo comunicados por los intermediarios oficiales [nosotros mandamos, si compartes las ganancias

y no haces mucho escándalo, te protegemos y todos felices].
Luego comenzó a darse el proceso de construcción de la
empresa dominante, la de Sinaloa, lo que facilitaría las tareas gubernamentales, pues siempre es más fácil ponerse de
acuerdo con un solo capo que con varios, todos ambiciosos.
No existen datos duros, pero es imposible no plantearse la
hipótesis de que el gobierno hubiera facilitado ese proceso
de monopolización del mercado de las drogas. De la misma
manera que el Estado organizó en corporaciones únicas a
los trabajadores [CTM] y a los campesinos [CNC] con la finalidad de facilitar su control, una gran empresa o corporación de narcotraficantes encajaría muy bien en el modelo
de operación y control estatal. Tarea para los investigadores.
Por lo pronto, Johnathan Marshall, periodista del diario *San
Francisco Chronicle*, que ha investigado el papel de la CIA en el
tráfico de cocaína en México y Centroamérica, sostiene esa
misma hipótesis: "Pero la DFS hizo mucho más que simplemente proteger a los narcotraficantes más importantes. En
realidad los juntó a todos en un cártel, centralizó y raciona-
lizó sus operaciones, eliminó a sus competidores y a través de
sus conexiones con la CIA, consiguió para ellos la protección
internacional necesaria para asegurar su éxito."[123]

• Los testimonios de la época apuntan a que la PGR, por medio de los comandantes de la Policía Judicial Federal en los
estados y en las principales plazas, era la responsable de poner en práctica y hacer valer los acuerdos. El relato de Poppa
sobre cómo consiguieron la plaza los capos de Ojinaga lo
confirma. Por esa razón y por saber que la relación del delegado de la PGR y de los comandantes de la policía judicial
federal con el crimen organizado era extremadamente rentable [qué importaba que la Secretaría de Hacienda no proporcionara recursos para pagar el sueldo de las "madrinas",
ni para la renta y la papelería de las oficinas, menos para la

---

[123] Jonathan Marshall, "CIA Assets and the Rise of the Guadalajara Connection", en
Alfred W. McCoy y Alan A. Block, *War on Drugs. Studies on the Failure of U.S. Narcotics Policy*,
Westview Press, Colorado, 1992, p. 203.

gasolina de los coches], ser delegado o comandante de plaza lo era todo: "La PGR —escribe Blancornelas[124]— también fue transformándose: dejó la pequeña casita [que funcionaba como su oficina en Tijuana], se fue a una cuartería, contrató secretarias, lució el escudo en la puerta y estrenó celdas. Llegaron más agentes. Se confundieron con los de la Dirección Federal de Seguridad. Adinerados por el narco se encajaron en lo abusivo; se etiquetaron odiados y temidos. Fue la combinación ideal: corruptores y corruptos dándose la gran vida; y los narcotraficantes en su recreo de crímenes con el sello de la casa y sin ser investigados […]También la PGR creció y no por efectividad; resultó ser el mejor negocio, chapa oficial y billete mafioso. El narcotráfico se metió a todas las oficinas de la procuraduría. Nunca la mafia tuvo tanto apoyo y complicidad del gobierno; ser delegado era asegurar millones; las plazas se vendieron en miles y miles de dólares; representar a la PGR en la frontera era cuento; se iba a proteger a los mafiosos." Lo que está menos claro es el papel de la Dirección Federal de Seguridad, la famosa DFS. No hay duda de su presencia en las zonas de operación del narco, tampoco de su involucramiento de al menos algunos de sus miembros en las organizaciones criminales,[125] pero los jefes locales eran los policías y delegados de la PGR. Es probable que su papel fuera el mencionado por Bailey y Godson, es decir, el gobierno paralelo en la sombra, una organización oficial pero discreta que negociara los términos del pacto, que ejecutara las acciones necesarias y que verificara que todo mundo —funcionarios, policías y criminales— cumplieran con lo acordado. Dado lo inconfesable y vergonzoso que era hacer y mantener un pacto con el narcotráfico, lo mejor era que se supiera lo menos posible y, por

---

[124] Jesús Blancornelas, *El Cártel. Los Arellano Félix: la mafia más poderosa en la historia de América Latina*, De bolsillo, México, 2006, p. 39.

[125] Recuérdese a un agente, Fernando Rocha, de esa dependencia detenido en el aeropuerto de la Ciudad de México en 1964 junto con el narcotraficante Alfonso Fernández, que traía heroína de París, o a Rafael Aguilar Guajardo que se quedó al frente de la plaza de Ciudad Juárez en 1987 después de la muerte de Pablo Acosta.

tanto, lo más conveniente era encargárselo a una agencia lo más secreta posible.[126] "Cuando se creó la DFS, el embajador de Estados Unidos en México envió un reporte al Departamento de Estado en el que señalaba que "el coronel Carlos Serrano —senador de la república por el Distrito Federal y amigo cercano del presidente Miguel Alemán Valdés, fue quien sugirió la creación de la DFS y operaba como su jefe de facto aunque no el director formal— estaba vinculado al tráfico de drogas. Añadía que los principales funcionarios de la agencia, recién nombrados, estaban de igual manera relacionados con el narcotráfico. Las autoridades de Estados Unidos expresaban su preocupación porque sujetos con tales antecedentes estuvieran a la cabeza de una institución con poderes similares, en sus propias palabras, a los de la Gestapo."[127] Según Sergio Aguayo, quien escribió —hasta ahora— la única historia de la DFS: "En 1951, la Agencia Central de Inteligencia elaboró un detallado informe 'secreto' sobre México [...] tenía buena opinión sobre la DFS. La describieron como una 'organización relativamente nueva que responde de manera directa al presidente [...] Después del elogio viene una seria crítica: 'algunos jefes de este grupo son poco escrupulosos y han abusado del considerable poder que tienen porque toleran, y de hecho conducen, actividades ilegales como el contrabando de narcóticos [...] Entre las personalidades mencionadas estaba el coronel Carlos I. Serrano a quien consideraban 'una de las personas más importantes tras las bambalinas del régimen alemanista' [quien] 'organizó y controla [de manera extraoficial] a la DFS'. Lo calificaban como 'hombre poco escrupuloso, involucrado activamente en empresas ilegales, entre ellas el tráfico de narcóticos'".[128] De ser ciertas las sospechas de los

[126] ¿Quién conoce los nombres de los directores de la DFS, con excepción de los de Fernando Gutiérrez Barrios, Miguel Nassar Haro y José Antonio Zorrilla, nombres que se hicieron públicos sólo por los escándalos de la "guerra sucia" contra la guerrilla, el asesinato de Manuel Buendía?
[127] Luis Astorga, *The Field of Drug Trafficking in Mexico*, p. 62.
[128] Sergio Aguayo Quezada, *La charola. Una historia de los servicios de inteligencia en México*, Grijalbo, México, 2001, p. 74.

estadounidenses acerca de los vínculos de los directivos de la DFS con el narcotráfico, no hubiera sido extraño que esa dependencia fuera la responsable de establecer los contactos con los líderes de las empresas criminales para transmitir los términos de la relación entre crimen organizado y gobierno federal. "Samuel del Villar, asesor del presidente Miguel de la Madrid en materia de corrupción[129] en los dos primeros años de su administración, investigó entre 1982 y 1985, la corrupción enquistada en la Dirección Federal de Seguridad bajo el mando de (José Antonio) Zorrilla, y constató que la media docena de "comandantes que fungían como coordinadores regionales 'se habían convertido, para efectos reales, en los directores de sucursales del narcotráfico en México'".[130] El caso es que a mediados de los años ochenta sí existían esos vínculos al más alto nivel entre los capos de Sinaloa y los directivos de la DFS, lo que se demuestra cuando Rafael Caro Quintero huyó de Guadalajara perseguido por el asesinato del agente de la DEA Enrique Camarena y en el aeropuerto mostró una credencial de la DFS firmada por el propio José Antonio Zorrilla. Pero no sólo eso, el mismo Aguayo recoge una afirmación de Zorrilla en la cual éste se ufanaba de que la Federal de Seguridad podía operar sin presupuesto otorgado por el gobierno y cuando éste se estaba negociando el director dijo: "A mí pónganme lo que quieran; la DFS no necesita dinero para operar", a lo que Aguayo añade: "El Estado había dejado que el monstruo adquiriera una enorme dimensión, a la sombra de la cual crecía el narcotráfico."[131] Es claro que esta policía política operaba con el mismo esquema de la PGR: se autofinanciaba mediante el cobro de rentas a las organizaciones de narcotraficantes.

---

[129] Recuérdese que la renovación moral del gobierno fue una de las principales promesas hechas por De la Madrid durante su campaña y en los primeros años de su gobierno. Por eso tenía un asesor para combatir la corrupción.

[130] Miguel Ángel Granados Chapa, *El primer asesinato de la narcopolítica en México*, Grijalbo, México, 2012, p. 224.

[131] Sergio Aguayo Quezada, *op. cit.*

Visto no sólo en retrospectiva, ya perceptible en la década de los años ochenta, cuando reventó el acuerdo de convivencia entre las instituciones estatales y el crimen organizado por diversos motivos —como se verá en el siguiente capítulo—, resultan muy evidentes sus consecuencias negativas para el Estado y la sociedad; pero altamente favorables para las organizaciones criminales. En el fondo, el pacto que prevaleció puede formularse de esta manera: "Vamos a hacer un gran negocio ilegal juntos; yo, gobierno, controlaré el consejo de administración y pondré las reglas del juego porque soy el Estado; ustedes, empresas de narcotráfico, lo operan con mi bendición y protección, a cambio de que me compartan una tajada de las ganancias. Además, deben prometer comportarse como crimen organizado 'decente', es decir, se van a portar bien y no van a actuar en contra de las instituciones ni de la sociedad. Si alguno de ustedes hace mucho escándalo, no respeta mis reglas o yo me veo incomodado por presiones externas, tendré que actuar en contra de algunos de ustedes, pero no se preocupen: será limitado el daño." A principios de los ochenta, después de tres décadas de vigencia del acuerdo, visto el crecimiento registrado por el mercado de la droga y las empresas criminales, el pacto de "convivencia civilizada" acabaría siendo, para efectos prácticos, una táctica del crimen organizado (probablemente involuntaria) a fin de seguir creciendo al amparo y con la protección estatal, producto de una ¿ingenuidad? de los gobiernos revolucionarios en nombre de la estabilidad. Hay que reconocer que el desarrollo del mercado de las drogas no dependía del gobierno y suponiendo que las empresas criminales también hubieran crecido como lo hicieron en el caso de tener el Estado en contra (supuesto que debe discutirse a fondo), lo que sí hubiera sido completamente diferente sería la situación del Estado mismo en su esfera de seguridad y justicia, porque es innegable que un resultado del acuerdo fue la no penetración de las instituciones como la PGR y la DFS, además de policías estatales judiciales, sino su entrega al crimen organizado. Estas instituciones se desvirtuaron radicalmente, dejando al Estado y a la sociedad en una situación de debilidad e indefensión que no ha desaparecido por completo. Fue gracias a ese pacto que comenzó a gestarse la ecuación por la cual México enfrenta la crispación actual: una delincuencia organizada cuya fortaleza crece y un Estado progresivamente más débil. Las dos caras de una misma moneda.

En el debate sobre si el crimen organizado en Estados Unidos podía convertirse en empresa del tamaño de las grandes firmas como Coca-Cola o Ford, Peter Reuter demostró empíricamente cómo en su país y en otros la delincuencia organizada estaba compuesta por pequeñas unidades y redes y que éstas enfrentaban limitaciones estructurales para convertirse en grandes corporaciones. (Véase el Recuadro en la página 88.) Así estaba la situación de la discusión teórica hasta que un par de académicos, Mark Stevenson y Stephanie Brophy, realizaron una investigación sobre unos narcos mexicanos y publicaron un artículo titulado "Los cárteles mexicanos, de las drogas a mafias de gran escala" y concluyeron que

> los argumentos de Peter Reuter que sugieren que las empresas criminales están destinadas a ser pequeñas, son válidos solamente en situaciones donde las policías del Estado son eficaces, como en algunas partes de Estados Unidos. Grupos del crimen organizado y las mafias pueden crecer en tamaño, alcance y complejidad donde los Estados fracasan en controlar los territorios dentro de sus fronteras. También sería inexacto esperar que en todas las circunstancias los grupos del crimen organizado se conviertan en mafias, como lo afirmó Hill (2003). Tal transición es probable sólo en condiciones de policías estatales ineficaces o cuando los representantes del Estado han decidido retirarse de ciertas regiones y mercados, como puede ser argumentado en el caso de Japón en el siglo pasado.[132]

La razones por las que las empresas criminales enfrentan obstáculos estructurales para convertirse en grandes corporaciones, las desarrolló más a fondo Letizia Paoli en su artículo ya citado "Las

---

[132] Federico Varese, "General Introduction. What is Organized Crime", en Federico Varese, *Organized Crime. Critical Concepts in Criminology*, p. 19.

paradojas del crimen organizado". Dice Paoli que aunque hay mucho en común entre mercados legales e ilegales (ambos tienen compradores, vendedores, mayoristas, menudistas, etcétera), la comparación no puede llevarse muy lejos pues las restricciones creadas por la ilegalidad de los productos son tan poderosas, que han impedido que se desarrollen empresas capitalistas similares a las del ámbito legal. En particular, esas restricciones se deben al hecho de que los mercados ilegales están obligados a operar sin el Estado como en contra del Estado.

Sin el Estado. Significa que el Estado de derecho, es decir, la normatividad que regula, entre otras cosas, los intercambios económicos y las instituciones que la aplican (ministerios públicos, juzgados, cárceles) no puede ser aplicado en el caso de la economía ilegal. Un narcotraficante no puede recurrir a la policía a denunciar el robo de un cargamento de cocaína y pedir que castiguen al culpable; un operador del narco no puede alegar ante las autoridades laborales que su patrón lo explota y amenaza con asesinarlo, si no cumple sus funciones. Por lo tanto, en los mercados fuera de la ley no hay autoridad que garantice los contratos y sancione a quien los incumpla, ni leyes que regulen las transacciones. La consecuencia es la inexistencia de certidumbre en los derechos de propiedad, en los contratos, en las relaciones laborales. La única certeza la da la confianza que se logren transmitir los criminales entre sí. Por eso la abundancia de vínculos familiares en las organizaciones criminales, pues el parentesco otorga mayor confianza a las relaciones y reduce el riesgo de la traición. Y cuando no se tiene esa confianza, abundan los fraudes y la violencia aparece como la manera de castigar el incumplimiento de los acuerdos. También, por su carácter de ilegal, las empresas de esos mercados no pueden recurrir al sistema financiero, pues ningún banco les prestará dinero, ni tampoco pueden acudir a financiarse en la bolsa de valores.

Contra el Estado. Debido a la persecución de que son objeto por parte de las autoridades, la operación de las empresas de la delincuencia organizada tiene que reducir al máximo el riesgo de que sus miembros sean arrestados y de sufrir el decomiso de sus bienes, por lo que la información de la participación de los dueños en las actividades ilegales tiene que restringirse lo más posible. Esto induce a la formación de organizaciones pequeñas y fragmentadas, de manera que mientras menos sepan quienes trabajan en ellas, mejor. Mientras las empresas legales tienden a integrarse verticalmente (es decir, a crecer mediante la incorporación de todos los procesos implicados en la producción de un bien; por ejemplo, un fabricante de pan, además de la fábrica donde se elabora éste, tiende a incorporar a su empresa tierras donde produce trigo, azúcar y el resto de materias primas que necesita, asimismo de las bodegas donde lo almacena y la fábrica de bolsas y etiquetas) y horizontalmente (inclusión de los mecanismos de distribución y venta al menudeo, lo que puede incluir una empresa de camiones para distribuir el pan y otra de publicidad), las organizaciones criminales correrían un gran riesgo de ser detectadas y desmanteladas si crecen de esa manera. La ilegalidad también restringe la dimensión geográfica del negocio, pues a mayor extensión territorial mayor riesgo de ser descubierto (sistemas complejos y amplios de supervisión y monitoreo, transporte); tampoco se les facilita la planeación a largo plazo, ni pueden utilizar estrategias de mercadotecnia para posicionar sus productos. Cuando Pablo Acosta quiso emprender una campaña de relaciones públicas para mejorar su imagen dando una entrevista a un periodista, lo único que consiguió fue un operativo del gobierno que le costó la vida. Hasta aquí esta apretada síntesis de una parte del artículo de Paoli.[133]

Pues a los teóricos de la delincuencia organizada no se les ocurrió, no les podía caber en la cabeza, la variante mexicana consistente en organizaciones criminales que funciona sin los inconvenientes de las autoridades en contra, gracias a un pacto con el mismo Estado, el cual no los persigue más que esporádica y selectivamente y sí les facilita operar abiertamente sin esconderse, transitar sin problemas por las carreteras del país, integrarse vertical y horizontalmente. Es más, pone a su servicio a las policías, se las entrega. Ése fue, para efectos prácticos y probablemente no deseados, el resultado del acuerdo Estado-narcos para mantener vigente la estabilidad política del desarrollo estabilizador. Una delincuencia

---

[133] Letizia Paoli, "The Paradoxes of Organized Crime", pp. 99-101.

organizada que opera con el Estado a su favor, protegiéndolo. Ominoso pero cierto.

Ésta era la otra parte del rostro y de la dimensión del narcotráfico mexicano en los años setenta; una mitad se la puso el creciente consumo en Estados Unidos y el Estado mexicano esculpió el resto, al permitirle un crecimiento contra toda lógica propia del Estado de derecho. El consecuente empoderamiento de las organizaciones criminales mexicanas gracias a mayores ingresos y al pacto con el Estado, posibilitaría el paso del modelo de relación sistémico-centralizado, propuesto por Bailey y Godson, al fragmentado de disputas:

> En contraste con la visión sistémica centralizada, otros ven subsistemas de relación entre la política y el crimen organizado en la forma de disputas fragmentadas, que amenazan la seguridad y la gobernabilidad. Coaliciones funcionales de actores de los mundos político y criminal se ensamblan en diferentes niveles sobre bases ad hoc […] En esta imagen de disputas fragmentadas no existe el "jefe de jefes" en el mundo político ni en el criminal. En vez de eso, líderes políticos y gubernamentales de diversas jerarquías —normalmente electos o designados por el PRI— se han beneficiado y apoyado de las organizaciones criminales. Además, el poder no siempre fluye de arriba hacia abajo o, incluso, de la política hacia las redes criminales. Poder e influencia han fluido en direcciones diferentes, dependiendo de circunstancias y asuntos particulares. En ocasiones los criminales amenazan o coaccionan a las autoridades. Otras veces son las autoridades políticas las que extorsionan a las organizaciones criminales. Arreglos fluidos, de situaciones particulares y apropiados especialmente a un fin, son más comunes que un sistema de control de arriba hacia abajo.

Ése era el futuro que le esperaba al país en cuanto a la delincuencia organizada a partir de la década de los ochenta.

LOS AÑOS OCHENTA:
FRAGMENTACIÓN Y RUPTURA

Después de tres décadas de un crecimiento impresionante conjugado con cierta estabilidad en el mercado de los estupefacientes, los años ochenta significarán un cambio vertiginoso que modificaría radicalmente el negocio de las drogas en nuestro país.

SINALOA: CLAN DE FAMILIAS

A principios de la década de los ochenta el narcotráfico en México estaba claramente dominado por la organización de Sinaloa, que entonces era identificada en la prensa y por las agencias de Estados Unidos como el cártel de Guadalajara, puesto que sus principales dirigentes vivían en la capital de Jalisco, adonde se trasladaron después de la Operación Cóndor llevada a cabo entre 1976 y 1977 en aquel estado. La decisión de mudarse a Guadalajara a todas luces tuvo que ver con la estrecha relación que tenían con la DFS. Javier García Paniagua, director de la Federal de Seguridad en 1976, era originario de Jalisco y poseedor de una amplia red de contactos políticos y policiacos en esa entidad (su padre fue gobernador del estado en el periodo 1943-1947). De acuerdo con la versión de un informante de la DEA que trabajó en la DFS, entre 1973 y 1981,

a mediados de los años setenta, cuando las bandas de Sinaloa se hacen la guerra unas a otras, además de la guerra
que tienen con la policía y con el ejército por la Operación
Cóndor, los comandantes Esteban Guzmán y Daniel Acuña,
ambos de la DFS, van a ver a los jefes narcos Félix Gallardo
y Ernesto Fonseca, don Neto. Les aconsejan cuatro cosas: 1)
poner fin a su guerra intestina, 2) montar una base de operaciones en Estados Unidos, 3) salir de Sinaloa, 4) guarecerse en
Guadalajara […] La DFS presenta a los narcos con la gente
influyente de Guadalajara, dicen los cronistas. Les buscan
casas, les asignan guardaespaldas. "Los traficantes", escribe
Elaine Shannon en su libro *Desperados*, "aportan la fuerza y
la sangre. La DFS aporta la inteligencia, la coordinación y la
protección contra otras agencias de gobierno."[134]

No era la única empresa del floreciente mercado ilegal de las drogas, pero sí la más importante porque tenía el control de las mayores
zonas productoras de marihuana y amapola, es decir, desde
Oaxaca hasta Sonora pasando por Guerrero y Michoacán e incluían dos bastiones productores en Durango y Chihuahua. También gobernaban los principales cruces fronterizos en los estados
de Baja California (Tijuana, Tecate, Mexicali) y Sonora (San Luis
Río Colorado y Nogales) y obtenían ganancias por su asociación
con la organización de Pablo Acosta quien era el jefe del puerto
de Ojinaga en Chihuahua.

La organización estaba dirigida por Miguel Ángel Félix Gallardo, "El Padrino" o "Jefe de jefes". Nació en el poblado de Be-
llavista, municipio de Culiacán en 1946, la época del primer auge
de la amapola en su estado natal. A los diecisiete años, en 1963,
ingresó a la policía judicial del estado y fue asignado a la escolta de
los hijos del entonces gobernador Leopoldo Sánchez Celis (1963-
1968) del cual se hizo amigo cercano al grado de convertirse en
compadres, ya que Félix Gallardo fue padrino de Rodolfo Sánchez
Duarte, hijo del gobernador; también sería amigo del gobernador
Antonio Toledo Corro (1975-1981). Inició su carrera en el mundo

---

[134] Héctor Aguilar Camín, "Narco Historias extraordinarias", *Nexos*, mayo de 2007.

de las drogas a principios de los años setenta (la primera orden de aprehensión en su contra data de 1971, según informó la PGR cuando lo capturó; en 1976 había otra orden de aprehensión contra él en Tijuana, pero no se le aplicó porque, según la DEA, tenía la protección de Jaime Torres Espinoza, subcoordinador de la campaña contra el narcotráfico) y cuando es asesinado Pedro Avilés, él asume el liderazgo de la organización junto con Ernesto Fonseca Carrillo, "don Neto" (1942). Claramente tenía dotes de líder y empresario. En 1979 fue nombrado consejero del Banco Somex en Chihuahua, cuyo director general de 1976 a 1982 fue Mario Ramón Beteta. En 1981 compró acciones de Banpacífico, gracias a su relación con el dueño de ese banco, Arcadio Valenzuela, quien también sería presidente de la Asociación de Banqueros de México. Arcadio nombró a Tomás Valles Corral para que asesorara a Félix Gallardo en asuntos bancarios. Otros socios de Arcadio Valenzuela fueron los hermanos Javier y Eduardo Cordero Stauffer, empresarios de Guadalajara, detenidos en abril de 1985 y presos durante nueve meses, acusados por la PGR de lavar cinco millones de dólares de Rafael Caro Quintero, además de ser dueños de la empresa de aviones privados utilizada por éste para huir hacia Costa Rica. En 1985, Félix Gallardo apareció en la sección de sociales del periódico *Sol de Sinaloa* inaugurando, junto con Rodolfo Sánchez Duarte, su socio y ahijado, un negocio automotriz.[135] Javier Coello Trejo, subprocurador de la PGR que atrapó a Félix Gallardo, se refirió de esta manera al capo sinaloense: "No te puedes imaginar cuánta inteligencia natural tiene. Estudió hasta el tercero de secundaria, pero en 20 años dedicado al narcotráfico se arregló para controlar todas las bandas de narcos (…) es una persona seca, no es malhablado, no es grosero, habla muy directo y es una persona muy extraña, porque es muy católico…"[136] Por la red de protección política y policiaca que construyó en esos 20 años, podía vivir como cualquier ciudadano, a la luz pública. No sólo aparecía retratado en los periódicos de su tierra natal, sino que tenía una oficina

---

[135] Luis Astorga, *El siglo de las drogas. El narcotráfico, del Porfiriato al nuevo milenio*, Plaza y Janés, México, 2005, p. 139.

[136] Diego Enrique Osorno, *El Cártel de Sinaloa. Una historia del uso político del narco*, Random House Mondadori, México, 2009, p. 216.

en Mazatlán a la que acudía a diario. Diego Osorno cuenta las siguientes anécdotas sobre su actuación pública.

> Vivió en la colonia ferrocarrilera de Mazatlán desde 1985 hasta después del Carnaval de 1987 [en diciembre de 1986 terminó la gubernatura de Toledo Corro y en enero de 1987 comenzó la de Francisco Labastida Ochoa. Es probable que ésa haya sido la razón por la cual se mudó de nuevo a Guadalajara]. Su amigo Manuel y él querían una ciudad segura. "La sociedad acudía a pedirnos favores –asegura Félix Gallardo— y fue necesario organizarnos para bajar los índices de violencia, robos y asaltos hasta el mínimo." Un día se entera por la prensa del asesinato de una familia de siete miembros [de paso también mataron al gato]. Le dice a su esposa "voy a resolver este asunto" y sale de su casa. Llegó a su oficina y convocó a su amigo Manuel y a los jefes policiacos, "quienes acudieron de inmediato". Les explicó el motivo de su presencia y les pidió: "Quiero a los responsables de esta masacre, sean quienes sean y los quiero vivos y en la cárcel en 72 horas. Mi gente colaborará y yo cubro todos los gastos; no me importa qué tan poderoso sea el responsable; enfrentaré al mismo diablo si es necesario. Todos a trabajar." Al poco, dieron con uno de ellos quien les informó que su papá había organizado el crimen por quedarse con una herencia. Lo detuvieron al poco tiempo en Veracruz.

Otro rasgo de Félix Gallardo: fue un gran benefactor de la Universidad Autónoma de Sinaloa; regaló el dinero con el cual se construyó la biblioteca, la mayor de ese estado, y fue padrino de la generación 1984-1989 de la Escuela de Derecho y Ciencias Políticas de la UAS; un alumno le dio, en representación de todos sus compañeros graduados, un diploma "por ser un gran impulsor de nuestra alma mater"; el reconocimiento fue hecho cuatro meses después de haber sido detenido.[137]

---

[137] *Ibid.*, pp. 229, 231.

La estructura directiva y operativa de la organización se completaba con un grupo de clanes familiares, la mayoría de ellos originarios de Sinaloa: los Caro Quintero (Rafael, La Noria, Sinaloa, 1952; Miguel; su tío Javier Caro Payán, y Emilio Quintero); los Zambada (Ismael el "Mayo", nacido en 1948, su hermano Jesús y su hijo Vicentillo); los Beltrán Leyva (Arturo, Badiraguato, Sinaloa, 1961; Alfredo, Carlos y Héctor); los Carrillo Fuentes, sobrinos de don Neto (Amado, Navolato 1954: Rodolfo y Vicente); los Guzmán Loera (Joaquín "El Chapo", Badiraguato, 1957, y su hermano Arturo); los Arellano Félix (Benjamín, Ramón, Francisco Javier, Eduardo). También participaban otros líderes relevantes como Héctor "el Güero" Palma Salazar, Juan José Esparragoza "El Azul" (Huichiopa, Sinaloa, 1949); otros que, ajenos a las familias sinaloenses, seguramente se ganaron su lugar en la organización, ya sea por favores prestados desde su condición de policías como en los casos de Rafael Muñoz Talavera y Rafael Aguilar Guajardo, ambos ex agentes de la DFS, o por ser los "gerentes" confiables de plazas relevantes como Manuel Salcido, "El Cochiloco" en Sinaloa, Jaime Herrera en Durango; los hermanos Pedro y Óscar Lupercio Serratos en Guadalajara; Rogaciano Alba Álvarez en Guerrero y la familia de los Díaz Parada en Oaxaca. Estas familias, a su vez, se convertirían en responsables de las plazas estratégicas. Así, por ejemplo, los Arellano Félix llegaron a Tijuana a principios de los ochenta donde estaba ya su tío, Jesús "Chuy" Labra, quien tenía la confianza de don Neto y de Félix Gallardo por haber trabajado con Pedro Avilés y que se coordinaba con gente de confianza de los Caro Quintero, como José Subirats. Muñoz Talavera, Aguilar Guajardo y Amado Carrillo serían el avance de Sinaloa en las plazas fronterizas de Chihuahua, Ciudad Juárez y Ojinaga. En un principio, Héctor "el Güero Palma" trabajaría San Luis Río Colorado, Sonora, plaza que después pasaría al control de los Beltrán Leyva. De los pocos datos existentes sobre la organización, se puede inferir que se trataba no de una gran empresa en el sentido moderno y legal del término, sino de pequeñas o medianas empresas familiares (cada familia controlaba su zona geográfica, su áreas productivas de marihuana y amapola, sus sistemas de transporte y cruce de droga a Estados Unidos, sus policías), coordinadas por don Félix y Miguel Ángel Félix Gallardo. Es muy probable que cada familia operara una organización como la de Pablo Acosta en Ojinaga, compuesta asimismo por redes de productores y acarreadores de droga, guardaespaldas, policías corruptos, lavadores de dinero, etcétera.

Entonces la característica fundamental de la organización era la conjunción de varias familias, no de individuos, que además tenían algunos vínculos entre ellas (por ejemplo, Arturo Beltrán estaba casado con una prima del "Chapo" Guzmán). Recuérdese la importancia de la confianza como el sustrato básico de los intercambios económicos, en especial en los mercados ilegales, y cómo la mejor manera de garantizar esa confianza es por medio de la existencia de vínculos familiares, ya que reducen significativamente los riesgos de traiciones y deslealtades. No es gratuita, por tanto, la presencia de esas familias en la estructura criminal sinaloense. Éstas conformaron una poderosa red de empresas que han dominado casi la totalidad del narcotráfico los últimos 30 años. Primero lo hicieron de manera unida (con el liderazgo de Ernesto Fonseca y Miguel Ángel Félix Gallardo que le darían una dirección y cohesión sorprendentes durante la década de los ochenta, es decir, logró impedir los conflictos que después serían encarnizados entre familias) y a partir de los años noventa, de forma separada.

TERCER AUGE DEL NARCOTRÁFICO: LA ENTRADA AL MERCADO DE LA COCAÍNA

Los años ochenta serían de expansión de la organización porque la dimensión del mercado de la marihuana en Estados Unidos, no obstante un decrecimiento, mantuvo su importancia, lo que garantizaba un volumen de exportaciones muy elevado. Pero sobre todo porque se produjo un fenómeno nuevo que modificaría el rostro del narcotráfico en México: su entrada masiva al trasiego de cocaína, lo que multiplicaría sus ingresos y su poder y los convertiría, gracias a la asociación con los "cárteles colombianos", en empresas transnacionales y, posteriormente, en una de las organizaciones criminales más poderosas del mundo.

En cuanto al mercado de la marihuana, 1979 fue el año pico en términos de consumo, ya que los fumadores habituales (ocasionales más regulares) casi alcanzaron los 30 millones de estadounidenses mayores de 12 años: casi 17 por ciento de la población de este rango, es decir, uno de cada seis norteamericanos la consumían de manera regular. En 1985, el número de fumadores disminuyó a 26.1 millones y en 1990 la cifra fue de menos de 20 millones, esto es, en esa década el número de consumidores cayó en una tercera parte; sin embargo, la cantidad de marihuana demandada por 20 millones de personas seguía siendo una cantidad considerable.

CUADRO 2
Estimación de usuarios, en números absolutos (miles), de drogas en la población de Estados Unidos mayor de 12 años (1979-1990)

Frecuencia / droga	1979	1985	1988	1990
ALGUNA VEZ EN LA VIDA				
Cualquier droga	56 414	66 172	67 457	68 838
Marihuana y hachís	50 322	56 547	60 755	61 266
Cocaína y crack	15 541	21 495	23 730	25 584
Heroína	2 324	1 826	1 749	1 517
EL AÑO PASADO				
Cualquier droga	31 485	31 488	24 577	23 449
Marihuana y hachís	29 869	26 145	19 492	18 931
Cocaína y crack	8 608	9 839	8 610	6 905
Heroína	427	347	508	443
EL MES PASADO				
Cualquier droga	25 399	23 272	15 192	13 526
Marihuana y hachís	23 790	18 641	12 353	10 913
Cocaína y crack	4 743	5 686	3 813	2 416
Heroína	128	137	79	41

Fuente: SAMHSA, Office of Applied Studies, National Survey on Drug Use and Healt, 2002.

Tan importante, que el "cártel de Guadalajara" se dio a la tarea de "industrializar" su producción. El hecho que ejemplifica de manera muy clara ese tipo de producción de la marihuana es el rancho El Búfalo, en Chihuahua, propiedad de Rafael Caro Quintero, que fue descubierto por un piloto de la entonces Secretaría de Agricultura y Recursos Hidráulicos (SARH), Alfredo Zavala, quien comunicó su hallazgo a un agente de la DEA, Enrique Camarena, porque no confiaba en las autoridades mexicanas. El policía estadounidense informó a su embajada y entonces el gobierno mexicano tuvo que actuar en consecuencia. En noviembre de 1984, el ejército entró en el rancho de Caro Quintero, descrito por Astorga como

> un gran complejo de procesamiento de marihuana de unos doce kilómetros cuadrados [mil doscientas hectáreas] que se abastecía de materia prima de los alrededores y de otras zonas del país y donde trabajaban aproximadamente doce mil jornaleros procedentes de Sinaloa en su mayoría, pero también de Sonora, Guerrero, Oaxaca, Chiapas y hasta de Guatemala. Guardias armados de los traficantes los vigilaban para que no huyeran [...] A estos trabajadores los alimentaban con papas, tortillas acedas, frijoles duros y café [...] en el operativo se destruyeron cerca de once mil toneladas de mariguana en un momento en que el kilo en México costaba cuarenta mil pesos el kilo y mil dólares la libra en Estados Unidos [...] A las denuncias hechas con anterioridad sobre plantíos en otras zonas del estado y a la existencia de "mafias de narcotraficantes", el procurador de justicia de la entidad, Toribio Porras Villegas, respondió que eran "puras alucinaciones".[138]

Es probable que la cifra de las 11 mil toneladas destruidas esté inflada; pero de lo que no hay duda es de que la "división Marihuana" de la organización de Sinaloa (dirigida por Rafael Caro Quintero[139]), ante la demanda enorme de la hierba en Estados

---

[138] Luis Astorga, *op. cit.*, p. 133.

[139] Según el blog Puro Badiraguato, Plebes, desde que Rafael Caro Quintero (nacido en el rancho La Noria de Badiraguato, Sinaloa, el 24 de octubre de 1952) se inició en el

Unidos, decidió realizar una enorme inversión —por la cantidad de tierra rentada o comprada, la tecnología utilizada (sistemas de riego como los del valle Imperial en California, sembraban marihuana de la llamada "sin semilla") y la cantidad de mano de obra contratada— para producir a gran escala y garantizar el abasto, reducir costos (por eso las condiciones extremas de explotación de los migrantes contratados), facilitar el transporte a la frontera norte (el rancho estaba en Villa Coronado, cerca de Parral, a unos 600 kilómetros de Ciudad Juárez) y reducir riesgos de decomisos. Ya no se trataba, pues, de una microempresa improvisada dependiente del temporal, sino de una gran organización empresarial que hacía cuantiosas inversiones para elevar la productividad (producción a gran escala con tecnología) con sistemas de producción sofisticados (la logística para sembrar, cosechar, empaquetar serían como los de cualquier empresa agroindustrial de grandes dimensiones, lo necesaria para conseguir y mantener la mano de obra). Todo con la finalidad de maximizar las utilidades. Eran 24 millones de consumidores que demandaban marihuana cotidianamente, y sólo una organización cada vez más eficiente podría satisfacerlos. Los sinaloenses tenían la experiencia y conocían el *know how* del negocio; simplemente se pusieron al día en términos empresariales.

La producción de cocaína representaba así un nuevo reto, que afrontaron con gusto, pues les redituaría mucho más que la marihuana. Esta es la historia de cómo las organizaciones mexicanas fueron invitadas a ese lucrativo negocio, controlado por los colombianos hasta principios de los años ochenta. El consumo de cocaína en Estados Unidos comenzó a crecer de manera significativa en la década de los setenta; a la mitad de ella había un millón de personas mayores de doce años que la probaban cada año y su pico de iniciación se dio en 1980, cuando casi dos millones de estadounidenses la consumieron por primera vez. Fue entonces, en los primeros años de la década de los ochenta, cuando la opinión pública y las

---

narcotráfico a los 18 años en 1970, oficio que aprendió de Pedro Avilés, se dedicó a la marihuana, y al poco tiempo, con sus hermanos José Luis y Miguel, compró ranchos en Caborca, Sonora, para producirla y exportarla, ya como parte de la organización dirigida por Miguel Ángel Félix Gallardo.

CUADRO 3 Personas que consumieron cocaína y crack por primera vez	
Año	**(miles)[140]**
1968	175
1969	146
1970	258
1971	480
1972	375
1973	578
1974	914
1975	101
1976	1125
1977	1164
1978	1397
1979	1398
1980	1894
1981	1821
1982	1672
1983	1646
1984	1675
1985	1681
1986	1541
1987	1392
1988	1548
1989	1438
1990	1389

Fuente: SAMHSA, Office of Applied Studies, National Survey on Drug Use and Healt, 2002.

autoridades de Estados Unidos volvieron la vista a este nuevo problema de consumo de estupefacientes. De la misma manera que los medios trataron el tema de la heroína, es decir, con un componente racial evidente —quienes la consumían eran, según los medios, básicamente los negros—, ahora se trataba de una droga que afectaba fundamentalmente a la población blanca.

---
[140] SAMHSA.

Cuando llegó 1983 se conoció sorpresivamente y en todos lados al mismo tiempo, que la cocaína y no la marihuana era el enemigo. La cocaína era todavía un asunto de la población caucásica. Durante 1983 y 1984, casi todos sus consumidores retratados en las revistas *Time* y *Newsweek* y en las noticias de la noche de las televisoras eran blancos de clase media. Dos investigadores de la Universidad de Michigan confirmaron las imágenes transmitidas por los medios, de 1981 a 1985 el 80 por ciento de los consumidores de cocaína eran blancos.[141]

Ioan Grillo señala las razones por las cuales se dio el *boom* en su consumo:

Una vez que la cocaína estuvo en los Estados Unidos, fueron ciudadanos estadounidenses los que la hicieron llegar al mayor número de consumidores. Ni colombianos, ni mexicanos tenían la capacidad de llegar a los suburbios de la población blanca. Entre los estadounidenses que se hicieron ricos por la explosión del consumo de la cocaína estaban Boston George Jung, Max Mermelstein, Jon Roberts y Mickey Munday. La cocaína era de venta fácil. A diferencia de la heroína o el LSD, no enviaba a la gente a un trance interior sino que provocaba irse de fiesta, sexo prolongado y no maldecía a quien la consumía con una cruda prolongada. De hecho, no hacía otra cosa que provocar un subidón de energía por un par de horas antes de que el usuario necesitara otra línea. Ese es el gran truco de la cocaína: no es nada especial. Así, la droga de la *discotheque* se ganó una imagen de ser limpia, glamorosa, *sexy* y de moda. Y expugnó a Estados Unidos. Como lo recuerda Boston George: "Yo pensaba que la cocaína era una droga fantástica. Una droga maravilla, igual que todos los demás. Te daba una explosión de energía. Te podías mantener despierto por días y eso era maravilloso y nunca pensé que fuera mala. Yo la pongo en la

[141] Dan Baum, *Smoke and Mirrors. The War on Drugs and the Politics of Failure*, Little, Brown and Company, Estados Unidos, 1996, p. 186.

misma categoría que la marihuana, sólo que mucho mejor. Se convirtió en un producto deseado, aceptado como la marihuana. Madison Avenue promovió la cocaína. La industria del cine. La industria de los discos. Digo, si tú eras un tipo que sabe hacer las cosas y te gusta la fiesta y el *jet-set* estaba bien esnifar cocaína. Me refiero a que en la *discotheque* Studio 54 de Nueva York todo mundo se la pasaba muy bien y le entraba a la cocaína." Los asistentes al cine se morían de risa en la escena en la que Woddy Allen estornuda sobre una pila de cocaína en la película *Play it again, Sam.* Los Acereros de Pittsburgh hicieron una fiesta de toda una noche con el distribuidor de cocaína Jon Roberts y de ahí se fueron a ganar el Superbowl de 1979. En 1981, la revista *Time* publicó una portada en la que llamaba a la cocaína "La droga de todos los estadounidenses".[142]

El relato de Baum aporta más datos del consumo creciente de cocaína y los negocios que surgían en su entorno. Entre 1978 y 1984 el número de clínicas psiquiátricas para tratar adictos a la cocaína se cuadruplicó y, para 1991, se habían duplicado otra vez; en 1983 se abrió un número telefónico para atender el problema, el 1-800-COCAINE y, en 1987, recibía dos mil llamadas diarias (los adictos eran canalizados a las nuevas clínicas, la mayoría propiedad de una empresa llamada *National Medical Enterprises, Inc.* Incluso la revista especializada de las agencias de publicidad, *Advertising Age*, reportó que el 1-800-COCAINE se había convertido en un modelo de respuesta directa de los empresarios de la salud sobre cómo usar el teléfono para combinar un servicio público con la generación de utilidades). Además, se detectó que muchos adictos consumían la cocaína en oficinas y fábricas durante las horas de trabajo por lo que en 1983 y 1984 la administración de Ronald Reagan y la prensa lanzaron una sistemática campaña de advertencias a la sociedad estadounidense en la que se afirmaba que la competitividad de la economía de Estados Unidos estaba siendo amenazada por una nueva epidemia de consumo de drogas en los

---

[142] Ioan Grillo, *El Narco: Inside México's Criminal Insurgence*, Bloomsbury Press, Boston, 2011, pp. 100-101.

centros de trabajo. "Carrujo tras carrujo, línea tras línea (de cocaína para esnifar), pastilla tras pastilla ─reportó *Newsweek*─ el uso ilegal de drogas en el trabajo ha puesto en crisis a los negocios de Estados Unidos…"[143] El gobierno de Reagan tenía ya todos los argumentos para, al igual que Richard Nixon, declararle la guerra de nuevo a las drogas.

Aunque originaria de Bolivia y Perú, fueron los colombianos los que a mediados de los años setenta se convirtieron en los abastecedores de cocaína para el mercado estadounidense. Jorge Orlando Melo en su obra *Narcotráfico y democracia* escribe:

> La experiencia de la marihuana dio a los colombianos algunos elementos operacionales, conocimiento de los mercados, contactos y rutas que se aplicaron, hacia 1973/75, a los primeros intentos de refinamiento y exportación de cocaína procesada en Colombia. Desde entonces se definieron los patrones dominantes del esquema comercial de la cocaína. Los colombianos importaban pasta de cocaína de Perú y Bolivia; de Europa los elementos químicos para su procesamiento; de los Estados Unidos, a través de Panamá, las armas para apoyar el negocio, y la refinaban en laboratorios que inicialmente estaban en medio de las ciudades. Para finales de la década se habían desplazado a zonas rurales y a veces selváticas, y la exportaban a Estados Unidos, usualmente por vía aérea (pasajeros normales de aerolíneas en cantidades menores; grandes cargamentos enviados en aviones livianos que hacían escala, si era necesario, en las Antillas o en Centroamérica).[144]

Los investigadores Atehortúa Cruz y Rojas Rivera en *El narcotráfico en Colombia*, complementan puntualmente:

---

[143] Dan Baum, *op. cit.*, p. 187.

[144] Jorge Orlando Melo, "Narcotráfico y democracia: la experiencia colombiana", en Carlos Malamud y Elizabeth Joyce (eds.), *Latin American and the Multinational Drug Trade*, University College, Londres, 1998.

Benjamín Herrera Zuleta, el "Papa negro de la cocaína" es, a su vez, el "abuelo" de Pablo Escobar y de Gilberto Rodríguez en el negocio. Detenido en Atlanta en 1973, se fugó de la prisión y huyó a Chile para reconstruir su actividad. Los contactos eran óptimos; la frontera con Perú y Bolivia aportaba la materia prima y los laboratorios podían camuflarse en el desierto salitroso o en la región andina. Sin embargo, el golpe de Pinochet y su persecución al tráfico, lo obligaron a trasladarse a Lima en donde fue nuevamente detenido en 1975 y deportado a Estados Unidos. La libertad obtenida con fianza no lo alejó de sus expectativas. Al contrario, estableció contactos con Martha Upegui de Uribe, la "Reina de la cocaína" en Medellín, e inició en la actividad a los jóvenes narcos de Cali [...] En 1976 la DEA calculaba entre 14 y 19 las toneladas métricas de cocaína que entraron de contrabando a Estados Unidos. Tres años más tarde, en 1979, el consumo abastecido se estimaba entre 25 y 31 toneladas y sobrepasando las 50 toneladas en 1980.[145]

Así, la cocaína entraba a Estados Unidos por Florida como Juan por su casa.

Miami se convertiría en la capital del polvo blanco y sería el escenario de una encarnizada lucha entre cubanos exiliados y colombianos por el control del mercado ilegal de la cocaína en Estados Unidos, pues de ahí se distribuía a todo el territorio norteamericano. La serie de televisión *Miami Vice* de los años ochenta y la famosa película *Cara cortada*, protagonizada por Al Pacino, sólo eran reflejo de lo que ocurría diariamente en las calles de esa ciudad. El documental *Cocaine Cowboys*, realizado con base en testimonios de quienes en esa época fueron los protagonistas reales del narcotráfico, como Mickey Munday y Gladys Blanco, revelan la total ausencia de controles de las agencias de seguridad de Estados Unidos para impedir la entrada de toneladas de cocaína. Munday narra varias anécdotas de cómo regularmente viajaba en su avioneta a Colombia, la cargaba con media tonelada

---

[145] Adolfo Atehortúa Cruz y Diana Marcela Rojas Rivera, *El narcotráfico en Colombia. Pioneros y capos*.

de cocaína, aterrizaba sin problema en algún aeropuerto en las afueras de Miami, descargaba la droga, la subía a su camioneta y se la llevaba a su casa para comenzar a distribuirla. En otra ocasión, cuando regresaba a Miami en una lancha con 350 kilos de cocaína, vio averiado un bote del servicio de Aduanas. Los agentes le pidieron ayuda y los remolcó sin el menor rubor, ni problema.

El comercio de cocaína también hizo llover dólares en la economía de Florida. Nunca se sabrá cuánto del dinero blanqueado hizo posible la construcción de la línea de rascacielos de la ciudad de Miami. Pero la tormenta financiera dejó sus huellas. En 1980, la división Miami del Banco de la Reserva de Atlanta fue la única en todo el sistema del banco central de Estados Unidos en registrar un excedente de dinero en efectivo, por 4 mil 750 millones de dólares[146]

El proceso no estuvo exento de violencia: los asesinatos en Estados Unidos se triplicaron entre 1976 y 1981, al pasar de 200 a 600 homicidios cada año vinculados al narcotráfico; los enfrentamientos entre cubanos y colombianos se realizaban a plena luz del día con metralletas y en no pocas ocasiones murieron personas inocentes. Se prendieron las alarmas en Washington y el presidente Reagan dio la orden de retomar la guerra contra las drogas el 24 de junio de 1982. Pero esta vez sería diferente pues, como el mismo Ronald Reagan lo dijo, si se trataba de una guerra de verdad, tenía que haber soldados de verdad. Pero el ejército de Estados Unidos tenía prohibido involucrarse en asuntos internos, responsabilidad de las autoridades civiles. El secretario de la Defensa, Caspar Weinberger, se oponía a tomar parte en ella. Aseguraba que depender de las fuerzas militares para llevar a cabo tareas de las autoridades civiles iba en detrimento tanto de la buena disposición del ejército como de los procesos democráticos. Sin embargo, Wienberger menospreció la influencia que tenía el procurador de Justicia, Ed Meese, en el presidente Reagan. Meese favorecía la participación del ejército, porque el contrabando de drogas a su país era ya un

---

[146] Ioan Grillo, *op. cit.*, p. 106.

asunto de seguridad nacional, ya que el narcotráfico mutilaba y asesinaba estadounidenses tal como lo hacía cualquier enemigo externo de Estados Unidos. Además, el ejército y la marina de su país hacían ejercicios de entrenamiento constantemente en el Golfo de México, ruta por la que llegaba la cocaína; entonces, ¿por qué no mantener un ojo alerta y los radares prendidos para detectar el contrabando de drogas? El Pentágono se dividió entre quienes apoyaban la petición del procurador (el general Maxwell Thurman, jefe del Comando Sur, y quien luego dirigiría la operación en Panamá para capturar al general Manuel Antonio Noriega, dijo que si la guerra contra las drogas en Latinoamérica era la única en ese momento, pues había que entrarle) y los que la rechazaban. La Guardia Costera, que no pertenece al ejército sino que depende del Departamento de Transportes, vio con buenos ojos la iniciativa de Reagan, pues su jefe de Estado Mayor pensaba que la Guardia se había convertido en una agencia burocrática cuya única tarea consistía en revisar las licencias e inspeccionar los botes y yates privados. Combatir narcos era lo que necesitaba la Guardia Costera para regresar a sus orígenes más brillantes como defensora de su país.

Finalmente la Casa Blanca promovió ante el Congreso la modificación de la *Posse Comitatus* —la legislación que prohibía a las fuerzas armadas de Estados Unidos involucrarse en asuntos civiles, como el narcotráfico— y éste la aprobó sin gran barullo. A partir de entonces, unidades del ejército y la marina podrían ubicar, rastrear y seguir sospechosos de ser narcotraficantes; no podían arrestarlos, pero tenían órdenes de reportarlos a las agencias civiles responsables de la aplicación de la ley, entre ellas, la Guardia Costera. El presupuesto del Pentágono para estas tareas creció de un millón de dólares a 196 millones.[147]

La DEA y el FBI, ante el crecimiento desmedido de la violencia, reasignaron a cientos de agentes de otros lugares de Estados Unidos y los enviaron a Florida. Para coordinar los esfuerzos de las agencias federales y estatales, Ronald Reagan ordenó la creación de la South Florida Task Force, la que estaría dirigida por el

---

[147] Esta parte del relato está tomado de la obra de Dan Baum.

vicepresidente de Estados Unidos, George Bush padre. Con tal voluntad política puesta sobre la mesa y con la participación de todas las agencias federales involucradas (llegó a haber reuniones del gabinete del presidente Reagan en las que les preguntaba a todos sus secretarios de Estado cómo estaban contribuyendo a la guerra contra las drogas. En la primera reunión que hizo eso, a excepción del de Justicia, ningún otro supo qué responder; a las siguientes reuniones tuvieron que acudir preparados), no fue extraño que pronto hubiera resultados sorprendentes (además contrastaba con la casi total inexistencia de decomisos y detenciones previas). Comenzó a cerrarse la ruta del Caribe, pero no la llegada de la cocaína a Estados Unidos y en particular a Florida. Incluso los precios bajaron, señal clara de que la oferta de la droga había crecido. El grado de contrabando a Estados Unidos no disminuyó, a no ser el que entraba por el sur de la Florida. Los estados vecinos comenzaron a registrar incremento de contrabandos. "Me temo que van a cerrar la puerta delantera y dejar la puerta trasera abierta" se quejó el procurador de Tennessee.[148] Y la frontera de tres mil kilómetros de México con Estados Unidos sería la puerta trasera. Pocas decisiones afectarían tanto a nuestro país como la de cerrar la ruta del Caribe.

En el momento en que los colombianos comenzaron a sentir la presión de Estados Unidos y el porcentaje de sus envíos decomisados creció significativamente —a fines de 1982 y principios de 1983—, iniciaron la búsqueda de nuevas rutas para que llegara la cocaína a territorio norteamericano. No se necesita saber mucha geografía para descubrir que la ruta obvia era a través de Centroamérica y México. Además, las organizaciones mexicanas de narcotráfico ya tenían experiencia probada en cruzar marihuana y opio a Estados Unidos, incluso mucho más que los colombianos que, comparados con los sinaloenses, iniciados en el narcotráfico desde los años treinta, parecían principiantes. El tema pendiente era establecer los contactos adecuados y definir un acuerdo con términos ventajosos para las dos partes. El personaje clave para ello fue Juan Manuel Matta Ballesteros, un hondureño nacido en

---

[148] Dan Baum, *op. cit.*, p. 169.

Tegucigalpa en 1945, que llegaría a ser el mayor empleador de su país y protagonista de la época de oro de la cocaína. En 1961, a los 16 años, Matta emigró a Nueva York en busca del sueño americano; consiguió trabajo de cajero en un supermercado. En el barrio latino, donde vivió, convivió con cubanos, mexicanos, colombianos, nicaragüenses; se casó con una colombiana y cuando fue detenido por Migración, alegó ser colombiano y fue entonces deportado a Colombia, justo cuando en ese país se construían laboratorios de cocaína en los alrededores de Medellín. Pronto se coló de nuevo a Estados Unidos, pero volvió a ser detenido y acusado de falsificación de pasaporte y encerrado en una prisión federal (en realidad instalaciones militares) de la que logró escaparse en 1971. Aprovechando las relaciones creadas durante su primera estancia, comenzó a trabajar para los colombianos en la creación del mercado de la cocaína. Incluso Matta Ballesteros también sería un personaje clave en la operación que montó el gobierno de Estados Unidos para financiar a la "contra" nicaragüense que luchaba por desestabilizar al gobierno sandinista, con recursos obtenidos del narcotráfico. La CIA contrató aviones de Matta Ballesteros para traficar droga a Estados Unidos y regresarlos cargados de armas para los rebeldes. Otro de sus contactos para distribuir la droga era Alberto Sicilia Falcón —el cubano ya vinculado a la organización de Sinaloa— a quien le comienza a surtir coca colombiana. Creadas las redes de distribución, decidió que era más seguro operar desde Honduras (ya había sido detenido en Estados Unidos por segunda ocasión y escapado) sin el riesgo de ser encarcelado y se trasladó a su tierra. Instalado en Tegucigalpa lo buscaron los colombianos para que los ayudara a establecer el contacto con los narcotraficantes mexicanos. Para Matta Ballesteros, que conocía a algunos de ellos como Rafael Caro Quintero y Miguel Ángel Félix Gallardo,[149] por su relación con Sicilia Falcón (para esas fechas éste ya estaba encarcelado) no fue difícil hacerlo. Era una oportunidad para agrandar su negocio, pues además de

---

[149] Héctor Aguilar Camín, en su artículo "Narco Historias extraordinarias" (*Nexos*, mayo de 2007), señala que Matta Ballesteros presentó a Miguel Ángel Félix Gallardo con Gonzalo Rodríguez Gacha, uno de los líderes del cártel de Medellín, en 1977.

ser miembro del cártel de Medellín ahora también lo sería del de Guadalajara.

Establecidos los contactos con Caro Quintero y Félix Gallardo, se pusieron a negociar. Según el director regional de la DEA, Jay Bergman:

> La primera etapa de las negociaciones fue: "Nosotros colombianos somos los dueños del producto y tenemos nuestra propia red de distribución en Estados Unidos. Mexicanos, ustedes tienen su marihuana y su goma de heroína. La distribución de cocaína desde Los Ángeles hasta las calles más escondidas de Baltimore, ése es nuestro territorio; eso es lo que hacemos. Vamos a negociar un acuerdo que consiste en lo siguiente: les entregamos cocaína en su territorio y ustedes la llevarán desde México a algún lugar de Estados Unidos donde la devolverán a nuestros emisarios en ese país." Así comenzó la relación entre ambos. Era un buen ejemplo de negocio en el que todos ganaban. Con el paso del tiempo los términos del acuerdo se modificarían en favor de los mexicanos, pero como comenzó era un buen arreglo. En documentos de la corte de Estados Unidos donde se llevó a cabo el proceso en contra de Matta Ballesteros,[150] consta que Félix Gallardo y Matta recogían "con rastrillo" alrededor de 5 millones de dólares a la semana.[151]

Con este acuerdo se inició un tercer impulso y cambio decisivo, de grandes consecuencias, en la composición, estructura y rentabilidad de la delincuencia organizada mexicana. El primero, como vimos, fue la demanda de opio durante la Segunda Guerra Mundial y los años cincuenta; el segundo, el *boom* de la marihuana en los años sesenta y setenta, y de este último producto a la participación

---

[150] Ioan Grillo relata cómo fue detenido: a los doce días de haber firmado la paz entre la contra y el gobierno sandinista (23 de marzo de 1988), un equipo de *sheriffs* de Estados Unidos secuestra y saca de su casa en Honduras (que no tiene tratado de extradición) a Matta Ballesteros y se lo lleva a su país para ser juzgado. Aunque se reconoce que su captura fue ilegal, lo sentencian a más de 120 años en una cárcel de máxima seguridad en Colorado. En Honduras la gente se irrita y quema la embajada de Estados Unidos.

[151] Ioan Grillo, *op. cit.*, p. 108.

en el negocio de la cocaína. Con el tiempo la cocaína se volvería la principal fuente de ingresos del narco mexicano. La participación en este nuevo mercado significó para ellos un alivio financiero, pues los ingresos por la exportación de marihuana probablemente estaban reduciéndose. Si se revisa el cuadro de la página 181, sobre el consumo en Estados Unidos, se observa que entre 1979 y 1985 los consumidores ocasionales de marihuana disminuyeron de manera significativa (de casi 30 a 26 millones, alrededor de 13 por ciento, mientras que los fumadores frecuentes se redujeron de 23.8 a 18.6 millones, 22 por ciento); en el mercado de la heroína el número de consumidores frecuentes se mantenía estable pero muy reducido (alrededor de 130 mil personas), mientras el de consumidores ocasionales disminuyó alrededor de 20 por ciento en el mismo periodo (de 427 mil a 347 mil). Por tanto convertirse, en una primera instancia, en el servicio de paquetería, en el Federal Express o DHL de los cárteles colombianos para atender una población consumidora de casi seis millones de adictos, no sólo compensaría la disminución de sus ingresos, sino que los convertiría en multibillonarios. Con ello financiarían su expansión criminal en todos los sentidos: como organizaciones más complejas operativamente; más expuestas y violentas y, por tanto, con mayor poder de fuego; al mismo tiempo con mayor poder corruptor del Estado, puesto que las nuevas operaciones para el trasiego de la cocaína y la mayor rentabilidad exigirían mayor cobertura y protección institucional. Se trataba de un cambio cualitativo.

Terrence Poppa narra un episodio ilustrativo sobre cómo comenzó a operar el tráfico de cocaína en la región de Ojinaga, aprovechando la infraestructura y la logística desarrollada por las organizaciones mexicanas:

No se sabe con exactitud cómo se estableció el nexo entre Pablo Acosta y los colombianos, pero los datos apuntan a que fue a través de Ernesto Fonseca, don Neto, quien envió a trabajar a Ojinaga a su sobrino Amado Carrillo Fuentes, una vez que el cartel de Guadalajara, donde vivía don Neto, ya tenía conexiones con los traficantes colombianos, quienes no pudieron utilizar la ruta mexicana de manera exitosa hasta que se relacionaron con Fonseca. Don Neto les habría recomendado vincularse con Pablo Acosta. Para supervisar los envíos de coca a Estados Unidos, vía Ojinaga, originados en Guadalajara, don Neto habría enviado a Amado Carrillo a trabajar con Acosta.

A finales de 1984 o principios de 1985, se registraron los primeros vuelos directos de Colombia a Ojinaga en aviones de dos turbinas de largo alcance. La responsabilidad de Acosta era conseguir la protección de los cargamentos, utilizando sus contactos con el ejército para que éste no los decomisara. Una pequeña parte de la cocaína era para Acosta y el resto para las otras organizaciones que la pasaban por BC, Sonora y Tamaulipas, las cuales iban a Ojinaga a recogerla; le pagaban a Pablo Acosta entre mil y mil 500 dólares por cada kilo, por el uso de la plaza y los servicios de almacenamiento y trasiego.

Un testigo relató a la DEA la llegada de un avión con 1800 libras de cocaína (816 kilogramos) a Ojinaga en mayo de 1985: el avión aterrizó en un rancho 50 kilómetros al sur de Ojinaga; la coca venía empaquetada en ladrillos de un kilo cada uno, de forma circular o rectangular, que parecían obleas de queso. La carga fue bajada y transportada a un depósito cilíndrico de metal subterráneo [enterrado a un metro de profundidad] a pocos metros de la pista de aterrizaje, debajo de un tanque de agua. Una vez depositada la cocaína en el tanque, se cubría de tierra el agujero y nada hacía pensar en la existencia de ese depósito. Un autotanque de mil 500 litros recargó de turbosina el avión y éste regresó a Colombia. A los pocos días, trasladaron la carga del rancho a una bodega en las afueras de Ojinaga en dos camionetas *pick up*, custodiadas por el ejército; al terminar la maniobra, Acosta les dio, como era su costumbre, un billete de 20 dólares a cada uno de los soldados de la guarnición de Ojinaga que cuidaron el traslado de la cocaína. El cargamento fue partido en siete partes; luego se metieron a tanques de gas propano de camionetas que los llevaron a Estados Unidos por el cruce de Loma de Arena.

Después, existen registros de encuentros directos en Colombia entre Pablo Acosta y Carlos Lehder Rivas, uno de los líderes del cártel de Medellín [extraditado a Estados Unidos en 1987] en los cuales arreglaron envíos de cocaína vía Ojinaga; el testigo de la DEA señaló que entre 1985 y 1986 "Pablo Acosta introdujo a Estados Unidos cinco toneladas mensuales de cocaína".[152] Si el pago por cada kilo transportado a Estados Unidos era de 1 250 dólares [la mitad entre los 1000 y 1 500 que dice Poppa] Pablo Acosta ingresaba a sus arcas por usar la infraestructura que ya tenía, 6.25 millones de dólares al mes; 75 millones de dólares anuales. Un servicio de mensajería muy rentable. Y no era la principal. Por Tijuana, Tecate, Mexicali, San Luis Río Colorado, Nogales y Ciudad Juárez, todos ellos cruces fronterizos del "cártel" de Guadalajara, debieron haber pasado a territorio estadounidense varias veces más toneladas que las que cruzó Pablo Acosta por Ojinaga. Miguel Ángel Martínez, un piloto que trabajó para el Chapo Guzmán desde 1986, primero volando aviones con cocaína y luego haciendo las veces de "director" de operaciones aéreas, convertido en testigo protegido de Estados Unidos en 1998, aseguró que en 1991 llegó a organizar cientos de vuelos cargados de cocaína; "había noches en que mandábamos de Colombia cinco vuelos; algunas veces hasta 16.[153]

Para escribir su libro sobre *El Cartel de Sinaloa*, Diego Osorno entrevistó al abogado de Félix Gallardo, quien asegura que su cliente no sólo fue socio, sino que llegó a ser amigo de Pablo Escobar, el líder del cártel de Medellín. Textual: "¿Eran muy amigos o socios nada más? No, tuvieron muy buena amistad, muy buena amistad. Tenía gran influencia Escobar en su área y Miguel tenía gran influencia en la suya. Y Escobar manejaba muy bien las personas americanas, pero Miguel manejaba más." Añade que se vieron

---

[152] Terrence E. Poppa, *Drug Lord. The Life and Death of a Mexican Kingpin. A True Story*, Cinco Puntos Press, El Paso, Texas, 2010, pp. 176-180.
[153] Patrick Radden Keefe, "Cocaine Incorporated", *The New York Times Magazine*, 15 de junio de 2012.

varias veces tanto en Colombia como en México.[154] Lo que permite entrever esa breve y extraña respuesta es que no sólo tenían una relación que iba más allá de lo comercial; el abogado repite dos veces la expresión "muy buena amistad", lo cual era un tema crucial para darle fluidez a los acuerdos comerciales, pues la confianza que generaba la amistad reducía el riesgo de incumplimiento del contrato y, por tanto, también era menor la necesidad de adoptar medidas preventivas y de castigo en caso de que se presentara esa situación. La amistad abarataba la relación comercial. Pero el señalamiento de que ambos personajes tenían gran influencia en sus áreas revela que, además de amistad, había respeto por el poder que cada uno tenía en su territorio (un conflicto entre ambas organizaciones hubiera sido muy costoso para ambos); finalmente la afirmación de que los dos manejaban "americanos", pero más el mexicano, insinúa que éste tenía una ventaja sobre Escobar en cuanto a las relaciones con potenciales distribuidores en Estados Unidos; es probable que para el colombiano su relación con Félix Gallardo le produjera una ampliación de la distribución y de sus ganancias. El caso es que la relación entre colombianos y mexicanos fue ampliándose progresivamente y los términos del arreglo inicial cambiarían en favor de los segundos, como se verá más adelante. Lo significativo es el hecho de que no se tiene registrada ninguna guerra, al menos abierta, entre ambas organizaciones, lo que indicaría que en general fueron socios confiables y eficientes. La puerta trasera de México resultó mucho más grande y productiva que la delantera de la Florida y los narcotraficantes mexicanos estaban de plácemes. Nunca tantos narcos le debieron tanto a un solo presidente de los Estados Unidos.

EL CASO CAMARENA: UN ERROR GARRAFAL

Es probable que la bonanza que significó la diversificación de mercados —al opio y la marihuana se adicionó la joya de las drogas, la cocaína— haya ensoberbecido a la dirigencia de la organización

---

[154] Diego Enrique Osorno, *op. cit.*, p. 244.

de Sinaloa, radicada en Guadalajara. El caso es que cometieron un error garrafal, el asesinato del agente de la DEA, Enrique "Kiki" Camarena, que tendría consecuencias muy graves para la organización de Sinaloa y para el narcotráfico en general, y repercusiones de fondo en los aparatos de seguridad del Estado. Ambos factores provocarían en pocos años una profunda transformación de la delincuencia organizada y de sus relaciones con el Estado.

La historia es ampliamente conocida. En noviembre de 1984, después de que el piloto Alfredo Zavala detectó el sembradío de marihuana más grande en la historia del narcotráfico, el rancho El Búfalo en el sur de Chihuahua, y le avisara a Enrique Camarena,[155] éste logró, vía la intervención de las autoridades de su país, que el gobierno mexicano actuara en consecuencia por lo que el ejército destruyó los plantíos de marihuana. Rafael Caro Quintero, el propietario de la droga, montó en cólera y con sus compañeros líderes de la organización planearon el castigo a los autores del operativo en su contra. El 7 de febrero de 1985 en las afueras del consulado de Estados Unidos en la ciudad de Guadalajara un comando, en el que participaban policías judiciales del estado de Jalisco, secuestró a Camarena y otro fue por el piloto Zavala al aeropuerto. Después de dos días de torturas, fueron asesinados. El gobierno de Estados Unidos se enfureció.

El 16 de febrero, en la línea fronteriza entre Estados Unidos y México, se inició una "operación intercepción", ordenada por el gobierno de la Unión Americana, consistente en una minuciosa revisión de las personas y automóviles que pasaban en flujo constante de un lado a otro de la línea, sobre todo de los que iban de México a Estados Unidos. La medida se acercaba a un cierre virtual y unilateral de la frontera. El gobierno mexicano se enteró de la medida por la vía

---

[155] Según las declaraciones del hermano del piloto Alfredo Zavala, éste realizaba vuelos para la SARH y cuando observaba la existencia de plantíos de droga los reportaba a las autoridades judiciales de Jalisco, donde tenía algunas amistades, hasta que alguien de esa corporación le dijo que ya no les diera esa información porque había cosas que ellos no podían arreglar. Le sugirió que se dirigiera al consulado estadounidense y así lo hizo. Al parecer ya trabajaba con Camarena cuando le informó de su descubrimiento del campo El Búfalo en Chihuahua (Luis Astorga, *op. cit.*, p. 136).

de los hechos y la consideró injusta [...] El operativo aduanal terminó el 25 de febrero, tres días después de que [el presidente] Miguel de la Madrid se comunicara telefónicamente con su homólogo de Estados Unidos, Ronald Reagan, quien le manifestó que pronto se regularizaría la situación en la frontera.

El antecedente inmediato a la operación de registro había sido una conferencia de prensa realizada el 12 de febrero en la que el embajador de Estados Unidos en México, John Gavin, informó que cinco días antes, el 7, había sido secuestrado en la ciudad de Guadalajara, Jalisco, Enrique Camarena Salazar, agente de la Drug Enforcement Agency [DEA] de su país [...] Además dijeron haber identificado a 75 grandes narcotraficantes, que estaban al frente de 18 bandas en México, y que Guadalajara era un centro de operaciones del narcotráfico internacional.[156]

Las aseveraciones del embajador como la unilateralidad del casi cierre de la frontera norte dieron comienzo a una confrontación severa entre los gobiernos de ambos países. Estados Unidos quería que el secuestro de su agente (en esos momentos aún se desconocía que ya había sido asesinado) fuera investigado, pues los funcionarios estadounidenses sabían de la corrupción de muchas autoridades mexicanas y temían que el hecho quedara impune. La primera respuesta del gobierno mexicano se dio el 20 de febrero, por medio de los subdirectores de la Policía Judicial Federal, Víctor Manuel Baena y Rafael Rocha Cordero, quienes aseguraron que "México no era trampolín del narcotráfico internacional", y rechazaron que la policía mexicana tuviera nexos con la mafia. Rocha Cordero se atrevió a afirmar que la corrupción no existía en las filas policíacas: "Esto se ha eliminado gracias al aumento del 100 por ciento de los salarios de los agentes."[157] Dos días después, el 22 de febrero, la PGR fijó una posición más institucional y moderada en una

---

[156] Alejandra Lajous, *Las razones y las obras. Crónica del sexenio 1982-1988*, vol. III, Tercer año de Gobierno.

[157] Luis Astorga, *op. cit.*, p. 134.

conferencia de prensa en la que el procurador general de la República, doctor Sergio García Ramírez, recordó que

> tanto Estados Unidos como otros países y organismos internacionales habían reconocido los resultados positivos de la campaña mexicana contra el narcotráfico, emprendida desde años atrás; el reconocimiento más reciente, dijo, era el de la Junta Internacional de Fiscalización de Estupefacientes [con sede en Viena, Austria], que en su informe de 1984 había reconocido "con gran satisfacción la firme voluntad y la vigorosa acción de las autoridades mexicanas" [...] Agregó también que no podía omitir referirse a la preocupación, compartida con la opinión pública, por desviaciones y corrupciones en el proceso contra el narcotráfico. Los intereses y recursos puestos en juego para generar dichas irregularidades son fuertes y abundantes y significan un riesgo que "acecha a todo lo largo de la secuela delictiva, desde donde se produce [la droga] hasta donde se consume". Al respecto, en respuesta a una pregunta que se le formuló posteriormente, el Procurador afirmó que en los casos en que se detectaban conductas ilícitas de agentes de la Policía Judicial Federal, lo mismo que de agentes del Ministerio Público Federal [MFP], se procedía conforme a las leyes.[158]

La respuesta estadounidense a esas declaraciones se hizo por medio del

> *Washington Post* y la cadena de televisión ABC, quienes reprodujeron declaraciones del director de la DEA, Francis Mullen, en las que señalaba que autoridades mexicanas, específicamente de la Dirección Federal de Seguridad [DFS], dependiente de la Secretaría de Gobernación, habían protegido a Caro Quintero, y que agentes de la Policía Judicial Federal [PJF] le habían permitido salir del aeropuerto de

---

[158] Alejandra Lajous, *op. cit.*

Guadalajara. A raíz de esa intervención en los medios, Mullen perdió su puesto.[159]

El 7 de marzo en un rancho del estado de Michoacán, propiedad de un ex diputado local, se encontraron los cadáveres de Camarena y Zavala.

Los cuerpos, metidos en sendos sacos, se encontraban atados de pies y manos y mostraban signos de tortura. Ante la brutalidad del crimen, la prensa estadounidense se indignó nuevamente y acusó a nuestro país de ser inseguro y a sus autoridades de ineficaces. El 10 de marzo el embajador Gavin declaró sorpresivamente ante la televisión de su país que había pruebas de la protección que se daba en México a los narcotraficantes. Al mismo tiempo, mientras la administración de Washington solicitaba al Congreso norteamericano 25 por ciento de incremento en la ayuda que se presta a México para el combate al cultivo y tráfico de estupefacientes, un funcionario del Departamento de Estado encargado del problema del narcotráfico afirmó ante el Senado de ese país que la corrupción en México dificultaba la lucha contra la droga.[160]

Para neutralizar el conflicto entre los dos gobiernos, el canciller mexicano Bernardo Sepúlveda Amor realizó una visita oficial a Washington el 10 de marzo y entre los temas que trató con el titular del Departamento de Estado, George Shultz, estuvo el del narcotráfico; ambos funcionarios refrendaron el espíritu de colaboración y amistad entre ambas naciones en los temas bilaterales. Días después el procurador García Ramírez también viajó a la capital de Estados Unidos a entrevistarse con su homólogo, Edwin Meese, quienes emitieron un comunicado conjunto respecto a la lucha contra el tráfico de estupefacientes; en el documento se mencionaba el establecimiento de "canales específicos

[159] Luis Astorga, *op. cit.*, p. 135.
[160] Alejandra Lajous, *op. cit.*

de comunicación para el manejo de información sobre la corrupción vinculada al tráfico de drogas".[161]

Aunque después de esas entrevistas de alto nivel el conflicto se suavizó y no hubo más declaraciones agresivas del gobierno estadounidense sobre la corrupción de las policías mexicanas, la presión ya estaba activada. Pareciera que el caso Camarena hubiera sido la gota que derramó el vaso de la paciencia estadounidense y que estaban dispuestos a utilizar todos los medios para impedir que el asesinato de su agente quedara impune. La presión se mantendría para que el gobierno mexicano actuara contra los autores directos del homicidio, los líderes del narcotráfico y contra la red policiaca y política que los protegía.

En cuanto a la persecución de los narcotraficantes, pronto habría resultados. Rafael Caro Quintero, al darse cuenta de que el mundo se le venía encima, se dio a la fuga con la complicidad de policías judiciales federales que le permitieron escapar de Guadalajara. El 12 de marzo, cinco días después de que aparecieran los cadáveres de Camarena y Zavala, se fue a Costa Rica con todo y su novia, Sara Cosío, sobrina de un importante político jalisciense, Guillermo Cosío Vidaurri, quien después sería gobernador del estado. Ayudado por Matta Ballesteros, Caro se estableció en ese país centroamericano, pero poco le duraría el gusto pues con la DEA entera tras él pronto lo encontrarían. El 4 de abril de 1985 lo detuvo la policía costarricense y el comandante Florentino Ventura, quien el 1 de abril había sido nombrado director de la Policía Internacional (Interpol) en México, fue por él. A raíz del escándalo, se comenzaron a publicar en la prensa mexicana datos sobre las actividades y riquezas de Caro Quintero:

> Se le describió como "jefe de un ejército de narcotraficantes armados, que se calcula en un millar", dueño de 36 casas en Guadalajara y otras propiedades en Zacatecas, Sinaloa y Sonora, dueño o accionista de trescientas empresas en Guadalajara y poseedor de una fortuna estimada en cien mil millones de pesos. Se le ubicó como el tercero en la jerarquía, a

---

[161] *Idem.*

Félix Gallardo como el segundo y a Ernesto Fonseca como el jefe de ambos y "padrino mayor"[...] [en su declaración, Caro] relató que a los 28 años [1982] comenzó su trayectoria como narco sembrando mariguana en pequeños predios en Badiraguato, luego se mudó a Guadalajara y posteriormente se extendió a Chihuahua. Pidió que lo juzgaran sólo como narcotraficante y no como asesino. "Mi primer problema con la ley fue cuando caí. Yo siempre trabajé en la sierra donde no había ley."[162]

Para dejar en claro que el gobierno mexicano estaba dispuesto a golpear en serio a la organización de narcotraficantes, el 3 de abril, un día antes de la aprehensión de Caro Quintero, había detenido en Guadalajara a los hermanos Eduardo y Javier Cordero Steuffer, conocidos empresarios de esa ciudad, acusados de delitos contra la salud y de ser prestanombres de Rafael Caro Quintero y Ernesto Fonseca.

Unos cuantos días después el gobierno daría otro golpe certero en contra de la organización criminal: la detención de Ernesto Fonseca Carrillo, "don Neto", el primero o segundo en el mando. El narcotraficante estaba escondido en Puerto Vallarta, y para ser más precisos, en una casa propiedad del director de la policía municipal de Ameca, Candelario Ramos. Toda la inteligencia que habían demostrado los capos del narco en la construcción de su imperio criminal no les alcanzó para darse cuenta del problema en que estaban metidos y que la protección policiaca que habían comprado ya no les iba a alcanzar para esconderse de la feroz persecución estadounidense (representada y puesta en práctica por autoridades mexicanas), y que esas mismas redes de policías corruptos eran las que iban a permitir a los policías mexicanos dar con ellos.

En el ámbito institucional también comenzaron a rodar cabezas.

---

[162] Luis Astorga, *op. cit.*, p. 138.

La PGR reconoció que existían relaciones de protección y colaboración entre traficantes y trece agentes de las PJF y de la judicial de Jalisco. El 23 de marzo de 1985, la PGR cesó a Armando Pavón Reyes, comandante del grupo Águila, por "pérdida de confianza" y porque así convenía a los "intereses" de la corporación: fue sustituido por el comandante Florentino Ventura. Según información inicial de la DEA, que dio a conocer más tarde la PGR, Pavón había recibido un soborno de Caro —quien declararía posteriormente haberle dado sesenta millones de pesos para repartir entre su gente y años después negaría esas declaraciones— para dejarlo escapar. Salió del aeropuerto de Guadalajara con credencial de agente de la DFS, a nombre de Pedro Sánchez Hernández, firmada por José Antonio Zorrilla Pérez, por la que habría pagado 175 mil dólares y tres autos último modelo.[163]

Junto con Pavón fueron acusados otros 20 agentes de la Policía Judicial Federal por participar en la fuga de Caro Quintero. José Antonio Zorrilla Pérez, director de la SG, renunciaría el 1 de marzo a su puesto para aceptar la candidatura del PRI a una diputación federal en las elecciones que se celebrarían en julio de ese año; sin embargo, ante la presión de la opinión pública por su participación en el caso Camarena, también renunció a la candidatura el 23 de mayo y dos días después se fugó del país. El 3 de junio, la Secretaría de Gobernación "aclaró que el ex director de la DFS no había incurrido más que en 'ineficiencia administrativa', que no ameritaba proceso judicial". No obstante, en junio de 1989 sería detenido, enjuiciado, encontrado culpable y encarcelado por ser el autor intelectual del asesinato del famoso periodista Manuel Buendía, ocurrido en mayo de 1984, quien había investigado a fondo los vínculos del narcotráfico con los políticos de alta jerarquía.

Pero eso no sería todo, pues el presidente Miguel de la Madrid tomaría otra decisión de enorme trascendencia que trastocaría las relaciones entre el Estado mexicano y la delincuencia organizada dedicada al narcotráfico.

---

[163] *Ibid.*, p. 137.

El 18 de abril la Secretaría de Gobernación [SG] ordenó una reestructuración en las filas de la Dirección Federal de Seguridad [DFS], a fin de detener y consignar a todos aquellos miembros de la corporación que hubieran tenido vínculos con narcotraficantes, contrabandistas o cualquier otro tipo de delincuentes. Las fuentes de prensa afirmaron que estas averiguaciones y, en su caso, consignaciones, habían provocado una ola de deserciones entre el personal de la institución. El 3 de junio la SG informó que, hasta ese momento, en la reestructuración de la DFS, 19 de los 31 delegados en provincia habían sido sustituidos, 427 agentes habían sido separados de la corporación, cinco estaban sujetos a investigación y otros tres habían sido encarcelados. Finalmente, el 22 de agosto se publicó en el Diario Oficial un nuevo reglamento de la Secretaría de Gobernación, por el cual la DFS y la Dirección de Investigaciones Políticas y Sociales se fusionaron en una sola Dirección General de Investigación y Seguridad Nacional. El 29 de noviembre fue nombrado como titular de la nueva unidad Pedro Vázquez Colmenares, hasta entonces gobernador constitucional de Oaxaca […] Las funciones que le señala específicamente el reglamento de la SG al nuevo organismo eran "vigilar e informar sobre los hechos relacionados con la seguridad de la Nación y, en su caso, hacerlos del conocimiento del Ministerio Público"; es decir, no posee facultades legales para perseguir delitos; sino para "realizar las investigaciones y análisis de los problemas de índole política y social del país que le encomiende el titular del ramo; realizar encuestas de opinión pública sobre asuntos de interés nacional; proporcionar seguridad, cuando se requiera, a funcionarios extranjeros que visiten oficialmente el país".[164]

En otras palabras, la nueva dependencia, que en 1989 se convertiría en el Centro de Investigación y Seguridad Nacional (Cisen),

---

[164] Alejandra Lajous, *op. cit.*

no sólo quedaba fuera del tema del narcotráfico, sino que no tendría áreas operativas.

Sin embargo, las acciones anteriores no serían suficientes para las autoridades estadounidenses, que deseaban detrás de las rejas a todos los que según sus propias investigaciones habían participado en el asesinato de Camarena. Faltaba uno de los capos, Miguel Ángel Félix Gallardo, el líder indiscutible después de las detenciones de Caro Quintero y Fonseca Carrillo, quien primero se refugió en Mazatlán; el gobernador de Sinaloa era Antonio Toledo Corro, desde donde operaba casi a la luz pública (incluso hay versiones de que cuando el gobierno federal lo buscaba intensamente, se escondía en el rancho Las Cabras, propiedad del gobernador).

Diego Osorno relata los últimos meses de libertad de Félix Gallardo con base en las memorias escritas por el mismo narcotraficante. En marzo de 1987, de regreso en Guadalajara, Guillermo González Calderoni, subdirector de la Policía Judicial Federal, quien tenía comunicación con Félix Gallardo, le pidió un encuentro que se realizaría semanas más tarde en una casa rentada por el policía cerca de la Universidad de Guadalajara.

> Al llegar a la residencia, Calderoni abrió las puertas de la cochera para que entrara el capo en su automóvil. Un par de guacamayas cautivas en una jaula blanca estaban en el pórtico. Félix Gallardo se les quedó mirando. "¿Te gustan? Te las regalo", le dijo González Calderoni. Dentro de la casa, el policía se comunicó con […] el agente de la DEA encargado de investigar el asesinato de Camarena […] Al acabar la conversación González Calderoni le dijo al capo: "Mira, con el que hablé es con quien llevó la investigación del caso donde se te menciona. Esto es para llenar el requisito de joderte, pero no hay nada firme en tu contra; en el cambio de sexenio te ayudaré a que te presentes". […] Unos cuantos días después, las guacamayas de González Calderoni adornaban una de las casas de Félix Gallardo.[165]

---

[165] Diego Enrique Osorno, *op. cit.*, p. 185.

Desaparecida la protección otorgada por la DFS, Miguel Ángel Félix Gallardo obtuvo la de la PGR por medio de González Calderoni, y todo indicaba que las aguas habían regresado a su nivel. Habían pasado dos años del asesinato de Camarena, el responsable de perseguirlo le aseguraba que los estadounidenses no tenían nada firme contra él y que seguiría apoyándolo. La amistad entre ambos continuó y, según Félix Gallardo, se reunieron por lo menos cinco ocasiones más.

En diciembre de 1988 asumió la presidencia Carlos Salinas de Gortari y el 8 de abril de 1989, González Calderoni lo citó nuevamente, ahora en casa de un intermediario.

> Cuando Félix Gallardo llegó a la casa de Budy Ramos, minutos después entraron los agentes Cipriano Martínez y Roberto Sánchez junto con otros policías más que tumbaron al capo de un riflazo […] González Calderoni entró minutos después de que sometieron a Félix Gallardo. Tirado en el suelo, el capo le soltó: "¿Qué pasó Memo?" La respuesta del policía fue: "No te conozco." Los policías subieron al capo a una camioneta y lo llevaron a una casa de espionaje que tenía González Calderoni. "Discúlpame, pero esto es una orden de México y tuve que cumplirla. No tienes problemas graves, vas a salir pronto de la cárcel, yo te voy a ayudar", le dijo el policía antes de hablar con Javier Coello Trejo, quien acababa de ser nombrado por Carlos Salinas como titular de la Subprocuraduría General de Investigaciones y Lucha contra el Narcotráfico de la PGR.[166]

Según la versión de Gallardo, durante los interrogatorios, uno de los policías judiciales que lo custodiaba le comentó que "tú no participaste (en el asesinato de Camarena), pero las presiones que tenemos son fuertes. Florentino Ventura ordenó al final que se te inmiscuyera porque no te pudo probar nada. Te hizo famoso; ahora hay que hacer un teatro (…)".[167]

---

[166] *Ibid.*, p. 186.
[167] *Ibid.*, p. 188.

208

Obviamente la versión oficial difiere de la narrada por el narcotraficante. Según las autoridades, Miguel Ángel Félix Gallardo fue capturado en un operativo en el que participaron 30 policías vestidos de civil, quienes llegaron al domicilio del líder de la organización en la colonia Jardines del Bosque, en Guadalajara. Y sin violencia, en una acción rápida y sin problemas (los guardaespaldas de Félix no respondieron) es detenido. De manera simultánea es realizado otro operativo en Sinaloa en el que cayó

Gregorio Corza Marín, subdelegado de la Campaña contra el Narcotráfico en Sinaloa, confeso de haber recibido en los últimos dos meses 55 millones de pesos por mantener a Félix al tanto de las operaciones de la PGR. También fueron detenidos: Arturo Moreno Espinosa, jefe de la policía judicial de Sinaloa; Robespierre Lizárraga Coronel, jefe de la policía judicial de Culiacán; Ernesto Fernández Cadena, de la Policía Federal de Caminos a cargo del destacamento de la ciudad de México; Ramón Medina Carrillo, comandante regional de Tamaulipas, y Hugo Alberto Palazuelos Soto, oficial destacado en Nuevo León.[168]

Tanto detalle sobre la detención de Félix Gallardo viene a cuento porque revela cómo terminó por darse la ruptura de un modelo de relaciones entre el Estado y la delincuencia organizada. En primer lugar, debe destacarse el momento en que fue ejecutada, cuatro años después del asesinato de Enrique Camarena. La presión de la DEA para castigar a todos los presuntos implicados se mantenía inalterada;[169] sin embargo, ya en la cárcel Rafael Caro y Ernesto Fonseca, a partir de mediados de 1985 y hasta fines de 1988, todo indica que en México había una dualidad de posiciones al respecto: continuar la cacería de narcotraficantes y al mismo tiempo el

[168] Héctor Aguilar Camín, "Narco Historias extraordinarias", *Nexos*, mayo de 2007.
[169] Todavía en 1990 pagarían para secuestrar al doctor Humberto Álvarez Machain acusado de haber sido quien mantenía vivo a Camarena mientras lo torturaban, para enjuiciarlo en Estados Unidos, y detendrían a Rubén Zuno Arce, cuñado del expresidente Luis Echeverría. Mientras que Álvarez Machain fue liberado en 1992 por falta de pruebas, Rubén Zuno permaneció encarcelado gracias a testimonios al parecer falsos inventados por informantes de la DEA; murió de cáncer en la cárcel en 2012.

deseo de recomponer las relaciones entre autoridades y criminales. De otra manera no se explicaría la actuación prácticamente pública de Félix Gallardo en ese periodo ni la amistad entre Guillermo González Calderoni y el capo. Es interesante por eso la promesa hecha por Calderoni a Félix Gallardo de cuidarlo cuando cambiara el sexenio ["Mira, con el que hablé es con quien llevó la investigación del caso donde se te menciona. Esto es para llenar el requisito de joderte, pero no hay nada firme en tu contra; en el cambio de sexenio te ayudaré a que te presentes …"]. Indica que si lo llevaba a declarar durante la administración de Miguel de la Madrid, el capo hubiera sido detenido, es decir, en el nivel más alto del gobierno [procurador y presidente al menos] permanecía la voluntad de perseguir a los líderes del narco, pero en el ámbito de la Policía Judicial Federal [PJF] el deseo era hacer que las cosas volvieran a ser como antes, sólo que ahora la contraparte de los narcotraficantes ya no sería la DFS sino la PJF: pareciera que Calderoni quería sustituir a José Antonio Zorrilla. En otras palabras, era la esquizofrenia del Estado en pleno, ya que una parte del Estado [el aparato policíaco del gobierno federal] tenía una visión completamente diferente de qué hacer al respecto, en clara discrepancia con la de sus superiores. El Estado contra el Estado mismo.

Lo que no calculó González Calderoni fue que en el siguiente sexenio el presidente Carlos Salinas de Gortari tendría otros planes, por lo cual ya no pudo cumplir su promesa de proteger a Félix Gallardo. El nuevo titular del Ejecutivo comenzó su sexenio con una estrategia política de acciones espectaculares que fortalecerían su mandato ante las acusaciones de que había sido ungido mediante un fraude electoral (las caídas de Joaquín Hernández Galicia, "La Quina" y de Carlos Jonguitud Barrios, poderosos líderes de los sindicatos petrolero y de maestros; la detención del banquero Agustín Legorreta, entre otras) y, por otro lado, diseñó una política de acercamiento al gobierno de Estados Unidos para inaugurar una nueva época de colaboración con la Casa Blanca —el famoso "espíritu de Houston" proclamado después de una reunión entre Carlos Salinas y George Bush en esa ciudad texana—, que facilitaría las negociaciones para aprobar el Tratado de Libre Comercio con Estados Unidos y Canadá algunos años después. En ese contexto, capturar a Miguel Ángel Félix Gallardo era una señal poderosa de fortalecimiento del gobierno en turno [no necesariamente del Estado] frente a las organizaciones criminales y las autoridades policiacas [por aquello de sus anhelos autonómicos y por eso quizá también la redada de policías en Sinaloa]. Era un mensaje claro con respecto a quién mandaba en el país y, al mismo tiempo, un guiño positivo al gobierno estadounidense con relación a la voluntad de cooperar en el combate a los estupefacientes. Una carambola de tres bandas: gobierno mandón; crimen organizado descabezado y DEA fascinada. Pero al poco tiempo vendría una cuarta banda de la carambola [ésta es imposible que la hubieran imaginado], pues al completar el descabezamiento de la organización de Sinaloa con la captura de Félix Gallardo, apareció la oportunidad para la siguiente generación de capos sinaloenses que ya venían operando en diversas plazas y le darían un nuevo rostro al narcotráfico mexicano: el de la fragmentación y la violencia.

Saldos del caso Camarena: fragmentación y fin de un acuerdo

Sin el liderazgo de Félix Gallardo, una organización que operaba mediante la división por clanes familiares responsables de las plazas importantes, el desenlace lógico era la formalización de esa división prefigurada por Miguel Ángel Félix Gallardo. La leyenda cuenta que el mismo Félix Gallardo habría organizado la fragmentación de su organización con la esperanza de que se mantuviera unida, una especia de *holding*, sin conflictos ni guerras entre las familias y líderes. La versión de Jesús Blancornelas, famoso periodista de Tijuana que dedicó su vida a investigar al narco, en especial a la organización de los Arellano Félix, dueños de la plaza de Tijuana, es la siguiente: detenido, Miguel Ángel Gallardo Félix decide que sus subalternos lleguen a un pacto para repartirse los territorios y no haya violencia. La reunión la prepara Rafael Aguilar Guajardo en Acapulco, en la casa donde vivió el Sha de Irán depuesto por una revolución fundamentalista. Los asistentes y el reparto fueron los siguientes:

- Tecate para el Chapo Guzmán
- Ciudad Juárez y Nuevo Laredo, bajo las órdenes de Rafael Aguilar Guajardo, ex agente de la Federal de Seguridad
- San Luis Río Colorado, para Luis Héctor "El Güero" Palma Salazar
- Nogales y Hermosillo, Emilio Quintero Payán
- Tijuana, Jesús "don Chuy" Labra
- Sinaloa para Ismael "El Mayo" Zambada y Baltazar Díaz Vera "El Bala"
- Mexicali, para Rafael Chao, otro ex agente de la DFS

Además, Manuel Beltrán Félix, Rigoberto Campos y Javier Caro Payán tenían libertad para movilizarse en todas las plazas sin causar problemas y actuar únicamente como enlaces. La repartición de territorios significaba que en cada plaza podían llegar otros narcotraficantes mexicanos o extranjeros con droga, pero debían pagar una "cuota". Los comisionados del lugar quedaron en libertad para efectuar ellos la internación de drogas mediante sus contactos, o dejar en libertad a los "arrendadores" del terreno. Si fuera eso, no podrían utilizar a sus relacionados. De esa forma lo organizó Félix Gallardo; si hubieran seguido sus instrucciones, ahora existiría el cártel más poderoso del mundo; pero la ausencia de un líder y la presencia de varios jefes sintiéndose todos superiores al de enfrente hizo brotar la desorganización — concluye Blancornelas.[170]

Según el propio Félix Gallardo, él nunca organizó esa reunión aunque no la niega, simplemente afirma que "fue Guillermo González

---

[170] Jesús Blancornelas, *El Cártel. Los Arellano Félix: la mafia más poderosa en la historia de América Latina*, Random House Mondadori, Debolsillo, México, 2006, p. 54.

Calderoni quien en su tiempo repartió las plazas; él se lució ante sus superiores, pero después de mi detención ya no volvió a detener a nadie de importancia. Todos eran sus amigos".[171] Jorge Fernández Menéndez atribuye la autoría del reparto de plazas a Juan José Esparragoza Moreno, "El azul".[172] Sea cual fuere la versión correcta, el hecho innegable es el surgimiento a partir de una misma organización, la de Sinaloa o cártel de Guadalajara, de las empresas que dominarían el narcotráfico en México a partir de los años noventa. La división hecha por plazas, tal como lo reportó Blancornelas, no sobrevivió muchos años y acabó consolidando distintas empresas familiares: las organizaciones de los Arellano Félix en Tijuana; de los Carrillo Fuentes en Ciudad Juárez, y de Guzmán junto con Zambada en Sinaloa y Sonora. Es interesante señalar que los jefes de plaza que no formaban parte de una familia, como Aguilar Guajardo, el "Güero" Palma, Rafael Chao y Emilio Quintero no pudieron convertirse en empresas duraderas. Al modelo de empresa dominante le seguiría un proceso de fragmentación, a partir del surgimiento de nuevas organizaciones en Jalisco, Colima y Tamaulipas. También es importante señalar que con la dispersión comenzaría una era de conflictos entre ellos, que dura ya 22 años y no ha terminado aún.

La ira de Rafael Caro Quintero por la destrucción de su rancho, El Búfalo, en noviembre de 1984 y el asesinato del agente de la DEA, Enrique Camarena, fueron las contingencias que aceleraron dos procesos que ya estaban en marcha y que terminarían provocando una recomposición profunda del mercado ilegal de las drogas en México. ¿Cuáles eran esos procesos que se catalizaron con la muerte de Camarena? En primer lugar, la frustración y el enojo crecientes de la DEA con el gobierno mexicano por su doble actitud ante el narcotráfico. Esa agencia tenía el mandato de impedir el flujo de drogas a su país atacando a las organizaciones que las producían y las introducían en el territorio estadounidense. Como la mayor parte de la droga que circulaba por las calles de Estados Unidos provenía de México (en los años setenta México

---

[171] Diego Enrique Osorno, *op. cit.*, p. 241.
[172] Jorge Fernández Menéndez, *El otro poder. Las redes del narcotráfico, la política y la violencia en México*, Aguilar, Nuevo Siglo, México, 2001.

exportaba la mayor parte de la marihuana y el opio que demandaban los estadounidenses y, a partir de principios de los ochenta, también la cocaína comenzó a fluir por la frontera mexicana) de sus estrategias y acciones en nuestro país dependía su éxito o fracaso. Ese dato duro (México principal abastecedor de drogas a Estados Unidos) los condenaba a pedir la colaboración de un gobierno en el cual no confiaban, debido a las muchas evidencias de la participación de numerosas autoridades de todo tipo en las organizaciones criminales. Su trabajo, por tanto, se volvía mucho más difícil, pues si la lucha contra el narcotráfico es en sí misma muy difícil de ganar, cuando los narcotraficantes tienen el apoyo de los policías que en teoría los persiguen y el cobijo de políticos influyentes, la tarea se convierte en una verdadera condena de Sísifo, aquel personaje de la mitología griega que tenía que empujar una roca enorme hasta la cima de una montaña, y cuando estaba a punto de alcanzarla, la roca se despeñaba, por lo que Sísifo tenía que comenzar de nuevo, y así por siempre. La DEA sentía que en México se llamaba Sísifo.

De hecho, el caso Camarena parece que fue la gota que derramó el vaso del enojo y la decepción de la Casa Blanca, pues desde 1981 había mucha molestia contra los gobiernos de José López Portillo y de Miguel de la Madrid por el abandono de los programas de erradicación se sembradíos de marihuana y amapola.

No hay nada, ni antes ni después de la instrumentación de este programa [la Operación Cóndor], que haya tenido un impacto mayor en la situación real del narcotráfico en México y que haya complacido tanto a Estados Unidos. [...] La Operación tuvo múltiples efectos en el escenario real de las drogas en Estados Unidos. De acuerdo con fuentes del Departamento de Estado, en 1974 la heroína "brown" producida en México acaparaba aproximadamente el 85 por ciento de la heroína que llegaba al mercado estadounidense. Para 1976, la cifra había descendido al 53 por ciento y, para 1980, se había derrumbado al 37 por ciento [...] en el caso de la marihuana la participación de México en el mercado estadounidense se contrajo de cerca de 90 por ciento en 1974 a aproximadamente 5 por ciento en 1981. Ante resultados tan sorprendentes, cabe preguntarse ¿qué sucedió en los años ochenta que empañó la imagen del programa antidrogas de México, particularmente a los ojos de los estadounidenses y qué fue, en este proceso, lo que condujo a la narcopolítica bilateral y, por tanto, a las relaciones entre México y Estados Unidos en general, a su punto más bajo desde la Operación Intercepción? Y más importante aún, ¿cómo explicar el resurgimiento del narcotráfico en México, de cara a la Operación Cóndor y a toda la *campaña permanente*?

Quien hizo estas preguntas era un académico estadounidense y la respuesta incluye varios factores (entre ellos el clima, pues en 1984 llovió mucho por lo que las cosechas de amapola y marihuana fueron muy buenas); pero concluye que el más importante es que

existieron las variables gemelas de la inercia y la condescendencia del lado mexicano y, como sucede en otras áreas, al final de cada sexenio los programas tienden a desactivarse. Este problema, aunado al fenómeno de la corrupción sin precedentes, alcanzó sus niveles de mayor deterioro durante el gobierno de López Portillo. La campaña contra las drogas sufrió abandono, falta de orientación y escaso entusiasmo de sus dirigentes en 1981 y 1982. Y, por supuesto, 1983 fue el año de la transición para los nuevos narcoburócratas. Mientras tanto, en Washington se daba por sentada la vigencia del programa mexicano.[173]

Al conocer la satisfacción de los estadounidenses con la Operación Cóndor por sus buenos resultados (por primera vez en la historia de las relaciones con México algo estaba funcionando y ellos pensaban que estaban en camino de eliminar el problema del abasto mexicano) es fácil entender su decepción cuando en los primeros años de la década de los ochenta, se revirtió la tendencia y los mexicanos

---

[173] Richard B. Craig, "Política antidrogas de Estados Unidos hacia México", en Guadalupe González y Marta Tienda (coords.), *México y Estados Unidos en la cadena internacional del narcotráfico*, Fondo de Cultura Económica, México, 1989, pp. 101-104.

volvieron a inundar de drogas las calles de las ciudades de Estados Unidos. Si a eso se suma el asesinato del agente de la DEA, a principios de 1985, la frustración y el enojo fueron mayúsculos.

El caso Camarena lo consideraron una oportunidad para presionar, como nunca antes lo habían hecho, al gobierno mexicano para que actuara contra quienes habían asesinado a su agente y, sobre todo, contra la corrupción en sus filas y la poca importancia que las autoridades mexicanas le habían dado en los últimos años a la política antidrogas. Algo lograron.

Porque el segundo proceso que venía desarrollándose a pasos agigantados era el descontrol de la corrupción en el organismo que de manera tácita tenía el encargo de mantener controlado el tráfico de estupefacientes, la Dirección Federal de Seguridad. El modelo de relaciones establecido entre el Estado y la delincuencia organizada en las décadas de los cincuenta y setenta, consistente en un acuerdo de beneficios recíprocos: entrega de franquicias o "plazas" a las organizaciones de narcotraficantes con permiso de operación y protección policiaca, tanto federal como estatal, a cambio de compartir con las autoridades las utilidades del negocio y una conducta criminal lo más "civilizada" posible para afectar lo menos posible a la sociedad. Este pacto además establecía una relación de subordinación de los narcotraficantes a los agentes y delegados de la Dirección Federal de Seguridad en los estados, o a los comandantes de la Policía Judicial Federal donde no estaban presentes los primeros. Este pacto mostraba ya signos claros de disfuncionalidad a principios de los años ochenta.

Es claro que ante un problema de la complejidad del narcotráfico, el Estado puede y debe instrumentar estrategias de acción con diferentes objetivos y prioridades (por ejemplo, minimizar la violencia, la impunidad o debilitar las estructuras operativas y financieras) que en determinados momentos pudieran ser interpretados como una "negociación" con algún grupo de la delincuencia organizada. Por ejemplo, si se decide no atacar al narcomenudeo o si la estrategia en algún momento implica no detener líderes para evitar un conflicto interno violento en alguna organización. Hay dos diferencias importantes entre ese tipo de estrategia gubernamental y el pacto tácito que se aplicaba en décadas pasadas. Primera, en el caso del pacto "tácito", se permitió a las agencias de seguridad operar junto y para el crimen organizado como la manera de controlar los efectos no deseados (la violencia, por ejemplo), con el riesgo de que las policías dejaran de actuar con el Estado y comenzaran a operar en su beneficio y en el de las organizaciones criminales, sin control de las autoridades superiores. La segunda diferencia es que, en el caso de tratarse de una estrategia del Estado, siempre está puesta la mira si no en la desaparición sí en el debilitamiento al máximo posible de la delincuencia organizada; mientras que en el segundo nunca se planteaba acabar con el narcotráfico sino sólo lograr una convivencia "civilizada". En esta opción las dependencias de seguridad del Estado no "pactan" con los criminales y siempre trabajan para el Estado, no para los narcos.

¿Cuáles eran esas disfuncionalidades que se hicieron evidentes con el caso Camarena? La creciente autonomía de la DFS y de la Policía Judicial Federal con su participación en el mercado ilegal de las drogas, y en las acciones que tenían que realizar para encubrirlas, por ejemplo el asesinato del periodista Manuel Buendía en mayo de 1984 por dos agentes de la DFS y ordenado por su director, con el consiguiente descrédito de esa corporación, o la complicidad del comandante Pavón Reyes en la fuga de Caro Quintero. Por tanto, la corrupción producto del pacto tuvo el efecto de debilitar a la DFS, a la PJF y al propio Estado, y fortalecer a los criminales. Mantener "controlado y civilizado" al narcotráfico era una ilusión de ese pacto. En realidad se convirtió en una rendición del Estado frente a la delincuencia organizada que se fortalecía continuamente. ¿Podía existir alguna distorsión o disfuncionalidad mayor que ésa? Así, el caso Camarena puso en evidencia un arreglo que día a día era más oneroso e insostenible para cualquier gobierno que quisiera ostentarse ante los ciudadanos como garante de la legalidad. Por tanto, el gobierno de Miguel de la Madrid decidió, gracias a una especie de reserva de racionalidad de Estado (que aparece cuando siente amenazado su monopolio de poder o esencia) o de reserva moral del mismo presidente y de algunos de sus funcionarios, la desaparición de la DFS. Pero no hay que invalidar la presión de Estados Unidos. La DEA también podría llevarse parte del crédito.

La desaparición de la Dirección Federal de Seguridad significó el fin de un modelo de "control" o administración de la delincuencia organizada por el Estado que, construida, funcionó alrededor de cuarenta años.

EL SALDO DE LA DÉCADA

Los años ochenta constituyeron, sin duda, una década decisiva en la conformación de la delincuencia organizada dedicada al narcotráfico.

1. El impacto del mercado de drogas en Estados Unidos en las organizaciones mexicanas de narcotráfico fue heterogéneo. En el caso de la marihuana, después de llegar al máximo su consumo en 1979 (30 millones de fumadores ocasionales y regulares) comenzó a declinar, aunque para 1990 mantenía una base de consumidores bastante amplia (19 millones) como para aún representar un mercado muy rentable. No obstante, es evidente que las exportaciones mexicanas disminuyeron por la reducción de la demanda y por el impacto que, al menos temporalmente, tuvo la Operación Cóndor en la erradicación de plantíos. En la historia del narcotráfico en Colombia se menciona que las exportaciones de marihuana de ese país a Estados Unidos tuvieron un incremento importante en los mismos años en que se implementó la Operación Cóndor, por la reducción de las exportaciones mexicanas,[174] aunque éstas se recuperarían en los ochenta. Sin embargo, la incorporación de las organizaciones mexicanas al mercado de la cocaína no sólo compensó la eventual caída de los ingresos producidos por la mariguana, sino que los multiplicó. Se trató de un cambio de la mayor importancia, pues introdujo a las empresas mexicanas del narcotráfico en las "grandes ligas" en términos de poder económico y de su dimensión criminal. Se inauguró la conexión México-Colombia.

---

[174] Adolfo Atehortúa Cruz y Diana Marcela Rojas Rivera, *El narcotráfico en Colombia. Pioneros y Capos.*

2. En términos de las empresas del narco, fue la década de oro de la organización de Sinaloa, dominante en México. Bajo el liderazgo de Miguel Ángel Félix Gallardo y Ernesto Fonseca, estructurada con base en clanes familiares (los Guzmán, Zambada, Arellano Félix, Carrillo Fuentes, Beltrán Leyva, Lupercio) y en alianzas con caciques político-regionales que controlaban las principales plazas de producción, trasiego y cruce de los estupefacientes, consolidó su poder en todo el territorio occidental del país; desde Oaxaca hasta Baja California por toda la costa del Pacífico, además de Durango y Chihuahua. Sólo le competían algunas pocas organizaciones como la de Pablo Acosta en Ojinaga (aunque ya a mediados de los ochenta lo hacía con el apoyo de Amado Carrillo y, a partir de 1987, caería bajo el control directo de Sinaloa mudando su sede a Ciudad Juárez) y el entonces naciente cártel del Golfo en Tamaulipas.[175] Sus conexiones con los "cárteles" colombianos, en especial con el de Medellín, la convirtieron en una empresa transnacional con lo que ello implicaba en términos de complejidad y sofisticación de sus operaciones, relaciones y poder de corrupción.

3. El modelo de intervención del Estado en el fenómeno del narcotráfico —ese pacto de beneficios mutuos—: el gobierno daba permiso para operar y protección; los narcotraficantes, subordinados, aportaban a cambio un porcentaje de sus ganancias y un comportamiento no demasiado violento y sin buscar posiciones políticas abiertas —que operó desde fines de los cuarenta— se agotó y desmoronó porque con el tiempo reveló sus consecuencias perversas: la expansión y el fortalecimiento del crimen organizado y la conversión de las agencias policiacas en agencias criminales y, por tanto, el debilitamiento del Estado y la indefensión de los ciudadanos. Una ecuación nefasta para la seguridad de los mexi-

---

[175] Aunque los antecedentes de esta organización criminal (dedicada al contrabando de licor a Estados Unidos y de productos estadounidenses a México) en la frontera entre Tamaulipas y Texas son antiguos (Juan Nepomuceno Guerra la encabezaba desde los años cuarenta), su incorporación al mercado de las drogas parece haberse dado con la llegada de su sobrino Juan García Abrego en los años ochenta.

canos. Una vez desaparecida la DFS, la PGR, por medio de la Policía Judicial Federal, comenzó a operar la relación con los narcotraficantes pero en condiciones muy diferentes, como se verá en el siguiente capítulo.

4. El encarcelamiento de los principales líderes de la organización de Sinaloa —Caro Quintero, Ernesto Fonseca y Miguel Ángel Félix Gallardo— provocó la fragmentación de la organización, primero en múltiples plazas (Tijuana, Mexicali, Tecate, San Luis Río Colorado, Nogales, Ciudad Juárez, etcétera) que después se consolidarían en organizaciones familiares, algunas con varias plazas. La desaparición de la empresa dominante también facilitaría la entrada de nuevas organizaciones al mercado ilegal de estupefacientes, tal como la de García Ábrego en Tamaulipas, los Amezcua en Colima y los Valencia en Michoacán; éstos dos últimos aprovechando un nuevo mercado, el de las anfetaminas. En pocas palabras, del casi monopolio de Sinaloa se pasó a la competencia abierta e, inevitablemente, a la guerra entre todos por hacerse de la mayor tajada del pastel.

Al final de los años ochenta habían desaparecido los dos protagonistas del mercado ilegal, Sinaloa y la DFS y con ellos desapareció un modelo de relación entre Estado y narcotraficantes; ahora había multiplicidad de actores del lado criminal y en el Estado entraría al relevo la PGR, una institución compleja y heterogénea; asimismo, aumentaría la participación del ejército. A partir de los noventa, nuevos jugadores, nuevo juego, nuevas reglas, todo en medio de las balas.

GUERRAS Y CAPTURA PARCIAL DEL ESTADO

EL MAPA DE LAS ORGANIZACIONES DEL NARCOTRÁFICO, 1990-2006

Desde el comienzo de la década de los noventa y durante los siguientes quince años, México se pobló de empresas dedicadas al mercado ilegal de las drogas; el narcotráfico se extendió y adquirió notoriedad pública como nunca antes. Tres factores contribuyeron al florecimiento de la competencia empresarial en esos mercados: *1.* Estados Unidos era, sin lugar a dudas, el mercado más grande del mundo y continuaba diversificándose y con potencialidad de miles de millones de dólares que atraían a quienes tenían la capacidad de atender su demanda; *2.* una vez que la organización de Sinaloa se fragmentó, también desaparecieron lo que los economistas llaman las "barreras de entrada", es decir, que al no existir el monopolio que impide por muchos medios el surgimiento de la competencia, nuevas empresas iniciaron su participación en el mercado; *3.* esas barreras de entrada, impuestas por Miguel Ángel Félix Gallardo y su gente, eran avaladas y respaldadas por esa especie de "consejo de administración" del narcotráfico que ejercía la Dirección Federal de Seguridad, que se sentía más cómoda "administrando" el mercado de una sola corporación que a una miríada de organizaciones sueltas que le dieran más trabajo y

dificultaran los arreglos. La desaparición de la DFS también facilitaría la entrada al mercado de las drogas a nuevos proveedores;
se puede decir que también desaparecieron las barreras políticas
de entrada al mercado. El mapa del narcotráfico se extendió por
más territorios de la amplia geografía nacional.

La organización de los Arellano Félix, dueños de la plaza de Tijuana[176]

En la época del predominio de la organización de Sinaloa, Tijuana, plaza estratégica del narcotráfico para trasegar las drogas a
California —uno de los estados con mayor consumo— y a los estados del Pacífico y oeste de Estados Unidos (Nevada, Oregon y
Washington), era operada por Javier Caro Payán y José Conteras
Subías, primo y amigo de Rafael Caro Quintero. Al terminar la
secundaria, Benjamín Arellano Félix, un muchacho muy listo, se
convirtió en una especie de secretario particular de Javier Caro
cuando ambos vivían en Guadalajara. Benjamín era uno de los
siete hijos que tuvieron Benjamín Arellano y Alicia Félix; los otros
eran Francisco, Ramón, Javier, Eduardo, Enedina y Alicia. Oriun-
dos de Sinaloa se mudaron a Guadalajara; vivían en Residencial
Victoria, una colonia de clase media alta en el sur de la ciudad.
Benjamín se traslada a Tijuana para seguir apoyando a su jefe
Caro Payán y pronto lo siguen sus hermanos. Blancornelas registra
los primeros datos de la presencia en Tijuana de los hermanos
Arellano Félix en 1984, cuando un amigo suyo tuvo que cambiarse
de casa por las escandalosas fiestas organizadas por unos vecinos
que después serían identificados como los Arellano; en 1985 aparece la primera bodega descubierta por el ejército con varias toneladas de marihuana en su propiedad.

En Tijuana ya vivía desde los sesenta un tío de los Arellano
Félix, Jesús Labra Avilés, alias "El Chuy", quien, además de ser
padrino de Benjamín y Ramón, era conocido de Miguel Ángel

---

[176] Este apartado está elaborado con información de tres fuentes: "Los Arellano Félix:
los dueños del Pacífico", en *El otro poder* de Jorge Fernández Menéndez (Aguilar, México,
2001). *El Cártel. Los Arellano Félix: la mafia más poderosa en la historia de América Latina*, de Jesús
Blancornelas (Random House, México, 2006), y "En la frontera" del libro *Con la muerte
en el bolsillo* de Ma. Idalia Gómez y Darío Fritz (Planeta, México, 2005).

Félix Gallardo porque en algún tiempo había trabajado para Pedro Avilés. Al llegar a Tijuana, Benjamín conecta a su padrino "Chuy" con Javier Caro, quien se convertiría en el gran asesor de la organización.

Pronto la suerte les sonreiría a los Arellano Félix. José Contreras Subías fue detenido en Costa Rica en abril de 1985 y trasladado a Tijuana donde se le encarceló acusado de matar a un policía; pero como suele suceder, por su condición de capo importante disfrutaba de un régimen especial que le permitía salir los viernes por la tarde y regresar al penal municipal los lunes por la mañana. Uno de esos fines de semana, en vez de pasarlo en su lujosa casa en el fraccionamiento Agua Caliente, decidió irse con toda la familia a Disneylandia; cruzaron la frontera sin problema alguno, disfrutaron de Mickey Mouse y, obviamente, don José no regresó al lunes siguiente a la cárcel. Alarma por la fuga. Comenzaron a buscarlo y un policía le preguntó a uno de sus sobrinos si sabía dónde andaba su tío José; el niño respondió ingenuamente "a lo mejor está en el rancho de mi mamá en Oklahoma". La policía estadounidense lo detuvo y lo encarceló trece años. Un par de años después, en junio de 1987, el otro jefe de la plaza, Javier Caro, dejaría vacante su puesto al ser detenido en Montreal, Canadá, acusado de narcotráfico (tenía una cuenta bancaria con 17 millones de dólares) y sentenciado a nueve años de prisión. Cuando en 1996 queda libre y regresa a Guadalajara, Ramón Arellano lo manda asesinar ante el temor de una venganza por robarle la plaza. El terreno estaba libre para que en el reparto de plazas ordenado por Félix Gallardo en 1989, le entregaran a Jesús Labra Avilés la de Tijuana, quien por su personalidad (prefería ser el poder tras el trono) le entregó el mando a su sobrino Benjamín. Comenzaba el férreo y largo dominio de esa plaza por una de las familias más violentas del narcotráfico en México.

Al frente de la organización estaban los hermanos Arellano Félix —la cabeza principal era Benjamín— mientras que el tío "Chuy" Labra permanecería como asesor imprescindible y "presidente" de un "consejo de jefes" en el que participaban Arturo Everardo "Kitty" Paez (un joven muy cercano a Benjamín que reclutaría a los llamados "narcojuniors"), Amado Cruz Anguiano (ex agente de la DFS, dueño de varias empresas, entre ellas un restaurante y un periódico, responsable de comprar la protección de las policías); Ismael Higuera, "El Mayel" (el típico narco, excelente operador y principal sicario de la organización), y Manuel Herrera Galindo, "El Caballo" (quien aportaba experiencia y buen tino en el manejo de los negocios de la organización y otras acciones para el lavado de dinero). "Era una especie de tribunal donde se decidían los asuntos más importantes del cártel; allí también se votaba a quién matar por (…) desleal, incumplido con el dinero o enemigo. Originalmente Ramón se 'brincó' esa autoridad, pero Benjamín le hizo ver la necesidad de tomarlo en cuenta; no quería indisciplinas", asegura Blancornelas.[177] Benjamín y Jesús definían con el apoyo de los otros miembros del "consejo" las líneas estratégicas de acción.

El resto de la estructura operativa de la organización criminal de Tijuana respondería a las características de la plaza. No poseía un gran territorio donde se produjeran drogas, como la organización de Sinaloa o de Chihuahua, por tanto, para mantenerse en el negocio, una parte relevante de la organización tendría como tareas fundamentales: primero, conseguir proveedores seguros de cocaína, marihuana, heroína y metanfetaminas; segundo, organizar un sistema de transporte con la protección policiaca adecuada para que llegaran los cargamentos hasta Tijuana. Al frente de esa área de abasto, transporte y trasiego estaba Ismael Higuera, "El Mayel". Una segunda característica de la plaza era su ubicación geográfica estratégica, pues la vecindad con California, uno de los estados con mayor consumo de drogas, la volvía un cruce fronterizo muy importante, razón de la tentación de apropiársela o utilizarla sin pagar el derecho de piso. Para impedir que le arrebataran el control de la plaza y exigir el cobro del piso a los narcotraficantes independientes que la usaran, era indispensable disponer de un buen aparato de fuerza y un sistema de información e inteligencia eficaz. Esta división o área de la organización estaría bajo el mando de Ramón Arellano Félix. Finalmente, como el resto de las orga-

---

[177] Jesús Blancornelas, *El Cártel. Los Arellano Félix: la mafia más poderosa en la historia de América Latina*, Debolsillo, México, 2006, p. 54.

nizaciones, también tenían las áreas de compra, protección y lavado de dinero.

Benjamín Arellano e Ismael Higuera resolvieron de manera eficaz el problema del abasto y lograron contrabandear las cuatro drogas demandadas por sus vecinos: cocaína, metanfetaminas, heroína y marihuana. La cocaína era traída de Colombia y en los años ochenta y principios de los noventa la conseguían con los cárteles tradicionales a partir de los contactos que había establecido Miguel Ángel Félix Gallardo. Una de las rutas seguidas por la cocaína era la siguiente: salía de puertos de Colombia en el Pacífico y era trasladada en barcos por los colombianos hasta las costas de Oaxaca, donde la entregaban a la gente del "Mayel". Éstos la llevaban asimismo por mar en lanchas rápidas a las costas de Michoacán y desde ese estado a Ensenada por vía aérea. El siguiente tramo era por vía marítima hasta la playa de La Bufadora en Tijuana y, por último, con el resguardo de la policía, llevada a las bodegas que la organización tenía en la ciudad fronteriza.

Después de la desaparición de los cárteles de Medellín y Cali, buscaron y encontraron otros proveedores, como sucedió con las Fuerzas Armadas Revolucionarias de Colombia (FARC), el grupo guerrillero más antiguo de Colombia que se convirtió en una de las principales organizaciones de narcotraficantes después de la caída de los cárteles de Cali y Medellín. La relación con los Arellano Félix está documentada en el libro de Jorge Fernández Menéndez con todo detalle. En agosto de 2000, la PGR detuvo en la Ciudad de México al médico colombiano Carlos Ariel Charry Guzmán, quien era el mensajero de uno de los principales líderes de las FARC, Jorge Briceño, alias "El Mono Jojoy". La compra de cocaína a los guerrilleros colombianos comenzó por lo menos desde 1998 y al principio la pagaban en efectivo y al final con armas, traficadas por el director general de la Policía Federal de Caminos en el gobierno de Carlos Salinas de Gortari, Enrique Harari Garduño.

Higuera estableció su centro de operaciones en Ensenada, pues convirtió ese puerto en el punto de llegada de la cocaína proveniente de Colombia y de las metanfetaminas y la heroína procedentes de Asia. En el caso de las metanfetaminas, María Idalia

Gómez reporta que también eran traídas de Europa por un sujeto llamado Gustavo Quezada, alias "El Mastodonte", quien desde el mismo aeropuerto de la Ciudad de México las reenviaba a Mexicali. (A la caída de Félix Gallardo, la plaza de Mexicali fue asignada originalmente a Rafael Chao, un ex agente de la DFS, quien la trabajó sólo unos cuantos años pues él y su socio, Francisco Carrasco, que tenía un rancho donde almacenaban la droga antes de cruzarla a Calexico, cayeron detenidos cuando las bodegas fueron descubiertas por la policía. Mexicali pasó a control de los Arellano Félix aunque también era utilizada por el "Chapo" Guzmán y el "Güero" Palma, previo pago del derecho de piso.) Jorge Fernández Menéndez asegura que los Arellano Félix establecieron una alianza con los hermanos Amezcua Contreras de Guadalajara, quienes se habían convertido en los principales productores de esas drogas en México, e incluso se les llegó a conocer como los reyes de las metanfetaminas. Tenían un gran número de laboratorios en Colima, Jalisco, Michoacán y el Distrito Federal, donde las producían; pero no tenían control de ningún paso de frontera, razón por la que establecieron relación con los Arellano Félix para cruzar su producción por Tijuana. Por último, hay menciones en el sentido de que el "Mayel" estableció relaciones con criminales de Japón y Hong Kong para traer heroína (la pagaba con cocaína), además de apoyar el negocio del tráfico de migrantes chinos a Estados Unidos. Ensenada era un lugar donde se facilitaban ese tipo de relaciones.

La magnitud del negocio de tráfico de drogas a Estados Unidos requería necesariamente de una red de protección policiaca, y la que construyeron y mantuvieron durante dos décadas los hermanos Arellano Félix es legendaria. El libro de Blancornelas es un testimonio apabullante de los cientos de casos de policías de todo tipo y grado que entraron en componendas con la organización. En uno de los primeros capítulos de su libro hay unos párrafos que parecen exagerados; pero al terminar la lectura uno no puede más que estar de acuerdo con lo dicho:

No hubo durante 20 años poder capaz de capturar a los Arellano Félix, ni en México ni en Estados Unidos. Tres presi-

dentes no pudieron hacerles nada, procuradores ni se diga
[...] Comandantes de la Policía Judicial Federal o delegados
integran una nómina interminable [...] No hay antecedente
en este país de una pandilla, una banda o un cártel con tantos años de actividad [...] En realidad tuvieron más poderío e inteligencia que tres gobiernos federales juntos, más de
diez procuradores, cientos de comandantes federales, miles
de policías mexicanos y muchos funcionarios estadounidenses. Su receta: el soborno. Algo así como el agua para el cho-
colate [...] La corrupción.[178]

Algunos casos: Jaime Eduardo Sosa García, secretario particular
del agente del ministerio público federal en Tijuana, iba a Mexicali
a recibir una maleta de efedrina, pagaba en la PGR algunos dólares
y lo escoltaban para pasar los retenes sin revisión. Recibía tres mil
dólares por viaje, dos o tres a la semana. Rodolfo Malagón, del Instituto Nacional de Combate a las Drogas, se apalabró con Alejandro Palacios Hodoyán, narcojunior, para llevar a Tijuana cocaína
del D.F. En el aeropuerto de la Ciudad de México el contacto sería
el comandante Juan Granados Martínez y en Tijuana Mario Alberto Valderrama, del mismo Instituto: 20 mil dólares por adelan-
tado. También incorporaron al negocio al comandante de la policía
federal de caminos de Oaxaca, Arturo Motolinía Reyes. Leopoldo
Gómez, quien trabajaba de comandante de la Policía Judicial Federal en La Paz, BCS, protegía el transporte de cocaína que llegaba
por mar y la mandaba por aire a Tijuana. El mayor Jesús Sánchez
fue hecho director de la policía judicial de Baja California por de-
signación de Ernesto Ruffo (en 1989). Los narcos lo compraron (50
mil dólares mensuales) y cuando las sospechas eran ya muy fuertes
Ruffo lo despidió. Se trasladó a México donde fue detenido por la
policía militar. Pasados los años, reapareció al lado de Jesús Gutiérrez Rebollo en Guadalajara. Y la relación de casos continúa y
continúa a lo largo de las más de 300 páginas del libro.

Pero el esquema era relativamente simple: dos instituciones
claves tenían que trabajar para ellos, lo cual significaba que no los

---

[178] *Ibid.*, p. 33.

persiguieran (impunidad), y que realizaran trabajos para la organización criminal como las de acarrear drogas, custodiar a los jefes, proporcionar información de acciones contra ellos, asesinar y detener enemigos. Los Arellano Félix pagaban más que la protección (es decir, la omisión policiaca), pues convertían a gran parte de las corporaciones de policía en operadoras activas de la organización criminal, borrando las fronteras que deberían prevalecer entre las dos. Las instituciones a incorporar a la organización criminal eran las procuradurías Estatal y General de la República y, por tanto, los altos funcionarios de la primera y el delegado de la segunda; los comandantes de las policías judiciales estatal y federal, y los agentes policiacos. Blancornelas narra cómo el campus Tijuana de la Universidad de Baja California entró al esquema: Roberto Carrillo García, porro y líder de la Federación Estudiantil Universitaria, se convierte en agente del Ministerio Público Federal (MFP) en Tijuana, donde es cooptado por dos destacados narcojuniors de la organización de los Arellano Félix: Emilio Valdés Mainero (hijo de un coronel retirado del ejército muy respetado) y Alejandro Hodoyán (luego lo trasladarían a Tapachula, de donde se robó 20 kilos de cocaína de un decomiso en septiembre de 1995). El director de la Facultad de Derecho era José Luis Anaya Bautista, a quien luego nombrarían procurador de justicia del estado y sería comprado por los mismos narcos. Los estudiantes de derecho le piden al comandante de la Policía Judicial Federal, Guillermo Salazar Ramos, que sea su padrino de generación. Al poco tiempo constaría en actas judiciales la plática de Valdés Mainero con Ramón y Benjamín Arellano en el sentido de que no tendrían problema con el procurador Anaya Bautista y así fue; el círculo de protección se cerró con Roberto Carrillo como agente del MFP. En plática posterior, Carrillo recordaría los buenos tiempos: "Y nos iba muy bien a todos, no había semana sin regalos, autos, joyas y, naturalmente, muchos billetes." "Chuy" Labra les compró a los Arellano Félix un restaurante, el Boca del Río, que habían hecho en Tijuana sólo para comer a la usanza de Mazatlán; Fausto Soto Miller "El Cocinero" lo atendía. Labra lo adquirió para regalárselo al comandante de la Judicial Federal, Guillermo Salazar Ramos, en agradecimiento por todos los favores recibidos. Además, el esquema de protección también incorporó a las policías municipales: el director de seguridad pública de Mexicali, entre 1995 y 1998, capitán Antonio Carmona Añorve, era el principal protector del "Mayel" y su hermano. Le pagaban entre 20 y 40 mil dólares por cada pitazo que les daba de operaciones en su contra.

- Con respecto de la compra de los delegados de la PGR, Fernández Menéndez narra el caso del general José Luis Chávez García, abogado militar, que en marzo de 1997 es nombrado por el procurador general de la República, Jorge Madrazo, delegado de la PGR en Baja California. Al enterarse de ello, otro general, Alfredo Navarro Lara, le pide una cita urgente. Una vez concedida, Navarro llega a Tijuana en un avión privado desde Guadalajara y en la plática con el general Chávez García (grabada por éste) le ofrece un millón de dólares mensuales o la vida de su familia. Pocos delegados actuaron como Chávez y muchos como Navarro.

  Compradas la procuraduría estatal, sus policías, el delegado de la PGR y los judiciales federales, se entiende la afirmación de Enrique Ibarra, un comandante de la PJF dedicado especialmente a perseguir a los Arellano Félix de 1992 a 1996, en el sentido de que "toda la policía estatal y buena parte de la policía federal eran 'sus sirvientes' (de los Arellano Félix)"; 15 de los 25 policías judiciales federales asignados a Baja California fueron cesados en una purga de 1996: cobraban cuotas al narco. Ése no fue el primer caso de ceses masivos; varios años antes, cuando Jorge Carpizo estaba al frente de la PGR, en 1993, el FBI dio a conocer una lista de cien comandantes y agentes de la Policía Judicial Federal que estaban en la nómina de los Arellano Félix; Carpizo ordenó su baja de la corporación, pero no se les acusó de nada. ¿Qué significaba en lo concreto que las autoridades protegieran a los delincuentes y se convirtieran en "sus sirvientes"? Algunos ejemplos del costal de historias que Jesús Blancornelas acumuló:
- Ramón Arellano vivía en un departamento del fraccionamiento Las Palmas de Tijuana. Cierta noche de 1989, ya en

cama, oyó ruidos en el estacionamiento; un raterillo estaba llevándose el estéreo de su auto. Pistola en mano le sorprendió y le pegó, llamó a la policía judicial; les ordenó matar al pobre tipo y tirar su cadáver "a'i atrasito de las maquiladoras".

- En marzo de 1994 se topan en una avenida de Tijuana dos convoyes; en uno viajaban Francisco Javier Arellano Félix e Ismael el "Mayel" Higuera; en el otro Héctor "El Güero" Palma. Ya estaban en pleito a muerte. Se detienen y comienza la balacera entre las escoltas de ambos capos: los policías estatales protegiendo a los de Tijuana y los judiciales federales custodiando a Palma. Llegaron policías federales al mando de Ibarra y detuvieron a Arellano Félix y el "Mayel"; a los 15 minutos llega Francisco Fiol Santana director del área de homicidios de la policía judicial estatal con un grupo de sus agentes y le quitan a Ibarra a los detenidos para dejarlos en libertad.

- El mismo Ibarra le platicó a Blancornelas que un día el ejército detuvo a dos narcotraficantes de los Arellano Félix con una tonelada de cocaína; los entregaron al ministerio público federal quien les tomó declaración y cuando dijeron que fueron capturados con mil kilos de cocaína, el escribiente consignó un kilo en vez de mil kilos. Al terminar la declaración y leerla, el ministerio público leyó mil kilos pero nadie se fijó que lo escrito era un kilo. Todos firmaron el acta ministerial. El expediente fue turnado al juez quien al leer que los acusados habían sido detenidos con un kilo de droga los soltó. "¿Por qué no los corre?", le preguntó Blancornelas a Ibarra y éste le respondió: "Es una maldita mafia, se protegen aquí y desde México; es una maldita mafia." A principios de 2002 vendieron en 300 mil dólares la plaza de comandante de la judicial federal en Tijuana. Se supo y retiraron al avorazado que la vendía, pero en su lugar enviaron a un gran amigo de los Arellano. La prensa lo denunció, fue dado de baja, pero es inexplicable que todavía suceda eso.[179]

---

[179] *Ibid.*, pp. 245-248.

- Baldomero Juvera logró ser director del Grupo de Homicidios de la Policía Judicial de Baja California, gracias a su relación con los Arellano Félix. Poco a poco —relata Blancornelas— descubrí su tarea: toda ejecución realizada por los Arellano la trataba especialmente. Primero, sabía quién era el ejecutado y estaba enterado del autor pero no lo decía; ordenaba el rápido levantamiento de los cadáveres imponiéndose a los siempre novatos agentes del ministerio público; removía las pruebas, ordenaba la persecución contraria a la lógica, trataba sin cuidado a los vehículos utilizados y abandonados por los pistoleros, permitía a los "gruyeros" maniobrar sin cuidado borrando huellas o rodando autos torpemente. Aparte, Baldomero actuaba como profesional del teatro. En el mismo lugar de la ejecución declaraba a los periodistas sospechar de fulano o perengano, que en realidad nada tenían que ver. Su fin era desviar la atención de los reporteros puesta claramente en el cártel de los Arellano Félix; malabareaba para no turnar el caso a la PGR y estancarlo en la procuraduría del estado; nunca dio seguimiento a ninguna (investigación) ni permitió que fueran investigadas. Juvera se retiró obligado por la edad y la sospecha, dejó sin resolver más de mil asesinatos, todos ordenados por los Arellano Félix. Hizo buena su sentencia de toda la vida: "Si quieres llegar a agente viejo ¡hazte pendejo!"[180]

Tijuana siempre fue una plaza codiciada por lo cual, poco después de que Miguel Ángel Félix Gallardo la asignara a Jesús Labra y los Arellano Félix la controlaran, comenzó la disputa por ella. "El Güero" Palma, el "Chapo" Guzmán y Amado Carrillo intentarían desplazarlos. Esas guerras entre organizaciones, más la necesidad de garantizar el control interno de su propia organización, provocaron que en la estructura operativa la división de sicarios fuera un elemento central. Ramón Arellano Félix, al mando de ella hasta 2003, se distinguió por ser un capo especialmente violento (una noche de 1987, al salir de una discoteca, Ramón vio a los hijos de José

---

[180] *Ibid.*, p. 261.

Contreras Subías —el famoso narco segundo de Rafael Caro Quintero— discutir con un joven; se subió a su coche y esperó a que terminara la discusión; cuando finalizó y se fueron los Contreras, bajó del auto, se acercó al otro joven y le disparó en la cara; tranquilamente dio media vuelta y se fue, mientras Erik Rothenhausler, hijo de una familia rica de Tijuana, quedó muerto en la banqueta[181]). Dejó tras de sí una escuela: el uso indiscriminado y cruel de la violencia que llegaría hasta el famoso "Pozolero", Santiago Meza López, quien reconoció haber desaparecido en un rancho de Ensenada los cadáveres de más de 300 personas disolviéndolos con ácido. El sicariato de los Arellano Félix tuvo una característica especial que no se ha vuelto a presentar en ninguna otra organización: los narcojuniors, sicarios reclutados entre jóvenes de clase media alta de Tijuana, lo que revela el nivel de relación y aceptación que lograron los hermanos Arellano Félix entre esos grupos de la sociedad tijuanense. En las cuentas de Blancornelas, fueron entre 20 y 30 muchachos de alrededor de 20 años los reclutados de buenas familias, muy católicas, que pasaron de salir retratados en los anuarios del colegio de los maristas a las secciones de nota roja de los periódicos. Algunos de ellos: Emilio Valdés Maneiro; Fabián Martínez, alias "El Tiburón" (hijo de un famoso ginecólogo); Alejandro Hodoyán Palacios; Gustavo Martínez; Federico Martínez Valdés; Merardo León Hinojosa; los hermanos Rotenhausler; Jesús "El Bebé" Gallardo. Jamás se infiltró tanto el narco en la clase alta de la sociedad de una ciudad. El padre de uno de ellos declaró a un periodista: "Le di todo a mi hijo. Buena escuela. Buen carro. Dinero. Apellido. Todo. Lo único que no pude darle fue poder." Una anécdota confirma su origen social elevado. Por ser de buena familia, el cónsul de Estados Unidos aceptó de Fabián Martínez la recomendación de contratar a un amigo de él como chofer para llevar a los hijos del diplomático todas las mañanas a la escuela en San Diego. En la frontera, los agentes de aduana de Estados Unidos le daban trato preferencial y cruzaba sin ningún problema. Nunca se imaginaron que de lunes a viernes la cajuela

---

[181] *Ibíd.*, pp. 94-96.

del coche del cónsul de Estados Unidos transportaba paquetes de cocaína.

> En 1996 —escribe Blancornelas— hice un recuento de sus asesinatos. Lo mismo había nombres de sus compañeros que de policías y hasta de jovencitas. Eran más de veinte y en ninguno de los casos la policía siquiera inició la investigación. El catálogo era escalofriante; lo mismo mataron a uno de los suyos en Cancún, que a un subdelegado de la PGR con tres escoltas en la Ciudad de México. Su poderío llegó hasta darse el lujo de ejecutar a un sobrino del ex gobernador del estado, licenciado Xicoténcatl Leyva Mortera, en territorio de Estados Unidos, también al familiar de un respetable agente aduanal [...][182]

Pero el equipo ejecutor de violencia no se limitaba a los narcojuniors. Ramón Arellano también dirigía a Jorge Humberto Rodríguez Bañuelos, "La Rana", quien se ganó el puesto de jefe de uno de los grupos de sicarios gracias a que le salvó la vida al mismo Ramón durante la emboscada que le tendieron el "Chapo" Guzmán y el "Mayo" Zambada en la *discotheque* Christine de Puerto Vallarta, en noviembre de 1992. De 2000 a 2001 Rodríguez Bañuelos sería el responsable de llevar a cabo "una operación de exterminio entre sus propias filas de los personajes que no eran de la plena confianza del grupo y que pudieran dar pistas para llegar a ellos (los Arellano Félix)".[183] Ismael Higuera, "El Mayel", comandaba su propio grupo de sicarios con el cual daba cumplimiento estricto a una de las reglas básicas de la organización que consistía en cobrar el derecho de piso a todos aquellos que utilizaran su territorio (Ensenada, Tijuana, Tecate, Mexicali) y castigar a quien no lo hiciera. Para quien la violara con más de 10 kilos de cocaína o 500 kilogramos de marihuana, la pena era la muerte. "El Mayel" Higuera se encargó de asesinar, según las cuentas de Blancornelas,

---

[182] *Ibid.*, p. 208.
[183] Jorge Fernández Menéndez, *El otro poder. Las redes del narcotráfico, la política y la violencia en México*, Aguilar, Nuevo Siglo, México, 2001, p. 87.

234   Historia del narcotráfico en México

entre 1999 y 2000 más de 400 narcotraficantes que no cumplieron con el impuesto de la organización. En otra ocasión,

> a menos de 500 metros de la casa que habitaba El Mayel se ubica el rancho El Rodeo, que ganó notoriedad en 1997 porque ahí fueron asesinadas por un comando 19 personas vinculadas con un narcotraficante de mediano nivel, Fermín Castro, ajeno a los Arellano Félix, quien sobrevivió a ese ataque pero fue muerto dos semanas después cuando convalecía en un hospital privado de Tijuana, supuestamente bajo vigilancia de policías locales. Si antes de ese día de septiembre de 1997 aún existían dudas sobre quién mandaba en Ensenada, luego de la masacre de El Rodeo se disiparon.[184]

No es ocioso señalar que para tener la capacidad de detectar a los incumplidos era indispensable una red de información e inteligencia, la que asimismo fue creación del "Mayel" en la que participaban, además de los policías municipales y estatales, los taxistas y los maleteros en las estaciones de autobuses y en el aeropuerto, entre otros.

En síntesis, la fórmula que hizo posible el dominio de los Arellano Félix de la plaza de Tijuana durante dos décadas, fue la suma de los siguientes elementos. Primero, un liderazgo familiar (Jesús Labra, Benjamín y Ramón Arellano Félix) apoyado en un consejo que aportaba visión estratégica en cuestiones de mercado, operación y lavado de dinero, y garantizaba la cohesión de la organización. Segundo, una extensa y profunda red de protección política y policiaca que les aseguraba impunidad total a sus acciones; en el ámbito municipal y estatal la subordinación de las policías y funcionarios de seguridad y justicia era prácticamente absoluta; en la escala federal no controlaron la totalidad de funcionarios y agentes residentes en Baja California; pero siempre se las arreglaron para conseguir la complicidad de una buena parte de ellos. Tercero, un área de operaciones y logística eficiente que aportaba la parte sustantiva del negocio: el abasto y trasiego de las drogas demandadas

---

[184] *Ibid.*, p. 85.

por los estadounidenses. Cuarto, una férrea disciplina sustentada en el miedo generado por un ejercicio brutal de la violencia a cargo de múltiples grupos de sicarios. Había un quinto elemento que no desarrollaremos, pero que es importante dejarlo consignado: la complicidad social. El narcotráfico requiere de una base social para operar y prosperar. Diversos sectores sociales conforman esa base social. En el caso de la organización de los Arellano Félix ya se mencionó el apoyo de un grupo de jóvenes acomodados que se unió al ejército de sicarios; muchos empresarios apoyaron la intrincada red de lavado de dinero (el negocio inmobiliario era de los favoritos de don "Chuy" Labra) e incluso tuvieron el respaldo o comprensión de algunos sacerdotes; como el del padre Gerardo Montaño, que en un par de ocasiones consiguió a los hermanos Arellano Félix entrevistas con el nuncio apostólico del Vaticano, Girolamo Priggione, a quien querían convencer de que ellos no tuvieron nada que ver con el asesinato del cardenal Juan José Posadas cometido en mayo de 1993 en el estacionamiento del aeropuerto de Guadalajara, durante el enfrentamiento sostenido entre sicarios de Tijuana y del "Chapo" Guzmán.

La fórmula del éxito —liderazgo con visión estratégica, impunidad, complicidad, disciplina y cohesión mediante el terror de la violencia— estuvo vigente desde fines de los ochenta hasta principios de la primera década de este siglo, cuando la organización entró en declive por las múltiples guerras intestinas y la persecución estatal que culminó con la detención de sus principales líderes.

La organización de Ciudad Juárez[185]

Esta ciudad, ubicada en el centro de la frontera entre México y Estados Unidos ha sido, igual que la de Tijuana, una plaza muy disputada

---

[185] Para la elaboración de este apartado se recurrió a información de los siguientes autores: Héctor de Mauleón, *Marca de sangre. Los años de la delincuencia organizada;* José Alfredo Andrade Bojorges, *La historia secreta del narco. Desde Navolato vengo;* Jorge Fernández Menéndez, *El otro poder;* Ricardo Ravelo, *El narco en México. Historia e historias de una guerra;* Ma. Idalia Gómez y Darío Fritz, *Con la muerte en el bolsillo;* George Grayson, *Mexico Narco-Violence and a Failed State?*

por las organizaciones del narcotráfico, puesto que su posición es estratégica en el mapa de los mercados ilegales de drogas. Desde El Paso, Texas, la ciudad al otro lado del Río Bravo, se tiene la mejor ruta para la distribución de las drogas al centro de Estados Unidos y a la región de Chicago. Por esa razón, la historia del tráfico de estupefacientes también es larga. Ya se mencionaron en el primer capítulo los antecedentes en los años treinta del siglo pasado, cuando Enrique Fernández controlaba esa actividad; luego sería un hermano del gobernador Rodrigo Quevedo quien se apoderó de Juárez; también se reportó la participación de Ignacia Jasso, alias "La Nacha", como jefa de la plaza después de desplazar a los chinos. No se tienen datos a la mano sobre el narcotráfico durante los años cuarenta y cincuenta y es hasta finales de los sesenta cuando aparece Diego Aranda al mando del contrabando de opio y marihuana en Ojinaga; pequeña ciudad desde la cual Pablo Acosta, con gran visión y capacidad ejecutora, ampliaría la actividad y la organización criminal hasta convertirla en una "plaza" muy rentable. Ello gracias a la eficiente red de trasiego, a una importante red de distribución en Estados Unidos que tejió para atender la creciente demanda de los años setenta y ochenta, a su asociación con la organización de Sinaloa para asegurar el abasto de drogas, incluyendo los contactos en Colombia para garantizar el flujo de la cocaína. En el segundo capítulo se analizaron las características de la organización de Acosta.

El tipo de liderazgo de las organizaciones es una variable relevante pero no la única para caracterizarlas. A la muerte de Pablo Acosta a manos de Guillermo González Calderoni en abril de 1987, el candidato natural a sucederlo en el liderazgo de la organización era Rafael Aguilar Guajardo, quien se había relacionado —y ganado su confianza— con Miguel Ángel Félix Gallardo desde su época de comandante de la Dirección Federal de Seguridad; ya trabajaba la plaza de Ciudad Juárez en coordinación con Pablo Acosta y con el apoyo de Rafael Muñoz Talavera. También del grupo de Sinaloa, Amado Carrillo, sobrino de Ernesto Fonseca Carrillo y discípulo de Aguilar Guajardo en la DFS, se había incorporado a la organización de Ojinaga, pero aún no tenía la jerarquía ni la experiencia de su antiguo jefe. Además, en 1989

Amado sería capturado y encarcelado durante un año; por eso, cuando Miguel Ángel Félix Gallardo ordenó ese mismo año desde la cárcel el reparto de las plazas, Aguilar Guajardo fue el seleccionado para liderar la organización de Ciudad Juárez. Lo haría durante cuatro años y la conducción que le imprimió a la organización fue inercial, es decir, recorrió sin cambios el camino abierto por su antecesor Pablo Acosta: continuó con el trasiego fundamentalmente de cocaína en cantidades significativas (en 1989 la policía de Los Ángeles, California, realizó el que hasta esa fecha era el mayor decomiso de cocaína en una bodega a nombre de Rafael Muñoz Talavera: 21 toneladas).

Mientras tanto, Amado Carrillo, mucho más ambicioso y visionario, se prepararía para ascender. En 1986, con apenas 32 años, decidió comenzar a levantar las bases de su negocio. Necesitaba protección policiaca y acudió a un joyero de Guadalajara que le vendía a narcotraficantes y policías, Tomás Colsa, para pedirle que le presentara al comandante de la Policía Judicial Federal, Guillermo González Calderoni. Una vez acordado el encuentro, el joyero presenció la negociación: pagos de entre 100 mil y 500 mil dólares por cargamento de cocaína dependiendo del volumen. En 1987 creó en Torreón la empresa de aviación, Taxi Aéreo de Centro Norte, S. A. (Taxceno), en la que se trasladarían más kilos de cocaína que gente y le ganaría el apodo de "El Señor de los Cielos"; incluso su estancia de un año en el Reclusorio Sur de la Ciudad de México (fue aprehendido en una boda en el poblado de Huixopa, municipio de Badiraguato, en Sinaloa, por el general Jesús Gutiérrez Rebollo), la utilizó para hacer relaciones muy provechosas: pidió y mediante buenos argumentos monetarios consiguió que lo ubicaran cerca de Miguel Ángel Félix Gallardo y Juan José Esparragoza, "El Azul", para ganarse aún más el apoyo y la confianza del "Padrino"; sobornó (un Rolex y un Piaget de oro) a Adrián Carrera Fuentes, funcionario del penal y luego director de la Policía Judicial Federal, para que no lo cambiara de celda; hay versiones que aseguran que "convenció" con cuatro millones de dólares al subprocurador responsable de la lucha contra el narcotráfico, Javier Coello Trejo, de que era tiempo de salir de la cárcel, cosa que logró en junio de 1990.[186] Una vez libre, continuó tejiendo sus propias redes de abasto con los colombianos (en 1991 se reúne con los hermanos Rodríguez Orihuela, líderes del cártel de Cali) y de protección militar, además de la policiaca que ya tenía. Retoma la relación con Aguilar Guajardo y en 1992 organizan juntos un trasiego de cuatro toneladas de cocaína a Estados Unidos desde Cancún y, mientras los capos se divierten, González Calderoni ofrece la protección durante su traslado hasta la frontera. Sin embargo, era inevitable que pronto hubiera celos y competencia entre ambos; Carrillo necesitaba una "plaza" que fuera suya para seguir creciendo y Aguilar Guajardo parecía estancado. Héctor de Mauleón narra un desencuentro entre ambos durante una cena en la cual el joyero Colsa atestigua cómo Aguilar abofetea a Carrillo. En abril de 1993, unos policías judiciales de Morelos asesinan a Aguilar Guajardo en pleno centro de Cancún cuando disfrutaba de unas vacaciones con su familia. Carrillo tenía una de sus bases de operación en Cuernavaca.

Los astros parecieron alinearse a favor de Amado Carrillo en ese 1993: Aguilar salió de este mundo (los hermanos Muñoz Talavera habían sido detenidos en 1989); el "Chapo" Guzmán fue aprehendido y encarcelado por el asesinato del cardenal Juan José Posadas; su amigo Adrián Carrera Fuentes fue nombrado director de la Policía Judicial Federal (se entrevistó con él y, según las declaraciones ministeriales del mismo Carrera, aceptó que le pagaran entre 100 mil y 300 mil dólares, más un Cadillac de lujo color guinda por dar protección; se comprometió a "no perseguirlo y a no mandar ningún operativo desde la Ciudad de México para dejar que siga trabajando"). Así, Amado Carrillo se hizo del control de la organización de Juárez desde la cual trataría de revivir la época de oro de la organización de Sinaloa, e intentaría para ello poner bajo su mando al resto de las organizaciones. Su liderazgo contaría con el apoyo de sus dos hermanos, Rodolfo y Vicente. Otra vez un clan familiar en la dirección.

---

[186]   Héctor de Mauleón, *Marca de sangre. Los años de la delincuencia organizada*, Planeta, México, 2010, pp. 87-88. También, José Alfredo Andrade Bojorges, *La historia secreta del narco. Desde Navolato vengo*, Océano, México, 1999, p. 86.

Las estructuras de las empresas narcotraficantes no difieren mucho, todas tienen, además de la dirección, el área de abasto, trasiego y logística; un brazo armado y un equipo de información e inteligencia, además de una red de protección política y policiaca y la división responsable de las finanzas y el lavado de dinero; cuando las organizaciones participan en la producción de drogas, obviamente incorporan una rama *ad hoc*. Qué tanta importancia y qué tan grandes eran cada una de esas áreas, dependía de la definición básica y las características de la organización. En el caso de Ciudad Juárez, Amado Carrillo era un líder con una gran habilidad para negociar y generar alianzas, por lo que no fue en sus primeros años una organización guerrera que utilizara mucho la violencia; su intención era llevar la fiesta en paz, con él como el nuevo "padrino". Esa concepción de lo que pretendía tuvo dos implicaciones relevantes para la organización: primero, armar una red de protección política, militar y policiaca al más alto nivel que cubriera la totalidad de las organizaciones. Considerando que ya no existía la DFS, que antes era la dependencia gubernamental con la que al parecer se negociaban los acuerdos, ahora era necesario hacerlo con el ejército y con la Policía Judicial Federal dependiente de la PGR. A diferencia de la organización de Tijuana, cuya red de complicidades era local (policía estatal y municipal) de las dependencias federales le interesaban sólo las que llegaban a su territorio: Carrillo creía que la mejor manera de obtener la máxima protección era llegando a las jerarquías más importantes en la Ciudad de México. Todo indica que lo logró y en serio pues, en el caso de los militares, obtuvo la colaboración de varios generales (Jorge Maldonado Vega, Jesús Gutiérrez Rebollo, Arturo Cardona, Alfredo Navarro Lara, Arturo Acosta Chaparro, Francisco Quiroz Hermosillo) gracias a su osadía para negociar y al apoyo posterior que le daría un personaje con grandes habilidades para las relaciones públicas, Eduardo González Quirarte. Andrade Bojorges, abogado de Amado Carrillo, relata que Javier Coello Trejo le pidió ayuda a Carrillo para apoyar al hermano de una de sus escoltas que estaba preso acusado de violación; Amado no sólo le dio trabajo al recomendado, sino que pagó la defensa del acusado; la razón: ganar apoyos de grupos en la PGR. Entonces se le ocurrió solicitar una audiencia con el militar que lo había detenido, el general Gutiérrez Rebollo, para manifestarle que no le tenía rencor, ganárselo como aliado.

La entrevista fue satisfactoria, en un terreno neutral, un rancho en San Luis Potosí, en el municipio de Valles. Fue muy discreta, apenas unos cuantos guardaespaldas; ya tenían temas en común [para hablar] más allá del recuerdo de la detención. Carrillo trabajaba en Cuernavaca, gracias a su amistad con Juan José Esparragoza, el propietario de la plaza. Gutiérrez Rebollo estaba comisionado en Jalisco [...]Estuvieron horas platicando solos; nadie se enteró de la conversación pero a partir de entonces existió una comunicación permanente entre Amado y Horacio Montenegro, el yerno del general. Ellos le presentaron a Eduardo Quirarte.[187]

De manera simultánea, Carrillo también buscó y obtuvo la protección de las policías locales para no enfrentar obstáculos en la operación cotidiana del trasiego de drogas, y para que hicieran el trabajo sucio que normalmente hacen los sicarios de las organizaciones criminales. Una vez que la red de protección federal se resquebrajó con la detención del general Gutiérrez Rebollo, la organización de Juárez puso el énfasis en la protección local. La corrupción de la policía del estado de Chihuahua y municipal de Ciudad Juárez —igual que las de Baja California y Tijuana en su tiempo— es legendaria. Jorge Fernández Menéndez recuerda el caso de narcofosas encontradas en 2004 en Ciudad Juárez cuyo principal responsable era el comandante de la policía judicial estatal, Miguel Ángel Loya. Éste puso a trabajar para la organización, ya dirigida por Vicente, hermano de Amado, a 17 de sus agentes en la búsqueda y eliminación de los narcomenudistas independientes y, por tanto, adversarios de Amado Carrillo Fuentes: pertenecían principalmente a la organización del Golfo, que intentaba ganar terreno en Chihuahua. Los cadáveres los enterraban en las narcofosas y la droga que les quitaban se la entregaban a la gente de

---

[187] José Alfredo Andrade Bojorges, *op. cit.*, pp. 95-96.

Carrillo Fuentes.[188] Otro ejemplo: el director de Seguridad Pública de Ciudad Juárez en el periodo 2004-2007, Saulo Reyes Gamboa, fue detenido en Estados Unidos por traficar marihuana y sentenciado a ocho años de prisión. La impunidad que compró Carrillo Fuentes con las policías locales fue tal que días después de su muerte, ocurrida después de una operación de cirugía plástica en un hospital de la Ciudad de México en julio de 1997, el vocero de la policía estatal de Chihuahua declaró que en Ciudad Juárez "no había ninguna orden de búsqueda o de aprehensión en contra de él. Hasta donde sabemos, él no ha cometido ningún crimen ni ha sido parte de ninguna actividad ilegal aquí".[189]

Debido a esa red de protección que iba desde quien llegó a ser "Zar" antidrogas en México (el general Gutiérrez Rebollo, nombrado titular del Instituto Nacional de Combate a las Drogas por el presidente Ernesto Zedillo en diciembre de 1996, fue arrestado dos meses después, en febrero de 1997, cuando fueron descubiertos sus nexos con Amado Carrillo) hasta el último policía municipal de Ciudad Juárez, pasando por comandantes de las policías judiciales estatal y federal, la organización no tuvo necesidad en sus primeros años de contar con una fuerza armada propia muy grande. Incluso los policías judiciales federales eran utilizados como escoltas personales de Carrillo y otros jefes de la organización; el mismo Adrián Carrera reconoció que prestó judiciales para hacer ese servicio. Juárez, a diferencia de las otras organizaciones del narcotráfico, no se caracterizó por tener una política de conquistas de otros territorios utilizando la violencia; deseaba encabezar La Federación por la vía de alianzas, no por conquistas. Más bien fue una organización a la defensiva, pero incluso para defenderse de agresiones como la que sufrió de los Arellano Félix, no utilizó sicarios sino a la misma red de protección militar. Si algo hizo famoso a Gutiérrez Rebollo fueron sus éxitos en los golpes que propinó a los adversarios de Amado Carrillo; él detuvo al "Güero" Palma; también a los hermanos Lupercio Serratos y asestó

---

[188] Jorge Fernández Menéndez y Víctor Ronquillo, *De los Maras a los Zetas. Los secretos del narcotráfico, de Colombia a Chicago*, Grijalbo, México, 2006, p. 204.

[189] George Grayson, *Mexico Narco-Violence and a Failed State?* Transaction Publishers, New Brunswick, Nueva Jersey, 2011, p. 77.

severos golpes a los Arellano Félix en el área del Pacífico y en Guadalajara,[190] muchos de ellos con información que le proporcionaba el equipo de inteligencia de Carrillo Fuentes. Porque para ello creó una unidad de inteligencia y ataque llamada Los Arbolitos, pagada por Eduardo González Quirarte, alias "El Flaco", prestanombres de Amado Carrillo y encargado de sus relaciones políticas en Jalisco. La componían alrededor de 40 miembros militares, judiciales estatales y federales, que se ostentaban como agentes federales y tenían equipo de intervención de comunicaciones, en camionetas con logo de la PGR. Su objetivo era borrar del mapa a los adversarios de Juárez. Realizaban detenciones de narcos (sobre todo de los Arellano Félix), los interrogaban y luego se los entregaban a Gutiérrez Rebollo, en la V Región Militar. El 22 de julio de 1996 un grupo de Los Arbolitos fue atacado en Guadalajara donde murió un lugarteniente de González Quirarte. La PGR dijo que el ataque lo había realizado Fabián Martínez, "El Tiburón", jefe de sicarios de los Arellano Félix apoyado por Alfredo Hodoyán Palacios, hermano de Alejandro. Entonces Gutiérrez Rebollo busca a éstos y detiene a Alejandro Hodoyán a quien confundieron con su hermano.[191] Los Arellano Félix afirman que fue Amado Carrillo quien puso la trampa al "Chapo" y a ellos para hacerlos coincidir en el aeropuerto de Guadalajara y, en la balacera entre ellos, encontró la muerte el cardenal Posadas. Según esa versión, los agentes al servicio de Carrillo en la PGR, le habrían dado la información a Ramón Arellano de que el "Chapo" volaría a Puerto Vallarta ese día y, al mismo tiempo, le dijeron a éste que Ramón y Benjamín viajarían de Guadalajara a Tijuana. De acuerdo con la versión de Andrade Bojorges, también la inteligencia de Carrillo habría localizado al "Chapo" Guzmán en Guatemala y la información se la habría comunicado a Javier Coello Trejo después de que éste visitara al capo para que les ayudara a dar un golpe contra cualquiera de los involucrados en el asesinato del cardenal.

Este modelo de organización propio de la delincuencia de Juárez (utilizar la red de protección militar y policiaca al mismo

[190] Jorge Fernández Menéndez y Víctor Ronquillo, *op. cit.*, p. 175.
[191] Héctor de Mauleón, *op. cit.*, p. 123.

tiempo como garantía de impunidad y comandos de acción en contra de los enemigos, como guardaespaldas de los jefes y aparato de inteligencia y también como cuerpo de sicarios para que limpiara el territorio de extraños e indisciplinados) cambió radicalmente cuando se exacerbó el conflicto con la organización de Sinaloa en 2004: entonces Juárez tuvo que empezar la construcción de sus ejércitos privados, apoyado en las pandillas de la ciudad, pero esto se analizará más adelante.

La división operativa de la organización —responsable de una tarea sustantiva: conseguir proveedores seguros de drogas y colocarlas en territorio estadounidense— se dedicaba básicamente a operar una compañía de fletes aéreos ilegales, pues los contactos con los productores de cocaína en Colombia era tarea personal de Amado. Transportar estupefacientes por vía aérea no fue invento de Carrillo, pues desde los años cincuenta lo hacían los sinaloenses; lo que aportó fue la magnitud y eficacia que utilizó. Su flota de aviones pequeños, marca Lear Jet, fue incrementada cuando salió del Reclusorio Sur en junio de 1990; incluso llegó a experimentar con aviones más grandes. En San Diego compró un jet Boeing 727 usado en 300 mil dólares para transportar cinco toneladas de cocaína en un viaje; después adquirió otros dos aviones del mismo modelo, pero el experimento no funcionó por lo viejo de las aeronaves —con frecuencia tenían que aterrizar de emergencia— y los problemas de mantenimiento correspondientes, por lo que retomaron los aviones pequeños que transportaban media tonelada de cocaína por viaje. Algunas estimaciones de autoridades estadounidenses señalan que la organización de Juárez transportaba por lo menos 60 toneladas de cocaína al año, lo que significaba 120 vuelos, uno cada tercer día. La droga se la llevaban los colombianos a la península de Yucatán (vía algún país centroamericano desde donde la transportaban por vía marítima a Chetumal, Cancún o alguna playa de la Riviera Maya); desde allí la trasladaban a Guadalajara, Torreón y Hermosillo por vía aérea donde tenían almacenes de depósito; luego la acercaban hasta Chihuahua, a un rancho de su propiedad cercano a la frontera con Estados Unidos. El control de la plaza de Cancún se la otorgó Amado Carrillo al ex comandante de la Policía Judicial Federal Alcides Ramón

Magaña, alias "El Metro", como premio al valor que demostró durante el atentado que sufrió en noviembre de 1993 a manos de un comando enviado por los hermanos Arellano Félix, mientras cenaba en el restaurante Bali-Hai de la Ciudad de México. Carrillo y su familia escaparon ilesos gracias a la intervención de Magaña y sus hombres. De la época en que Alcides controlaba el narcotráfico en Quintana Roo derivan las acusaciones en contra del entonces gobernador de esa entidad, Mario Villanueva, por su participación en esas actividades. La PGR lo acusó de recibir del "Metro" entre 400 mil y 500 mil dólares por cada tonelada de cocaína que pasaba por Quintana Roo. Acusado por el gobierno del presidente Zedillo, Villanueva se dio a la fuga; en mayo de 2001 cayó preso.

Amado Carrillo estableció relaciones con varios narcos colombianos para tener un abasto seguro y permanente de drogas. Los principales proveedores eran los líderes del cártel de Cali, los hermanos Gilberto y Miguel Rodríguez Orejuela, con quienes se reunió desde 1991 y luego pelearía cuando éstos lo acusaron de no pagar un cargamento. También conseguía la cocaína vía un intermediario conocido como Juvenal, cuyo nombre era Alejandro Bernal Madrigal, a quien conoció cuando éste instaló llaves de oro en un baño de su casa; el trabajo quedó bien y se hicieron amigos; el narco lo presentó con Pablo Escobar y Juvenal se dedicó a comprar la droga, primero a Escobar y luego a diferentes organizaciones en Colombia. Otro intermediario fue Frank Carbajal, un colombiano de familia adinerada que, enamorado de una mexicana, se mudo a la Ciudad de México y luego, por medio de otro colombiano que vivía en Chihuahua, conoció a Amado Carrillo, quien le sugirió trabajar para él consiguiendo cocaína en Cartagena. Carbajal aceptó de inmediato y pronto se volvería millonario y compraría una línea aérea de Taxis, Aviación Cóndor, S.A.; huyó de México al día siguiente de la captura de Amado Carrillo en 1989 y al poco tiempo murió en Italia de un infarto. Cuando Amado Carrillo perdió la vida, lo sucedió su hermano Vicente, con fama de bronco y rijoso, pero; tenía como segundo de abordo a Ricardo "El Doctor" García Urquiza (detenido en 2005) que llevaba las operaciones con una clara visión empresarial, gracias a la cual incorporó la tecnología de punta disponible, como sistemas satelitales de comunicación encriptada.

La organización de Juárez sobrevive arrinconada por la guerra que mantiene desde 2004 con la de Sinaloa; su proyecto de convertirse en la empresa dominante del narcotráfico nunca pudo llevarse a cabo completamente. Durante el tiempo que Amado Carrillo la dirigió, tuvo el respaldo de dos importantes líderes de Sinaloa, Juan José Esparragoza e Ismael Zambada (el "Chapo" Guzmán estaba preso); y de alguna manera trabajaron juntas las dos organizaciones, conformando una muy poderosa, pero que nunca pudo conquistar la plaza de Tijuana, pese a los intentos de eliminar a los Arellano Félix y sin posibilidades de expandirse al noreste, zona donde florecía la organización del Golfo, comandada entonces por Juan García Ábrego y luego por Osiel Cárdenas.

La organización del Golfo-Zetas[192]

Haría falta una explicación de porqué sólo hasta fines de los años ochenta el narcotráfico llega a la frontera noreste de México y Estados Unidos. Si desde las primeras décadas del siglo pasado existían en el resto del país organizaciones poderosas dedicadas a exportar drogas, es extraño que no hubieran ampliado sus actividades a esa parte de la frontera, considerando que Texas y el este de la Unión Americana (con ciudades como Nueva York) eran un mercado de primera magnitud. Es cierto que en materia de crimen organizado, hubo en Tamaulipas una figura legendaria, Juan Nepomuceno Guerra: desde los años cuarenta controló el contrabando de todo tipo de artículos provenientes de Estados Unidos, cuando México vivía el modelo económico de fronteras cerradas, el cual prohibía importar casi todo. Por tanto, vender electrodomésticos, televisiones, todo tipo de aparatos electrónicos, vinos y licores extranjeros, fue un gran negocio en México hasta que el país se abrió al

---

[192] Para la elaboración de este apartado se recurrió a la información de los siguientes autores: Jorge Fernández Menéndez, *El otro poder;* Ricardo Ravelo, *Osiel. Vida y tragedia de un capo;* Ma. Idalia Gómez y Darío Fritz, *Con la muerte en el bolsillo;* George Grayson y Samuel Logan, *The Executioner's Men. Los Zetas, Rogue Soldiers, Criminal Entrepreuners, and the Shadow State They Created.*

comercio mundial. Sin embargo, ese tipo de contrabando y el narcotráfico no eran incompatibles. ¿Por qué Guerra no entró al narcotráfico o por qué los narcotraficantes de Sinaloa o Chihuahua no se aliaron con él o lo desplazaron para aprovechar sus redes políticas y exportar drogas? Habría que estudiarlo, pero el hecho es que en las ciudades fronterizas de esa región —Matamoros, Reynosa y Nuevo Laredo— no existen indicios característicos de la presencia del narcotráfico: decomisos, violencia, capos, cultura del narcotráfico.

Es hasta finales de la década de los ochenta, cuando se da el profundo reacomodo en el tráfico de drogas en México (provocado por el descabezamiento de la organización de Sinaloa y la desaparición de la Dirección Federal de Seguridad), que Tamaulipas aparece en el mapa de esta actividad. Otro hecho que se debe investigar es: ¿por qué en el reparto de plazas que se hizo después del encarcelamiento de Miguel Ángel Félix Gallardo para fragmentar su organización, no permitieron que alguna de las familias sinaloenses se encargara de Tamaulipas, sino que se impulsó el establecimiento de una nueva organización dedicada exclusivamente al narcotráfico, liderada por un sobrino de Juan Nepomuceno Guerra, Juan García Ábrego? Y digo que no permitieron, pensando que existió algún tipo de injerencia gubernamental, pues si el reparto se hubiera hecho únicamente con la participación de los capos sinaloenses, es decir, sin autoridades gubernamentales, no hay duda de que éstos hubieran incluido las plazas tamaulipecas; o al menos hubieran intentado disputar su control, pues para esas fechas el cacique Guerra ya era un viejo muy enfermo. Puesto que el desenlace es conocido —el "cártel" del Golfo dirigido por Juan García Ábrego, sin participación sinaloense—, adquiere más solidez la versión de Miguel Ángel Félix Gallardo de que en la distribución de plazas en aquella reunión en Acapulco sí participó el comandante de la Policía Judicial Federal, Guillermo González Calderoni.

De ser cierta esta hipótesis, estamos frente a un dato de enorme trascendencia. Así se fortalecería la versión de que la fragmentación del narcotráfico en México se habría dado con la venia y la participación directa de un sector del aparato estatal en una de las organizaciones; pues en la del Golfo varios miembros destacados de la Policía Judicial Federal tendrían participación "accionaria", por llamarla de algún modo (el mismo Guillermo González Calderoni y Carlos Aguilar Garza —el coordinador de la PGR en la Operación Cóndor— varios años después fueron acusados con claras evidencias de ser parte de ella; el primero huyó a Estados Unidos y se convirtió en testigo protegido de la DEA, el segundo acabó asesinado). Es necesario remarcar el hecho de que, si desde la Policía Judicial Federal y con los restos y sucesores de la Dirección Federal de Seguridad (en el reparto de plazas también participaron Rafael Aguilar Guajardo y Rafael Chao López, dos ex comandantes de la DFS[193]) se optó por un modelo de narcotráfico fragmentado, ello no significa que el Estado en su conjunto y en sus jerarquías superiores hayan sido partícipes de esa decisión. Sólo significa que en el Estado había grupos con cierta autonomía y capacidad para tomar esas decisiones contrapuestas a las políticas gubernamentales. Lo importante era señalar cómo en el origen de la organización criminal del Golfo, en su vertiente de narcotráfico, hubo una participación de agentes del Estado.

El liderazgo del Golfo no ha sido ejercido por un clan familiar, una clara diferencia con las otras organizaciones del narcotráfico mexicano. Que los líderes de una empresa criminal tengan vínculos de parentesco entre sí es importante, porque garantiza la presencia de una de las variables fundamentales que explican la duración de la organización: confianza y lealtad. Condenadas a la ilegalidad y, por tanto, a la persecución por las autoridades estatales, el silencio, la complicidad y la fidelidad son condiciones esenciales para la supervivencia y tienen más probabilidades de que se den cuando quienes la dirigen tienen lazos familiares; la cercanía y el cariño entre ellos suelen operar como defensas contra la traición,

---

[193] Si se recuerda la distribución de las plazas mencionada por varios autores, entre ellos Jesús Blancornelas, tendríamos que en dos de ellas el control correspondió a agentes de la DFS: Rafael Aguilar Guajardo (Ciudad Juárez) y Rafael Chao López (Mexicali) y que la Policía Judicial Federal tendría participación de primer nivel en la del Golfo. Con base en estos datos es prácticamente imposible negar que cuando menos una parte del Estado favoreció la fragmentación del narcotráfico. También habría que señalar lo efímero que resultaron los liderazgos de agentes estatales en esas organizaciones en comparación con la permanencia de los clanes familiares al frente de las otras organizaciones.

quizá son falibles, pero no tanto como cuando no existe dicho parentesco. Es probable que la ausencia de esos vínculos sea una variable que explique la fragilidad y lo efímero de los liderazgos de la organización del Golfo, y las luchas violentas entre los candidatos a suceder al líder capturado o muerto. Juan García Ábrego, sobrino de Juan Nepomuceno, nacido en el poblado de Las Palomas, Texas, en 1944, fue el primer jefe del narcotráfico en Tamaulipas. Considerado heredero de su tío, pues comenzó a trabajar con él desde muy joven (a los 15 años abandonó la escuela y se dedicaba a la vagancia con sus primos, hijos de don Juan), pronto aprendió la operación de los negocios ilegales. El imperio del contrabando que construyó Juan N. Guerra, sólo fue posible gracias a las relaciones políticas: su alianza y amistad con dos caciques sindicales de Tamaulipas —Agapito González Cavazos, líder de la CTM en el estado que controlaba a un gremio fundamental para el contrabando, los transportistas, y Pedro Pérez Ibarra, dirigente sindical de los trabajadores de la Aduana de Nuevo Laredo— y otros políticos estatales, como el gobernador Enrique Cárdenas González. Se ha señalado que Juan N. Guerra también era amigo de Joaquín Hernández Galicia, "La Quina", y tenía buenas relaciones con Raúl Salinas Lozano, originario de Nuevo León como él y padre de Carlos y Raúl Salinas de Gortari.

En 1990, con la "Quina" en la cárcel y Agapito González en desgracia, Jorge Fernández señala en su libro que era tiempo de un relevo generacional en el crimen organizado de Tamaulipas. Por ello Juan N. Guerra es detenido nada más y nada menos que por Guillermo González Calderoni (su detención fue más mediática que real, pues casi no se le acusó de nada y por su edad y enfermedad, nunca pisó la cárcel).[194] Más que relevo generacional, la llegada de Juan García Ábrego a la dirección del Golfo de la mano de González Calderoni,[195] era la pieza que hacía falta para

---

[194] Jorge Fernández Menéndez, *El otro poder. Las redes del narcotráfico, la política y la violencia en México*, Aguilar, México, 2001, p. 207.

[195] Grayson y Logan afirman en su estudio sobre Los Zetas que el hermano mayor de Juan García Ábrego, Mario, fue amigo de la infancia de González Calderoni quienes crecieron juntos en Reynosa (George Grayson y Samuel Logan, *The Executioner's Men. Los Zetas, Rogue Soldiers, Criminal Entrepreuners, and the Shadow State They Created*, Transaction Publishers, New Brunswick, 2012, p. 3).

completar la fragmentación del narcotráfico con la participación de grupos policiales en el nuevo mapa criminal del país. Curiosamente, su liderazgo iba a durar sólo un poco más que el sexenio de Carlos Salinas de Gortari: pues apenas 13 meses después de terminado éste, sería detenido el 14 de enero de 1996 y al día siguiente deportado a Estados Unidos por su calidad de ciudadano estadounidense. No obstante, los siete años que estuvo al frente de la organización fueron suficientes para armar una boyante empresa exportadora de drogas, especialmente de cocaína, a Estados Unidos gracias a la sólida red de protección policiaca y política de la que gozó.[196] Desde 1989, un año antes de la detención de su tío, había comenzado a exportar cocaína y fue en ese año que autoridades estadounidenses registraron la existencia de un nuevo capo debido al decomiso de nueve toneladas de cocaína en Texas. La cantidad revela que desde sus comienzos las operaciones serían en gran escala. Presionado por el gobierno de Estados Unidos que deseaba atrapar al capo, el entonces Procurador General de la República, Jorge Carpizo, creó en 1993 un equipo especial de 50 gentes al mando del cual estaría su asesor personal, Eduardo Valle Espinosa. Con todos los recursos e información que demandara, Valle se lanza a su captura y en varias ocasiones lo tuvo en la mira; pero siempre falló algo y se les escapó todas las veces que realizó operativos para detenerlo. Años después, Eduardo Valle reconocería que García Ábrego siempre fue alertado desde el mismo gobierno.[197] En la presidencia de Ernesto Zedillo ya no ocurrió lo mismo y fue detenido en enero de 1996, sin violencia, cuando llegaba a su rancho en Villa Juárez, Nuevo León.

---

[196] No obstante que desde 1989 la DEA había catalogado a García Ábrego como líder de un cártel y pasaba información a las autoridades mexicanas, fue hasta 1993 cuando la PGR decide buscarlo; cuatro años de protección, que un colombiano explica de la siguiente manera: el subprocurador Javier Coello Trejo había recibido pagos por un millón y medio de dólares; el amigo que traicionó a García Ábrego, Juan Carlos Reséndez, confirmó los pagos que le hacían a Coello y añadió que García Ábrego mandaba gente suya a McAllen, Texas, a comprar hasta 100 mil dólares en cosas para Coello. El mediador con Coello era Guillermo González Calderoni y sobre él, el capo aseguró que Memo era como su hermano. Calderoni respondió: "Sí. Yo era su amigo, pero no su socio" (Héctor de Mauleón, *Marca de sangre*, p. 168).

[197] Ricardo Ravelo, *Osiel. Vida y tragedia de un capo*, p. 71.

Acéfala la organización por la detención de García Ábrego, su hermano Humberto hubiera sido el sucesor natural, pero estaba preso desde 1994 acusado de lavado de dinero; aunque logró salir de la cárcel en 1997 por falta de pruebas, prefirió retirarse del narcotráfico para disfrutar de las ganancias obtenidas, que no eran pocas: casas de cambio, ranchos, cuentas bancarias en Estados Unidos y Europa. Nunca más se supo de él.

Como ya no había más familia que heredara el negocio, García Ábrego prefirió que a mediados de 1996 Óscar Malherbe, uno de sus operadores estrella, se quedara al frente y así fue; pero el gusto sólo le duró unos cuantos meses, ya que durante una visita que hizo a la Ciudad de México, en febrero de 1997, fue arrestado. La organización volvió a quedar sin dirección y en disputa, a la deriva, sujeta a los vaivenes propios de la lucha entre subalternos; su futuro dependería de la ambición y las habilidades que tuvieran sus miembros para pactar, sobornar, engañar y… matar. Eso fue lo que hicieron, durante 1997 y buena parte de 1998, tres aspirantes a convertirse en dueños de la organización del Golfo: Baldomero Medina, alias "El Rey de los Tráileres", Salvador "Chava" Gómez y Osiel Cárdenas. Chava tramó el asesinato de Baldomero, pero el plan no resultó como esperaba y el especialista en acarrear cocaína en tráilers sólo quedó mal herido; lo suficiente para retirar su candidatura, pero no tanto como para abandonar el negocio, por lo que se estableció en Tampico desde donde continuó traficando. "Chava" y Osiel decidieron dirigir en conjunto el negocio para lo cual tuvieron primero que asesinar a un policía Judicial Federal, Antonio Dávila, "el comandante Toño", que también tenía sueños de poseer una empresa de narcotráfico y estaba planeando eliminarlos. Un colaborador de Osiel declararía ante el ministerio público que tuvieron que sobornar con 50 mil dólares al procurador de Tamaulipas, Guadalupe Herrera, para que frenara la investigación del asesinato; el intermediario del pago fue el hermano del procurador que trabajaba como sicario para "Chava".

La codirección funcionó hasta que Osiel se convenció de que en esa actividad es muy difícil que haya dos jefes. Mientras recomponía la parte operativa (restablecer los contactos con los proveedores de cocaína; definir rutas y comprar protección; organizar el traslado por la frontera, etcétera), "Chava" puso orden entre los grupos que trabajaban por la libre hasta someterlos y obligarlos a pagar el derecho de piso. Una vez que lo logró, se dedicó a la fiesta a expensas de su codirector, al cual le pedía cada vez más dinero para mantener su ritmo y nivel de vida, pues se creía el jefe máximo y consideraba a Osiel como su empleado hasta que éste se cansó y lo despachó al otro mundo en el verano de 1999. El homicidio de su socio le valió el apodo que lo acompañaría el resto de su liderazgo: "el mata amigos". Osiel fue detenido en marzo de 2003 dejando la organización en manos de su hermano Ezequiel Cárdenas, alias "Tony Tormentas", y de Eduardo Costilla, alias "El Cos". Pero en realidad habría cinco líderes, pues Osiel seguiría dando órdenes desde Almoloya y dos miembros más de la organización se sentían con derecho a tener voz y voto en las principales decisiones: Miguel Ángel Treviño, el "Z-40" y Heriberto Lazcano "el Lazca" quienes dirigían el primer grupo paramilitar creado para la defensa y expansión de una empresa de narcotráfico, los Zetas. Si dos jefes eran problema, cinco lo serían mucho más. Seguirían las discrepancias y los conflictos hasta que las rupturas fueron inevitables. Por lo pronto lo que debe quedar señalado como una característica del cártel del Golfo es la existencia de liderazgos sin relaciones familiares, múltiples, efímeros, conflictivos y violentos entre ellos.

Para entender su estructura organizativa deben tomarse en cuenta dos datos básicos. Primero, el Golfo no era concesionario de una plaza, sino que en un principio operaba en todo un estado, Tamaulipas, con cuatro cruces fronterizos relevantes —Nuevo Laredo, Reynosa, Miguel Alemán y Matamoros— por lo que el control territorial era mucho más complicado que cuando sólo se trata de una ciudad fronteriza, como Tijuana. Segundo, una parte importante de la cocaína la traían desde Guatemala por vía terrestre; el resto les llegaba por vía marítima a las costas de Campeche, Veracruz o al puerto de Tampico-Altamira, lo que suponía disposición de una red de transporte y protección que cruzaba todo el país, desde Chiapas y Campeche hasta Tamaulipas, pasando por Tabasco y Veracruz. Posteriormente abrieron la ruta

Pacífico-Tamaulipas, que iniciaba en Guerrero y Michoacán, cruzaba el Bajío, seguía por San Luis Potosí y Zacatecas hasta Torreón, luego Saltillo, Monterrey; de allí a cualquiera de las fronteras tamaulipecas.

Estos dos hechos permiten entender por qué el Golfo era una organización mucho más grande en personal operativo de todo tipo (choferes, mecánicos, operadores de sistemas de comunicación, recolectores de cuotas, contadores, burreros que pasaban la droga al otro lado); en su estructura de seguridad (informantes, sicarios, capacitadores de sicarios, compradores de armas, etcétera) y, por tanto, mucho más costosa. Pero también necesariamente sería una organización agresiva, guerrera, pues tenía que arrebatar el control de rutas y territorios al resto de las empresas criminales que desde muchos años antes ya operaban en todo el país. Al mismo tiempo, una organización de esas dimensiones enfrentaría más problemas de control de todas sus líneas de operación en un territorio que abarcaba muchos estados de la República. Además, sin relaciones familiares de por medio que ayudaran a generar confianza, lealtad y complicidad al interior de la organización, la otra manera de hacerlo era por medio de la violencia y el terror: Los Zetas, grupo paramilitar profesional cuya tarea sería el ejercicio de la violencia, eran un componente obligado en una organización de esas dimensiones que necesitaba abrirse paso entre las otras empresas del narcotráfico que la aventajaban en experiencia y control territorial y enfrentaba serios problemas de control interno en un territorio enorme.

Esa empresa de narcotráfico iniciada por García Ábrego con el cobijo de la Policía Judicial Federal se expandió bajo la dirección de Osiel Cárdenas. En cuanto tomó el control de la organización formó un equipo cercano de colaboradores y les repartió plazas y responsabilidades: Matamoros para Eduardo Costilla "El Cos"; Gilberto García Mena, "El June" en Miguel Alemán; Gregorio Sauceda, "El Goyo" o el "Caramuelas" se queda con Reynosa; en Díaz Ordaz pone a Efraín Torres, "el Z 14". A su círculo íntimo se sumó su hermano Ezequiel, "Toni Tormentas". También incorporó periodistas, contadores y abogados, y comenzó a incursionar en el trasiego de droga por avión por lo que contrató algunos pilotos. El crecimiento de la organización se facilitó por el hecho de que tras las capturas de García Ábrego y Óscar Malherbe, y el asesinato de "Chava", las autoridades la creyeron desmantelada y sin posibilidades de rehacerse; aunque Osiel Cárdenas tenía antecedentes penales y era conocido de las autoridades, éstas no pensaban que pudiera convertirse en un líder de importancia; incluso, cuenta Ricardo Ravelo,[198] que el mismo Osiel pagó a varios periodistas para que difundieran una historia de él como simple ladrón de coches de poca monta, sin el perfil de narcotraficante.

Sin embargo, Osiel era un excelente operador, había comenzado desde cero. Nacido en un rancho cerca de Matamoros, se mudó a esta ciudad donde se puso a trabajar en un pequeño taller mecánico; a los 18 años compró un terrenito donde puso su propio taller. Vivía unas temporadas en casa de su hermana Lidia y otras en su taller. Conoció a Celia Salinas Aguilar, trabajadora de una maquiladora; vivió con ella, la embarazó y más tarde se casaron; tuvieron una hija, Celia Marlén Cárdenas Salinas. Rafael, su hermano, lo introduce entonces en el narcomenudeo. Su taller es la fachada de su narcotiendita y actúa de manera independiente, protegido por policías locales. Mario, su hermano, le enseña cómo cortar la cocaína. En febrero de 1989 es detenido en Matamoros y acusado de homicidio, abuso de autoridad y daño en propiedad ajena. Mediante fianza, sale libre. En marzo de 1990 nuevamente es detenido, acusado de lesiones y amenazas, pero sale inmediatamente. En agosto de 1992, a los 25 años, es detenido en Estados Unidos por intentar introducir dos kilos de cocaína y es sentenciado a cinco años de cárcel. En enero de 1994 es trasladado a la cárcel de Matamoros como parte de un intercambio de reos entre México y Estados Unidos Se hace amigo del director del penal, lo que le permite convertirse en líder de los distribuidores de droga y hace nuevas relaciones delictivas, como la de Rolando Gómez Garza, esposo de "La Güera", Hilda Flores González. Sale libre el 12 de abril de 1995, 16 meses después de llegar de Estados Unidos. Enganchado de manera completa al narcomenudeo se traslada a Miguel Alemán, ciudad fronteriza ubicada entre Reynosa

---

[198] *Ibid.*, p. 145.

y Nuevo Laredo, donde es admitido como "madrina" de unos policías judiciales federales; se hace de mayores cargamentos de droga y comienza a destacar. Conoce a Gilberto García Mena, "El June", jefe de la plaza para García Ábrego, quien tenía gran aceptación social en esa comunidad fronteriza. Pronto se gana la confianza del mismo García Ábrego debido a la eficacia de sus operaciones y a su red de contactos con policías locales y federales.

En la versión del periodista Ravelo, Osiel siempre fue un líder autoritario, violento y paranoico, características que se acentuaron por la forma como se hizo del mando de la organización (asesinando y engañando a su compadre "Chava") por lo que vivía con el temor de ser asesinado por cualquiera de sus subalternos. Ésa habría sido la razón por la cual tenía especial interés en contar con un servicio de protección personal y de contrainteligencia... y dormir tranquilo, ya que pasaba las noches en vela atrapado por su paranoia: el miedo lo paralizaba. Así fue como se le ocurrió crear una guardia personal que lo cuidara y mantuviera informado de los movimientos de sus colaboradores más cercanos: los Zetas.

Una decisión en apariencia intrascendente —crear un grupo de guardaespaldas— que obedecía no sólo a la paranoia del líder, sino también a las dimensiones y a la complejidad de la estructura organizacional del Golfo y a su naturaleza guerrera, a la que me refería en párrafos anteriores, pronto se convertiría en un punto de inflexión en la historia del narcotráfico en México. No se trataba sólo de un problema de la personalidad de Osiel Cárdenas, sino de la situación del crimen organizado en Tamaulipas (desde la caída de García Ábrego en enero de 1996 hasta mediados de 1999, cuando Osiel se queda con el control absoluto en las principales plazas del estado, pulularon bandas de delincuentes ordinarios y de narcotraficantes que habían quedado sin control, además de pandillas que aprovechaban el descontrol para apoderarse de pedazos de los mercados ilegales); así que los principales capos que se encontraban a su alrededor también crearon guardias pretorianas para que los cuidaran. Eduardo Costilla, "El Cos", y Víctor Manuel Vázquez, "El Meme", contrataron a dos bandas, Los Sie-

rras y Los Tangos como guardaespaldas; Ezequiel, el hermano de
Osiel, se hizo de Los Escorpiones. Pero la idea de Osiel era que sus
cuidadores fueran los mejores y por eso contrató en 1998, en primer lugar, a Arturo Guzmán Decena, quien sería el Z-1. Desertó
de su puesto de teniente en el Grupo Aeromóvil de Fuerzas Especiales (GAFE) del ejército mexicano para convertirse en jefe de la
guardia personal del capo del Golfo. La primera orden que recibió
fue contratar a otros miembros del ejército. En poco tiempo, más
de 50 miembros de esa unidad de élite del ejército y de otras áreas
del instituto armado —del 7º Batallón de Infantería, del 15º Regi-
miento de Caballería Motorizada— conformaban la guardia pre-
toriana de Osiel Cárdenas. Después, contrataron en Guatemala
kaibiles, soldados de élite del ejército guatemalteco que libraron la
guerra de exterminio contra la población indígena de su país en
la década de los ochenta y que eran más salvajes y despiadados
en sus métodos de lucha contra quienes fueran señalados como
enemigos. En 2003 ya eran más de 300 zetas. Luego, el reclutamiento local para apoyar las operaciones por todo el territorio del
Golfo. Algunas mantas utilizadas para invitar a los soldados en
activo o dados de baja a unirse a Los Zetas eran las siguientes: "El
grupo operativo Los Zetas te necesita, soldado o ex soldado." "Te
ofrecemos un buen salario, comida y atención para tu familia: Ya
no sufras hambre y abusos nunca más." Otra decía: "Únete al
Cártel del Golfo. Te ofrecemos beneficios, seguro de vida, casa
para tu familia. Ya no vivas en los tugurios ni uses los peseros. Tú
escoges el coche o la camioneta que quieras." Esto último introdujo la necesidad de crear campos de entrenamiento en Tamaulipas, Guerrero, Veracruz para los nuevos sicarios; ya se había
terminado la época de delincuentes *amateurs* y de policías municipales o judiciales violentos y decididos pero mal entrenados.

Decir que en ella participaban los ex miembros del GAFE, el
cuerpo de élite del ejército, significaba que entrenados en todo tipo
de habilidades por militares estadounidenses e israelíes —sobrevivir en las circunstancias más adversas; inteligencia, contrainteligencia y contrainsurgencia; diseño y ejecución de operativos de ataque
y rescate; telecomunicaciones; técnicas diversas para "eliminar"
enemigos; tácticas de interrogatorio; fabricación de explosivos—

pondrían todos sus conocimientos y experiencia al servicio de una organización criminal. Fue un cambio cualitativo señalado por Ioan Grillo: muchos soldados de diferentes niveles de la escala militar habían recibido sobornos para proteger al narco, pero era impensable la posibilidad de deserción y su incorporación al lado de los delincuentes; los soldados podían ser corruptos, pero no traidores al Estado y a la Patria. Guzmán Decena dio el paso.[199] De militares a mercenarios del narcotráfico; de la omisión a la acción. La aportación que harían a la organización del Golfo sería trascendental para su proyecto expansionista, pues llevarían la guerra entre organizaciones a un nivel desconocido hasta entonces. Un par de ejemplos ilustrarán lo anterior. En 1999, Osiel instruyó a Guzmán Decena asesinar a Rolando López Salinas "El Rolys". Lo encontraron en una casa con toda su banda; el Z-1 y sus hombres la rodearon y para terminar rápido con el asunto volaron los tanques de gas, la casa y a todos los que estaban adentro.[200] En 2001, después de la fuga del "Chapo" Guzmán del penal de Puente Grande, éste y Arturo Beltrán Leyva creyeron que sería fácil tomar Nuevo Laredo. Mandaron algunas de su gentes y ya en esa ciudad fronteriza se dedicaron a reclutar pandilleros centroamericanos (maras) y delincuentes locales con reputación de violentos para dar la batalla por la plaza. Fue un error grave no saber a quién se enfrentarían. Sus gentes comenzaron a aparecer muertas en las puertas de las casas de seguridad de los sinaloenses. Los cadáveres de los pandilleros eran aventados por las mañanas y en una ocasión lo hicieron con una manta que decía: "Chapo Guzmán y Arturo Beltrán. Manden más pendejos como estos para seguirlos matando."[201] Los sicarios tradicionales y los pandilleros, por más violentos que fueran, no tenían nada que hacer contra los Zetas, un grupo paramilitar profesional con el mejor entrenamiento. Las demás organizaciones tendrían que invertir más en ampliar, desarrollar y profesionalizar sus ejércitos de sicarios si querían ser competitivos. Recuérdese que los mercados ilegales tienden a ser monopólicos y

[199] Ioan Grillo, *El Narco: Inside Mexico's Criminal Insurgency*, Bloomsbury Press, Nueva York, 2011, p. 159.

[200] George Grayson y Samuel Logan, *op. cit.*, p. 6.

[201] Ioan Grillo, *op. cit.*, p. 167.

la condición fundamental para ser la empresa dominante en éstos es la violencia, no es el precio ni la calidad de los servicios. Quien tiene mayor capacidad para ejercerla o para amenazar con usarla tarde o temprano se impone al resto de las demás. La creación y expansión de Los Zetas a fines de los noventa y los primeros años de este siglo fue un verdadero punto de inflexión que daría paso a un nuevo momento en la historia de la delincuencia organizada en México: el de organizaciones criminales apoyadas en verdaderas maquinarias para matar. Fueron a partir de entonces otras organizaciones, tenían otra densidad criminal; una capacidad logística y militar muy superior a la de cualquier policía estatal o municipal. Sólo faltaba que se recrudecieran las guerras entre ellas para que el polvorín estallara.

A partir del año 2000 Los Zetas se convirtieron en los posibilitadores del fortalecimiento de la organización del Golfo en sus territorios originales: desde Chiapas hasta Tamaulipas, y de su expansión hacia los estados del centro del país hasta llegar a Michoacán y Guerrero. Debe mencionarse que del proceso expansionista realizado a partir de ese año, lo más relevante fue la ocupación de la plaza de Michoacán. Hasta ese momento el trasiego de la cocaína se hacía básicamente por vía marítima hacia las costas de Veracruz y Tampico o, por vía terrestre, desde Chiapas o Tabasco cuando la droga era dejada en territorio guatemalteco. Con el control de Michoacán, el cártel del Golfo pudo abrir la ruta marítima de cocaína por el Pacífico que era desembarcada en el puerto de Lázaro Cárdenas o en cualquier otro punto de la costa michoacana, desde donde era llevada a Tamaulipas; con la ventaja de que la distancia desde ese estado hasta la frontera con Texas es más corta que la que recorrían desde Chiapas o Tabasco. Pero más que esa ruta, los beneficios para la organización de Osiel se derivaron de la diversificación de las drogas comercializadas, puesto que Michoacán era un productor histórico de marihuana y amapola, y también se había convertido en uno de los principales centros productores de metanfetaminas (los laboratorios donde se fabricaban pululaban por todo el territorio michoacano, especialmente en la región de Tierra Caliente) cuyas materias primas arribaban desde Asia vía el puerto de Lázaro Cárdenas,

De esta manera, el cártel del Golfo garantizó y diversificó el abasto de los estupefacientes

Que Los Zetas fueran la punta de lanza de la expansión representó un cambio organizacional relevante pues, en primer lugar, sin dejar de ser los guardaespaldas de Osiel Cárdenas, comenzaron a asumir las funciones de defensa y ataque de toda la organización, el brazo armado, desplazando a los otros grupos que cuidaban a los lugartenientes de Osiel. Además, pronto el papel de sicarios les quedaría chico, ya que no sólo acompañaban, defendían y abrían camino a la parte operativa de la organización, sino que los mismos Zetas se irían convirtiendo en operadores de las actividades criminales. Fue la fusión de dos tareas o funciones en un solo aparato: ejercicio de la violencia y operación criminal. Mientras en las otras organizaciones esas dos áreas permanecieron más delimitadas, Los Zetas fueron adquiriendo capacidades operativas no sólo de trasiego de drogas, también de otros crímenes como venta de protección, extorsión, secuestro, etcétera. Y ésta fue la segunda innovación que introdujeron Los Zetas en la historia de la delincuencia organizada mexicana: la de ampliar la infraestructura de las organizaciones del narcotráfico para la venta de protección al crimen local y la extracción de rentas sociales, es decir, para obtener dinero de la sociedad.

Al ser una organización con operaciones tan extendidas territorialmente por el curso de los trasiegos terrestres de cocaína, desde Guatemala hasta la frontera tamaulipeca, Los Zetas aprovecharon sus capacidades militares para someter a cuanto grupo criminal había en las entidades donde operaba el cártel del Golfo. El modo de operación era más o menos el siguiente: en cualquier ciudad grande o pequeña de las diversas rutas de trasiego —Villahermosa, Macuspana, Coatzacoalcos, Veracruz, Poza Rica, Tampico, etcétera— identificaban a las bandas de robacoches, de secuestradores, de ladrones de casas, de robo de hidrocarburos, de traficantes de indocumentados centroamericanos, de narcomenudistas y les fijaban un impuesto o el cobro de piso por dejarlos trabajar a cambio de protección; si se rehusaban mataban al líder o a sus guardaespaldas (su superioridad en armamento y en experiencia era muy evidente) y al día siguiente tenían sometido al grupo. Además, los obligaban a abrir nuevas líneas de negocio: el narcomenudeo pero ya controlado por ellos, la extorsión a los pequeños negocios comenzando por los giros negros (bares, cantinas, prostíbulos, *table dance*) y siguiendo después con farmacias, fondas y restaurantes; gasolineras, hoteles, talleres mecánicos, etcétera. Parte de las ganancias de esas nuevas actividades eran para ellos. Para que el modelo funcionara nombraban un jefe de plaza de Los Zetas que se convertía en el zar de todo el crimen de la ciudad y varias unidades militares, llamadas "estacas", que vigilaban al resto de bandas de delincuentes y las sometían si no pagaban su derecho de piso. Un contador completaba el equipo de trabajo.

Además, compraban a la policía municipal entera para que no estorbara sus operaciones, protegiera a quienes trabajaban bajo la tutela de Los Zetas, hostigara a quienes no lo hacían y aportaran información sobre los operativos de las autoridades federales (Policía Judicial Federal o ejército). En otras palabras, implantaron un modelo nuevo: sin dejar de operar el tráfico de drogas se dedicaron a quitarle una parte de los ingresos y del patrimonio a los ciudadanos, potenciando las capacidades de la delincuencia ya existente, al mismo tiempo que anulaban a las policías y en muchas ocasiones las sumaban a las actividades criminales. Crimen fuerte, Estado anulado y débil en sus instituciones responsables de la seguridad y justicia, y la sociedad totalmente indefensa. El infierno. Porque conforme pasaron los años y el cártel del Golfo y Los Zetas fueron ampliando su presencia, lo que construyeron fue una enorme federación criminal de alcance casi nacional, pues por medio de la red de líderes y sicarios que dejaban en las plazas de decenas de ciudades de 16 estados de la república (Tamaulipas, Nuevo León, Coahuila, Zacatecas, San Luis Potosí, Aguascalientes, Hidalgo, Puebla, Michoacán, Guanajuato, Guerrero, Veracruz, Tabasco, Campeche, Quintana Roo, Chiapas), controlaban cientos de bandas delincuenciales de extorsionadores, secuestradores, ladrones de todo tipo, de tráfico de personas y trata de mujeres, redes de narcomenudeo. Un verdadero imperio del crimen creado mediante el terror y la violencia para someter a cuanto delincuente pudiera ser extorsionado. Un crimen de segundo piso. El mismo nombre de la organización daba cuenta de ese nuevo modelo operativo: ya no se le denominaba el Golfo, sino en todos lados se le comenzó a llamar Golfo-Zetas, cosa que no ocurrió con las otras organizaciones. El Pacífico nunca sería Pacífico-Los Pelones, o el de Juárez, Juárez-La Línea, pues en éstas los brazos armados permanecieron subordinados.

¿Por qué Los Zetas desarrollaron este modelo de crimen depredador de los ingresos de la sociedad? La hipótesis que me parece más aceptable es que en un principio Osiel Cárdenas, líder del Golfo, no tenía con qué o no quería financiar un aparato militar tan grande y les permitió buscar sus propias fuentes de financiamiento. Los Zetas comenzaron siendo asalariados. En el libro de Ravelo se afirma que a los kaibiles guatemaltecos los contrataron por seis mil pesos mensuales con la posibilidad de incrementos al poco tiempo. No se sabe cuánto le pagaba Osiel al Z-1 y al resto de sus compañeros. Por los testimonios de otros soldados que llegaron a ser guardaespaldas de importantes capos, se sabe que les pagaban el doble (entre 25 mil y 30 mil pesos) de lo que ganaban en el ejército, sueldo que para comenzar les debe haber parecido muy bueno. Sin embargo, al pasar el tiempo e incrementarse la relevancia de las tareas desempeñadas y la dependencia que tenía toda la organización del Golfo de la fuerza y la violencia de su ejército privado, es muy probable que los líderes de Los Zetas ya no quisieran ser asalariados sino socios de Osiel. Tenían con qué negociar. Y por lo que han hecho desde entonces Los Zetas es razonable deducir que los jefes del Golfo les dieron manos libres para hacer su propia empresa criminal sin entrar de lleno, quizá sólo marginalmente, al negocio del trasiego de droga a Estados Unidos que, definitivamente, era mucho más rentable que las extorsiones y el secuestro.

De ser cierta esta hipótesis, ello podría explicar la diversificación criminal que desarrollaron Los Zetas y, además, la audacia y voracidad con que lo hicieron por todo el país sería el método para compensar el desequilibrio respecto a los ingresos que dejaba el narcotráfico. Quizá ellos no podían traficar una tonelada de cocaína, lo que les redituaría varios millones de dólares en una sola operación, pero extorsionaban a cientos de bandas criminales que a su vez extorsionaban a miles de negocios o secuestraban a miles de migrantes centroamericanos, que les dejaban millones pero de pesos, no de dólares, producto de cientos o miles de acciones delictivas, no de una sola operación. No sería raro, desde esta perspectiva, que el deseo de participar en el gran negocio de la exportación de drogas siguiera siendo una aspiración de los líderes de Los Zetas y que detrás de la ruptura que se da entre el Golfo y Los Zetas en enero de 2010 estuviera esa ambición de coronar su empresa delictiva con el negocio del narcotráfico, apoderándose de las plazas fronterizas de Tamaulipas, Nuevo León y Coahuila.

En síntesis, la historia de la delincuencia organizada le debe mucho a la organización Golfo-Zetas. En primer lugar, rompió con el predominio de la organización de Sinaloa aun después del proceso de fragmentación, pues con el ascenso de García Ábrego —apoyado por comandantes de la Policía Judicial Federal y por algunas figuras del gobierno de Carlos Salinas de Gortari[202]— significó un freno al control de todas las plazas por los clanes familiares

---

[202] Jorge Fernández Menéndez señala que existía una relación importante de García Ábrego con Mario Ruiz Massieu que llegó a ser subprocurador general de la República en el gobierno salinista, por medio de Guillermo González Calderoni y del director de la Policía Judicial Federal, Adrián Carrera (éste se encargó de eliminar cualquier mención de Raúl Salinas en las investigaciones del asesinato de José Francisco Ruiz Massieu, cometido en septiembre de 1994); también dice que Humberto García Ábrego, hermano de Juan y cerebro financiero de la organización, era proveedor oficial de Conasupo, la empresa estatal comercializadora de productos de primera necesidad en zonas marginadas, a la cual vendió dos mil millones de viejos pesos de productos agrícolas; cuando fue hecho preso en Estados Unidos, Mario Ruiz Massieu tenía cuentas bancarias por más de nueve millones de dólares cuyo origen no pudo comprobar claramente; el abogado defensor de Mario también defendía a García Ábrego; un empresario de Saltillo, José Luis García Treviño, acusado de lavar dinero de García Ábrego, fue detenido a fines de 1994 y su socio principal era Agapito Garza Salinas, asociado con Mario Ruiz Massieu y con nexos con Justo Ceja, secretario privado del presidente Carlos Salinas (Jorge Fernández Menéndez, *op. cit.*, pp. 208-214). Por su parte, Héctor de Mauleón recupera algunas cosas descubiertas por Eduardo Valle, asesor del entonces procurador Jorge Carpizo, durante la investigación para capturar a García Ábrego. En una casa de seguridad del capo, se encontró una libreta con mucha información sobre pagos por un millón de dólares al director de la Policía Judicial Federal, Rodolfo León Aragón y también tenía unas notas sobre la visita de un hermano del presidente de la República a una fábrica de don Francisco, en Puebla. Don Francisco era Francisco Guerra Barrera, operador del cártel en varios estados de la República y brazo derecho de Juan García Ábrego. Eduardo Valle no pudo avanzar más en la investigación: un año más tarde, luego de entregar a Carpizo el esquema de protección institucional que existía alrededor de García Ábrego, se fue del país… Más tarde confesó que sus pesquisas lo habían llevado

que integraban aquella organización y con el tiempo se convertiría en el rival indiscutible de Sinaloa. En segundo lugar, extienden la presencia del narcotráfico por todo el este y sureste del país; en tercero, es un liderazgo que sustituye las relaciones de confianza propias de las familias de narcotraficantes por el ejercicio de la violencia como método de disciplina y control entre la cúpula dirigente que, sin embargo, no ha evitado rupturas y traiciones entre ellos; eso explicaría la menor permanencia de los liderazgos (García Ábrego siete años; Osiel cinco años, contra casi veinte años de los hermanos Arellano Félix, de los Carrillo Fuentes y de los Guzmán Loera). En cuarto lugar, la profesionalización de la violencia mediante la incorporación de ex militares de élite a la creación de verdaderos grupos paramilitares sin ningún escrúpulo en lo que se refiere a quién y cómo asesinar. Finalmente, la transformación del modelo de organización criminal al combinar el narcotráfico con el saqueo de los ingresos y el patrimonio de los ciudadanos, mediante la organización de una federación nacional del crimen con la que pusieron a trabajar para ellos a cientos de bandas de delincuentes comunes de decenas de ciudades.

La organización de los Valencia o Milenio[203]

Los Valencia ha recibido poca atención de medios y académicos porque se trata de una organización regional que siempre optó por un perfil lo más discreto posible. Al grado de que, cuando la DEA le solicitó a la PGR que participara en un operativo con los gobiernos de Estados Unidos y Colombia en octubre de 1999, para desmantelarla y detener a sus dirigentes, las autoridades mexicanas nunca habían oído hablar de dicha organización y no tenían ni la menor idea de que existiera, pese a que llevaban más de una década exportando marihuana y cocaína a Estados Unidos desde Michoacán. Existen pocos documentos con respecto a la historia de

---

a la casa presidencial, a la oficina del secretario de Comunicaciones y Transportes, Emilio Gamboa... (Héctor de Mauleón, *op. cit.*, p. 169).

[203] Para la elaboración de este apartado se recurrió a información de Ma. Idalia Gómez y Darío Fritz, *Con la muerte en el bolsillo*.

esa organización, por ello este relato se basa en la investigación de María Idalia Gómez y Darío Fritz.

Armando Valencia Cornelio y Luis Valencia Valencia eran primos nacidos en Uruapan, Michoacán, en 1959 y 1955, respectivamente; crecieron juntos y, como miles de michoacanos, a comienzos de los ochenta emigraron a San José, California, en busca de mejores oportunidades de vida. Allá se involucraron en el narcomenudeo y con las ganancias compraron tierras en su estado natal. A finales de esa década regresaron definitivamente a Michoacán para producir marihuana en sus ranchos y en parcelas que alquilaban, y exportarla a Estados Unidos aprovechando los contactos que hicieron durante su estancia en ese país.

Algunos de los cargamentos los enviaron a Ciudad Juárez a la organización de Amado Carrillo y comenzaron a asociarse con ese capo, relación que pronto les daría frutos pues el "Señor de los Cielos" los presentó con uno de sus contactos colombianos, Alejandro Bernal Madrigal, alias "Juvenal", quien al poco tiempo haría tratos con ellos. Cuando las grandes organizaciones criminales mexicanas incrementaron el precio del flete de la coca a los colombianos, éstos buscaron opciones y, sin dejar de trabajar con Juárez, Tijuana y Pacífico, comenzaron a venderle droga a Los Valencia. Además, tanto "Juvenal" (de la organización del Valle del Norte) como Fabián Ochoa (quien se había quedado al mando del cártel de Medellín después de la muerte de Pablo Escobar) los entrenaron en el negocio de la cocaína. Fueron ellos quienes les recomendaron que adoptaran el perfil más bajo posible: nada de ostentación de la riqueza ganada, coches normales, nunca de lujo; de ser posible no traer guardaespaldas; no entrar en conflicto con el resto de las organizaciones para no "calentar" la plaza. Los Valencia siguieron al pie de la letra las instrucciones. Eran gente seria y llegaron a tener una relación respetuosa y fructífera con colombianos y mexicanos. Aunque seguramente ganaban menos, era un buen negocio.

Su operación era similar a la del resto de organizaciones. Los traslados de Colombia se hacían por mar, ellos compraron un par de buques atuneros grandes con tecnología sofisticada en comunicaciones, para contactar los barcos colombianos sin ser detectados como narcotraficantes (salas de internet con muros refractarios que impedían que los rastrearan, desde las que daban a los colombianos sus coordenadas para recoger la droga; celulares clonados y sistemas de compresión y encriptación de datos); encontrarse en alta mar y traspasar la cocaína a los atuneros, que más tarde eran descargados en el puerto de Lázaro Cárdenas; de allí a bodegas en sus ranchos y luego a Ciudad Juárez y Nuevo Laredo para pasarla al otro lado. Gómez y Fritz no lo mencionan, pero debieron de mantener algún tipo de relación con García Ábrego, quien controlaba esa última plaza desde finales de los años ochenta hasta 1996, a quien seguramente le era de gran utilidad contar con una fuente de abastecimiento de marihuana y cocaína "limpia". Después se les complicaría usar esa plaza porque entrarían en conflicto con Los Zetas y por la violencia que estalló en Nuevo Laredo a partir de 2001. Pero entonces se vincularían con el "Chapo" Guzmán.

El negocio prosperó. Cuando la PGR comenzó a investigarlos en 1999, pidieron datos en el Registro Público de la Propiedad y descubrieron que entre 1989 y 1997 Luis y Armando Valencia habían adquirido 51 propiedades en diferentes municipios michoacanos: 21 casas, seis huertas de aguacate en los alrededores de Uruapan, una empacadora, dos ranchos y dos terreros. En el lavado de dinero involucraron a una red de parientes con todo y esposas y novias que hacían muchos depósitos de poca monta en múltiples cuentas de diversas sucursales bancarias y en casas de cambio a lo largo y ancho del estado de Michoacán. Según Janet Reno, la Fiscal de Estados Unidos, con el resultado de la operación conjunta de los gobiernos de Colombia y México, pudieron desarticular esa organización, pues en Colombia detuvieron a "Juvenal" y a Fabián Ochoa. En una típica jugada de la DEA, a México le avisaron apenas cuatro días antes que tenían 96 horas para atrapar a los primos Valencia, de quienes no se tenía ningún rastro, ni siquiera una fotografía. Lo único que los estadounidenses aportaron fueron cuatro direcciones en Guadalajara. Obviamente no los atraparon (sólo detuvieron a un narcotraficante colombiano llamado Guillermo Moreno, quien colaboraba en el lavado de dinero). Pese al anuncio del fin de su organización, continuaron con el trasiego de droga por lo menos cuatro años más, pues hasta 2003 el ejército detuvo a Armando Valencia en un bar de Guadalajara, acusado de narcotráfico y encarcelado en el penal federal de Almoloya. Su primo Luis y sus hermanos Juan y Ventura mantuvieron las operaciones, aunque ya disminuidas por el pleito que sostenían con Los Zetas desde 2001, cuando éstos comenzaron la invasión de Michoacán. Según las declaraciones ministeriales de Armando Valencia, en ese año el cártel del Golfo había enviado Zetas de importancia para que, junto con Carlos Rosales Mendoza, socio y compadre de Osiel Cárdenas, se apoderaran de Michoacán, considerando su elevado valor estratégico. Como el estado era controlado por Los Valencia, el conflicto fue inevitable. La buena voluntad y la disposición de Los Valencia de llevar la fiesta en paz con todos los grupos del narcotráfico no sirvió de nada frente al ánimo expansionista de Los Zetas. Los mercados ilegales no perdonan. En octubre de 2002, para fortuna de Armando y Luis Valencia, un comando que iba con la única misión de asesinarlos fue detenido en Guadalajara; pero muchos parientes y colaboradores no tuvieron la misma suerte. Entre 2002 y mayo de 2004 ya se contabilizaban más de cien ejecutados de ambos bandos. Los Valencia, para sobrevivir, tuvieron que romper su estilo y ampliar su organización con un brazo armado que intentara frenar el embate de su enemigos, aunque sin mucho éxito, pues comenzaría el dominio de Los Zetas en Michoacán que luego daría origen a La Familia.

La Familia Michoacana[204]

No obstante que Michoacán es un estado con una larga historia en el narcotráfico pues la producción de marihuana es bastante antigua, su incorporación al circuito de las grandes organizaciones nacionales del narcotráfico se dio de la mano de Los Valencia que, además de aprovechar la producción local de marihuana, incorporaron al estado en el trasiego de cocaína gracias a su ubicación geográfica. La creciente importancia del puerto de Lázaro Cárdenas

---

[204] Para la elaboración de este apartado se recurrió a información de William Finnegan, "The Mexican cartel: La Familia Michoacana", publicado en la revista *The New Yorker*, el 31 de mayo de 2010, y de George Grayson y Samuel Logan, *op. cit.*

y las vías de comunicación que se construyeron para conectarlo con las ciudades de México y Guadalajara, y con el resto del país, dieron a Michoacán una ventaja estratégica en materia de trasiego de estupefacientes. Para la organización del Golfo la posibilidad de controlar esa entidad le daría grandes ventajas: una nueva ruta para la cocaína colombiana y abasto abundante de marihuana. Además, Michoacán no estaba controlado por Sinaloa, sino por una pequeña organización local que no presentaría gran resistencia a la clara superioridad militar de Los Zetas. No había tiempo que perder. Carlos Rosales Mendoza, gente muy cercana a Osiel Cárdenas, con el apoyo de dos comandantes zetas, Efraín Teodoro Torres, el "Zeta 14", y Gustavo González Castro, "El Erótico", al mando de un grupo de paramilitares, llegaron en 2001 a tomar la plaza y lo lograron varios cientos de muertos después. En una versión, escribe Finnegan, fueron ex líderes de la organización de Los Valencia, también bautizada como Milenio, descontentos con sus jefes, quienes pidieron ayuda al cártel del Golfo para derrocar a los líderes de Milenio. Otra versión, dice que fue iniciativa del cártel del Golfo para hacer realidad su expansión hacia el occidente, y la situación interna de Milenio sólo fue un incentivo. En cualquier caso, Los Valencia fueron derrotados por Los Zetas, quienes comenzaron a dominar la región de la manera brutal como suelen hacerlo, con el respaldo del cártel del Golfo. La implacable ley del más fuerte y violento propia de los mercados ilegales.

Michoacán sería la plaza piloto para experimentar el modelo criminal descrito en el apartado anterior: producción y trasiego de droga más expoliación[205] de la sociedad vía las milicias de zetas y las bandas delincuenciales locales. El Golfo tendría suficiente marihuana y amapola michoacana que exportar; pero ante la diversificación de drogas para vender en Estados Unidos, también hicieron de ese estado su centro de producción de metanfetaminas. Puesto que por Lázaro Cárdenas podrían llegar las materias primas, esencialmente la efedrina, para producir drogas sintéticas (el cristal), no fue problema construir decenas de laboratorios donde producir metanfetaminas. Y como el ingreso para Los Zetas —no para el cártel

---

[205] Expoliar: despojar con violencia o con iniquidad (DRAE).

del Golfo— no provenía de las exportaciones sino del narcomenudeo, asimismo se dedicaron a crear el mercado interno de metanfetaminas, y pronto miles de jóvenes habían caído en la adicción.

Aunque el centro de operaciones de Los Zetas estaba en Apatzingán, pronto se extendieron a todo el estado y las extorsiones se expandieron como plaga: los productores de aguacate eran de los blancos prioritarios, pero no eran los únicos; negocios grandes y pequeños engrosaron las filas de contribuyentes forzados del impuesto zeta. Fueron cinco años de brutal dominio, y el descontento social brotó por todos lados.

Entonces, los michoacanos que colaboraban con Los Zetas decidieron que era necesario hacer algo para modificar el esquema de la criminalidad. Se rebelaron contra sus jefes, se presentaron como una organización nueva, La Familia, y le declararon la guerra a Los Zetas para expulsarlos de Michoacán. La Familia se presentó ante los michoacanos con dos ducesos en 2006 (para 2008 prácticamente los habían expulsado de la entidad). El primero, el 6 de septiembre, un comando del nuevo grupo irrumpió en un centro nocturno de Uruapan y lanzó a la pista de baile seis cabezas decapitadas de miembros de Los Zetas. Dejaron una nota que decía: "La Familia no mata por dinero, no asesina mujeres, ni gente inocente; sólo ejecuta a quienes merecen morir. Todos deben saber esto… esto es justicia divina." Un par de semanas después, publicaron un desplegado en varios periódicos michoacanos en el que expresarían, por un lado, las razones y los objetivos de su organización: imponer el orden en Michoacán, erradicar el secuestro, la extorsión telefónica y de persona a persona, los asesinatos por paga, los asaltos en carretera y el robo a casas habitación; añaden que van a terminar con la venta en las calles de la droga conocida como ice (una metanfetamina) con lo cual aludían a lo realizado por Los Zetas y al cártel del Milenio en su entidad. En la definición de quiénes la conformaban, el desplegado dice que La Familia está integrada por "trabajadores de la región Tierra Caliente organizados por la necesidad de terminar con la opresión, la humillación a la que han estado sometidos por la gente que siempre ha detentado el poder", y aseguraba que en ese momento su organización ya cubría todo el estado de Michoacán en su cruzada contra el crimen. El manifiesto termina con un llamado a la sociedad michoacana para que otorgue su comprensión y ayuda a la cruzada de La Familia contra el crimen. Todo fue inédito: las cabezas cercenadas, la presentación pública y, a través de los periódicos locales, el discurso utilizado (la mezcla de un lenguaje de banda criminal paramilitar y grupo guerrillero), el llamado a la sociedad a unirse y apoyarlos. La Familia inauguraría, sobre la base del modelo criminal instaurado por Los Zetas (narcotráfico más extracción de rentas sociales), un nuevo estilo delincuencial con una estrategia diferente: *a)* un discurso novedoso en el cual La Familia dice ser una organización producto de la misma sociedad para defenderla de los criminales fuereños y los malos gobiernos que la oprimen y *b)* el intento de esconder su naturaleza criminal detrás de una supuesta base social de apoyo, construida mediante el reparto de algunos beneficios sociales (centros de atención a drogadictos, negocios con empresarios locales; obras públicas en ayuntamientos controlados por La Familia). Pero bajo la piel de oveja permanece el lobo: la participación en mercados ilegales y actividades delictivas mediante el uso indiscriminado y brutal de la violencia… aunque la llamen justicia divina.

El liderazgo de La Familia, como el del cártel del Golfo, y a diferencia de las otras organizaciones de narcotráfico, no sería familiar aunque sí compartido. Los dos principales dirigentes fueron Nazario Moreno González, alias "El Chayo" o "El Más Loco" y Jesús Méndez Vargas, alias "El Chango" (Carlos Rosales, el impulsor de la ruptura con Los Zetas fue detenido en 2004). En un escalón inferior, el tercer hombre en importancia era Servando Gómez Martínez, alias "La Tuta" que sería como el director general adjunto. "El Chayo" fue un personaje carismático con aptitudes de líder espiritual que quiso imprimirle a La Familia una mística y una orientación de secta religiosa. Publicó un libro, *Pensamientos de la Familia* firmado por El Más Loco, de lectura obligatoria para todos sus miembros, inspirado —según investigó George Grayson— en las enseñanzas de un líder cristiano estadounidense, John Eldredge (liberar a los hombres y las mujeres para que puedan vivir acatando los dictados de su corazón, como aliados de Dios; todo hombre y mujer tienen que ser rescatados y tienen una batalla que pelear, una aventura que vivir), fundador en el estado de Colorado de una secta llamada los Ministerios de los Corazones Rescatados. El libro de Moreno es casi un plagio de otro de Eldredge titulado *Sé todo lo que puedes ser*. Moreno convocaba a los jóvenes michoacanos, especialmente a los adictos a las drogas, a incorporarse a La Familia con un mensaje de salvación y superación personal, para liberarlos de la esclavitud de las drogas y al mismo tiempo reclutarlos; los admitían en centros de rehabilitación para adictos financiados por La Familia. Allí los adoctrinaban con las tesis de Moreno-Eldredge y les prohibían el consumo de drogas, alcohol y tabaco.

Por su parte, "La Tuta", era un maestro normalista que participó en el movimiento magisterial de izquierda en los estados de Michoacán y Guerrero, movimiento cercano a las ideas y prácticas de la guerrilla presente en el vecino estado de Guerrero: el Ejército Popular Revolucionario (EPR) y el Ejército Revolucionario del Pueblo Insurgente (ERPI). "La Tuta" conocía las estrategias de penetración social de la izquierda; las tácticas de lucha guerrillera (emboscadas, por ejemplo, que utilizan regularmente contra la policía federal) y las formas de sobrevivir en la clandestinidad. La mezcla de pensamiento y prácticas de secta religiosa con las de la guerrilla le dieron a La Familia un perfil muy especial, pues ambas tradiciones manejan un mensaje de "liberación" (personal desde la óptica religiosa y social desde la óptica política de la izquierda revolucionaria) que hace atractiva la pertenencia a la organización (los fines criminales se enmascaran por medio de un discurso de salvación personal y de liberación de la opresión social y política); al mismo tiempo, fundamentan la solidez de la organización implementando una relación muy estrecha con un sector de la población, es decir, la construcción de una base social que los defienda y en la cual fundirse y esconderse.

Durante su recorrido por Tierra Caliente, el reportero de *The New Yorker*, William Finnegan, es conducido por dos michoacanos seguidores o miembros de La Familia que le explican los beneficios aportados por la organización a esa región del estado e insisten en demostrarle que la gente está de su lado: la guerra del presidente Calderón contra los narcotraficantes ha arruinado la economía de

Tierra Caliente y roto la paz social, le asegura a Finnegan su guía, Verónica Medina. "La Familia ha creado empleos, garantizado la seguridad pública y ayudado a los pobres. Si te enfermas y no tienes dinero, ellos (los de La Familia) te llevan al hospital y pagan las medicinas. Si no tienes para comprar tortillas, ellos te las compran." El despliegue del ejército y de la policía federal ha forzado a La Familia a retraerse y ha tenido que cerrar algunos centros de rehabilitación para drogadictos y alcohólicos. La policía local estaba muy mal pagada y, por tanto, es incompetente y corrupta. Cuando La Familia estaba al mando, nadie rompía las reglas. Tú no necesitabas cerrar las puertas de tu casa en las noches. "Si te encontraban borracho en la noche te golpeaban con un garrote." Una anécdota platicada por el reportero estadounidense revela cómo ganaban adeptos entre la población con el tema de la seguridad: una señora ya mayor de Morelia dice que tiene el teléfono de un miembro de La Familia y cuando oye algo raro en las noches fuera de su casa le habla; éste se comunica con la policía municipal para que atienda de inmediato a la señora y así sucede; la policía a las órdenes de los jefes mafiosos. Es innegable que La Familia logró el apoyo de una parte de la sociedad, especialmente en la región de Tierra Caliente y en particular de Apatzingán, pero en no todo Michoacán. Fueron varias las marchas de cientos de personas de esa ciudad pidiendo la salida de la policía federal y del ejército, pues eran vistas, según palabras de Finnegan, como fuerzas de ocupación. Sin embargo, el mismo reportero asegura que en Zitácuaro, al norte del estado, La Familia era la fuerza de ocupación repudiada por la población.

Para entender el perfil completo de La Familia hay que añadir dos elementos. Uno aportado por el otro líder, Jesús Méndez, "El Chango", quien estaba al frente de las operaciones de narcotráfico. Si bien tenían prohibido comercializar las metanfetaminas entre la población michoacana (una de sus banderas consistía en liberar a los miles de jóvenes que se volvieron adictos a esa droga, producto de la estrategia comercial de Los Zetas), eso no les impidió operar una pujante y muy rentable empresa de narcotráfico con dos vertientes, la exportación y la del mercado interno. Pero La Familia también tenía una división responsable de la producción de tres drogas: marihuana, amapola-opio y metanfetaminas. Miles de campesinos de Tierra Caliente incorporados a la siembra de marihuana y amapola eran parte de la base social (voluntaria o involuntariamente) de la organización, y los financiaba y mantenía hasta que recibían el ingreso producto de su cosecha. Además, construyeron una industria de metanfetaminas. Que en los primeros años del gobierno de Felipe Calderón se hayan destruido más de 400 laboratorios donde se producía la droga sintética da una idea del tamaño de esa industria. Es probable que la guía de Finnegan se refiriera a los trabajadores de esos laboratorios, cuando hablaba de los empleos creados por La Familia, además de los de la producción, empaquetamiento, almacenaje y traslado de marihuana y amapola.

Por tratarse de una organización regional alejada de la frontera norte, para introducir las cuatro drogas —marihuana, amapola, cocaína y metanfetaminas— a territorio estadounidense, además de una red de transporte considerable, debía establecer alianzas con los dueños de alguna plaza fronteriza. Todo indica que La Familia lo hizo con la organización de Sinaloa de manera que su mercancía era exportada por Sonora, probablemente a cambio de compartir el estratégico puerto de Lázaro Cárdenas. Además, La Familia también incursionó en la parte más rentable del mercado interno, la zona metropolitana de la Ciudad de México. La cercanía de Michoacán con el Estado de México y los municipios conurbados del Distrito Federal facilitó su tarea. A principios de 2007 ya había reportes de gente de La Familia comenzando a controlar el narcomenudeo y las extorsiones en municipios del oriente de la Ciudad de México, como Nezahualcóyotl, exactamente con el mismo esquema que utilizaban Los Zetas en otras zonas del país: someter por medio de la violencia a las bandas de delincuentes locales para convertirlas en parte de su organización, imponerles el pago de una cuota y ampliar las actividades criminales con la extorsión de negocios locales y el secuestro. Ya metidos en el negocio, establecieron bases de operación —con los consecuentes conflictos— con otras organizaciones en los estados de Jalisco, Guerrero, México y Guanajuato. Pero fue en Michoacán donde con mayor fuerza desplegaron su modo de operación. Finnegan narra de qué modo lo hicieron en Zitácuaro.

- Identificaron el problema más grave de la población y lo resolvieron para ganarse la simpatía de la gente; en el caso de Zitácuaro, eliminaron a los agiotistas y los taladores ilegales de madera y luego tomaron el control de esas actividades mediante impuestos.
- La Familia es muy adicta a cobrar impuestos y lo hace mejor que la tesorería municipal y estatal. Pero la estrategia va acompañada de mostrar seriedad en la imposición de castigos, de mostrar fuerza para ganarse el respeto y la obediencia. Asesinaron a un colaborador del alcalde Antonio Orihuela, quien andaba en negocios ilegales y mostraron su cabeza decapitada. Era un mensaje para el alcalde y su familia.
- Comenzaron a aplicar la extorsión directa a los nuevos ricos de los pueblos y empezaron a secuestrar a los propietarios de negocios prósperos.
- Otra vía con la que se entretejen en la sociedad de Zitácuaro es por medio de matrimonios entre miembros de la dirección de La familia con las hijas de las familias distinguidas de la ciudad y crear nuevas alianzas. La contratación de obra pública en Michoacán es percibida como controlada y dirigida por La Familia. La gente de Zitácuaro le comentó al autor lo difícil que se ha vuelto ganarse la vida sin conexiones con La Familia.

Como se puede apreciar en el relato anterior, es el modelo diseñado por Los Zetas pero perfeccionado, pues introdujeron estrategias de vinculación con la sociedad, otorgando algunos beneficios para, por un lado, manejar el discurso de que La Familia es una organización benéfica para la sociedad y opuesta a los malos gobiernos y, por el otro, reducir la resistencia y el descontento social por sus actividades. En el colmo del cinismo, para aparentar que La Familia estaba del lado de la sociedad, Rafael Cedeño, mano derecha de Nazario Moreno hasta 2009 cuando fue detenido, aseguraba ser observador permanente de la Comisión Estatal de Derechos Humanos y llegó a encabezar manifestaciones en Morelia que exigían la salida de la policía federal de la entidad.

Pero hay un elemento adicional en el modelo michoacano de delincuencia organizada. Al igual que las otras organizaciones de narcotraficantes, necesitaban y conseguían la colaboración de las policías municipales y de la estatal, pero La Familia fue más allá y se apoderó de los ayuntamientos enteros. No se trataba de incorporar a su nómina al director de seguridad pública municipal, sino al alcalde mismo para nombrar ellos a otros funcionarios municipales y abarcar nuevas áreas de negocio, como las obras públicas municipales. La forma como conseguían dominar a los ayuntamientos pequeños era simple: llegaba a la presidencia municipal un convoy de sicarios formado por 10 camionetas cada una con cuatro sicarios armados hasta los dientes; la policía municipal no podía hacer nada, pues eran encañonados. Luego llamaban al alcalde y le dictaban las reglas que iban a seguir; a la gente reunida le prometían acabar con borrachos y rateros; si sabían de algún joven que golpeara a su mamá, lo castigaban públicamente; si lo hacía de nuevo, lo mataban. Ganaban simpatía y miedo al mismo tiempo. A los alcaldes les pagaban por su hospitalidad. La ley de plata o plomo en pleno. Para ahorrarse trabajo de ir de ayuntamiento en ayuntamiento, en los primeros meses de 2008, poco después de haber asumido el puesto de presidentes municipales, "La Tuta" convocó con amenazas (plata o plomo) a más de 20 alcaldes de la región de Tierra Caliente para informarles de las reglas que debían cumplir para no ser asesinados: designar en las secretarías de Seguridad Pública y Obras Públicas a los miembros de La Familia que él les indicaría. Además, colocaban a jóvenes reclutados por ellos en puestos de oficina para allegarse información. Sin ninguna posibilidad de defenderse ante tales amenazas (aun pensando que las policías municipales no estuvieran compradas, estaban muy lejos de disponer de las capacidades y el equipamiento para enfrentar a los sicarios de La Familia; la policía estatal obedecía a "la Tuta"), los alcaldes electos estaban completamente indefensos, nadie a quien recurrir. Nunca informaron oficialmente de la reunión y de las amenazas recibidas; simplemente se doblegaron.

Era un paso más. Del control de las instituciones de seguridad y justicia al sometimiento y la privatización de ayuntamientos enteros; es decir, la apropiación del presupuesto, las políticas y las obras públicas. No importaba de qué partido fueran los alcaldes; eventualmente podían apoyar y financiar a algún candidato afín para convertirlo en alcalde suyo; en ocasiones lo hacían para impedir la llegada de otro con el que pudieran tener más problemas; pero sabían que tenían los medios para someterlos, ganara quien ganara. Anulaban de paso la incipiente democracia. ¿De qué servía hacer elecciones para que la gente decidiera quién los gobernaría, si La Familia anulaba todo eso y de manera violenta se apropiaba del gobierno municipal entero?

Y es que en realidad, por mucho discurso religioso y social que manejaran el "Chayo" y sus seguidores, el modelo criminal de La Familia se sustentaba en una violencia indiscriminada y brutal en contra de la sociedad, ejercida por sus múltiples grupos paramilitares entrenados originalmente por Los Zetas (y posteriormente por ex miembros de Los Zetas) en técnicas atroces, muy probablemente extraídas de los manuales de los kaibiles guatemaltecos. Arrestado en 2010, Miguel Ortiz, alias "El Tyson", reveló cómo participaba en el entrenamiento de los sicarios recién reclutados y entregó unos videos que fueron divulgados. En uno, Ortiz aparece degollando un cadáver enfrente de un grupo de jóvenes que iniciaban su capacitación, para enseñarles cómo hacerlo de manera rápida o lenta y dolorosa. En otro curso que le dio a 40 reclutas en una montaña cerca de Morelia, les llevó un grupo de enemigos capturados para que los nuevos sicarios aprendieran a perderle miedo a la sangre:

> Así los ponemos a prueba: los hacemos que maten a los prisioneros y luego les pedimos que los descuarticen; de esa manera, cortando un brazo o una pierna es como los nuevos le pierden el miedo a la sangre. No es fácil. Tienes que cortar los huesos y todo, pero necesitamos que sufran un poco, pero es para que vayan perdiendo el miedo poco a poco. Usábamos cuchillos de carnicero o pequeños machetes de 30 centímetros de largo. A los nuevos reclutas les llevaba como 10

minutos cortar un brazo pues se ponían nerviosos, cuando yo hacía lo mismo en tres o cuatro minutos.[206]

Eran técnicas para convertir sicarios en máquinas de asesinar; era un entrenamiento que los deshumanizaba por completo. La trayectoria del "Tyson" comenzó en 1999 a la edad de 18 años, cuando entró en la policía estatal; tres años después comenzó a trabajar para La Familia que apenas comenzaba a formarse; durante el conflicto con Los Zetas, escogió al "Chayo" y en los años siguientes se mantuvo como policía estatal con el encargo de arrestar enemigos de La Familia para entregárselos o, en algunas ocasiones, ejecutarlos. Ortiz dejó la policía estatal en 2008 para incorporarse de tiempo completo en la organización, pero aun así seguía utilizando patrullas y uniformes de la policía estatal y trabajando con sus ex compañeros. En 2009 participó en una emboscada que le prepararon a un convoy de la policía federal cerca de Zitácuaro, donde fueron asesinados 15 federales. Su premio fue nombrarlo jefe de la plaza de Morelia.

La Familia estaba dividida en plazas (Morelia, Uruapan, Apatzingán, Lázaro Cárdenas, Zitácuaro, etcétera) y cada una tenía su célula de varias decenas de sicarios. Su ejército se complementaba con el tradicional sistema de información, compuesto por cientos o miles de "halcones" —taxistas, despachadores de gasolina, policías municipales— que mantienen una estrecha y rigurosa vigilancia sobre los cuarteles militares y de la policía federal, de manera que siempre tienen un registro de todos los movimientos de las fuerzas federales. Por esta razón el mapa del crimen organizado en torno al narcotráfico mexicano no puede explicarse sin la referencia a esta organización: encontró la manera de liberarse de sus antiguos dueños, Los Zetas, y darle un giro al modelo criminal aprendido de éstos mediante nuevas estrategias que le garantizaran una implantación diferente en el tejido social michoacano.

La organización de Colima

---

[206] Ioan Grillo, *op. cit.*, p. 334.

Aunque pequeña y efímera, la organización de Colima enfocada en la importación y exportación de efedrina y a la producción de metanfetaminas, es un buen ejemplo de cómo una organización aprovecha la disparidad de marcos legales entre México y Estados Unidos y la facilidad para incursionar en un nuevo mercado de los estupefacientes. La historia aquí narrada es una síntesis de lo investigado por María Idalia Gómez y Darío Fritz.[207] Creada y dirigida por los hermanos —otra vez un clan familiar— Luis Ignacio, Jesús y Adán Contreras Amezcua, originarios de Ciudad Guzmán, Jalisco, entraron al negocio de manera casi accidental. Nacidos en los sesenta, a finales de la década de los setenta los dos primeros ya habían emigrado a Estados Unidos y en la década de los ochenta se dedicaban a cruzar mexicanos indocumentados, es decir, eran "polleros".

En 1987, un estadounidense les pide que le compren en México unos 200 kilos de efedrina, pues en su país está prohibida, mientras en México es legal adquirirla y venderla. Se la encargan a un amigo suyo, Miguel Mendoza, quien la consigue en la Ciudad de México, la lleva a Tijuana y desde allí se las manda a Los Ángeles por la empresa Transportes Castores. El "favor" les dejó unos 15 mil dólares, es decir, un muy buen dinero para ellos a cambio de poco. Así comenzaron y fue el método que utilizaron hasta 1992 cuando la efedrina subió de precio en México y decidieron buscar un proveedor más barato. Lo encontraron en la India, donde el kilo de efedrina costaba 48 dólares al que habría que añadir el flete y costos administrativos; pero aun así estaba muy por debajo de los 400 dólares el kilo como se vendía en México. José de Jesús invitó a su amigo Antonio Osorio, que se dedicaba a las importaciones, a asociarse con él para que le ayudara a realizar los trámites de importación de la India a México. Una vez cubiertos (permisos de importación de las secretarías de Salubridad y Hacienda y de la embajada de la India) compraron 200 kilos pagando 9 600 dólares con tarjeta American Express; los vendieron en Estados Unidos en 92 mil dólares. Negocio redondo. La segunda operación con los indúes fue por tonelada y media, y también fue exitosa.

---

[207] Ma. Idalia Gómez y Darío Fritz, *op. cit.*, pp. 199-239.

El tercer pedido realizado en noviembre de 1993 fue de siete toneladas, pero no se las entregaron porque les dijeron que la DEA estaba preguntando demasiado; Osorio se fue a Tailandia desde donde pidió que le devolvieran su dinero (había pagado con cheques de viajero) y la empresa indú le dijo que lo haría con gusto y lo enviarían a la persona que él les indicara. Al acudir por su dinero quien se presentó no fue el representante de los productores de efedrina sino un agente de la DEA; detuvo a Osorio y lo envió preso a Estados Unidos.

Los hermanos José de Jesús y Luis Ignacio cambiaron y diversificaron proveedores y crearon una empresa farmacéutica con domicilio en Tuxpan, Jalisco, que hacía las importaciones de efedrina de manera legal. Comenzaron a comprar en China y luego en Alemania y construyeron en algunos años un verdadero emporio. Los cargamentos arribaban a los puertos de Lázaro Cárdenas o Manzanillo en el Pacífico y a Veracruz en el Golfo. Luego los enviaban por tren o avión escondida entre otros productos, a diversas bodegas que tenían

en los estados de Morelos, Michoacán, Sinaloa, Sonora, Durango y Baja California. El producto lo dividían en bidones de 25 y 50 kilogramos cada uno para venderlo de 25 mil hasta 40 mil dólares. El 80 por ciento de la efedrina y pseudoefedrina que importaban la trasladaban hasta California, en donde vendían más de la mitad a varios productores y lo que quedaba lo utilizaban para sus propios laboratorios de metanfetaminas y anfetaminas en Estados Unidos y la frontera norte de México. Luis Ignacio y José de Jesús, los jefes de grupo, tenían su base de operaciones en las ciudades de Colima (de allí el nombre de la organización) y Guadalajara, allí realizaban sus transacciones y acuerdos con vendedores y compradores. Pagaban a los agentes aduanales y a algunos policías locales, a cambio de sus servicios de supervisión y de omisión. Agentes mexicanos y estadounidenses recibían el dinero mensualmente para dejar pasar el químico a determinada hora y por determinada caseta, dentro de un automóvil de características previamente pactadas, así nadie lo revisaría. Gastaban en la corrupción de agentes entre cinco y diez mil dólares mensuales. Lo anterior lo verificó el equipo de inteligencia (de agentes del Centro de Planeación para el Control de Drogas, Cendro, que los seguía e hizo posible su detención).[208]

En junio de 1998, en un operativo quirúrgico, la PGR detuvo el mismo día en el Distrito Federal a José de Jesús y a Luis Ignacio en Guadalajara, producto de la investigación Operación Oriente. Tenía más de dos años de iniciada por un pequeño equipo de miembros del Cendro, que después implicaría la participación de más de 40 investigadores y la colaboración de las policías de Canadá, España, Estados Unidos e Israel para confirmar rutas, proveedores y estrategias empleadas por los Amezcua Contreras. La DEA tuvo que reconocer, por primera vez, el buen trabajo realizado por las agencias mexicanas para desarticular una organización de narcotráfico que la misma PGR catalogaría como la tercera en importancia, después de las de Amado Carrillo y los Arellano Félix.

Los pocos datos aquí expuestos dan cuenta de una empresa que supo aprovechar dos factores. Primero, un "nicho" del mercado ilegal de las drogas que crecía en Estados Unidos, las drogas sintéticas, y lo hizo más con una estructura empresarial propiamente dicha (servicios logísticos de proveedores, transporte, almacenamiento y trasiego por la frontera) que con una estructura orientada por la violencia. Se concentraron en dos productos (efedrina y pseudoefedrina) y en sus derivados, metanfetaminas y anfetaminas, y no se metieron al terreno de las otras organizaciones (marihuana, cocaína y amapola) para no tener conflictos porque no podrían ganar. El segundo factor que facilitó su operación fue la disparidad de legislaciónes, pues mientras en Estados Unidos estaba prohibida la importación de esas materias primas, en México era legal, lo que dificultaba que las autoridades los persiguieran. Lo penado era importarla con el fin de transformarla en metanfetaminas, lo cual era un delito muy difícil de probar si no existía evidencia física. Quizá el error de los Amezcua fue construir

---

[208] *Ibid.*, p. 232.

laboratorios para fabricarlas. Las autoridades de Estados Unidos solicitaban de manera casi rutinaria a México que les ayudaran a detener a quienes exportaran desde nuestro territorio al suyo la efedrina para efectos de extradición, pues para aquéllas sí eran delincuentes. Ésa fue la causa de que se iniciara la Operación Oriente, pero no le quita mérito a las autoridades mexicanas que siguieron las investigaciones, aun cuando los estadounidenses habían olvidado las detenciones ocurridas en 1995 que motivaron el inicio del proyecto ilegal.

La organización de Sinaloa

Finalmente, el mapa del narcotráfico en los años noventa y la primera mitad de la década inicial del año 2000 no estaría completo sin examinar el desarrollo de la organización de Sinaloa; en esta matriz se produjo la fragmentación de la delincuencia organizada a partir de 1989 y que, por tanto, sufrió un profundo proceso de reorganización.

De las versiones que se tienen del reparto hecho por Miguel Ángel Félix Gallardo y Guillermo González Calderoni, el estado de Sinaloa habría sido encargado a Ismael "El Mayo" Zambada. Sin embargo, esa plaza no tenía cruce fronterizo, en manos de las otras familias y colaboradores de la organización que comandaba Félix Gallardo, por lo que se deduce que el valor de la plaza de Sinaloa era el control de las áreas de producción de marihuana y amapola. Si "El Mayo" Zambada quería exportar estupefacientes, tendría que utilizar cualquiera de los territorios en manos de sus antiguos socios y pagarles el derecho de piso; si éstos deseaban exportar marihuana y opio, tendrían que comprar con "El Mayo". Esa separación de las áreas productivas de las plazas de cruce a Estados Unidos dio origen a diversas alianzas. De los datos de quienes han investigado la evolución de los principales narcotraficantes en los años noventa,[209] se puede deducir que quienes mayor relación mantuvieron con "El Mayo" Zambada, responsable de la plaza de Sinaloa, fueron Joaquín Guzmán Loera, "El Chapo" y

---

[209] Luis Astorga, Malcolm Bieth, Ioan Grillo, Ricardo Ravelo.

Héctor "El Güero" Palma Salazar, que controlaban Tecate y San Luis Río Colorado, respectivamente. Éstos dos pronto se quedarían también con Mexicali, después de la detención de Rafael Chao López quien la tuvo bajo su control un par de años. Así, "El Mayo", "El Güero" y "El Chapo" serían la trilogía visible de líderes de la segunda versión de la organización de Sinaloa. Es muy probable que se tratara de un cuarteto, pues también estaba otro personaje clave, Juan José Esparragoza, "El Azul", quien era, según Malcolm Bieth, el principal consejero del "Chapo" y muy cercano a Amado Carrillo Fuentes.

De esa manera, no es extraño que frente a las organizaciones de Tijuana y Ciudad Juárez, que pronto crecerían y se volverían grandes empresas de narcotráfico gracias a que ya tenían una historia y una base sobre la cual desarrollarse, los sinaloenses de menor rango o visibilidad se juntaran e intentaran formar una organización de grandes vuelos, con base en las zonas productoras y un amplio corredor para la exportación: el tramo de la frontera que corre de Mexicali hasta Nogales, Sonora, otra plaza de la que también se apoderarían (Emilio Caro Payán o Emilio Quintero Payán quien controlaba Nogales y Hermosillo, fue asesinado en abril de 1993). Y en ese proyecto "El Chapo" Guzmán desempeñaría la tarea de gran arquitecto y maestro de obra al mismo tiempo. Se ganaría a pulso la condición de líder.

El perfil que presenta Malcolm Bieth de Joaquín Guzmán Loera (nacido en el rancho La Tuna, en el municipio de Badiraguato, Sinaloa, en abril de 1957), es el de un tipo con una gran inteligencia y grandes capacidades organizativas, además de un trabajador incansable y metódico. "El Chapo" era un narco ambicioso y eficaz que pronto destacó en el negocio y que a principios de los ochenta, dado su potencial, fue presentado al "Padrino", Miguel Ángel Félix Gallardo, quien lo hizo responsable de la logística de la organización: coordinación de vuelos, llegada de barcos, organización del transporte terrestre y asegurar que la droga llegara sin problemas a la frontera con Estados Unidos. No debe extrañar que a fines de los ochenta "El Chapo" se convirtiera en un narcotraficante fuera de serie, pues nació y creció en un mundo que se definía casi en su totalidad por el negocio de las drogas.

Nació cuando Sinaloa vivía el auge de la producción de amapola, producto de la demanda provocada por la Segunda Guerra Mundial y la guerra de Corea; su adolescencia y juventud transcurrió durante el auge de la producción de marihuana, producto de la revolución social y antibélica en Estados Unidos en los años sesenta y setenta. Y Badiraguato, su tierra, era el centro productor de marihuana y amapola, el pueblo "gomero" por excelencia. Su padre era conocido de Pedro Avilés, el capo de la década de los sesenta y setenta.

> Uno de los perfiles psicológicos que se le realizaron (cuando estuvo preso) subraya la tenacidad con que se empeña en demostrar "superioridad intelectual" y alcanzar un "estatus de omnipotencia". De acuerdo con el diagnóstico, "en su realidad interna no existe la culpa", posee habilidades para "manipular su entorno" y pretende mantenerse en el "centro de la atención". Seductor, afable, espléndido, el Chapo sabe generar "sentimientos de lealtad y dependencia hacia su persona". Es tolerante a la frustración, "pero no indulgente con sus detractores". Sus respuestas son siempre calculadas y define claramente sus metas [...] Cuatro años después de la fuga [de Puente Grande] el subprocurador José Luis Santiago Vasconcelos lo definió como el criminal más inteligente y con mayor capacidad de reacción que la PGR ha enfrentado.[210]

Patrick Radden, periodista de *The New York Times*, lo describió de la siguiente manera:

> "El Chapo siempre habla del negocio de las drogas, no importa dónde se encuentre", comentó hace varios años un antiguo confidente del capo, y aseguró que es un emprendedor, un empresario obsesivo, con una gran inclinación por la microgestión de sus negocios. Desde su reducto en las remotas montañas donde se cree que se esconde, rodeado todo el

---

[210] Héctor de Mauleón, *op. cit.*, p. 60.

tiempo por un equipo de gente armada, el Chapo supervisa una red logística que, en ciertos aspectos, es tan sofisticada como la de Amazon o la mensajería UPS; cuando lo piensas bien, doblemente sofisticada porque los narcotraficantes mueven tanto sus productos como sus ganancias de manera secreta, y constantemente están maniobrando para evitar la muerte o ser detenidos.[211]

En el relato de Bieth, se cuenta cómo incorporó a sus hermanos Arturo, Miguel Ángel, Emilio y Aureliano al equipo, y a los hermanos Beltrán Leyva[212] (Arturo, Alfredo, Héctor y Carlos); su gran amigo era "El Mayo" Zambada, con quien compartía la obsesión por la perfección, pues no toleraban los errores ni la incompetencia. Al principio "El Chapo" tuvo su base de operaciones en Guadalajara, aunque también tenía un centro de mando y operaciones en Agua Prieta, Sonora y tenía casas de seguridad en Culiacán, Mexicali y Tecate. Ranchos en Chihuahua, Sinaloa, Sonora y Durango donde se producía amapola y marihuana. Sabía delegar y pocas gentes de su organización podían verlo. Sus jefes de plaza tenían libertad para realizar acciones paralelas, como el robo de autos. Permitía el trabajo de fuereños siempre y cuando cubrieran el "derecho de piso".[213]

La iniciativa y audacia de "El Chapo" aunadas a una dirección colegiada que sumaba mucha experiencia y conocimiento del negocio, pusieron de nuevo a la organización de Sinaloa en el mapa del narcotráfico. Al principio, en 1989, ésta controlaba sólo una ruta del contrabando de drogas, a través de la frontera entre Sonora y Arizona. Pero la aprovecharon bien, pues un año después ya traficaban tres toneladas de cocaína al mes y desde allí la llevaban a Los Ángeles. Al principio de la fragmentación mantuvieron buenas relaciones con los Arellano Félix y llegaron a utilizar Tijuana para cruzar cocaína y marihuana, pagando el derecho de piso correspondiente. Los diversos textos sobre esta organización coinciden en que una de las características que la distinguía era la enorme inventiva de "El Chapo" para cruzar los estupefacientes

---

[211] Patrick Radden Keefe, "Cocaine Incorporated", *The New York Times Magazine*, 17 de junio de 2012.

[212] Nótese que de nuevo en el liderazgo de la organización aparecen dos clanes familiares reforzados por otros líderes a los que unía una larga y estrecha amistad.

[213] Malcolm Bieth, *El último narco*, Ediciones B, México, 2011, pp. 63-68; 105-110.

a territorio estadounidense. Radden comenta varios de sus recursos: además de utilizar aviones pequeños de su propiedad, escondían la cocaína en maletas de turistas en vuelos comerciales; contenedores en grandes barcos; lanchas rápidas, botes semisumergibles y luego submarinos construidos en la Amazonia y cuyas partes eran trasladadas por el río y armados en la costa, cuyo costo podía superar el millón de dólares; cuando los estadounidenses construyeron la cerca de alambre y vigilancia electrónica para impedir el cruce de migrantes y drogas, "El Chapo" ideó y construyó catapultas que aventaban los paquetes de marihuana de 50 kilos desde el lado mexicano por encima de la valla y su gente la recogía en territorio de Estados Unidos —la tecnología de punta utilizada en el muro fronterizo fue derrotada por tecnología de hace 2 500 años, le comentó a Radden un ex jefe de la DEA—. "El Chapo" también recurrió a producir marihuana en territorio estadounidense; un cazador se topó en el norte del estado de Wisconsin, casi en la frontera con Canadá, en un parque nacional, un sembradío de marihuana con riego custodiado por mexicanos con rifles AK-47; de acuerdo con la DEA, pertenecía a la organización de Sinaloa y su producción era vendida en Chicago. En cuanto a la heroína, aunque es más fácil de contrabandear es más difícil producirla y "El Chapo" estaba especialmente orgulloso del trabajo de su organización al respecto. Él personalmente negociaba los cargamentos a Estados Unidos y aseguraba que su pureza era de 94 por ciento. En los primeros años de la década de los noventa inició la producción de metanfetaminas en Guadalajara, trabajo que le encargó a otro de sus amigos, Ignacio Coronel; al principio, para introducirlas en el mercado frente a sus competidores, enviaban dos kilos de metanfetaminas en cada cargamento de marihuana, que regalaban; una vez que tuvieron sus clientes construyeron grandes laboratorios para producirla. Pero la gran contribución de "El Chapo" a la tecnología del narcotráfico, continúa el relato de Radden en *The New York Times Magazine*, fueron los túneles. A fines de los ochenta contrató un arquitecto para que le diseñara un túnel que cruzara la frontera desde una casa que tenía en Agua Prieta, Sonora. Lo que parecía el excusado de un baño era en realidad una palanca que ponía en marcha un sistema hidráulico para abrir una puerta escondida bajo la mesa de billar, en una sala de la casa. El pasadizo era de más de 70 metros de largo y desembocaba en una bodega de la organización en Douglas, Arizona. Una vez terminado, le ordenó a uno de sus lugartenientes que pidiera a los colombianos enviaran toda la cocaína que pudieran. Los aviones que llevaban la droga aún no habían regresado a Colombia, cuando ésta ya estaba en Los Ángeles. Cuando el túnel fue descubierto, Joaquín Guzmán Loera abrió una fábrica de chiles en conserva, pero en vez de enlatar jalapeños enlataba cocaína, marca "Jalapeños Comadre"; también utilizaba camiones refrigerados llenos de pescado que eran revisados rápida y muy superficialmente.[214]

Lo anterior es una aproximación no sólo a la inventiva del "Chapo", sino a las dimensiones y complejidades operativas de la organización que había detrás de él: toda una empresa integrada vertical y horizontalmente que funcionaba con gran eficiencia y con una clara vocación expansiva, pues tenía el control de Sonora, Sinaloa, Durango, Nayarit, Jalisco, Guerrero y Oaxaca; pronto iniciaría la reconquista de sus antiguos territorios, comenzando por Mexicali, Nogales y Tijuana. Si las dos primeras no representaron gran problema por la ausencia de sus jefes de plaza (Rafael Chao López fue detenido por los estadounidenses y Emilio Caro Quintero simplemente dejó de operar), la lucha por Tijuana iniciada desde 1991 o 1992, sería costosa y muy larga ya que truncaría temporalmente la meteórica carrera del "Chapo". Como parte de los múltiples enfrentamientos ocurridos entre sicarios y líderes de las dos organizaciones, el 24 de mayo de 1993 ocurrió uno de gran repercusión, pues en la balacera desatada por sicarios de los Arellano Félix, llevados desde San Diego hasta Guadalajara para asesinar al "Chapo" Guzmán, el que resultó muerto de 14 balazos fue el cardenal Juan José Posadas Ocampo, quien había llegado al aeropuerto a recoger al nuncio apostólico, Girolamo Priggione. "Esto se va a poner de la chingada" le habría dicho el "Chapo" a su administrador, Hernán Medina, pocas horas después de los hechos.[215] Y efectivamente así se puso. El escándalo obviamente fue mayús-

---

[214] Patrick Radden Keefe, *op. cit.*
[215] Héctor de Mauleón, *op. cit.*, p. 61.

culo y el gobierno del presidente Carlos Salinas se vio obligado a actuar rápido. En menos de tres semanas, el 9 de junio, logró que el ejército de Guatemala detuviera a Joaquín Guzmán Loera y lo entregara a las autoridades mexicanas, quienes lo enviaron al penal de máxima seguridad en Almoloya, sentenciado a 20 años de prisión. Uno de los Arellano Félix, Rafael, sería detenido en diciembre de ese mismo año.

Para la organización de Sinaloa el encarcelamiento de "El Chapo" fue un golpe severo y aunque no la descabezó por completo, ya que ahí estaban "El Mayo" Zambada, "El Güero" Palma, y "El Azul" Esparragoza, e incluso los Beltrán Leyva, sí perdió el impulso que aquel le daba. Entonces Amado Carrillo se puso al frente de Ciudad Juárez y pretendió convertirse en un nuevo jefe máximo, con Sinaloa bajo su mando, impulsando La Federación. No se sabe con certeza qué tanto los sinaloenses se sometieron a Carrillo, si se trataba de una alianza para llevar la fiesta en paz y coordinarse en algunas operaciones, o de un sojuzgamiento; lo que parece estar más documentado es que "El Azul" era muy cercano al líder de Juárez y actuaba como mediador entre ambas organizaciones. Tampoco hay datos de enfrentamientos o conflictos entre ambas organizaciones, por lo que se reforzaría la hipótesis de que se habría establecido algún acuerdo de colaboración, sobre todo después de la caída de Héctor "El Güero" Palma en junio de 1995 (hay versiones en el sentido de que la detención de éste por el ejército fue producto de una delación de Amado Carrillo). Cuando menos públicamente el "Señor de los Cielos" aparecía en esos años (1993-1997) como el gran capo del narcotráfico en México, pero eso no significaba necesariamente que los otros estuvieran sometidos, pues "El Mayo" y "El Azul" son líderes que siempre han preferido un perfil discreto. Cuando Amado murió en julio de 1997 —después de someterse a una operación de cirugía plástica para cambiar su aspecto físico y escapar de la feroz persecución de las autoridades puesto que meses antes, en febrero de ese año, el general Gutiérrez Rebollo, titular del Instituto Nacional contra las Drogas, INCD, había sido encarcelado por brindarle protección—, es más probable que Juárez y Sinaloa, las dos organizaciones sin sus líderes fuertes, hayan operado juntas. El sucesor de Amado,

Rodolfo Carrillo no tenía el carisma ni la fuerza de su hermano para que hubiera sometido a "El Mayo", a los Beltrán Leyva y a "El Azul". Además, desde noviembre de 1995, "El Chapo" había sido trasladado del penal de Almoloya al de Puente Grande y es muy probable que para 1997 ya hubiera comenzado a ganar control de algunas autoridades de la otra cárcel de máxima seguridad, que le permitieran estar en contacto con sus amigos y subalternos y, por tanto, seguir participando en la toma de decisiones. Arturo Beltrán Leyva era el que lo visitaba con frecuencia en Puente Grande, para llevarle dinero con el cual realizar su tarea de conseguir privilegios y facilidades de vida en su encierro, y para acordar asuntos de la organización.

Mientras "El Chapo" permanecía prisionero, los Arellano Félix, sus enemigos, se consolidaban y la organización del Golfo crecía expandiéndose peligrosamente al occidente y sur del país, gracias a la creación de Los Zetas. Seguramente la forma como evolucionaban sus competidores era vista con preocupación por Guzmán Loera. Había que actuar ante el liderazgo de su organización que se movía por inercia. Además, en julio de 2000 el PAN ganó las elecciones y por primera vez habría un presidente de la República que no sería del partido hegemónico. ¿Qué significaría aquello en cuanto a la relación entre organizaciones criminales y autoridades políticas y policiacas? Presidente electo, Vicente Fox se había comprometido a combatir a fondo el narcotráfico, lo cual no parecía una buena noticia. Las circunstancias se volvían inciertas y eventualmente peligrosas. Había que actuar y rápido. No llevaba ni dos meses en Los Pinos cuando la política contra el narcotráfico del nuevo mandatario sufrió un gran revés: en enero de 2001, "El Chapo" se escapó de Puente Grande con la complicidad de mucha gente que trabajaba en esa cárcel de máxima seguridad. Jorge Tello, subsecretario de Gobernación y responsable de los centros penitenciarios, declaró: "Lo que sucedió en Jalisco es evidencia de la capacidad de corrupción, podríamos decir de la erosión estructural de las instituciones nacionales por parte del crimen organizado, particularmente del tráfico de drogas. Las rejas de la prisión y los millones de pesos (invertidos) en sistemas de seguridad no servirán de nada si los prisioneros salen por la puerta. Dicen que el señor Guzmán no escapó, sino que lo dejaron salir."[216]

Durante varios meses la PGR y el ejército se volcaron en persecución de "El Chapo" Guzmán por cielo, tierra y mar. Querían lavar la afrenta que significaba su fuga. La búsqueda fue infructuosa y aunque pudieron capturar a uno de sus hermanos, Arturo Guzmán, alias "El Pollo", en septiembre de 2001, "El Chapo" se les esfumó. No sólo retomó el mando de su organización, sino que lo hizo con el halo de una figura mítica, el capo que se burló del gobierno, que demostró que las cárceles de máxima seguridad eran tan vulnerables a la corrupción como cualquier otra y que puso en ridículo a la nueva administración del presidente Vicente Fox. Si antes era un líder entre otros muchos del narcotráfico, a partir de 2001 su leyenda comenzaría a crecer. Entonces, de ahora en adelante "El Chapo" tendría un sólo objetivo: convertir a la organización de Sinaloa en la empresa dominante del narcotráfico en México, lo cual implicaría dos grandes proyectos. Primero, fortalecerla internamente y por eso la reorganizó. Había que mejorar la producción de marihuana para hacerla competitiva ante los avances de la producción de esa yerba en Estados Unidos con nuevos métodos (de invernadero, modificada genéticamente para que tuviera mayor potencia); y comenzaron a aparecer enormes plantíos de invernadero, con sistemas de riego y tecnología de punta ya no en la sierra, sino en las zonas donde se cultivaba tomate y trigo. Es probable que "El Mayo" Zambada estuviera a cargo de esa parte de la empresa. La división metanfetaminas se desarrollaría en Guadalajara, aprovechando la salida del mercado de los hermanos Amezcua Contreras, aunque también abriría algunos laboratorios cerca de Culiacán. Ignacio Coronel sería su director. Los hermanos Beltrán Leyva entrarían al equipo directivo y al parecer tendrían bajo su responsabilidad al menos una parte del tráfico de cocaína desde Colombia. También se harían cargo de otras dos tareas de gran relevancia: reforzar el brazo armado de la organización y comprar protección política y policiaca en las más

---

[216] Malcolm Bieth, *op. cit.*, pp. 63-68; 105-110.

altas jerarquías. El poder de los Beltrán Leyva aumentó considerablemente en esta nueva etapa de la organización.

El segundo proyecto era retomar su vocación expansionista; así como a partir de los setenta los capos sinaloenses lograron construir una empresa dominante en la exportación de estupefacientes, al comienzo del nuevo siglo "El Chapo" parecía dispuesto a reeditar la historia; sólo que ahora las cosas no serían tan fáciles, pues el mapa de las empresas de narcotraficantes era completamente diferente. Tenían enfrente tres grandes organizaciones: una en Tijuana, otra en Ciudad Juárez y una más en Tamaulipas, esta última expandiéndose de manera acelerada. Pero los vientos le fueron favorables, ya que a principios de 2002 Tijuana se vería debilitada por la muerte de Ramón y la detención de Benjamín Arellano Félix; y, en marzo de 2003, la aprehensión de Osiel Cárdenas descabezó al Golfo. Entonces buscó una alianza temporal con Juárez y se lanzó a la conquista de territorios. Sonaron los tambores de guerra. En Estados Unidos el mercado era lo suficientemente grande y rentable por lo que se podían hacer inversiones en proyectos expansionistas y recuperarlas posteriormente.

EL CAMBIANTE MERCADO DE DROGAS DE ESTADOS UNIDOS. REPOSICIONAMIENTO DE LOS MEXICANOS FRENTE A LOS COLOMBIANOS Y EL MERCADO NACIONAL

Después de la pronunciada caída en el consumo de drogas a partir de 1979 (el año pico del enamoramiento por los estadounidenses de los estupefacientes, pues entre ese año y 1990 el número total de usuarios regulares de todas las drogas ilegales se redujo de 25.4 millones a 13.5 millones), en la década de los noventa, cuando se iniciaba el proceso de fragmentación de las organizaciones mexicanas dedicadas al narcotráfico, el mercado de esos bienes registró comportamientos diferenciados. El consumo de marihuana permaneció estable durante toda la década, pues alrededor de 11 millones de estadounidenses se mantuvieron como fumadores frecuentes de la yerba. En el caso de la cocaína las cosas no fueron muy buenas para los exportadores mexicanos, pues el consumo sufrió una caída significativa entre 1990 y 2000. De los 2.4 millones de consumidores regulares de cocaína y crack (una droga elaborada a partir de la cocaína mezclada con bicarbonato de sodio y que se fuma en vez de ser aspirada) existentes al principio de la década, al terminar ésta sólo había 1.5 millones de usuarios regulares de las dos modalidades de la coca. Debe tenerse en cuenta que desde 1983 o 1984, cuando las organizaciones mexicanas se iniciaron en la actividad exportadora de cocaína, tres de ellas controlaban las exportaciones —Tijuana, Juárez y Sinaloa—, y la organización del Golfo se incorporó a fines de los ochenta, por lo que en los años de reducción de la demanda había cuatro empresas competidoras con un mercado a la baja. Con respecto al mercado de la heroína, ha sido reducido y así se mantuvo a lo largo de la década; aunque las variaciones que registran las encuestas sobre esta droga pudieran expresar problemas en la medición real del número de consumidores, no hay duda de que se trata de un segmento de población cuya magnitud es de cientos de miles, siempre debajo del medio millón, y no de millones como en los casos de la marihuana y la cocaína. Finalmente, es a partir del año 2000 que las encuestas sobre adicciones en Estados Unidos comenzaron a registrar el consumo de metanfetaminas, la cuarta droga exportada por las organizaciones mexicanas; y contra la creencia generalizada de que su consumo era de millones de personas, la primera cifra registrada es menor al medio millón de consumidores regulares.

A partir del año 2000 se presentó un punto de inflexión en el consumo de estupefacientes en Estados Unidos, pues se frenó su caída y se retomó el crecimiento. En 2006, los consumidores totales eran casi 20 millones y medio contra 14 millones de seis años antes; los de marihuana crecieron en cuatro millones; los de cocaína se duplicaron entre 2000 y 2006 al pasar de 1.2 a 2.4 millones de consumidores regulares, más 700 mil de crack. Los de heroína casi se triplicaron al pasar de 130 a 340 mil, mientras que los de metanfetaminas se multiplicaron por dos.

CUADRO 4
Estimación de usuarios, en números absolutos (miles), de drogas en la población de Estados Unidos mayor de 12 años: 1979-2006*

Droga/Año	1979	1990	1995	2000	2006
Todas las drogas ilegales	25 399	13 526	12 553	14 027	20 400
Marihuana y hachís	23 790	10 913	9 842	10 714	14 800
Cocaína	4 743	1 720	1 453	1 213	2 400
Crack		686	420	265	702
Heroína	128	79	196	130	338
Metanfetaminas				387	731

Fuente: SAMHASA, Encuestas de consumo de drogas de 2000, 2002, 2006.

* La suma de consumidores de las cinco drogas consideradas en el cuadro y el total de consumidores no coincide, pues hay usuarios de otras drogas ilegales que no son exportadas por las organizaciones mexicanas de narcotraficantes.

Además de las estadísticas sobre el tamaño del mercado, del cual las empresas mexicanas del narcotráfico eran proveedoras muy importantes (no los únicos), debe tomarse en cuenta un dato relevante con respecto a su participación en el mercado de la cocaína. En el capítulo 3 se mencionó que los narcos mexicanos se involucraron en el tráfico de esa sustancia, a raíz del cierre de la ruta del Caribe, fenómeno que comenzó en 1982; por ello el tráfico de cocaína desde México debió comenzar en ese año o en 1983, y en 1984 de manera más amplia. El acuerdo inicial era que los narcotraficantes mexicanos operarían como empresas de mensajería de las organizaciones colombianas. Básicamente recibían un pago en efectivo por cada kilo que recibían en territorio mexicano y entregaban a los colombianos en Estados Unidos. Su tarea se reducía a ser acarreadores de droga. Ese acuerdo inicial se modificó pronto. No hay una fecha exacta, pero a fines de los años ochenta o principios de los noventa el arreglo era muy diferente, en el sentido de que las organizaciones mexicanas comenzaron a imponer sus condiciones y a obtener un mayor beneficio económico.

Un estudio reciente de Luis Astorga con respecto a la conexión entre mexicanos y colombianos para traficar cocaína, da cuenta de ese cambio interpretando las declaraciones a las autoridades de Estados Unidos de Guillermo Pallomari, contador de los Rodríguez Orejuela, líderes del cártel de Cali:

> A partir de 1992, durante 1993 y 1994, Miguel Rodríguez Orejuela recibió llamadas de Amado Carrillo, alias el "Señor de los Cielos", para negociar envíos de cocaína: tres toneladas por viaje. Tenían dos tipos de trato. Uno: Carrillo les compraba directamente a los de Cali. Dos: de cada par de kilos uno era para los caleños y tenía que ser introducido a Estados Unidos, y el otro era para Carrillo […] Fue una decisión obligada por las circunstancias: la estrategia de bloqueo de Estados Unidos de la ruta del Caribe en los años ochenta; no era la opción que hubieran preferido los colombianos. Ceder la mitad de las cargas como pago no era precisamente una posición de fuerza inclinada hacia un lado, sino una situación de relativo equilibrio, de alianza estratégica, de necesidad mutua, no de dependencia o de posición subalterna, aunque sí significaba la pérdida del predominio de los cárteles colombianos en la exportación directa de droga a Estados Unidos. Los colombianos no intentaron trasplantar sucursales de sus propias organizaciones con su gente y estrategias a territorio mexicano [ni al revés] como lo hicieron en Florida para desplazar a los cubanos. Optaron por una racionalidad cautelosa, no sólo económica, sino criminal, antes que aventurarse en una guerra de posiciones, territorios, rutas y mercados que podría haber repercutido negativamente en sus negocios en el largo plazo.[217]

---

[217] Luis Astorga, "Antecedentes e hipótesis para explicar la conexión colombo-mexicana", en Luis Jorge Garay Salamanca y Eduardo Salcedo Albarrán, *Narcotráfico, corrupción y Estados*, Debate, México, 2012, p. 181.

Este cambio en los arreglos comerciales con los colombianos permitió a los mexicanos incrementar significativamente sus ingresos por la exportación de cocaína. Si en un principio los sudamericanos pagaban a los mexicanos 1500 dólares por kilo, que era vendido al mayoreo en territorio estadounidense en 15 mil dólares aproximadamente, cuando los mexicanos obtuvieron como pago por sus servicios un kilo de cocaína para ellos por cada kilo que transportaban de los colombianos, eso significó un incremento exponencial, pues al venderlo por su cuenta los mexicanos recibían los mismos 15 mil dólares que los colombianos. Fue un incremento de mil por ciento. Ese cambio en la relación entre mexicanos y colombianos se debió en parte a la medida de extradición que implantó el gobierno colombiano. Los capos de Colombia temían ser enviados a Estados Unidos para ser juzgados por traficar cocaína. De hecho, la guerra que le declaró Pablo Escobar al gobierno de su país buscaba que se eliminara el tratado de extradición con Estados Unidos, y éste se entregó a las autoridades cuando consiguió que se suspendiera la extradición. Al dejarle a los mexicanos la tarea de exportar la cocaína, creyeron que tendrían menos problemas con las autoridades de Estados Unidos. Para compensar las pérdidas que significaron los nuevos arreglos con los mexicanos, reorientaron una buena parte de la producción de cocaína hacia el creciente mercado europeo.

En la década de los noventa el mercado nacional de estupefacientes, aunque pequeño, comenzó a crecer; por ello el interés de las organizaciones por apoderarse de esa nueva fuente de ingresos y acrecentarla, también sería motivo de conflictos entre ellas. Como ya se mencionó en el caso de Los Zetas, su interés por controlar el narcomenudeo en las ciudades de su área de influencia natural (Tamaulipas, Nuevo León, Coahuila, Veracruz, Tabasco) pronto se expandió a otras partes del país, como Michoacán y Guerrero y, especialmente, Acapulco.

Según el reporte de la Encuesta Nacional de Adicciones 2008,

la marihuana ha ocupado los primeros lugares de preferencia entre la población consumidora desde la primera encuesta nacional de 1988. La cocaína ha tenido variaciones importantes y ha desplazado a los inhalables en las preferencias de la población adicta desde finales de los años ochenta e inicios de los noventa, cuando aparece en el mercado nacional. Desde entonces, ha tenido fluctuaciones importantes: el crecimiento acelerado que mostró en los años noventa se nivela y disminuye ligeramente hacia el final del siglo pasado para volver a repuntar en la década inicial del presente siglo. El consumo de otras drogas muestra índices muy inferiores. Sin embargo, también ocurren incrementos importantes, como en el caso del crack y las metanfetaminas, cuyo consumo aumentó seis veces.[218]

En términos relativos, en 2008 la población que alguna vez en su vida había consumido drogas, era 5.2 por ciento del total de población del país entre 12 y 65 años (en 1988 era de poco más de 3 por ciento). En números absolutos, era de un millón cincuenta y un mil mexicanos. Si se pasa al consumo frecuente (los que en la encuesta señalan haberla consumido en el último mes), los adictos en México a las drogas ilegales eran, en 2008, 675 mil.

Por grupos de población, se observa que, si bien el consumo de drogas ilegales es mayor en los hombres (en una proporción de 4.6 hombres por cada mujer), el índice de crecimiento es mayor en las mujeres entre las cuales el consumo de drogas ilegales se duplicó, aumentando de 1% en 2002 a 1.9% en 2008, mientras que el consumo en hombres solamente se incrementó de 8 a 8.8%. La mariguana y la cocaína son las sustancias preferidas por la población. El consumo de la primera aumentó de 3.5 a 4.2%; el aumento en el consumo de la segunda fue mayor: pasó de 1.2% en 2002 a 2.4% en 2008, es decir, que se duplicó entre ambas mediciones.[219]

En 1988, apenas 0.2 por ciento de la población había consumido cocaína, por lo que en 20 años se multiplicó por diez veces.

---

[218] Secretaría de Salud, Consejo Nacional contra las Adicciones (Conadic), *Encuesta Nacional de Adicciones 2008*, Instituto Nacional de Salud Pública, México, 2008, p. 42.
[219] *Ibid.*, p. 41.

CUADRO 5 Consumo en el último año de cualquier droga en la población total según edad y sexo. México, ENA 2008						
		Cualquier droga		Drogas ilegales		Drogas médicas
Sexo/Edad	N por grupo	N	%	N	%	N	%
Hombres						
12 – 17	6 765 265	145 078	2.1	140 274	2.1	10 486	.2
18 – 34	14 782 712	508 598	3.4	494 613	3.3	66 620	.5
35 – 65	14 545 419	243 631	1.7	206 246	1.4	53 638	.4
Subtotal	36 093 396	897 307	2.5	841 133	2.3	130 744	.4
Mujeres						
12 – 17	6 903 019	89 245	1.3	64 319	.927	256	.4
18 – 34	16 157 598	165 581	1.0	122 643	.8	47 400	.3
35 – 65	15 971 024	69 424	.4	23 498	.1	51 020	.3
Subtotal	39 031 641	324 250	.8	210 460	.5	125 676	.3
Total	75 125 037	1 221 557	1.6	1 051 593	1.4	256 420	.3

Fuente: Encuesta Nacional de Adicciones, 2008.

CUADRO 6 Consumo en el último mes de cualquier droga en la población total según edad y sexo. México, ENA 2008						
		Cualquier droga		Drogas ilegales		Drogas médicas
Sexo/Edad	N por grupo	N	%	N	%	N	%
Hombres						
12 – 17	6 765 265	77 469	1.1	76 383	1.1	1 366	*
18 – 34	14 782 712	344 639	2.3	326 352	2.2	43 322	.3
35 – 65	14 545 419	173 894	1.2	163 117	1.1	20 324	.1
Subtotal	36 093 396	897 307	2.5	841 133	2.3	65 012	.2
Mujeres						
12 – 17	6 903 019	43 395	.6	33 771	.5	11 045	.2
18 – 34	16 157 598	70 924	.4	60 286	.4	10 638	.1
35 – 65	15 971 024	38 658	.2	15 650	.1	23 185	.1
Subtotal	39 031 641	152 977	.4	109 707	.3	44 868	.1
Total	75 125 037	748 979	1.0	675 559	.9	109 880	.1

Fuente: Encuesta Nacional de Adicciones, 2008.

Los datos en la medición del 2008 muestran que dos estados, Quintana Roo en el sur y Tamaulipas en la frontera norte, tienen el mayor nivel de consumo, con una incidencia acumulada de 11.2 y 11.1 por ciento, respectivamente. Se trata de dos de los 14 estados que tuvieron estimaciones de incidencia acumulada de cualquier clase de droga, en población rural y urbana entre 12 y 65 años de edad, por encima de la prevalencia nacional. Si bien un mayor número de estados ubicados en este grupo se localizan en la zona norte, hay otros con niveles altos de consumo repartidos a lo largo del país. Tres estados más de la frontera norte se ubican en este grupo, Baja California (9.6 por ciento), Baja California Sur (8 por ciento) y Chihuahua (8.2 por ciento). También encontramos a Sinaloa (6.6 por ciento), Nayarit (7.6 por ciento), Durango (8.2 por ciento) y a Zacatecas (6.4 por ciento). De la zona centro del país encontramos a Hidalgo (9.2 por ciento) y el Distrito Federal (8.5 por ciento), que ocupan el cuarto y quinto lugar en la escala de consumo en el país. Guanajuato (6.9 por ciento) y Querétaro (6.8 por ciento) también se ubican entre los estados con altos niveles de consumo. De la zona sur, además del ya mencionado Quintana Roo, encontramos a Tabasco con una prevalencia acumulada de 6.4% (…) Excluyendo a Quintana Roo y Tabasco, que se ubican en los niveles más altos de consumo, y a Campeche con un nivel medio de consumo, la mayor parte de los estados de la región sur del país tienen los niveles más bajos de consumo.[220]

LA DISPUTA POR EL MERCADO Y EL INICIO DE LOS CONFLICTOS

El proceso de fragmentación de las organizaciones del narcotráfico ha estado acompañado de conflictos de diferentes grados de intensidad. Enfrentamientos abiertos en la vía pública entre grupos de sicarios, atentados contra líderes de las organizaciones, asesinatos de parientes y abogados, policías involucrados. Es a partir de esas expresiones violentas que se constata la existencia de las disputas.

---

[220] *Ibid.*, p. 53.

CUADRO 7 Incidencia acumulada para el uso de drogas por entidad. Población total de 12 a 65 años. México, ENA 2008			
	Marihuana	**Cocaína**	**Estimulantes tipo anfetamínico**
Estados	%	%	%
Aguascalientes	3.3	2.6	.1
Baja California	7.5	3.9	2.7
Baja California Sur	6.0	3.8	1.6
Campeche	4.6	1.7	.2
Coahuila	2.5	1.7	.2
Colima	1.7	1.5	.3
Chiapas	.8	1.0	--
Chihuahua	6.2	4.8	1.0
Distrito Federal	6.6	3.1	.8
Durango	5.8	4.0	.8
Guanajuato	3.1	2.1	.4
Guerrero	3.4	3.4	.3
Hidalgo	6.7	4.0	.9
Jalisco	4.1	1.9	.7
Estado de México	3.9	1.8	.4
Michoacán	3.2	2.4	.6
Morelos	3.5	2.0	.1
Nayarit	4.8	3.9	.5
Nuevo León	3.2	1.9	.5
Oaxaca	2.7	1.4	--
Puebla	2.8	.9	.4
Querétaro	6.2	2.3	.4
Quintana Roo	8.6	6.0	.4
San Luis Potosí	2.7	.6	.1
Sinaloa	3.8	3.7	.7
Sonora	3.6	2.9	.6
Tabasco	5.5	2.2	.3
Tamaulipas	8.3	6.0	.3
Tlaxcala	1.6	.8	--
Veracruz	2.6	.9	.1
Yucatán	3.8	.7	.3
Zacatecas	4.9	3.3	.5
Nacional	4.2	2.4	.5

Fuente: Encuesta Nacional de Adicciones, 2008.

Sin embargo, determinar con precisión las causas de cada uno de los conflictos es más complejo. En términos generales, la explicación que se ha dado (que en buena medida es producto de investigaciones empíricas) a la violencia entre organizaciones criminales participantes en mercados de bienes ilegales es que tiene carácter económico.[221] Diego Gambetta en su famoso texto "*La mafia*: el precio de la desconfianza" avanza un poco más en la explicación del uso de la violencia por los grupos mafiosos:

> La capacidad para emplear la violencia, bien directamente, bien en forma de amenaza verosímil, es un ingrediente generalizado de la conducta mafiosa. Es la característica que distingue más radicalmente a la mafia de otros tipos de grupos (delincuenciales) del sur de Italia. Contar con el recurso de la violencia privada resulta valioso tanto fuera como dentro del grupo: fuera, contra las víctimas inflexibles, los grupos mafiosos rivales, los reacios a cooperar y los funcionarios leales al Estado; dentro, para castigar a los desertores, desalentar a la competencia interna por las posiciones de liderazgo o, al contrario, para desafiar a los líderes. Muchos mafiosos comenzaron sus carreras con actos violentos, pero posteriormente han confiado en la reputación que éstos les hicieron ganar: "basta la fama" escribe Franchetti coincidiendo con las más avanzadas teorías de juegos que demuestran que, en contra de la afirmación económica común, las "prácticas predatorias" para mantener un monopolio no son irracionales si se tienen en cuenta la reputación y los desafíos futuros.[222]

Esta cita de Gambetta nos ayuda a entender las razones por las cuales comenzaron las luchas entre quienes habían sido parte de una gran organización de narcotraficantes, la de Sinaloa, coman-

---

[221] Véase en la primera parte el apartado: ¿Por qué el crimen organizado es necesariamente violento? Una digresión teórica.

[222] Diego Gambetta, "Mafia: The Price of Distrust", en Diego Gambetta (ed.), *Trust. Making and Breaking Cooperative Relations*, Basil Blackwell, Oxford, 1988, p. 168. Hay una versión traducida al español de ese artículo en: *Los orígenes de la mafia* de Alexis de Tocqueville, Gaetano Mosca, Leopoldo Franchetti, editado por Capitán Swing Libros, S. L. Madrid, España, 2009.

dada por Félix Gallardo y don Neto; y que producto de los acontecimientos derivados del asesinato del agente de la DEA, Enrique Camarena, provocaron, la fragmentación de la organización al quedar descabezada y, la desaparición de una institución del Estado, la Dirección Federal de Seguridad, que mediaba en los conflictos y sometía a los indisciplinados. Al desaparecer los dos actores claves del narcotráfico de las décadas previas (Sinaloa y DFS) y quedar obsoleto el "arreglo" o pacto que regulaba sus operaciones y las relaciones entre el narcotráfico y el Estado, las organizaciones que se desprendieron de la que fue dominante (Tijuana, Juárez, Sinaloa, Mexicali, Nogales) más las que surgieron en esos años (El Golfo-Zetas, La Familia) comenzarían a recomponer el mercado ilegal de estupefacientes y las relaciones con el Estado. Se trataba de una triple lucha por el control de: *a)* las organizaciones, *b)* los territorios para desarrollo de las actividades delictivas, *c)* otras actividades ilegales además de la exportación de drogas (el narcomenudeo, la protección a bandas criminales locales, el tráfico de indocumentados, las extorsiones, etcétera). Y para ganar control y dominio del negocio era necesario establecer la reputación que da el uso de la violencia que les permitiera, en primer lugar, asegurar el propio territorio y controlar el de los rivales. Las primeras luchas serían territoriales.

Como señala Stergios Skarpedas en su artículo "Economía política del crimen organizado":

> La competencia entre grupos del crimen organizado no corresponde a la que se estudia para la economía regular. Aquí se parece más a la competencia entre barones, reyes y emperadores a lo largo de la historia desde la revolución de la agricultura. La competencia toma la forma de luchas armadas con los vecinos: si tienes un ejército poderoso puedes disuadir al vecino de no atacarte o incluso de quitarle territorio; si no lo tienes, puedes perder parte de tu territorio o incluso ser sometido por completo.[223]

---

[223] Stergios Skarpedas, "The Political Economy of Crime: Providing Protection When the State Does Not", en Federico Varese, *Organized Crime. Critical Concepts in Criminology*, Routledge, Nueva York, 2010, p. 384.

El primer conflicto territorial posterior a la fragmentación de la organización de Sinaloa comenzó en 1990, apenas un año después de la repartición de plazas. Los pormenores del inicio fueron los siguientes: conforme al acuerdo pactado, cualquier organización podía utilizar una plaza ajena siempre y cuando se respetara el derecho de los jefes de ella de cobrar el uso de su territorio. Pero como lo confesaría Alfredo Hodoyán Palacios, uno de los más conocidos narcojuniors de la organización de los Arellano Félix ante agentes del ministerio público federal, cuando fue detenido: "En 1989, a la caída de Miguel Ángel Félix Gallardo, los principales jefes se reunieron en Acapulco para dividirse el país. El acuerdo fue muy simple: 'una ciudad para cada uno'. Sin embargo, 'ya repartidos, nadie respetó el acuerdo y todo mundo quiso meterse en el territorio del otro. Por eso comenzaron las matanzas'".[224]

La disputa por Tijuana. Sinaloa y Juárez contra los Arellano Félix

Jesús Blancornelas narra cómo empezaron las faltas de respeto: Rigoberto Campos, ex agente de la DFS (a quien en el acuerdo de Acapulco le habían dado libertad para usar la plaza que quisiera siempre y cuando pagara el derecho de piso), no congeniaba con don "Chuy" Labra, el jefe de Tijuana, y comenzó a meter mano en Colima, Sinaloa, Tijuana, Mexicali, San Luis Río Colorado y Tecate, generando problemas con los dueños de esas plazas. Se pusieron de acuerdo "El Chapo", "El Güero" Palma y los Arellano Félix para sacarlo del negocio. Un día en el Valle de Mexicali lo secuestran y lo arrojan a una trilladora; de milagro sobrevivió aunque perdió los brazos, y siguió como si nada moviéndose a sus anchas. El 1 de marzo de 1991 lo citaron a unas carreras de caballos en las afueras de Tijuana y al salir lo emboscaron; Ramón Arellano encabezó la balacera, la camioneta de Rigoberto Campos recibió más de 600 balazos. Con José Contreras Subías en la cárcel y Rigoberto asesinado, el mensaje fue claro: nadie ponía un pie en Tijuana sin el permiso de los Arellano Félix, "El Chapo" y "El

---

[224] Héctor de Mauleón, *op. cit.*, p. 115.

Güero" Palma.[225] Aún eran amigos, pero no duraría la amistad ante las tentaciones de expansión territorial.

"El Mayo" Zambada pasaba cocaína a Estados Unidos por Tijuana, pero no pagaba el derecho de piso a los Arellano Félix; Benjamín le llevaba la cuenta y cuando ya les debía 20 millones de dólares, se los cobraron y aunque reconoció la deuda, aseguró no tener dinero; siguió pasando droga y Ramón ordenó en 1990, su asesinato. Se salvó por la indecisión del comando de sicarios que fue en su busca. Resulta que se toparon sin querer con "El Mayo" Zambada a medio día en pleno centro de Tijuana. Comenzaron a discutir sin ponerse de acuerdo si debían matarlo en ese momento en medio de mucha gente, o hacerlo en la noche, sin testigos de por medio. Lo dejaron escapar, lo que les costaría la vida a los sicarios. Entonces vino la traición, pues "El Mayo" rompió relaciones con su compadre Benjamín Arellano y se unió a la organización que comandaba Joaquín Guzmán, "El Chapo". Entonces el pleito creció, pues ya era Tijuana contra Sinaloa. Según el relato del mismo Hodoyán, recuperado por Héctor de Mauleón,

> el responsable de los muertos que llegaban en fila a los cementerios no era otro que "El Chapo". "Fue el primero en romper los acuerdos. Mandó a 'El Rayo' López a meterse en Tijuana" [...] Según Hodoyán, la llegada de "El Rayo" López fue el preludio de lo que vino después. El viento rojo, los años en que corrió la sangre. Frente a la cámara, Hodoyán recordó: "Fue durante el bautizo de una hija de Benjamín. 'El Rayo' venía a pedir permiso para trabajar Tijuana; llegó a la fiesta, al bautizo, y estaba tomado y coco y todo loco. Y venía con una muchacha. 'El Rayo' decía pinche escuincle, por qué no me invita a la fiesta. Los demás le decían: cálmate, que Ramón se va a enojar. Y por fin salió Ramón y al salir por la puerta nada más hizo así, pau, y le tiró aquí y allí lo dejó muerto" [...] Tiempo después, "El Chapo" aceptó que la muerte de "El Rayo" le había partido el alma —"era como mi hermano"— y que a partir de esa muerte se habían

---

[225] Jesús Blancornelas, *El Cártel. Los Arellano Félix: la mafia más poderosa en la historia de América Latina*, Random House, México, 2006.

desatado las otras, los dieciséis mil muertos que el narcotráfico arrojó durante los sexenios de Carlos Salinas de Gortari
y Ernesto Zedillo. [226]

El conflicto entre Sinaloa y Tijuana por el control de ese importante cruce fronterizo se prolongaría hasta casi el final de la primera década de este siglo. Durante casi dos décadas, la violencia
estaría presente principalmente en Baja California, sobre todo en
la ciudad de Tijuana, y se desparramaría a Jalisco y Sinaloa. En
varias ocasiones fue alimentada por venganzas personales, pues el
odio entre los hermanos Arellano Félix y el resto de capos de Sinaloa, e inclusive Amado Carrillo, fue evidente: todos se mandaron asesinar sin éxito, pero detrás de esos rencores profundos siempre estuvo la ambición de conquistar Tijuana y desplazar del
negocio a los jefes de esa plaza.

A principios de 1992, "El Chapo" Guzmán mandó más gente
a invadir Tijuana y cruzar droga sin pagar derecho de piso; la respuesta de Ramón Arellano, el responsable del brazo armado de
los dueños de esa plaza fue contundente: contrató un grupo de sicarios de la pandilla de la Calle Treinta del temido barrio Logan
de San Diego. Estos atraparon, ejecutaron y aventaron a la vía
pública a seis de los operadores de Sinaloa; al poco tiempo Ramón
mandó a un grupo suyo a poner un coche bomba en Culiacán,
afuera de una casa de seguridad de "El Chapo" donde supuesta-
mente se encontraría "El Mayo" Zambada. No hubo muertos ni
heridos, pero el aviso era claro: la mejor defensa era el ataque y los
buscaban adonde se escondieran. En octubre de ese mismo año,
Ramón en persona, ayudado por dos de sus hombres de confianza,
trató de asesinar al mismo Joaquín Guzmán mientras este circulaba
por una avenida de Guadalajara. La pericia de "El Chapo" y el
mejor conocimiento de la ciudad le permitieron escapar de milagro. El mismo Benjamín Arellano llamó a "El Chapo" para jurarle
que él no había tenido que ver en el atentado. Entonces, con base
en la supuesta amistad, Guzmán Loera invitó a los hermanos Arellano Félix a celebrar su cumpleaños en una *discotheque* de Puerto

Vallarta. Benjamín no llegó cuando se enteró de que "El Mayo" tampoco asistiría; sólo llegaron Ramón y Francisco Javier Arellano Félix y en vez de "El Chapo" llegó un comando de sicarios disfrazado de policías judiciales federales que balacearon el centro nocturno a placer. Ramón escapó, protegido por policías judiciales de Baja California, por los ductos del aire acondicionado del baño; Francisco Javier fue capturado por la gente de Guzmán Loera pero lo soltaron pues le dijeron que el problema era con Ramón, no con él. Con ese incidente ocurrido en noviembre de 1992 los ánimos terminaron calientes por los dos lados.

Seis meses después "El Chapo" y los Arellano Félix protagonizarían el famoso enfrentamiento en el estacionamiento del aeropuerto de Guadalajara. Alertados los Arellano Félix de la presencia de "El Chapo" en Guadalajara, Ramón y Benjamín se hicieron presentes con otro grupo de sicarios de San Diego para darle caza. Luego les llegó el pitazo de que tomaría un avión a Puerto Vallarta; era el 24 de mayo. El resultado, ampliamente conocido, fueron los 14 balazos en el cuerpo del cardenal Juan José Posadas Ocampo. Ante el escándalo, la reacción gubernamental, la detención de "El Chapo" en Guatemala en junio y la persecución de que fueron objeto los Arellano Félix (en diciembre es capturado Rafael), se dio una tregua en el conflicto que duró varios meses. Con Guzmán en la cárcel, "El Mayo" Zambada y Juan José Esparragoza se alían con Amado Carrillo Fuentes y entre los tres retoman los ataques contra el enemigo común, pues Carrillo pensaría que no le vendría mal ser el jefe de la nueva federación incluyendo a Tijuana, pero sin los molestos y violentos Arellano Félix. De nuevo, éstos aplican la estrategia de que la mejor defensa es el ataque y montan un atentado contra el "Señor de los Cielos" en noviembre de 1993. Mientras Amado Carrillo cenaba con su familia en el restaurante Bali Hai, en el sur de la Ciudad de México, llega un comando de sicarios tijuanenses dirigido por un comandante de la Policía Judicial Federal, José Luis Larrazolo, pero un triple cerco de guardaespaldas, liderado por otro policía, Ramón Alcides Magaña, que siempre cuidaba a Carrillo Fuentes, ofrece una feroz resistencia lo que le permite a éste escapar ileso con todo y su familia por la parte trasera del restaurante.

Los siguientes años la contraofensiva de Carrillo se da por medio del general Gutiérrez Rebollo, entonces jefe de la zona militar con sede en Guadalajara, el cual golpea las operaciones de los Arellano Félix. Como ya se mencionó, el equipo de inteligencia de Amado Carrillo, Los Arbolitos, se dedicaba a ubicar blancos de esa organización y a detectar cargamentos, información que transmitía a Gutiérrez Rebollo y sus subordinados se encargaban de actuar en consecuencia. Además, la PGR inició en 1996 una cacería sistemática de los hermanos Arellano Félix, conducida por un comandante de la Policía Judicial Federal, el doctor Enrique Ibarra Santés, quien desde 1992 tenía como misión casi personal detener a esos capos por asesinar a uno de sus compañeros y mejor amigo. En 1996, ante los pocos resultados que había conseguido el entonces delegado de la PGR en Tijuana, el procurador general de la República, Antonio Lozano Gracia, nombró a Ibarra Santés como oficial del caso de los Arellano Félix. Con la información que había acumulado, más la que le proporcionó la detención de los hermanos Lupercio ocurrida en Aguascalientes a mediados de ese año, en agosto se puso en marcha la operación Ciudades destinada a atrapar a los hermanos Arellano Félix. El 12 de septiembre un comando especial llevado desde la Ciudad de México cateó 12 casas de Tijuana donde estaban ubicados los capos de esa ciudad. Un "pitazo" de último momento permitió a Ramón, Benjamín y Francisco Javier escapar cinco minutos antes de la llegada de las fuerzas federales. Los Arellano Félix abandonaron la ciudad y se les perdió el rastro durante cinco años. Pero eso no impediría que mandaran asesinar a Enrique Ibarra Santés, lo que ocurrió a los pocos días, cuando éste regresó de Tijuana a la Ciudad de México. Fabián Martínez, alias "El Tiburón", y uno de los sicarios estrella de Ramón, lo emboscó poco antes de llegar a las oficinas de la PGR.[227]

---

[227] Existe una versión de que Ibarra Santés trabajaba para Amado Carrillo. Según un testigo protegido, José Jaime Olvera, ex comandante de la PGR y testigo protegido después (1995), afirmó en 1998 que "El Mayo" Zambada presentó a Amado Carrillo con Ibarra Santés en un departamento en las Lomas de Chapultepec, en la Ciudad de México, el mismo donde fue detenido el general Gutiérrez Rebollo. Eduardo Mancera, otro comandante de la PGR, trabajaba para Carrillo y estuvo en esa reunión. Habrían ocurrido otras dos reuniones entre Ibarra y Carrillo y éste le financiaba los equipos y gastos de los operativos contra los Arellano Félix. Con afirmaciones de Olvera, declarado

La lucha entre Tijuana y Juárez continuó, pues en la declaración ministerial de Gutiérrez Rebollo, éste aseguró que Eduardo González Quirarte, prestanombres de Amado Carrillo, acudió tres veces a la Secretaría de la Defensa Nacional a buscar un acuerdo con el gobierno y que el plan lo conocían el titular de la Defensa y varios generales más, entre ellos Rafael Macedo de la Concha, quien también se entrevistó con González Quirarte, y el jefe del Estado Mayor, general Juan Salinas Altez. Con ese acuerdo Carrillo Fuentes ofrecía, entre otras, el fin de las disputas entre organizaciones, principalmente el conflicto con la de Tijuana.[228]

Con "El Chapo" encarcelado, Amado Carrillo muerto en 1997 y los Arellano desaparecidos (Jesús Labra e Ismael Guerrero, "El Mayel", se quedaron como los responsables de la organización, recibiendo órdenes de Benjamín, quien después se supo que se escondió en Campeche y luego en Puebla), es probable que las hostilidades hayan disminuido pero nunca terminaron; si bien no hay registro de sucesos relevantes, Malcolm Bieth consignó el dato de que Tijuana reportaba más de 300 asesinatos anualmente entre 1994 y 1999, año en que se registraron 637 homicidios.[229] El conflicto no terminaría, pues ni el interés por la plaza de Tijuana ni los agravios personales desaparecieron. En febrero de 2002, Ramón Arellano Félix supo que "El Mayo" Zambada —aquel ex amigo que les debía 20 millones de dólares desde hacía 10 años— estaría en Mazatlán. Personalmente fue a buscarlo para asesinarlo, pero en un incidente de tránsito aparentemente trivial unos policías municipales le dieron muerte. Durante varias horas no se supo que la persona que se había bajado de un automóvil en la costera del puerto iba armada y era el temible jefe de sicarios de la organización de Tijuana, por lo que los policías locales le dispararon. Un mes después, en marzo de 2002, Benjamín, el cerebro de la organización, sería detenido en Puebla por el ejército. El declive

loco y sin valor, la PGR encarceló a Gutiérrez Rebollo, a los generales Arturo Acosta Chaparro y Humberto Quiroz Hermosillo y al gobernador de Quintana Roo, Mario Villanueva. Fue asesinado en el D. F. cinco meses después de declarar contra Ibarra Santés. Véase Ma. Idalia Gómez y Darío Fritz, *op. cit.*
[228] Ricardo Ravelo, *El narco en México*, Grijalbo, México, 2011.
[229] Malcolm Bieth, *El último narco.*

de la organización de Tijuana estaba en curso (en el 2000, Jesús Labra y "El Mayel" habían sido aprehendidos), aunque el menor de los hermanos, Francisco Javier, "El Tigrillo", se mantuvo al frente de ella. Cuando en agosto de 2006 "El Tigrillo" fue detenido, la organización sufrió un golpe demoledor, pues además de ser otro hermano del clan se le detuvo con sus dos principales operadores, Arturo Villarreal, "El Nalgón", y Marco Fernández, "El Cotorro". La organización quedó en manos de un sobrino, Fernando Sánchez Arellano, "El Ingeniero", asesorado por sus tíos Eduardo y Enedina. Pero un lugarteniente de nombre Teodoro García Simental, alias "El Teo", que había llegado a la organización en 1994 como guardaespaldas de Ramón, a quien a partir de 2004 se le encargaron trabajos aparatosos y tenía a su cuidado un sinfín de actividades delictivas (asaltos a casas de cambio, tiendas de autoservicio y camionetas de valores; secuestro de empresarios, robo de autos y cobro de derecho de paso entre narcotraficantes de indocumentados), se rebeló contra "El Ingeniero", gracias al apoyo de la organización de Sinaoloa y la bendición de "El Chapo" Guzmán. Terminaba el sexenio del presidente Vicente Fox y dejaba vivo un conflicto que se había iniciado 15 años antes, y aunque ya había cobrado muchas vidas, faltaban muchas más. Para "El Chapo", Tijuana era una plaza codiciada desde siempre que valía la pena y comenzaría el asedio final.

Sinaloa también quiere Tamaulipas

Desde 1999, dos años antes de que "El Chapo" Guzmán se escapara del penal de Puente Grande, ya había rastros de la presencia de la organización de Sinaloa en Tamaulipas. Diego Osorno ubicó a tres operadores sinaloenses que cruzaban droga en el territorio de la organización del Golfo, entonces dirigida por Osiel Cárdenas.

Edelio López Falcón, alias "El Yeyo" o "El Señor de los Caballos", era el hombre del cártel de Sinaloa en el noreste. Desde 1999, la Sedena lo identificó como un narcotraficante en crecimiento. En sus inicios trabajaba para El Golfo pues era socio de Gilberto García Mena, "El June", y de Ricardo Garza Martínez, director de Seguridad Pública del municipio de Miguel Alemán. Al tener problemas con éste, busca aliarse con la gente de Sinaloa en la región: Rolando López Salinas, "El Rolis" y con Dionisio Román alias "El Chacho", ex policía estatal de Tamaulipas. Santiago Vasconcelos, quien era el segundo de la Fiscalía Especializada en la Atención de Delitos contra la Salud (FEADS) identifica en aquel tiempo (1999-2000) que los grupos de "El Yeyo" y "El Chacho" eran acosados por el Golfo por estar introduciendo drogas a Estados Unidos utilizando su territorio. En septiembre de 2000, "El Rolis" sufre un atentado de Los Zetas del cual sale vivo; cinco días después se desata una balacera en Ciudad Camargo; hay seis detenidos, todos ellos de Sinaloa, al servicio del Pacífico o Sinaloa. "El Yeyo" se presentaba a sí mismo como vendedor de flores y empresario, pero su verdadera función era el enlace con algunos empresarios y políticos, abrirle camino a sus jefes y obtener protección policiaca y política. En 2000, la PGR lo identificó trabajando para los Beltrán Leyva. Una muestra de esas tareas del "Yeyo" y del interés que tenía Sinaloa en abrirse paso en el noreste del país, fue el intento de comprar al candidato del PAN a la gubernatura de Nuevo León, Mauricio Fernández, hecho que comentó el mismo Fernández: López Falcón le solicitó una cita a principios de 2003 y llegó a su oficina con unos velices llenos de dólares para ayudarlo con sus gastos de campaña, a cambio de su complicidad futura para que pudieran trabajar en el estado.[230] "El Yeyo" sería asesinado por Los Zetas en septiembre de 2003 en Guadalajara.

Si desde fines de los años noventa Sinaloa ya tenía gente que le franqueaba el camino, según un informe del Centro Nacional de Planeación, Análisis e Información para el Combate a la Delincuencia Organizada de la PGR (Cenapi), divulgado por Alberto Nájera, reportero de La Jornada, en 2001 "El Chapo" Guzmán se reunió en Cuernavaca con otros capos de Sinaloa y Juárez (Vicente Carrillo, "El Mayo" Zambada, Arturo y Alfredo Beltrán) para la "reestructuración de la organización en todo el país". Se acordó quitarle la plaza al cártel del Golfo, tarea que se le encargó a Ar-

---

[230] Diego Osorno, El Cartel de Sinaloa...

turo Beltrán Leyva, quien contrató a Edgar Valdés Villarreal, "La Barbie". Éste habría llevado gente de Michoacán y contratado maras salvatruchas además de conseguir la protección del entonces director de operaciones de la AFI, Domingo González Díaz.[231]

Con la aprehensión de Osiel Cárdenas en marzo de 2003, "El Chapo" y Arturo Beltrán Leyva pensaron que la organización del Golfo estaría debilitada y sería un buen momento para iniciar la conquista de Tamaulipas, comenzando por Nuevo Laredo. Es cuando Beltrán Leyva, al mando de la operación, armó otro ejército de pandilleros mexicanos y maras centroamericanos para enfrentarse a Los Zetas. Ya mencioné cómo hicieron pedazos a los primeros, gracias al debut de los segundos en un conflicto entre dos grandes organizaciones (véase en este capítulo el apartado correspondiente a la organización del Golfo-Zetas). Fue la primera batalla sangrienta ganada por los de casa. Pero no sería la última. En 2004 y 2005 se agudizarían los combates. Las balaceras serían en plena luz del día sin importar el rumbo de la ciudad y, en alguna ocasión, ocurrió en pleno centro de Nuevo Laredo. El domingo 11 de abril de 2004 a las 11:45 un comando de 12 hombres atentó en Nuevo Laredo contra Javier Núñez Razo, comandante de la policía preventiva estatal; más de 350 cartuchos fueron encontrados; tuvo suerte, no lo mataron. Ninguna policía atendió el llamado de auxilio. Juan Antonio Santos Salazar, coordinador operativo de la policía municipal de Nuevo Laredo, fue ejecutado pocos días después. Apenas tenía tres semanas en el puesto. Jorge Fernández Menéndez registró más de 100 asesinatos sólo en enero de 2004; en todo el año serían más de 600 en todo el estado de Tamaulipas. El terror se apoderó de los habitantes de esa ciudad fronteriza. En Nuevo Laredo se denuncia la existencia de prácticas generalizadas de extorsión (cobro de piso a cambio de seguridad) a bares, restaurantes, agencias de viaje, dentistas, concesionarias de automóviles, gasolineras. "Todos vivimos con un estrés enorme, el estrés que probablemente los capitalinos tienen al vivir en una ciudad con mucho tráfico y muchos problemas, pero acá el estrés es ocasionado por la inseguridad pública extrema; es la inseguridad

---

[231] *Ibid.*

de la violencia y las balas. Es horrible", afirmó Raimundo Ramos, del Comité de Derechos Humanos de Nuevo Laredo.[232]

De hecho, lo que sucedía en esa plaza fronteriza eran las manifestaciones de dos conflictos diferentes difíciles de distinguir. Por un lado, la lucha interna de sucesión en el liderazgo de la organización después de que Cárdenas fue detenido. Es evidente que el liderazgo quedaría en los lugartenientes de Osiel —su hermano Ezequiel, alias "Toni Tormentas", y Eduardo Costilla, "El Cos"—, pero había un asunto no resuelto: Los Zetas querían mayor poder o participación en las utilidades de esa organización. Para esa época, Arturo Guzmán Decena, el "Z-1", había muerto durante un enfrentamiento en un restaurante de Matamoros el 21 de noviembre de 2002 y su lugar lo ocupó Heriberto Lazcano Lazcano, el "Z-3" o "El Lazca". El poderío alcanzado por el Golfo se debía, en buena medida, a las tareas realizadas por Los Zetas y no sería extraño que el jefe de los sicarios reclamara, en vez de aumentos salariales, una participación directa en el negocio; en términos prácticos ello debió significar el control de plazas, entre ellas Nuevo Laredo, para operar en su beneficio las actividades paralelas a la exportación de drogas: secuestro, extorsiones, robo de vehículos, narcomenudeo, etcétera. Y aunque varios grupos que se disputaban Nuevo Laredo pertenecieran al Golfo, la existencia de varios jefes —"Toni Tormentas", "El Cos" y ahora también "El Lazca"— significaba que era importante quién se quedaba con las jugosas ganancias de la actividad delictiva. Además, para triunfar en el conflicto, disponer de la lealtad y la cobertura de las policías locales era un tema de enorme importancia. Por eso también eran frecuentes los atentados y las ejecuciones de jefes y agentes policiacos, los cuales se vieron atrapados en el complejo juego de cambio de lealtades entre líderes de grupos criminales. Si, por ejemplo, "El Lazca" se hacía del control de Nuevo Laredo, los policías que obedecían al anterior jefe eran enemigos y debían ser eliminados y el nuevo comandante de la policía se enfrentaba a la implacable ley de plata o plomo. Por eso varios jefes policiacos de Nuevo Laredo fueron eliminados a los pocos días e incluso horas después

---

[232] Jorge Fernández Menéndez y Víctor Ronquillo, *De los Maras a los Zetas*.

de haber asumido sus cargos. Fue el caso de Alejandro Domínguez Coello, empresario de esa ciudad que aceptó el cargo de director de seguridad pública a sabiendas del riesgo y lo complejo de la tarea, pero con la voluntad de cambiar la situación de indefensión de los ciudadanos. Seis horas después de haber tomado posesión, recibiría 30 balazos disparados por policías a los que iba a comandar.

Por otro lado, estaba la lucha de los sinaloenses que también incluía el control de policías y funcionarios, como se desprende de la información proporcionada por Osorno. Por su parte, Bieth recoge la versión de un testigo protegido que asegura que meses después de la captura de Osiel Cárdenas (marzo de 2003) "El Chapo" llegó a estar en Nuevo Laredo desafiando a Los Zetas y envió a cientos de pistoleros en el verano de ese año. La arremetida de Sinaloa contra el Golfo provocó que Osiel Cárdenas, preso en el penal de máxima seguridad del Altiplano (antes conocido como Almoloya), buscara a Benjamín Arellano Félix (preso en el mismo lugar desde marzo de 2002) y establecieran una alianza para defenderse de los afanes expansionistas del "Chapo" Guzmán, que igual se sentían en Tijuana que en Nuevo Laredo. La muerte llegó hasta el mismo penal de Almoloya, donde fueron asesinadas dos gentes cercanas del "Chapo". Osiel, al igual que Guzmán Loera, era experto en corromper autoridades carcelarias pues su estancia en el penal de Matamoros le había enseñado cómo hacerlo. En mayo de 2004 un lugarteniente de "El Chapo", Alberto Soberanes Ramos, fue estrangulado con un cable eléctrico en los baños del reclusorio; en octubre, otra gente muy cercana al capo sinaloense, Miguel Ángel Beltrán, alias el "Ceja Güera", también sería asesinado por órdenes de Osiel Cárdenas.[233]

En 2005, Sinaloa haría un nuevo intento por conquistar ese cruce fronterizo con los mismos resultados: la plaza resistió sin que las huestes del "Chapo" pudieran conquistarla; pero en el intento hubo centenas de muertos que obligaron a la administración del presidente Fox a dejar momentáneamente su política de *laissez faire* con respecto al narcotráfico y ordenó la presencia del ejército en

[233] Ricardo Ravelo, *Osiel. Vida y tragedia de un capo.*

Nuevo Laredo: se instrumentó el programa México Seguro, mientras amainaba el temporal y cedían las presiones estadounidenses, ya que ante la ola de violencia de los dos últimos años la reacción de la embajada de Estados Unidos fue enérgica: decidió cerrar su consulado en esa ciudad por la inseguridad que enfrentaban funcionarios y ciudadanos estadounidenses.

A diferencia de la organización de Tijuana que defendía la plaza pero sus reacciones se limitaron a los intentos de asesinar a los líderes de Sinaloa —fracasaron en cuanto a eliminar a "El Mayo" y a "El Chapo"—, el Golfo no sólo lo hizo a sangre y fuego con Nuevo Laredo, sino que atacó plazas de Sinaloa. Puesto que Los Zetas habían llegado y conquistado Michoacán desde 2001, no les debió costar mucho trabajo invadir Guerrero, una de las plazas estratégicas de Sinaloa, En 2005, le abrieron un frente a Arturo Beltrán Leyva en su retaguardia. Comenzaron a aparecer sicarios y policías municipales de Acapulco asesinados, y mantas con mensajes, sello que se volvería característico de las ejecuciones realizadas por las huestes del Golfo, anunciando su llegada al puerto. Afuera del edificio de la policía municipal aparecerían las cabezas de los primeros decapitados por Los Zetas. Eran las primeras escaramuzas de una cruenta batalla que se mantiene viva desde un año antes de que terminara el gobierno del presidente Fox. Además, Lazcano y Treviño establecerían una especie de frontera entre los territorios de Sinaloa y del Golfo en la ciudad de Torreón, ciudad que era paso obligado de las drogas y de los miembros de la organización de Sinaloa hacia Chihuahua, Nuevo León y Tamaulipas. La Laguna comenzaría a convertirse en otro escenario de los enfrentamientos cotidianos entre los "Pelones del Chapo" y Los Zetas del Golfo.

Sinaloa rompe con Juárez

Las organizaciones de Juárez y Sinaloa mantuvieron una relación de colaboración desde el inicio de la fragmentación en 1989. En 2001, luego de la fuga del "Chapo" Guzmán de Puente Grande, al parecer decidieron unir sus fuerzas y conquistar Tamaulipas; era la misma idea de reconstruir la empresa dominante de los años setenta y ochenta, la misma que quiso impulsar Amado Carrillo cuando Guzmán Loera estaba preso, ahora, con el liderazgo del sinaloense. Sin embargo, en 2004 la ambición rompió la alianza entre el "Chapo" Guzmán y Vicente Carrillo, hermano de Amado. Según la versión de Héctor de Mauleón, desde 2003 los sinaloenses comenzaron a decir que Juárez aportaba poco a la organización y en cambio "exigía mucho". "La gota que derramó el vaso fue una disputa por derechos de piso en la que Rodolfo, el 'Niño de Oro', hermano menor de Vicente, ejecutó personalmente a dos operadores del "Chapo" Guzmán que habían movido droga sin su consentimiento. El Chapo no estuvo dispuesto a perdonar. Pidió a sus socios la cabeza del 'Niño de Oro'." La venganza se cumplió el 11 de septiembre de 2004 cuando gente del "Chapo" Guzmán mató en Culiacán a Rodolfo Carrillo y a su esposa afuera de un cine; en el operativo se dispararon 500 balazos. Como era costumbre, la escolta personal de Carrillo estaba dirigida por un policía judicial estatal, Pedro López.[234] La escolta incluía otro policía ministerial, Humberto Plata y entre los gatilleros que cometieron el asesinato estaban Juan Felipe López Olicas, ex policía ministerial y Carlos Salcedo Ruiz, agente de la policía estatal preventiva.[235] "El encargado de ejecutarlo fue el jefe de la seguridad personal de Joaquín Guzmán Loera, el ex militar Manuel Alejandro Aponte Gómez, alias "El Bravo", quien había entrenado a los maras, a "Los Negros" y a "Los Pelones", brazos armados de la organización de Sinaloa. Fue el encargado en su momento de organizar el comando que pretendió ejecutar al subprocurador José Santiago Vasconcelos. Cazar al "Niño de Oro" le costó 500 tiros. Al "Chapo", le costó una guerra contra el cártel de Juárez que se mantiene hasta la fecha, y la vida del hermano que lo había protegido, Arturo "El Pollo" Guzmán".[236]

Arturo Guzmán Loera, hermano menor del "Chapo", se había convertido en importante operador de Sinaloa luego de que su hermano fuera detenido. Arturo Beltrán lo tomó bajo su cuidado y le enseñó todo lo relacionado con el negocio. Durante los primeros

---

[234] Héctor de Mauleón, *op. cit.*, p. 27.
[235] Jorge Fernández Menéndez y Víctor Ronquillo, *op. cit.*
[236] Héctor de Mauleón, *op. cit.*, p. 80.

312 HISTORIA DEL NARCOTRÁFICO EN MÉXICO

meses posteriores a su fuga de Puente Grande, "El Chapo" dependía, según la narración de Héctor de Mauleón, de su hermano, pues éste se encargaba de su seguridad física y económica. Sin embargo, en agosto de 2001 la PGR detuvo a un pariente de los Guzmán, Esteban Quintero, y la información que obtuvieron les permitió ubicar, un mes después, al "Pollo" Guzmán en una casa de seguridad en el sur de la Ciudad de México y lo aprehendieron. Fue trasladado al penal de máxima seguridad de Almoloya o el Altiplano. El 31 de diciembre de 2004, tres meses y medio después del homicidio de Rodolfo Carrillo, un recluso recibió instrucciones de asesinar a Arturo Guzmán y le dejaron una pistola escondida en uno de los baños del reclusorio; le disparó las ocho balas en el área de locutorios. El autor intelectual era Vicente Carrillo, hermano de Rodolfo y jefe de la plaza de Ciudad Juárez, en venganza por la muerte de su hermano.[237]

Al conflicto por razones económicas (la percepción de que los de Juárez ponían poco y pedían mucho y luego el uso de esta plaza por operadores de Sinaloa para traficar cocaína a Estados Unidos sin el pago del derecho de piso, como sucedió en Tijuana 13 años antes) se sumó el encono personal y familiar (los asesinatos de los hermanos; en el caso de Rodolfo fue mayor el agravio, pues en el atentado contra Rodolfo al salir de un cine en Culiacán, también mataron a su esposa, Giovanna Quevedo. Aquella regla no escrita de no meterse con la familia de los enemigos simplemente fue violada). Así terminaron años de colaboración y el proyecto de una "federación" o empresa dominante con base en la unión de dos organizaciones fuertes. Si el proyecto continuaba, tenía que ser por medio de la violencia, no de los acuerdos. Era el triunfo de la lógica de los mercados ilegales: los conflictos se dirimen principalmente a balazos, por la ley del más fuerte, puesto que los acuerdos son muy frágiles y los incentivos para la traición y la deslealtad muy grandes. Ya estaba listo el escenario para una tercera guerra entre organizaciones; se manifestará, intermitentemente con asesinatos cometidos por ambos bandos, en Sinaloa y en Ciudad Juárez, en los siguientes

[237] *Ibid.*, pp. 77-79.

años (2004 a 2007) y se desatará a partir de 2008, cuando los Beltrán Leyva rompen con "El Chapo" y se unen a Juárez.

La lucha por Michoacán

Éste es el cuarto y último conflicto previo al sexenio del presidente Calderón y, aunque se desarrolló ya en tiempos de su administración, es relevante señalar que era una guerra que se inició antes. En el apartado sobre la organización Golfo-Zetas se comentó su origen: la conquista de Michoacán por el grupo de sicarios de Osiel Cárdenas, entre 2001 y 2002, debido a su posición estratégica, un puerto de entrada de precursores químicos y cocaína y por tratarse de una zona productora de amapola y marihuana. La violencia que caracterizó el dominio de Los Zetas en la entidad fue una de las razones por las que el componente michoacano de la organización se rebeló contra sus jefes; el otro era, por supuesto, el deseo de apropiarse de un gran negocio que podría perfectamente ser administrado por los mismos michoacanos. Envolvieron la guerra en un discurso religioso y político; es decir, los delincuentes no eran de la entidad y su objetivo era acabar con su actividad criminal mediante actos de "justicia divina" como descabezar a Los Zetas. Tardarían alrededor de tres años en expulsar a los seguidores de Treviño y Lazcano.

EL ESTADO PIERDE EL CONTROL:
DEL PACTO A LA CAPTURA

Si de los años cincuenta a los ochenta la relación entre el Estado y los narcotraficantes tenía la intención de regular y controlar la economía ilegal de las drogas y, de esa manera, contribuir a la estabilidad política y social; es decir, que las actividades criminales de las organizaciones del narcotráfico tuvieran mínimas repercusiones negativas para la marcha del país, a partir de los noventa las relaciones entre esa industria criminal (fortalecida económica y militarmente pero dividida en fragmentos confrontados entre sí) y el Estado mexicano, inmerso en un profundo proceso de transformación estructural, serían de una enorme complejidad. Mientras en el periodo anterior hubo dos protagonistas (Sinaloa y la Dirección Federal de Seguridad) con capacidad de pactar y de hacer cumplir los acuerdos por las estructuras que dependían de ellos, a partir de la última década del siglo pasado los protagonistas se multiplicaron y la correlación de fuerzas cambió significativamente en favor de las organizaciones criminales: las posibilidades de construir acuerdos al más alto nivel para regular el mercado ilegal de las drogas y hacer que se respetaran, desaparecieron por completo. Ello no significó, sin embargo, que no se establecieran una multiplicidad de interacciones entre los dos bandos, caracterizadas por ser dispares, dispersas en los tres niveles de gobierno y, en muchas ocasiones, contradictorias. Para entender esa maraña de complicidades e intervenciones de las dos partes, es necesario tener presentes esos cambios profundos ocurridos en el sistema político mexicano a partir de 1988.

Del presidencialismo autoritario a la democracia
y la descentralización del poder

De nada sirve que dos organizaciones establezcan un acuerdo si no tienen capacidad de hacer que sus miembros cumplan los compromisos pactados. Por tanto, la eficacia de los acuerdos depende de que los jefes de las organizaciones puedan garantizar la disciplina interna de los que están bajo su mando, pues sólo la disciplina hace posible que los compromisos asumidos sean respetados y llevados a la práctica por la totalidad de las partes involucradas. Si algo caracterizó al sistema político mexicano posrevolucionario fue la concentración de poder que tuvo el presidente de la República, gracias a su condición de jefe del gobierno y del Estado; pero también del partido político (el PRI) que dominó y controló los procesos electorales durante 70 años. El presidente mandaba no sólo al gobierno federal y a los altos funcionarios que componían su gabinete, sino a su partido político (que ganaba todas las elecciones), lo que significaba darle órdenes a legisladores del Congreso, a gobernadores, presidentes municipales de las ciudades más grandes, sindicatos, organizaciones campesinas y populares e inclusive a los miembros del Poder Judicial (todos del PRI). Dentro de ese enorme y complejo mundo del poder político coexistían intereses de todo tipo, algunos de los cuales eran contradictorios; ello obligaba al presidente a negociar constantemente casi todas su decisiones, que no siempre dejaban satisfechos a todos los grupos. Había conflictos y algún grado de autonomía de algunos grupos de poder, aunque el nivel de disciplina de la mayoría de los miembros del amplio mundo priísta era elevado, lo que permitía reducirlos y acotarlos. Por tanto, este sistema político vertical, jerárquico, autoritario, era funcional cuando se trataba de llevar a la práctica las políticas e instrucciones dictadas por el presidente y los miembros de la punta de la pirámide, y de establecer pactos y darles cumplimiento. Sin embargo, ni la concentración de poder en el titular del Ejecutivo Federal, ni el autoritarismo que permeaba toda la estructura política del país, ni la disciplina de todos sus miembros fueron absolutas.

Ese modelo de ejercicio del poder político comenzó a transformarse de manera acelerada a partir de las controvertidas elecciones de 1988, cuando Cuauhtémoc Cárdenas y Manuel Clouthier compitieron por la presidencia de la República con Carlos Salinas de Gortari y los dos primeros alegaron que hubo un gran fraude electoral. El ascenso de los partidos de oposición al PRI fue creciente a partir de entonces: el PAN ganó en los años siguientes varias gubernaturas (Baja California en 1989; Jalisco y Guanajuato en 1991; Chihuahua en 1992; Querétaro y Nuevo León en 1997; Aguascalientes en 1998) y el PRD ganó por primera vez el Distrito Federal en 1997. Con esos triunfos de la oposición y por lo tanto el control de gobiernos de estados muy importantes, más cientos de ayuntamientos que también ganaron en la década de los noventa, se rompió el dominio priísta en un componente esencial de la maquinaria del poder: los gobiernos locales. Pero la debacle no paró en ese ámbito, pues en 1997 el PRI no obtuvo mayoría en la Cámara de Diputados. Debido a ello, por primera vez en la historia del siglo XX, un presidente priísta estaba obligado a negociar con los partidos opositores sus iniciativas de ley y desde entonces ya ningún presidente ha vuelto a tener mayoría en el Congreso. El Poder Legislativo ganó independencia y comenzó a realizar funciones de contrapeso con respecto al Ejecutivo. Tres años después, en el 2000, la alternancia de partidos en los puestos de elección alcanzó su culmen con el triunfo de Vicente Fox, quien se convirtió en el primer titular del Ejecutivo federal que no era del PRI, terminando así con una etapa de hegemonía del partido dominante durante 70 años.

En un periodo relativamente corto, 12 años, se concretaron cambios profundos en la estructura de poder que podrían sintetizarse en un fenómeno: el desmoronamiento del enorme poder presidencial, el fin de la presidencia imperial como la llamaba Enrique Krauze, para dar paso a un sistema político caracterizado por la dispersión y descentralización del poder político. El habitante de Los Pinos compartía su poder con el Congreso, que comenzó a discutir, modificar o rechazar sus propuestas de nuevas leyes o cambios en las existentes, y puso en práctica su facultad de supervisar y vigilar la actuación del gobierno federal y de exigirle cuentas. El Poder Judicial también ganó independencia. Y otro fenómeno de gran relevancia fue el creciente poder que adquirieron los gobiernos estatales, por dos razones. La primera, al ya no ser todos los gobernadores del PRI, los mandatarios estatales del PAN y del PRD no estaban obligados a la disciplina partidista de sus colegas priístas; segunda, al no controlar la Cámara de Senadores que tiene la facultad de desaparecer los poderes de un Estado, el presidente ya no podía "correr" a los gobernadores de su puesto. En otras palabras, al desmontar el autoritarismo con que el Ejecutivo gobernaba, México avanzó en la construcción de un régimen democrático, con división real de poderes (Ejecutivo, Legislativo y Judicial) y un federalismo más real que le daba mayor autonomía a los diversos niveles de gobierno (federal, estatal y municipal). Estos cambios en la estructura de poder, acordes con las normas de la democracia, han hecho más complejo el funcionamiento del Estado. Los márgenes de independencia de los gobiernos estatales y municipales respecto al gobierno federal crecieron, lo que ha dificultado que las políticas y programas establecidos en la Ciudad de México se cumplan con eficiencia en las entidades; la coordinación y la disciplina del aparato del gobierno federal y de los gobiernos estatales se han relajado por la alternancia en el poder y por la existencia dentro de ese aparato de equipos de distintos partidos.

El Estado mexicano transformado, más democrático, descentralizado y complejo en su funcionamiento, es decisivo para entender el contexto en que se dieron los distintos encuentros entre dicho Estado y las organizaciones criminales.

Delincuencia organizada y Estado: a la captura de los gobiernos locales

Cuando ya se tiene, por un lado, la nueva fisonomía de la industria del narcotráfico —fragmentada en siete organizaciones más poderosas que antes y en claro proceso de expansión operativa y territorial, con conflictos cada vez más violentos entre ellas— y, por otro, un Estado en proceso de democratización (alternancia de partidos en los tres niveles de gobierno); de descentralización del poder (fortalecimiento de los gobernadores y debilitamiento del presidente de la República) y de renovación de algunas de las instituciones responsables de la seguridad y justicia —pero que por diversas razones no terminaban de fortalecerse—, se podrá comprender que las relaciones entre las dos instancias serán cada vez más complejas.

A pesar de esa avalancha de cambios y avances en la institucionalidad —que incluía la conciencia de la gravedad del fenómeno del narcotráfico, considerado ya como un asunto de seguridad nacional, y un nuevo marco jurídico— el problema de la corrupción y el involucramiento de cuerpos policiacos y de otras autoridades no cesó; incluso se agravó en todos los niveles, pero especialmente en el ámbito local. Lo que sucedía era que el narcotráfico, más poderoso económicamente y con mayor capacidad de violencia, seguía necesitando de la complicidad y los servicios de las corporaciones policiacas y de otras autoridades. Lo que cambió fueron las reglas del juego y las estrategias de las organizaciones para operar en un entorno político muy diferente al que existió hasta finales de los años ochenta. En el apartado inicial de este capítulo —el mapa de las organizaciones—se mencionan las distintas modalidades y estrategias de corrupción y captura de instituciones por las diferentes organizaciones que han operado el negocio del narcotráfico en el país a partir de los noventa. Resumamos:

- Apropiación completa o parcial de policías municipales sin importar el tamaño: Tijuana, Ciudad Juárez, Nuevo Laredo, Reynosa, Monterrey, Acapulco, Boca del Río, municipios de Tierra Caliente en Michoacán y Guerrero, y un etcétera muy largo. En algunos casos los policías son reclutados desde la misma academia de policía.

- Compra de los principales mandos de las policías estatales preventivas y judiciales, en todos los estados claves para el narcotráfico: Baja California, Sinaloa, Tamaulipas, Veracruz, Nuevo León, Coahuila, Durango, Michoacán, Tabasco, San Luis Potosí, etcétera.

- Sobornos de funcionarios de la PGR (delegados, subdelegados, secretarios particulares, comandantes de la Policía Judicial Federal), Policía Federal, Sedena y Marina asignados a los estados.

- Compra de protección en el ámbito federal mediante el soborno de funcionarios de alto nivel: subprocuradores, jefes de la Policía Judicial Federal; jefes de la Policía Federal; comandantes, director del INCD.

- Control de penales estatales y federales para facilitar operación de los capos encarcelados, fugas, etcétera. La corrupción en las cárceles de Tamaulipas, Durango, Coahuila, Michoacán, Nuevo León, Baja California ha sido legendaria e incluso en los penales de máxima seguridad, el Altiplano y Puente Grande, se registraron hechos que revelaron que la corrupción se estableció en esos sitios.

- Compra de protección de gobernadores. Un caso documentado, el de Mario Villanueva en Quintana Roo, y otro en proceso con orden de aprehensión, el de Tomás Yarrington en Tamaulipas.

- Amenazas y probablemente compra (la "ley de plata o plomo") de jueces de los ámbitos estatal y federal.[238]

---

[238] El Poder Judicial ha sido muy discreto en sus procesos internos para acusar y juzgar jueces que han actuado a favor del narcotráfico (de la misma manera que El Ejército lo hace con los militares que son juzgados internamente). Jorge Fernández Menéndez ha documentado casos en los que hay indicios de parcialidad en favor de algunos capos narcotraficantes: Amado López Morales, negó que "El Güero" Palma fuera narcotraficante y sólo le dio cinco años por acopio de armas en lugar de 30; al comandante de la Policía Judicial Federal que lo protegía lo dejó libre porque lo cuidaba no por dinero,

A este listado de las formas de intervención de la criminalidad en las estructuras del Estado responsables de la seguridad y la justicia, habría que añadir un fenómeno nuevo: el control de otras áreas de los ayuntamientos —especialmente las relacionadas con obra pública y programas sociales— que se convierten en nuevas fuentes de ingresos para aquélla; e incluso el dominio sobre los alcaldes, de tal manera que la totalidad del municipio es privatizado y puesto a su servicio. No se trata sólo de un control físico del territorio producto de la presencia de sus fuerzas paramilitares —que ejercen la violencia o amenazan con usarla para someter a cualquier autoridad o funcionario que intente desobedecer a los delincuentes—, sino de todos los recursos: presupuestos, información, programas y servicios municipales, etcétera, en beneficio de esa organización criminal.

Cuando se da esta conversión del modelo criminal —del narcotráfico a los delitos contra la población— también se produce una ruptura del tipo de acuerdo entre gobiernos locales y delincuentes. La relación entre narcotraficantes y autoridades municipales existe desde los inicios del tráfico de drogas, y entre los acuerdos que parecían operar en esa época (hasta los ochenta, cuando aún el gobierno ejercía un dominio sobre los criminales) estaba el de "no meterse con la población". Es decir, restringir las actividades ilegales al trasiego de droga y el uso de la violencia al mínimo posible. Y las policías locales de alguna manera regulaban el funcionamiento de las actividades ilegales:

> La policía municipal, corrupta, ineficiente y abusiva como puede ser, tiene que organizar los mercados informales y los mercados ilegales. Se dirá que eso significa complicidad con los delincuentes: es verdad y es trivial. En cualquier país del mundo hace falta una fuerza pública arraigada localmente para organizar esos mercados, porque no van a desaparecer, y porque implican transacciones cotidianas, regulares,

---

sino por amistad. Otro, José Luis Gómez, del sexto distrito en materia penal federal, muy favorable a "El Chapo" Guzmán y a Nahúm Acosta Lugo. Uno más, Antonio González García, juez del distrito 8 de procesos penales federales (Jorge Fernández Menéndez y Víctor Ronquillo, *De los Maras a los Zetas...*).

en las que participa buena parte de la sociedad. La policía municipal también tiene que mantener vías de comunicación con las pandillas, tiene que supervisar una infinidad de tráficos que están más o menos en los límites de la legalidad [...] El viejo sistema de intermediación política del país se basaba en la negociación del incumplimiento selectivo de la ley. Así funcionaban la producción, el comercio, las relaciones laborales, así funcionaba el contrabando y el resto de los mercados informales e ilegales, así funcionaba el país. Y en la medida en que funcionaba bien resultaba invisible la violencia que había detrás, pero es obvio que esa negociación de la ilegalidad llevaba implícita siempre la amenaza del uso de la fuerza.[239]

Cuando Los Zetas inauguran las nuevas modalidades del crimen organizado, el contenido del pacto con las autoridades desaparece; la ruptura del acuerdo de no atacar a los ciudadanos es iniciativa de Los Zetas y La Familia Michoacana, y le dan un nuevo sentido a la relación con las autoridades municipales, especialmente con las policías: proteger la totalidad de la actividad delictiva e incluso participar en ella. El control de la plaza adquiere otra dimensión, señalada muy bien por Stergios Skarpedas en su artículo ya citado: "el territorio que controlan es valioso no sólo por los clientes a los que se les vende la protección, sino por el mercado cautivo que tienen para la venta de otros bienes y servicios ilegales como el narcomenudeo" y el resto de delitos patrimoniales.[240]

Era un despojo al Estado y, en última instancia, a los ciudadanos que quedaron en la total indefensión: sin policías que los protegieran o mediaran y regularan, aunque fuera de manera imperfecta, los mercados ilegales; sin autoridades que les sirvieran, sin acceso y posibilidad de disfrute de servicios públicos a menos que aceptaran someterse al dominio de los criminales y ser sus cómplices. Los municipios convertidos en territorio libre para el florecimiento de una organización dedicada a todo tipo de activi-

---

[239] Fernando Escalante Gonzalbo, "Homicidios 2008-2009. La muerte tiene permiso", *Nexos*, enero de 2011.
[240] Stergios Skarpedas, "The Political Economy of Organized Crime...", p. 384.

dades ilegales, desde la producción y el tráfico de estupefacientes hasta el robo de mineral para producir acero (municipios aledaños a Lázaro Cárdenas), o la producción de carbón para lavar dinero de Los Zetas (Coahuila) pasando por la extorsión, los secuestros y el narcomenudeo. Al parecer Michoacán fue el estado pionero en este tipo de privatización de la totalidad de los asuntos públicos municipales por La Familia; pero también ha sido práctica de Los Zetas en otras entidades del país.

Este fenómeno fue detectado por Jorge Fernández durante la presidencia de Vicente Fox:

> El narcotráfico se basa en su poder local, en el control de los municipios, regiones, en ocasiones estados, mucho más que en las grandes estructuras de control nacional. Éstas son mucho más caras y resultan importantes en términos operativos, pero para su estrategia de control necesita del poder local. Así vigila tanto la producción como el tránsito [y en ocasiones el consumo] de droga [...] no nos engañemos. Muchos de los municipios de Sinaloa, estén gobernados por panistas, priístas o perredistas, son controlados por el narcotráfico. Lo mismo sucede con buena parte de Tamaulipas o en Michoacán.[241]

Es claro que estos fenómenos van mucho más allá de lo que en un principio se identificaba como corrupción, es decir, la compra de las autoridades a cambio de su complicidad (evitar su acción punitiva) y garantizar la impunidad de los criminales. Dicho de otra manera, la palabra corrupción no da cuenta de esa nueva forma de relación de las organizaciones criminales con las autoridades; se queda corta. Por tanto es necesario recurrir a otros conceptos que definan de mejor manera lo que ha sucedido en México desde finales de los años noventa y los primeros de este siglo. Algunos estudiosos de la delincuencia organizada elaboraron un término que ayuda a comprender ese fenómeno mejor que el de la palabra corrupción. Se trata de la fórmula *Captura del Estado*,

---

[241] Jorge Fernández Menéndez y Víctor Ronquillo, *op. cit.*

que se define como la intervención de individuos, grupos o compañías legales en la formulación de leyes, decretos, regulaciones y políticas públicas para obtener beneficios de corto y largo plazo, principalmente de naturaleza económica, en detrimento del interés público. Así en la definición original de *Captura del Estado* se omite el uso de métodos de coerción y violencia usualmente empleados por individuos y grupos ilegales para complementar o sustituir el tradicional soborno [corrupción] […] De esta manera, ampliando la definición tradicional de *Captura del Estado*, puede decirse que cuando intervienen individuos o grupos ilegales, como mafias, narcotraficantes o grupos paramilitares o subversivos, podría configurarse un tipo de Captura Avanzada del Estado, gracias a la capacidad para ejercer violencia como mecanismo que sustituye o complementa el soborno.[242]

El análisis continúa con las implicaciones de esta captura del Estado:

Un subsecuente proceso, denominado Reconfiguración Cooptada del Estado, sucede en situaciones de corrupción avanzada y compleja, y presenta las siguientes características: I) participación de individuos y grupos sociales legales e ilegales; II) beneficios perseguidos no sólo de carácter económico sino político e incluso de legitimación social; III) coerción y establecimiento de alianzas políticas que complementan o sustituyen el soborno, y IV) afectación de diferentes ramas del poder público y distintos niveles de la administración […] Estas prácticas las desarrollan con el objetivo de obtener beneficios de largo plazo y asegurar que sus intereses sean validados política y legalmente, para así obtener legitimidad social en el largo plazo.[243]

Las organizaciones criminales han evolucionado del narcotráfico y la expropiación de las policías (de esa manera los ciudadanos

---

[242] Luis Jorge Garay Salamanca y Eduardo Salcedo Albarrán, *Narcotráfico, corrupción y Estados*, p. 35.
[243] *Ibid.*, p. 36.

quedan totalmente indefensos) a los delitos de orden común para robarle a la gente su patrimonio (mediante secuestros y extorsiones) y, asimismo, despojarla del último nivel de gobierno y con esto de los bienes públicos que ofrecen los municipios. Pero no sólo es la depredación de los ayuntamientos con la finalidad de obtener más ganancias económicas sino, como lo señalan Garay y Salcedo —los autores de la definición Captura del Estado—, que la apropiación de esa parte de la administración pública por la delincuencia organizada les genera otros beneficios políticos y sociales muy relevantes: tejer alianzas políticas y respaldo social para ganar legitimidad. Dicho de otro modo, que a los ojos de la sociedad y del resto del gobierno sea bien visto y aceptado, como si fuera lo normal, que un grupo criminal convierta sus intereses mediante el uso de la fuerza, en los intereses de toda la sociedad. No sólo se elimina de golpe a la democracia (para qué elegir gobernantes si éstos serán sometidos por medio de la ley de "plata o plomo" y convertidos en títeres del crimen organizado); también desaparece el Estado de derecho, pues los intereses de los criminales se vuelven ley y el uso de la violencia para hacerlos valer no conocerá límite alguno. Y que eso nos parezca bueno y legítimo.

A partir de 1990, pero sobre todo a partir del 2000, es el tipo de relación que buscó la delincuencia organizada con la política y el Estado, ya no sólo la dedicada al narcotráfico, sino esas federaciones regionales de criminales locales dedicados a cualquier actividad ilegal que les traspase el patrimonio de los ciudadanos a sus bolsillos (extorsiones a todo tipo de negocios, secuestros, tráfico de migrantes, trata de personas, robo de combustibles y asaltos a los pagadores del dinero de Oportunidades —el programa para combatir la pobreza—): en eso se convirtieron Los Zetas y La Familia, antes de 2006 y por tanto del inicio del gobierno de Felipe Calderón, producto de la creciente fragmentación y de sus luchas por sobrevivir y dominar a otras organizaciones. Lo que les permitió crecer y expandir sus acciones criminales no fue la acción del Estado sino su ausencia, debilidad y en ocasiones su sometimiento. Si en el periodo que va de los cuarenta a mediados de los ochenta, las autoridades federales tenían la sartén por el mango y el crimen se sometía a los dictados de los comandantes de la DFS o de la Policía

Judicial Federal, ahora el balance del poder ha cambiado; en el ámbito local mandaban los criminales y en el federal los arreglos eran entre iguales; se necesitaban, aunque desconfiaran el uno del otro.

Estado y crimen organizado: la esquizofrenia se agrava

No obstante que esos procesos y esa nueva forma de relacionarse de los criminales con el Estado estaban en curso, lo que las autoridades contemplaban eran los cambios cuantitativos, tanto en la dimensión y la presencia de las organizaciones como en una mayor violencia, producto de los conflictos entre éstas. Asimismo, se daban cuenta de la corrupción extendida en las corporaciones policiacas. Pero lo que no era fácil de percibir eran los cambios cualitativos: *a)* el escalamiento de las capacidades militares de las organizaciones; *b)* la ampliación del modelo criminal a nuevas formas delictivas que comenzaba a aplicarse y a extenderse, y *c)* el nuevo tipo de relación establecida por el crimen organizado en sus dos variantes (narcotráfico y extractores de rentas sociales) con las instituciones de seguridad y justicia: la captura y reconfiguración de las autoridades locales (dominio casi absoluto de las locales y compra de la complicidad de algunas federales).

Los gobiernos de esa época (Carlos Salinas, Ernesto Zedillo y Vicente Fox) actuaron de cara a lo que vieron y trabajaron en dos sentidos: *a)* reformas parciales e incompletas de las instituciones, fundamentalmente de la PGR, pero con poca eficacia en cuanto a encontrar mecanismos que las blindaran del poder corruptor del narcotráfico y, *b)* acciones dispersas en contra de los líderes del narcotráfico, bajo la presión constante y creciente del gobierno de Estados Unidos.

Cambios institucionales

En el ámbito de las instituciones responsables de la seguridad y la justicia, los cambios ocurridos a partir de los noventa han sido significativos. Uno decisivo fue la aceptación del gobierno de Miguel de la Madrid de que el narcotráfico era un problema no de seguridad pública sino de seguridad nacional, después del incidente de Enrique Camarena y de la exposición pública del grado de corrupción y vinculación de los cuerpos policiacos con la delincuencia organizada. A partir de entonces, esa conceptualización —acorde con la del gobierno de Estados Unidos encabezado entonces por Ronald Reagan— ya no fue abandonada. El gobierno de Carlos Salinas de Gortari le dio continuidad:

> Uno de los más graves problemas a los que se enfrentaba la humanidad en los albores del siglo XXI era, sin duda, el incremento de la farmacodependencia y el crecimiento del narcotráfico asociado a ésta. Desgraciadamente, México no se encontraba ajeno a ese fenómeno mundial. En este contexto, el gobierno del presidente Carlos Salinas de Gortari concedió a la lucha contra el tráfico ilícito de drogas una importancia sin precedentes en la historia reciente de México. Calificada como razón de Estado y prioridad nacional, la lucha contra esta actividad delictiva se convirtió en estos años en un asunto determinante en materia de seguridad nacional, salud e impartición de justicia. "Queremos un México seguro y sano, ahora y mañana. Prevenir el consumo de drogas y combatir el narcotráfico es, sin duda alguna, luchar por nuestros hijos", manifestó el Primer Mandatario al asumir el cargo el 1 de diciembre de 1988.[244]

No es difícil señalar que ese cambio en la manera de entender el problema del narcotráfico, que afecta al Estado y pone en riesgo la seguridad nacional, además de la salud pública y la impartición de justicia, obedeció a las presiones de la Casa Blanca y a un pragmatismo de la política exterior para mantener una buena relación con Estados Unidos, de la cual dependían —y dependen— asuntos de vital importancia para México y no sólo el tráfico de drogas. Sin embargo, esa explicación no parece suficiente. Las acciones emprendidas por los gobiernos a partir de Miguel de la Madrid

---

[244] Presidencia de la República, Unidad de la Crónica Presidencial, *Crónica del Gobierno de Carlos Salinas de Gortari 1988-1994*, síntesis e índice temático, Fondo de Cultura Económica, México, 1994, p. 298.

revelan que en ciertos ámbitos de la administración pública federal el problema al que se enfrentaba el Estado mexicano comenzaba a ser visto realmente como algo grave y que, por tanto, debía actuarse en consecuencia. Así, ya sea por presión externa o por convicción interna, muy probablemente por una mezcla de las dos —sin que se sepa con exactitud los porcentajes de una y otra—, los cambios institucionales para enfrentar a la cada vez más poderosa delincuencia organizada en torno al narcotráfico comenzaron a darse en cascada.

Al desaparecer en 1985 la Dirección Federal de Seguridad (DFS), aumentó el protagonismo de la Procuraduría General de la República (PGR) en el combate al narcotráfico.[245] En 1988, durante la presidencia de Carlos Salinas de Gortari, se creó la Subprocuraduría de Investigación y Lucha contra el Narcotráfico (en 1990 la convertirían en Coordinación de Investigación y Lucha contra el Narcotráfico para que la pudiera presidir Jorge Carrillo Olea, quien no era abogado y no podía estar al frente de una subprocuraduría); y en 1992 se crearía por primera vez una instancia de inteligencia contra el narcotráfico, el Centro de Planeación para el Control de Drogas (Cendro) para que las acciones operativas fueran más eficaces. En 1993, la Coordinación se transformó en el Instituto Nacional Contra las Drogas (INCD), órgano técnico desconcentrado de la PGR (una institución semejante a la DEA de Estados Unidos) al cual se fusionó el Cendro. En 1996, ya en el sexenio de Ernesto Zedillo, el Congreso aprobó la Ley Federal contra la Delincuencia Organizada que dio sustento jurídico a

---

[245] Desde los últimos años del gobierno de Miguel de la Madrid, Jorge Carrillo Olea y Jorge Tello Peón diseñaron un nuevo organismo que atendiera las necesidades en materia de inteligencia para la seguridad nacional, el Centro de Investigación para la Seguridad Nacional (Cisen), que nacería en febrero de 1989, ya durante el gobierno de Carlos Salinas de Gortari. Considerando los antecedentes de la vinculación entre el narcotráfico y la DFS, poco después de su creación se optó porque el Cisen se mantuviera ajeno a los temas de crimen organizado y la inteligencia contra éste fuera generada por la PGR y la Sedena. Sin embargo, en 1997, el Cisen sería llamado a participar en tareas de combate a las organizaciones de secuestradores que azotaron el país entre 1996 y 1998. Un grupo numeroso de agentes de esa institución, con capacidades especiales contra el crimen organizado, contribuyó a la detención de importantes secuestradores y posteriormente fue traspasado a la Policía Federal Preventiva.

la creación de la Unidad Especializada en Delincuencia Organizada (UEDO). En 1997, después del arresto del titular del INCD, el general Jesús Gutiérrez Rebollo acusado de proteger a Amado Carrillo, ese organismo desapareció y fue sustituido por la Fiscalía Especializada en Delitos contra la Salud (FEADS) un nuevo organismo responsable de la lucha contra el narcotráfico. Finalmente en 2003, durante el gobierno del presidente Vicente Fox, la FEADS se transformó en la Subprocuraduría de Investigaciones Especializadas en Delincuencia Organizada (SIEDO), mientras que el Cendro se convirtió en el Centro Nacional de Planeación, Análisis e Información para el Combate a la Delincuencia (Cenapi). Muchos de esos cambios fueron acompañados de múltiples modificaciones a la Ley Orgánica de la PGR y su Reglamento Interno (1985, 1988, 1990, 1991, 2002 y 2003), al Código Penal Federal y a otros ordenamientos jurídicos relacionados.

Estos cambios de nombre, estructura, funciones y ubicación institucional en la PGR del organismo responsable de combatir al narcotráfico y a la delincuencia organizada, fueron acompañados de muchos intentos de depuración del personal adscrito a él.

Aunque el catalizador de estos cambios fue, en la mayor parte de los casos, algún escándalo de corrupción, la contraparte de este reacomodo institucional fue el despido masivo y cada vez más frecuente de policías y agentes de seguridad. Entre 1983 y 1996 sólo en la Ciudad de México más de 2 000 policías salieron de la policía judicial y en el curso de una década (1986-1996) más de 7000 mil elementos de las fuerzas de seguridad fueron removidos. Mientras que al cierre de la administración Zedillo (1994-2000) más de 1 200 oficiales de la policía judicial habían sido despedidos y una tercera parte de las fuerzas dependientes de la PGR purgadas. Al año siguiente, en 2001, la PGR removía de nuevo a más de mil agentes de la Policía Judicial Federal.[246]

---

[246] Mónica Serrano, "México: narcotráfico y gobernabilidad", *Pensamiento Iberoamericano*, núm. 1, 2ª época, Madrid, septiembre de 2007, p. 272.

La Policía Judicial Federal se convertiría en la Agencia Federal de Investigación (AFI). Era el cuento de nunca acabar.

El gobierno de Ernesto Zedillo fue más allá en los cambios institucionales. Una de sus primeras acciones, en diciembre de 1994, fue una reforma del Poder Judicial: redefinió la estructura, el funcionamiento y las facultades de la Suprema Corte de Justicia; se nombraron sus 11 nuevos miembros (antes eran 21) y se creó el Consejo de la Judicatura Federal, organismo dependiente de la misma Suprema Corte que se haría cargo de todos los aspectos administrativos y referentes a la carrera judicial de sus miembros. Fue un avance de gran relevancia; sin embargo, esos cambios en la cúpula no modificaron sustantivamente la operación cotidiana de los juzgados. Además, modificó el artículo 21 de la Constitución que sentó las bases para la creación de un Sistema Nacional de Seguridad Pública que garantizara una política coherente en la materia, mediante la coordinación entre los diferentes niveles de gobierno (federación, estados y municipios): "Entre otros elementos, se prevé la integración de un sistema nacional de información sobre delincuentes y cuerpos policiales; la coordinación entre los distintos niveles de gobierno en la prevención y el combate a la delincuencia; la profesionalización creciente de estas corporaciones y su vinculación de manera renovada con la sociedad para recuperar su prestigio y credibilidad a través del cumplimiento cabal y respetuoso de su deber".[247]

Con base en ese antecedente legal y en medio de una crisis de seguridad, producto de un incremento enorme de los delitos comunes, en especial del secuestro a partir de 1995, el Sistema fue creado en ese año y, con él, se conformó la Policía Federal Preventiva (PFP), que en un principio no fue otra cosa que el traslado a la nueva corporación de los elementos que integraban la Policía Federal de Caminos, más varios cientos de agentes del Cisen, entre ellos quienes dirigirán a la PFP posteriormente, como Wilfrido Robledo y Genaro García Luna. Durante el gobierno de Vicente Fox, la PFP crecería por la incorporación de varios miles de soldados que fueron prestados temporalmente por la Secretaría de la

---

[247] PGR, Periodo del Presidente Ernesto Zedillo Ponce de León (Mimeo).

Defensa, y se cambió su ubicación administrativa al pasar de la Secretaría de Gobernación a la recién creada Secretaría de Seguridad Pública.

Después de su intervención durante varios años en la Operación Cóndor, el papel del ejército fue menos protagónico en cuanto al despliegue de fuerza, pero eso no significó que fuera marginado por completo de las acciones gubernamentales contra el narcotráfico, pues siguió erradicando sembradíos de marihuana y amapola de manera casi rutinaria en el triángulo dorado y en algunas otras zonas del país. En las regiones donde operaban las organizaciones, los comandantes de las zonas militares también llevaban a cabo acciones en contra de sus dirigentes. Ya se comentó cómo el general Gutiérrez Rebollo realizaba operativos contra la organización de los Arellano Félix; en el libro sobre "El Chapo", Malcolm Bieth narra que en 2006 llegó a Culiacán el general Rolando Eugenio Hidalgo Eddy como jefe de la IX Zona militar con la pretensión de atrapar al "Chapo" Guzmán, y juró públicamente detenerlo. En varias ocasiones lo tuvo a tiro, pero en todas se le escapó. "Destruyó el rancho de la mamá, detuvo a un primo, Luis Alberto Cano Zepeda, decomisó avionetas al por mayor, etcétera. Se fue de Sinaloa sin conseguir su objetivo y poco después uno de sus guardias fue detenido por haber filtrado información a "El Chapo".[248]

En el periodo 1990-2006, el ejército tuvo un nuevo papel relevante al ocupar con miembros de su personal los principales cargos en la PGR por la desconfianza que generaba su burocracia. En 1996, cuando fue nombrado procurador general de la República Jorge Madrazo en sustitución del panista Antonio Lozano Gracia, el que como otros procuradores había realizado una depuración de agentes y funcionarios, "señaló que el enemigo estaba en casa y que no confiaba en su propia policía";[249] por esa razón nombró como titular del Instituto Nacional Contra las Drogas (INCD) al general Jesús Gutiérrez Rebollo, quien se desempañaba como comandante de la V Región Militar con sede en Guadalajara y había ganado fama de tener mano dura contra los narcotraficantes. La

---

[248] Malcolm Bieth, *El último narco*.

[249] Luis Astorga, *El siglo de las drogas. El narcotráfico del Porfiriato al nuevo milenio*, Plaza y Janés, México, 2005, p. 175.

historia es conocida, pues a los dos meses de haber ocupado el cargo fue detenido acusado de recibir sobornos de Amado Carrillo Fuentes, líder de la organización de Ciudad Juárez. No obstante este fracaso de los militares como recurso humano confiable, el presidente Vicente Fox nombró a otro militar, el general Rafael Macedo de la Concha, al frente de la PGR. Y con él llegaron a esa dependencia varios militares y ocuparon cargos de relevancia, no obstante que en los discursos de Vicente Fox y de sus asesores en materia de seguridad antes de la toma de posesión, plantearon la retirada del ejército de la lucha antidrogas. Según la versión de Luis Astorga, esa posición se modificó después de una visita que hizo a México el entonces zar de las drogas de Estados Unidos, Barry McCaffrey.[250]

En síntesis, en los 20 años que van de la crisis institucional provocada por el asesinato de Enrique Camarena, es decir, de 1985 a 2006, se registraron cambios importantes en el entramado institucional. La PGR experimentó las transformaciones de mayor calado, puesto que tenía las facultades legales para enfrentar al narcotráfico. Además de contar con un nuevo soporte jurídico *ad hoc* —la Ley Federal Contra la Delincuencia Organizada—, se le dotó de áreas especiales para perseguir a las organizaciones criminales y a sus líderes (FEADS, INCD, UEDO, SIEDO) y para generar inteligencia en contra del narcotráfico (Cendro y Cenapi). También se diseñaron y crearon el Sistema Nacional de Seguridad Pública, la Policía Federal Preventiva y la Secretaría de Seguridad Pública, sin que tuvieran un desarrollo relevante en sus primeros años. La cúpula del Poder Judicial fue transformada en diciembre de 1994, pero esa reforma no llegó a los juzgados y al ministerio público, probablemente porque en ese mismo mes estalló la más grave crisis económica —en 1995 el PIB caería entre seis y siete por ciento— que obligó al gobierno de Ernesto Zedillo a concentrar su energía y tiempo en sacar al país de esa profunda contracción económica.

En el gobierno de Miguel de la Madrid se reconoció que, pese a la voluntad de combatir la inseguridad y el crimen organizado,

---

[250] *Ibid.*, p. 177.

"uno de los obstáculos generales a que se enfrenta el Programa Nacional de Seguridad Pública es la escasez de recursos a causa de la crisis económica que padece el país, por lo que los avances son más lentos que lo deseable".[251]

Lo que es notable en esos veinte años de intentos por mejorar las instituciones de seguridad y justicia del país, es la ausencia de reformas en las estatales y municipales. Si bien el Sistema Nacional de Seguridad Pública estableció la obligación de coordinarse con la Federación, los esfuerzos por depurar, modernizar y profesionalizar las policías municipales y estatales, los ministerios públicos y las procuradurías estatales, fueron prácticamente nulos no obstante su corrupción e ineficacia. No sólo seguían siendo presa fácil de los sobornos de la delincuencia organizada, sino que no se reparó en el hecho de que en la realidad operaban más como parte del mundo delictivo que como defensoras del Estado de derecho y protectoras de la sociedad.

Las presiones de Estados Unidos y la persecución de líderes de la delincuencia organizada

Después del caso Camarena y en buena medida debido a ese suceso, en 1986 el gobierno de Estados Unidos estableció un proceso de certificación, mediante el cual el Departamento de Estado calificaba unilateralmente la actuación en materia de combate a los estupefacientes de los gobiernos de los países productores de drogas. Si no aprobaban o eran "descertificados", quedaban expuestos a sanciones económicas (suspensión de la ayuda de programas antidrogas o de otro tipo), además de las implicaciones derivadas del deterioro de las relaciones con el país más poderoso del mundo. El informe anual de certificación se hacía a finales de febrero de todos los años, hasta 2002, año en que fue suspendido. Era una más de las medidas unilaterales de la Casa Blanca empeñada en forzar a los gobiernos latinoamericanos, especialmente a México

---

[251] Presidencia de la República, Unidad de la Crónica Presidencial, *Las razones y las obras. Gobierno de Miguel de la Madrid. Crónica del sexenio 1982-1988*, cuarto año, Fondo de Cultura Económica, México, 1987, p. 539.

y Colombia, a acatar sus políticas y lineamientos. Los criterios de la evaluación no eran tan exigentes pues

> estaban basados más en los esfuerzos de los países produc-
> tores o de tránsito de drogas que en los resultados. Estos
> criterios eran: *a)* presupuesto dedicado a combatir el nar-
> cotráfico; *b)* decomisos de cargamentos y erradicación de
> cultivos; *c)* bajas policiacas y militares en la guerra contra
> las drogas; *d)* número de arrestos; *e)* reformas institucionales
> y legales a fin de fortalecer las instituciones encargadas de
> combatir el narcotráfico; *f)* acuerdos internacionales y, *g)*
> aceptación de colaboración de Estados Unidos así como la
> presencia de agentes de la DEA en territorio mexicano.[252]

Según Jorge Chabat, especialista en las relaciones entre México y Estados Unidos, la certificación al mismo tiempo que provocó algunos conflictos también ayudó a demostrar el compromiso del gobierno mexicano en el combate al narcotráfico, puesto que otorgaba información a Estados Unidos de los esfuerzos realizados, lo cual neutralizaba a quienes basaban sus opiniones de México en prejuicios.

> Como resultado del establecimiento del proceso de certificación
> antidrogas, el gobierno de Salinas se dedicó a arrestar cada año,
> en las fechas previas al anuncio de la certificación, el 28 de fe-
> brero, a algún capo de la droga connotado, para facilitar la de-
> cisión de la Casa Blanca de aprobar a México. El gobierno de
> Zedillo continuó con tal estrategia, la cual hizo agua a principio
> de 1997 cuando se intentó atrapar al líder del cartel de Juárez,
> Amado Carrillo, el cual huyó 20 minutos antes de que llegaran
> las fuerzas federales a la boda de su hermana.[253]

No obstante las certificaciones anuales y lo que implicaban de trabajo para complacer a los funcionarios del Departamento de Es-

---

[252] Jorge Chabat, *El narcotráfico en las relaciones México-Estados Unidos: Las fuentes del conflicto*, Cuadernos de Trabajo, núm. 193, Centro de Investigación y Docencia Económica (CIDE), México, 2009, p. 5.

[253] *Ibid.*, p. 5.

tado y de la DEA, el gobierno y algunos medios de comunicación estadounidenses continuaron actuando como siempre: sin consultar y con ataques por la desidia y corrupción en México, a veces justificadamente, otras no. En su análisis, Jorge Chabat recupera algunos de esos incidentes: después de la detención del general Jesús Gutiérrez Rebollo (quien había sido alabado por el director de la DEA unos días antes como un general incorruptible y muy eficaz), en febrero de 1997 el periódico *The New York Times* publicó un artículo acusando al entonces gobernador de Sonora, Manlio Fabio Beltrones, de participar en el narcotráfico. El gobernador se defendió y, aunque le llevó tiempo, demostró la falsedad de la acusación. En mayo de 1998, el gobierno de Estados Unidos hizo pública una investigación con respecto al lavado de dinero en bancos mexicanos y estadounidenses que había comenzado tres años antes; fueron detenidas 150 personas, muchas mexicanas, que habían sido invitadas a Las Vegas a participar en una reunión; pero se trataba de un señuelo para poder arrestarlas en territorio de aquel país. El gobierno de Ernesto Zedillo protestó enérgicamente. El conflicto pronto se diluyó. En 2005, ante la ola de violencia en Nuevo Laredo, el embajador Tony Garza envió una carta al secretario de Relaciones Exteriores mexicano quejándose de que "la lucha cada vez mayor entre elementos de los cárteles de la droga ha traído como consecuencia aumentos drásticos en asesinatos y secuestros (…) que se ha traducido en mayores riesgos para los miles de estadounidenses que van de paso a través de la región fronteriza todos los días. Un mayor número de estadounidenses asesinados y secuestrados confirma esto".[254]

Sin embargo, sería injusto afirmar que todo se hacía por presiones del vecino del norte. A partir del gobierno de Miguel de la Madrid, los titulares de la PGR tendrían oportunidad de demostrar que tenían interés real en combatir al narcotráfico. Además de las ya casi rutinarias tareas de erradicación de plantíos de marihuana y amapola por el ejército, las acciones de la PGR se concentraron en la búsqueda y aprehensión de los líderes de las organizaciones delictivas . En el sexenio de Carlos Salinas los principales capos

---

[254] *Ibid.*, pp. 6-8.

334 HISTORIA DEL NARCOTRÁFICO EN MÉXICO

detenidos fueron Miguel Ángel Félix Gallardo, en 1989, y Joaquín "El Chapo" Guzmán, en 1993. Durante los años del gobierno de Ernesto Zedillo, en 1996, el primer arrestado fue Juan García Ábrego, líder del Golfo; los hermanos Contreras, los reyes de las anfetaminas, corrieron la misma suerte después de un impecable trabajo de inteligencia realizado por agentes pertenecientes al INCD, dirigidos por un excelente policía formado en el Cisen, Jorge Espejel.[255] Jesús Labra, el padrino de los hermanos Arellano Félix y su principal lugarteniente, Ismael Higuera, alias "El Mayel", fueron apresados a principios de 2000. Ya en tiempos de Vicente Fox le tocó su turno de hospedarse en la cárcel a dos Arellano Félix: Benjamín en 2002 y Francisco Javier, "El Tigrillo", en 2006; también fueron detenidos Osiel Cárdenas y Armando Valencia en 2003. Sería hasta el sexenio de Vicente Fox —quien le declaró la guerra al narcotráfico en dos ocasiones al inicio de su sexenio— que ante la violencia desatada en Nuevo Laredo los últimos años de su gobierno, puso en marcha un operativo para pacificar esa región de la frontera, la Operación México Seguro, que consistió en mandar al ejército durante algunas semanas.

No obstante, esos esfuerzos fueron insuficientes no sólo frente al creciente poderío y los cada vez más sanguinarios conflictos que protagonizaban las organizaciones del narcotráfico, sino también ante el agravamiento de la corrupción en altas esferas de las fuerzas federales de seguridad y la captura que realizaron aquéllas de las policías municipales y estatales. No debe olvidarse que en estos años varios comandantes de la Policía Judicial Federal se aliaron o ¿promovieron? a Juan García Ábrego para convertirse en "socios" de una nueva organización de narcotráfico (la del Golfo); que el titular de Instituto Nacional contra las Drogas, INCD, el general Gutiérrez Rebollo, ya llevaba varios años actuando al servicio de Amado Carrillo; que por primera vez fue detenido por narcotráfico un gobernador (Mario Villanueva); que el director de giras presidenciales del presidente Fox, Nahum Acosta, fue retirado de su cargo al conocerse que en su teléfono celular tenía registradas muchas llamadas

---

[255] Véase el relato completo de cómo se realizó la investigación por parte de un pequeño equipo de jóvenes investigadores formados en la PGR en Ma. Idalia Gómez y Darío Fritz, *Con la muerte en el bolsillo. Seis desaforadas historias del narcotráfico en México*, pp. 199-239.

a Héctor Beltrán Leyva, uno de los líderes de la organización de Sinaloa, las cuales revelaban la existencia de una relación clara entre ambos (inexplicablemente no fue procesado porque un juez suspendió las investigaciones por "falta de elementos").[256] Incluso en el gobierno del presidente Calderón se registraron casos de corrupción en niveles muy elevados, tanto de la PGR, como de la Policía Federal e incluso del ejército. Es el caso de las dos primeras instituciones: la Operación Limpieza descubrió una amplia red de protección tejida con base en grandes sobornos pagados por los hermanos Beltrán Leyva, que llegó en la PGR hasta el mismo subprocurador responsable de las Investigaciones Especiales en Delincuencia Organizada (SIEDO), Noé Ramírez Mandujano (cargo equivalente a lo que en su momento fue Gutiérrez Rebollo como titular del INCD), a quien le entregaban, según las averiguaciones iniciales, hasta 450 mil dólares mensuales. También fueron aprehendidos Fernando Rivera, director de inteligencia de la SIEDO, y los comandantes Milton Cilia y Roberto García. En el caso de la Policía Federal, fueron detenidos Gerardo Garay, quien llegó a ser el comisionado (principal jefe) de la Policía Federal y otros altos funcionarios como Francisco Navarro Espinosa, ex jefe de Operaciones Especiales de la Policía Federal, Jorge Cruz, director de Análisis Técnico de la Policía Federal y el jefe de la Interpol México, Rodolfo de la Guardia (que posteriormente fue dejado en libertad por falta de evidencias). Otro de los primeros detenidos, Edgardo Enrique Bayardo, que se convirtió en testigo protegido de la PGR, reveló los detalles de la red de protección.[257] Incluso en la red participaba un informante, José Alberto Pérez Guerrero, quien trabajaba para policías estadounidenses, que filtraba información de la embajada de Estados Unidos a la organización de los Beltrán Leyva. En noviembre de 2011, Garay fue exculpado y liberado; y en abril de 2013, Noé Ramírez Mandujano fue exonerado y liberado por falta de pruebas.

Los ejemplos abundan, pero el punto está más que documentado. A lo largo del libro ya se han mencionado muchos otros. Es

---

[256] Jorge Fernández Menéndez y Víctor Ronquillo, *op. cit.*, pp. 136-144.

[257] Héctor de Mauleón, *op. cit.*, pp. 14-22. Vale la pena leer el relato de cómo operaban los detenidos por la Policía Federal y la PGR tanto para los Beltrán Leyva como para "El Mayo" Zambada.

importante insistir, sin embargo, en un aspecto relevante relacionado con la corrupción: la actitud benevolente del Estado mexicano
con esa práctica; la disposición de muchos funcionarios a dejarse
corromper, quizá porque saben que las probabilidades de ser castigado son reducidas. Impunidad, pues. Valga como ejemplo un
caso directamente relacionado con el narcotráfico y altos vuelos,
documentado por Miguel Ángel Granados Chapa en un libro pós-
tumo de reciente publicación: el caso de José Antonio Zorrilla Pérez, quien era director de la DFS cuando estalló el escándalo de la
fuga de Rafael Caro Quintero a Costa Rica, poco después del asesinato del agente de la DEA Enrique Camarena, esgrimiendo una
credencial de esa dependencia firmada por el mismo Zorrilla.

Primer acto. El estilo de Zorrilla, según Sergio Aguayo Quezada en su libro sobre la historia de la DFS:

> Sin controles, Zorrilla se dedicó a manejar la DFS para su
> provecho y enriquecimiento. Utilizó un esquema sencillo,
> ingenioso y que otros habían practicado antes que él. Con
> sus incondicionales creó una estructura paralela que le res-
> pondía directamente. Así, nombró coordinadores generales
> a un grupo de comandantes de la Policía Judicial Federal
> (entre ellos, Rafael Chao López, Daniel Acuña y Abisael
> Gracia), y le dio a Miguel Aldana el cargo de coordinador ge-
> neral, y los impuso sobre los delegados de la DFS en los estados.
> Estos coordinadores se dedicaron a organizar la corrupción
> y la complicidad con el narcotráfico. La charola [la placa con
> la que se identificaban] se transformó en símbolo de delin-
> cuencia. En la lista de quienes la recibían se incluyeron los
> capos de la droga y sus guardaespaldas [...]
> La corrupción iniciada en la cúpula cubrió por entero
> a la institución [con algunas excepciones, por supuesto].
> Quienes vivieron esa etapa coinciden en que los cuellos, las
> muñecas y las manos de los agentes se llenaron de gruesos
> anillos y pulseras, y que sus armas se cubrieron de oro y pie-
> dras preciosas. Las plazas en esa institución se vendían en
> cifras acordes con el potencial de lucro que proporcionaban
> [Tijuana valía más que Morelia]. Era la época en que los

comandantes llevaban finos portafolios repletos de dólares que iban repartiendo a su paso. En las entrevistas que realicé sobre los años de José Antonio Zorrilla como director de la DFS (1982-1985), siempre mencionaron que los agentes en la capital esperaban ansiosos a los comandantes que llegaban repartiendo dinero. Eran admirados por sus éxitos y su generosidad y porque algunos hasta corridos tenían. Los jefes los toleraban y se aprovechaban de ellos.

Los comandantes guardaban, siempre, la cantidad mayor para Pepetoño [así llamaban en confianza a José Antonio]. La arrogancia de Zorrilla crecía con los meses y años [...] Para entonces Zorrilla era temido por el control tan fuerte que tenía sobre la DFS. El Estado había dejado que el monstruo adquiriera una enorme dimensión, a la sombra de la cual crecía el narcotráfico.[258]

Segundo acto. Sabe mucho, hay que hacerlo diputado.

La situación de Zorrilla se hizo insostenible, pues las agencias norteamericanas tenían noticias de sus ligas con Caro Quintero. De la Madrid "empezó [este verbo emplea el mismo ex presidente, cuando comentó, en sus memorias, el caso Zorrilla] a recibir noticias de que la DFS andaba mal. Bartlett (el secretario de Gobernación y jefe de Zorrilla, le había pedido a De la Madrid, en diciembre de 1982, que lo ratificara al frente de la DFS) siempre defendía a Zorrilla. Cuando se da el secuestro de Camarena [...] Bartlett estuvo de acuerdo en que había que quitar a Zorrilla. Sin embargo, me dijo que ya que era un elemento tan informado, que le abriéramos una oportunidad política. Y así fue como llega de candidato a diputado por el estado de Hidalgo".[259]

Zorrilla renunció a la DFS el 28 de febrero de 1985 y el 4 de marzo inició su campaña electoral.

---

[258] Sergio Aguayo Quezada, *La charola. Una historia de los servicios de inteligencia en México*, Grijalbo, México, 2001.

[259] Miguel Ángel Granados Chapa, *Buendía. El primer asesinato de la narcopolítica en México*, Grijalbo, México, 2012, p. 183. Granados Chapa cita las memorias de Miguel de la Madrid, *Cambio de rumbo. Testimonio de una Presidencia, 1982-1988.*

Tercer acto. Ligera rectificación. Durante un viaje a Oaxaca, el 21 de marzo, De la Madrid pidió a Carrillo Olea (subsecretario de Gobernación, que no era del equipo de Manuel Bartlett) hablar del tema, y en general de Zorrilla y la DFS. El subsecretario le relató:

> los últimos acontecimientos, que se referían más que nada a la creciente presencia e influencia del comandante Rafael Chao López, del que nunca supe cuáles eran sus límites entre su calidad de servidor público y narcotraficante. Narré cómo repartía dólares cada vez que venía a la capital y tenía acuerdo con Zorrilla. Su puesto era el de delegado estatal en Michoacán, pero él, sacado de la manga, se había inventado ser delegado regional y así dominaba varios estados, lo que le era tolerado. En Morelia tenía una gran residencia y su propio avión. Todo esto era del dominio público y por supuesto de Bartlett, al que por lo menos de mi parte mantenía informado, obteniendo siempre la misma respuesta: "son mentiras, te engañan, eres muy crédulo". Carrillo Olea concluyó su relato con una sugerencia [al presidente De la Madrid]: Me preocupa que si Zorrilla llega a ser diputado y adquiere inmunidad, estando loco como está, pudiera convertirse en un riesgo inimaginable para Manuel Bartlett, al grado de que te veas obligado a separarlo del cargo. Eso sería indispensable, pero haría un daño terrible a tu gobierno; te sería imposible ubicarlo en otro sitio, una embajada, por ejemplo, ya que todo el mundo, y particularmente la prensa, están al tanto de la situación.

> "Al mes [abril de 1985], relata el presidente Miguel de la Madrid, regresa Bartlett para decirme que había descubierto una gran cantidad de irregularidades y que no se le podía tener confianza a Zorrilla." Entonces a cinco semanas de la elección [fines de mayo] el PRI le retira la candidatura y lo informa mediante un boletín de prensa: "En virtud de que diversos hechos posteriores a la postulación del licenciado Antonio Zorrilla Pérez como candidato a diputado federal han venido siendo discutidos por la opinión pública, en torno a la función pública que desarrollaba antes de su

nominación, el PRI, sin prejuzgar sobre la citada actuación, ha tomado la decisión de aceptar la renuncia del candidato." A los pocos día, Zorrilla se fue a vivir a España.

En otras palabras, la primera respuesta a las señales de que el director de la DFS estaba involucrado en el narcotráfico [señalamientos del subsecretario Carrillo Olea al secretario Bartlett] es la negación de éste último ["te engañan, eres un crédulo", le dijo a Carrillo Olea; Bartlett siempre defendía a Zorrilla, afirmó De la Madrid en sus memorias]. Cuando la evidencia fue inocultable, la decisión consistió en retirarlo del cargo y en vez de investigar si había evidencia de sus actos ilícitos y proceder en consecuencia, le ofrecieron una salida política [hacerlo candidato a diputado] que eventualmente le hubiera dado un fuero. La razón: tenía mucha información que no sería conveniente que se supiera, y como existía el riesgo de que hablara y la hiciera pública, optaron por encubrirlo y protegerlo. La segunda respuesta, cuando ya muchos medios de comunicación sabían del presunto involucramiento del exdirector de la DFS con Rafael Caro Quintero, el asesino del agente de la DEA, Enrique Camarena, el presidente de la Madrid consulta con Carrillo Olea y éste además de confirmarle la gravedad de la corrupción en la DFS, le señala los riesgos políticos de que Zorrilla llegue a ser diputado [que el escándalo llegue hasta el secretario de Gobernación y el presidente tenga que despedirlo]. Entonces se tomó una segunda decisión: retirarle la candidatura y mandarlo al ostracismo, incluso permitirle su salida del país. El silencio y la protección en nombre de la estabilidad política. El Estado de derecho, la aplicación de la ley nunca son tomados en cuenta. No obstante las "muchas irregularidades", por fin reconocidas por Manuel Bartlett, ni siquiera por equivocación se menciona la posibilidad de abrir una investigación al respecto.

Cuarto acto. Asesino, sí. En 1989, cuatro años después de su salida de la DFS y del exilio en España de José Antonio Zorrilla, y debido a la presión ejercida durante casi cinco años por un grupo de

intelectuales y comunicadores encabezados por el hermano de
Manuel Buendía —periodista muy famoso asesinado en mayo de
1984—, el fiscal especial que investigaba el caso ordenó la aprehensión de Zorrilla Pérez como presunto autor intelectual de ese
homicidio. La causa: Buendía tenía mucha información sobre los
vínculos de Zorrilla con el narcotráfico y había comenzado a pu-
blicarla. Fue juzgado, encontrado culpable y sentenciado a 35 años
de prisión que luego le fueron reducidos a 29.

Quinto acto. Narcotraficante, no. Sin embargo, Granados
Chapa, que fue uno de los periodistas que presionaron para que
se hiciera justicia en el caso de su amigo Buendía, informa que

aun con el apabullante peso de los testigos y de que formalmente ése fue el móvil del homicidio de Buendía, Zorrilla
fue inexplicablemente absuelto de los delitos relacionados
con el narcotráfico. De esa manera se desvanecieron también sus presuntos vínculos con la ejecución del agente de la
DEA, y quedó eliminada la posibilidad de que fuera entregado en extradición al gobierno estadounidense. Tampoco
fue procesado por el delito de enriquecimiento ilícito y no
le fue confiscado un solo peso, a pesar de que le fueron ha-
lladas incontables posesiones y cuentas bancarias por unos
cuarenta millones de dólares, lo que le habría sido imposible
adquirir y acumular con su salario. En el momento de su detención "era socio de cuatro grupos empresariales, tenía 30
terrenos en el país y varias propiedades en Estados Unidos,
ocho casas, 12 cuentas bancarias en el extranjero y decenas
más en instituciones nacionales, así como 34 vehículos. Tan
sólo en la Ciudad de México tenía una residencia en el Pedregal de San Ángel, otra en las Lomas de Chapultepec y
un condominio en Polanco, las tres zonas más caras de la
capital, y dos terrenos con caballerías en el Ajusco con una
extensión de 36 mil metros cuadrados. También poseía casas
y condominios en Cuernavaca, Morelos; Avándaro, Estado

de México; Ixtapa, Guerrero; Cancún, Quintana Roo, y una ex hacienda en Atotonilco, Hidalgo".[260]

El caso Zorrilla fue un mensaje enviado a mediados de los años ochenta a quienes en los siguientes 20 años continuaron inmiscuidos en el narcotráfico: la aplicación de la ley sería selectiva;: antes estarían las consideraciones de orden político. Si no fuera así, ¿cómo explicar que en la conformación de la organización del Golfo a finales de los ochenta hubieran participado importantes comandantes de la Policía Judicial Federal o la complicidad del general Gutiérrez Rebollo con Amado Carrillo? Por tanto, las relaciones entre el mundo de las drogas y el de la política se mantendrían en el complejo reino de la esquizofrenia, presente desde sus inicios. Pero en este último periodo (1990-2006) la esquizofrenia se agravaría porque durante la época del acuerdo tácito (de los años cincuenta a los ochenta) la delincuencia organizada se fortaleció, mientras que las instituciones estatales de seguridad y justicia y, con ellas el Estado entero, se debilitaron, ello facilitó la captura de las estructuras locales de seguridad y justicia y la complicidad y protección en las altas esferas de las fuerzas federales de seguridad. Entre 1985 y 2006 hubo numerosos cambios en la estructura y funcionamiento de la PGR; se aprobaron algunas reformas al sistema judicial e incluso se crearon el Sistema Nacional de Seguridad Pública y la Policía Federal Preventiva (estas últimas fueron más en el papel que en la realidad). Mientras esos cambios fueron parciales, lentos, sin respaldo presupuestal y con problemas serios de aplicación y continuidad, la velocidad y la eficacia con que la delincuencia organizada se expandió, diversificó y militarizó le hizo posible continuar con el proceso de apoderarse de las instancias de seguridad y justicia, especialmente de las locales. El resultado es que la ecuación de la relación entre narcotraficantes y autoridades se inclinó en favor de los primeros con mucha claridad. La fortaleza de la delincuencia se apoyaba y alimentaba de la creciente debilidad e ineficacia de policías, ministerios públicos, jueces y cárceles. Eran como vasos comunicantes o un juego de suma

[260] *Idem.*

cero: lo que las organizaciones criminales ganaban en poderío lo perdía el Estado y, de paso, los ciudadanos.

Otra digresión teórica: ¿por qué en México es tan débil el Estado de derecho?

¿Cómo explicar esta dualidad de comportamiento de los gobiernos de México en torno al narcotráfico? ¿Por qué al mismo tiempo que se aplican políticas para combatirlo en el mismo gobierno existen grupos que forman parte del crimen organizado? ¿Es México el único país con este tipo de problema y con este nivel de corrupción y de captura del Estado? Para entender el problema de la estrecha y contradictoria relación entre el mundo de la delincuencia organizada y el Estado no es suficiente afirmar que el segundo es corrupto.

Es necesario profundizar en las causas de ese desfase entre Estado de derecho y realidad. Para ello se requiere revisar el concepto mismo de Estado, pues los estudiosos del tema normalmente utilizan la definición más popular, la del sociólogo alemán Max Weber, que lo define como una relación de dominio, es decir, de la capacidad de unos hombres para dominar al resto de los que viven en un mismo territorio, por medio de la fuerza legítima. Desde esa perspectiva, "el Estado es aquella comunidad humana que en el interior de un territorio determinado reclama para sí (con éxito) el monopolio de la coacción legítima".[261] Esto quiere decir que para que en un país los ciudadanos cumplan las leyes, el Estado puede usar la fuerza legítima, es decir, de manera legal y con el respaldo de la sociedad. Y sólo las fuerzas de seguridad pueden utilizar la fuerza legalmente, nadie más. De esa definición que incluye la capacidad legal del uso de la fuerza o la coacción de manera exitosa, se ha desprendido una creencia de que todo el mundo cumple la ley y que quienes no lo hacen son sometidos por la fuerza; es decir, que el "Estado controla el uso de la violencia, la amenaza de violencia y otros medios para inducir a las personas que se encuentran en su territorio a someterse o incluso a adoptar

---

[261] Max Weber, *Economía y sociedad*, Fondo de Cultura Económica, México, 1964, p. 1056.

una serie casi interminable de leyes y regulaciones (...) y el papel del Estado es construir el Gobierno de la Ley".[262]

El problema con esta propuesta es que prácticamente ningún Estado en ninguna parte del planeta cumple a cabalidad con la definición. En algunos países, la autoridad está fragmentada; en otros hay grupos armados que le disputan el poder a las autoridades; en otros, los gobiernos no tienen la capacidad para estar presentes en todo su territorio y, por tanto, no se cumplen las leyes del Estado sino de los grupos poderosos de esas regiones; en otras partes, hay problemas con la fijación de las fronteras del territorio o son muy porosas y no hay manera de someter a los ciudadanos que entran y salen por ellas. En realidad más que un concepto de lo que pasa en el mundo real de la política, esa definición de Max Weber es un tipo ideal, un modelo que al compararse con los Estados reales, la lejanía entre ambos es enorme.

Entonces vienen los juicios de valor: las desviaciones existentes son vistas negativamente y los que no cumplen con lo establecido en la definición, son Estados fracasados, fallidos o corruptos. Y no es que no se puedan hacer juicios de valor sobre lo que pasa en el mundo real, pero la crítica desde la ética o la moral, muy necesaria, no siempre ayuda a entender y a resolver los problemas.

Para comprender cómo funcionan los Estados y por qué su actuación es en muchas ocasiones contradictoria, revelando un abismo entre lo que dicen que son y lo que en la realidad hacen, me parece indispensable echar mano de una concepción diferente del Estado que nos arroje luz sobre tres fenómenos concretos que forman parte de nuestro grave problema de un Estado de derecho débil y de nuestra cultura de la ilegalidad: 1. la cultura de la ilegalidad y la distancia entre las leyes y la realidad; 2. la discrecionalidad en la aplicación de la ley y la complejidad de las burocracias como un obstáculo para su aplicación y, 3. la convivencia de un orden alterno al del Estado. Conscientes de que desarrollar a fondo estos temas sería motivo de toda una investigación, me limito a señalar algunas líneas de reflexión y a plantear algunas hipótesis que quizá profundizaré en otros estudios.

---

[262] Joel S. Migdal, *Estados débiles. Estados Fuertes*, Fondo de Cultura Económica, México, 2011, p. 31.

Cultura de ilegalidad, leyes y realidad

La debilidad del Estado de derecho —la no aplicación de las normas que rigen la vida de una sociedad— puede generarse por varias razones: las leyes no son las adecuadas; el sistema de procuración y administración de justicia no puede, o no quiere aplicarlas, o lo hace de una manera selectiva; la población no las respeta. En todos estos casos, se produce una distancia entre las leyes, entendidas como normas que rigen las acciones y el comportamiento de la gente, y las formas de vida reales, las prácticas cotidianas de las sociedades. En el caso de México, es evidente que la brecha entre la norma y la conducta de los ciudadanos es enorme. Existe, además, una creencia muy extendida en el sentido de que la causa de ello es una cultura particular de los mexicanos, según la cual somos portadores de una mentalidad y una tradición premodernas que nos hacen incumplir de manera sistemática las normas. Sin embargo, esa cultura de ilegalidad, que sí existe, es producto de la historia política del país y del tipo de instituciones políticas y jurídicas que no producen incentivos para respetar las normas. En otras palabras, son las instituciones (el tipo de leyes, la aplicación ineficaz y parcial de ellas por el gobierno y el sistema judicial, etcétera) lo que hace que los ciudadanos adopten una actitud de poco respeto por las leyes y no la cultura de ilegalidad la que produce malas instituciones.

En la introducción de un libro de lectura indispensable con respecto al Estado de derecho en nuestro país, editado por el Centro de Investigación para el Desarrollo, CIDAC, Luis Rubio afirma:

> Muchos piensan que los mexicanos somos incapaces de ceñirnos al régimen de la ley, que no sólo no respetamos las leyes, sino que toleramos su violación sistemática. En realidad, los mexicanos hemos respondido históricamente a las circunstancias con las que nos hemos encontrado. En México existen leyes y reglamentos para todo. Sin embargo, el que toda actividad económica, política y social tenga un marco jurídico, no equivale a vivir dentro de un verdadero Estado

de derecho. Se cuenta con un Estado de derecho cuando la actividad, tanto de los gobernados como de los gobernantes, se halla garantizada y limitada a la vez por una norma superior, que es la Constitución, y por las leyes que emanan de ésta. El Estado de derecho consiste en la vigencia efectiva de un orden constitucional, con leyes estables e iguales para todos, que el gobierno respeta en forma cabal y que reducen al mínimo la coerción necesaria para que los ciudadanos las cumplan. No es casualidad que los mexicanos veamos a la ley como algo relativo, siempre sujeto a vaivenes y cambios, según soplen los vientos. México cuenta con leyes, pero no con un cabal Estado de derecho.[263]

El estudio del CIDAC aporta varios ejemplos que demuestran que la disposición de los ciudadanos a cumplir con las normas cambia y se vuelve aceptable, cuando son modificados los incentivos institucionales:

Así, por ejemplo, hasta hace muy pocos años la mayoría de las empresas evadía impuestos bajo la expectativa de que el fisco difícilmente lo notaría —o que si lo hacía, sería posible sobornarlo— y de que todos los demás contribuyentes razonarían de la misma forma. Sin embargo, a partir de que el gobierno mostró una actitud firme de castigar la evasión fiscal —dando una señal clara y creíble en relación con conocidos empresarios— la mayoría de las empresas ha modificado sus expectativas, con lo que la evasión ha bajado significativamente, a pesar de que la cultura permanece inalterada. El efecto tan repentino de la reforma fiscal se debe no sólo a que los evasores comenzaron a temer al fisco, sino a que se pasó de un equilibrio de abierta corrupción e incumplimiento generalizado, a otro en el que los pocos evasores que quedan ya no se ufanan de serlo [...]

---

[263] Luis Rubio, Beatriz Magaloni y Edna Jaime (coords.), Héctor Fix Fierro (ed.), *A la puerta de la Ley. El Estado de Derecho en México*, Centro de Investigación para el Desarrollo (CIDAC), México, 1993, p. 3.

Lo mismo puede decirse de las reglas de tránsito. En términos generales, existe un alto porcentaje de ciudadanos que incumple las reglas de tránsito y que además recurren a la "mordida" como forma de evitar sanciones cuando cometen infracciones. Una curiosa excepción a este patrón de comportamiento lo constituye el respeto al "día sin auto" en el Distrito Federal. Ello se debe fundamentalmente a que, en primer lugar, al momento de introducir dicha disposición se provocó un cambio brusco de expectativas en la medida de que la "multa" prevista era alta en relación con otras multas por infracción a las reglas de tránsito. En segundo lugar, los policías, al saber que la multa era tan alta, se han esforzado en vigilar escrupulosamente que la disposición se cumpla —probablemente con la expectativa de recibir "mordidas" mucho mayores—. En términos conceptuales, estos cambios de comportamiento se explican, no por cambios culturales, sino por modificaciones institucionales que repercuten en las expectativas de las personas respecto de los costos y beneficios de cumplir la ley, así como en sus creencias respecto del comportamiento de los demás.[264]

Valgan estos ejemplos para dejar en claro que, si bien hay una disposición ciudadana reticente al cumplimiento de las leyes, éste no es un problema que se resuelva hasta que los mexicanos cambien su cultura al respecto, sino que el problema está en las instituciones y que, modificando éstas, será posible transformar el comportamiento social.

El problema está entonces, por una parte, en el tipo de leyes que se tiene y, por otra, en la manera deficiente como son aplicadas. Con respecto al primer punto, prácticamente todos los países del mundo, no sólo México, tienen un orden jurídico, o partes de él, que no concuerdan con los comportamientos de la población. Esto puede ocurrir por varias razones. La primera es que una buena parte de las leyes tienen un carácter aspiracional, es decir, que representan una aspiración, un modelo de organización social o de vida

---

[264] *Ibid.*, p. 141.

ideal, que no existe en la realidad y mediante la aprobación de ese tipo de leyes se pretende que la sociedad evolucione y haga suya esa nueva forma de organizarse y comportarse. Por ejemplo, la Constitución mexicana le dio carácter de ley a los derechos sociales y políticos de los mexicanos, sin que en ese momento el Estado tuviera la capacidad de que se volvieran realidad. Por ejemplo, el voto libre y secreto, el acceso a la educación básica y a la salud, durante muchas décadas fueron normas a las que estaban obligados los gobiernos que no las cumplían a cabalidad.

Una segunda característica de las leyes que puede generar una brecha entre ellas y la realidad, es que sean vistas como algo ajeno a la forma de ser, a las costumbres de la gente y, por tanto, sean apreciadas como una imposición. Un ejemplo de la existencia de visiones diferentes de cómo organizar la vida social y de cómo esas visiones se convierten en leyes que no están grabadas en piedra, sino que son cambiantes y pueden resultar ajenas, es la prohibición de producir y consumir drogas. Antes de 1926, en México era legal producir, comerciar y consumir marihuana y opio; después se prohibió producir y consumirlos; luego, en 1940, durante unos meses se despenalizó el consumo y finalmente, por presiones de Estados Unidos, se regresó a castigar su uso. Recientemente, en 2009, el Congreso mexicano volvió a despenalizar el consumo de estupefacientes, por tanto fumar marihuana o esnifar cocaína no es un acto que sea castigado con la cárcel, sino que debe ser tratado como un problema de salud. Problema aparte es si se considera legítima una ley. A manera de hipótesis podría plantearse que el hecho de que el desacato inicial a la prohibición de las drogas en México por algunas autoridades y por miles de campesinos que las han producido haya sido causado, entre otros factores, porque la producción y el consumo de marihuana fueran considerados como algo natural y propio de las costumbres de amplios sectores de la población: desde esa perspectiva las normas que la prohibían serían vistas como ajenas (y en lenguaje de los académicos, como ilegítimas) por haber sido promulgadas por factores externos (presiones de Estados Unidos). En respaldo de esa tesis de que la prohibición de la producción y exportación de drogas era contraria a los intereses de los sinaloenses, está aquel editorial de un periódico criticando la política nacional de erradicación de los plantíos de amapola: Román R. Millán, director general de un periódico de Culiacán y después procurador de Justicia de Sinaloa en 1951-1952, escribió un editorial en defensa abierta de la economía estatal del opio y afirmaba que era de interés nacional mantenerla en vez de atacarla: "Si fuéramos morfinómanos o 'heroicos' o sencillamente nos gustara fumar opio no habríamos de defender, como lo hacemos y lo hemos venido haciendo, el cultivo de la adormidera tan tenaz y sistemáticamente combatido por nuestro gobierno para satisfacer las exigencias del extranjero o para cumplir compromisos internacionales contraídos sin previo concienzudo estudio y sin la menor defensa de los intereses nacionales".[265]

La discrecionalidad, la ineficacia y la lucha
por neutralizar el Estado de derecho

Pero el único problema del Estado de derecho no son las características de las leyes que pueden alejarlas de la realidad; otro obstáculo severo lo representa la forma como se aplican, e incluso los intentos por nulificarlas. En este caso, el impacto es sobre la pérdida de credibilidad y confianza en las instituciones, lo cual deriva en incumplimientos severos de la población. Con respecto al primer punto, la aplicación deficiente o parcial, el no cumplimiento de la ley obedecía, en algunos casos, a la imposibilidad económica —por ejemplo, no se tenía dinero para construir hospitales o escuelas que ofrecieran esos servicios a la población— pero en muchas otras ocasiones, la ley se aplicaba sólo parcialmente por razones políticas, en beneficio de unos y perjuicio de otros. Esto fue especialmente relevante en la legislación referente a los derechos sociales y en la normatividad económica. Es el caso, por ejemplo, de las leyes laborales que beneficiaban a trabajadores afiliados a sindicatos controlados por el PRI y se les negaban a sindicatos independientes; o la discrecionalidad con que se hizo el reparto de tierra y se solucionaban los conflictos agrarios; el otorgamiento de permisos

[265] Luis Astorga, *op. cit.*, pp. 88-89.

a comerciantes ambulantes o de placas de taxis sólo a miembros de las organizaciones priístas; la discrecionalidad con que se otorgaron las concesiones de radio y televisión. Es muy larga la lista de ejemplos de cómo se aplicaron cientos de leyes y reglamentos (mediante los cuales la gente podía tener acceso a bienes y servicios que los gobiernos estaban obligados por ley a conceder) con criterios políticos, en la época en que el control de la sociedad se hacía mediante la pertenencia a las organizaciones y corporaciones del partido en el poder (que por desgracia los otros partidos que han llegado al poder también han adoptado). La sociedad aprendió que la ley se negociaba; la obligación de las instituciones públicas de aplicarla sin distingos era una utopía y para negociar se tenía que pertenecer al partido oficial o tener buenas relaciones en el mundo de la política y dinero para inclinar la balanza de la ley y la justicia (corrupción). Esa normatividad aplicada de manera selectiva, sin el criterio de universalidad, ha dejado una huella profunda en la sociedad con respecto a la discrecionalidad del Estado de derecho en México, y una ola de desconfianza en las instituciones.

Con esa forma de implementar el marco jurídico referente a los derechos políticos, sociales y a las cuestiones económicas, no es de extrañar que en la procuración y administración de justicia, es decir, en la persecución de los delitos, las cosas sean semejantes: la parcialidad y discrecionalidad por razones políticas y la corrupción abundan. Pero a eso se deben agregar otros dos factores: *a)* las insuficiencias y debilidades operativas de las instituciones de seguridad y justicia, y *b)* las dificultades derivadas del funcionamiento de las burocracias.

Con respecto al primero, algunos datos del estudio *Crimen sin castigo. Procuración de justicia penal y ministerio público*, de Guillermo Zepeda, dan una idea bastante acabada de las deficiencias del ciclo de la justicia que comienza con las denuncias de presuntos delitos, la investigación de las policías y la actuación del ministerio público para encontrar a los presuntos responsables y llevarlos ante un juez. "La averiguación previa es la primera y más restrictiva etapa del llamado 'efecto embudo de la justicia penal', en el sentido de que del total de delitos cometidos sólo una parte son denunciados: y de los denunciados, sólo una pequeña parte son resueltos o, en este caso, consignados. El promedio nacional es de 11.4 por ciento del total de delitos reportados durante el año 2000".[266] Es decir, que de cada 100 denuncias de presuntos actos delictivos, las policías y los ministerios públicos del país tenían, hace 12 años, la capacidad de presentar ante un juez menos de 12 casos. Un porcentaje bastante reducido; pero para ser justos debe añadirse que la información análoga internacional revela que el punto de comparación para conocer la eficacia de los sistemas de procuración de justicia no es 100 por ciento, como pudiera pensarse. Un estudio citado por el mismo Zepeda, *Crimen y justicia criminal en Europa y Norteamérica, 1990-1994*, informa que para esa misma variable (investigaciones de presuntos delitos que llegan a ser consignadas ante un juez) el promedio de 23 países, incluidos Estados Unidos, Inglaterra, Italia, Holanda, Canadá, Rusia y Noruega, entre otros, es de 20 por ciento, casi el doble del de México, pero muy lejos del 100 por ciento; es decir, que de cada cinco denuncias se cuenta con una persona sometida a proceso judicial.[267] No es, pues, un problema exclusivo de nuestro país, aunque aquí se tenga mucho que hacer para mejorar.

Ese nivel reducido de eficacia de las instituciones de seguridad y procuración de justicia, en México y en el resto de países, tiene que ver no sólo con los recursos destinados y las complejidades propias de los sistemas y de las leyes, sino con la forma como operan las burocracias y sus capacidades reales de instrumentar las políticas dictadas por sus mandos superiores. En su análisis del Estado, Joel S. Migdal señala que la aplicación de las políticas (que responden a leyes) está condicionada por los incentivos que tienen los funcionarios intermedios de la administración pública a hacer bien su trabajo. Cuando a éstos les llegan las órdenes de realizar ciertas tareas para cumplir con una política determinada, digamos el combate al narcotráfico, el que las ejecuten eficazmente dependerá de varios factores: *a)* la capacidad de supervisión, ya que normalmente desarrollan sus labores fuera de la mirada de los altos

---

[266] Guillermo Zepeda Lecuona, *Crimen sin castigo. Procuración de justicia penal y ministerio público*, 2ª reimpresión, Fondo de Cultura Económica y Centro de Investigación para el Desarrollo, México, 2011, p. 198.

[267] *Ibid.*, p. 201.

jefes de la burocracia; si no son supervisados y controlados –lo cual suele suceder con mucha frecuencia—, la actuación de las capas medias de funcionarios obedecerá a sus intereses propios; *b)* las presiones de los grupos y actores locales con los cuales interactúan para el desempeño de sus tareas. Es decir, evaluarán si les conviene o no cumplir con las tareas encomendadas, pues puede darse el caso de que cumplirlas afecte intereses en su entorno inmediato (políticos locales o miembros del crimen organizado, por ejemplo, de los cuales puede depender su carrera burocrática o sus ingresos extras); y *c)* las garantías y la protección que les otorguen las dependencias a las cuales pertenecen, pues si no las tienen cederán con facilidad a las presiones locales.

Además de esos factores, también intervienen en la operación de los cuadros intermedios otras consideraciones, como el no comprometerse a fondo con ciertas políticas, pues saben que pueden cambiar cuando lleguen nuevos gobernantes.

> El burócrata tiene demasiado que perder, en especial su propia carrera, como para llegar a identificarse mucho con alguna política. Anthony Downs ha comentado la inevitable "fuga de autoridad" que se da mientras una política va avanzando en un organismo [cuando se acerca el final de un gobierno]. Cuando la responsabilidad y el control son ineficientes […] esa fuga puede convertirse en una enorme hemorragia. En esos casos la defensa de la carrera conduce a la resistencia de los implementadores a las políticas que vienen de arriba. La resistencia a menudo toma la forma de lo que Bardach llama "muestrismo" [tokenism], el cual "implica un intento para que en el ámbito público parezca que se está contribuyendo a un elemento del programa mientras en la esfera privada sólo se concede una pequeña muestra".[268]

Este análisis del comportamiento de las burocracias, en especial de ese segmento de nivel intermedio que pone en práctica las políticas y los programas de gobierno, funciona con una lógica que no siempre

---

[268] Joel S. Migdal, *op. cit.*, p. 110.

es congruente con los objetivos de las políticas dictadas en el nivel superior de la burocracia. Esos grupos de instrumentadores tienen sus propios intereses, sufren presiones de grupos de poder, no siempre están protegidos institucionalmente; el paso del tiempo desgasta las prioridades gubernamentales; la supervisión es deficiente. En fin, con todos esos factores en juego, es fácil entender que se hayan dado casos de grupos de policías judiciales estatales y federales, y de ministerios públicos, que jugaban su propio juego con una gran autonomía —en muchas ocasiones, pero no siempre, en complicidad con las organizaciones criminales gracias a la corrupción—; mientras, en los niveles superiores de la política, en el nivel del procurador de justicia o del presidente de la República, pudiera existir el mayor compromiso en la lucha contra la delincuencia organizada. Aunque no justifican, sí ayudan a entender la ineficacia, corrupción y debilidad del Estado de derecho.

La lucha por imponer la legalidad mafiosa

Una tercera problemática que produce deficiencias graves en la aplicación de las leyes y debilidad del Estado de derecho, es la lucha por definir quién impone las reglas que deben regir la convivencia social. Esto tiene que ver con la definición del Estado. El que plantea un concepto más adecuado a esas problemáticas es el politólogo estadounidense Joel S. Migdal que, para redefinir al Estado, parte de un supuesto muy simple pero de enormes consecuencias teóricas y prácticas a la hora de analizar la realidad; no es un ente u organización separada o por encima de la sociedad; está en y es parte de ella:

> Mi visión del funcionamiento interno de la dominación y el cambio empieza con el axioma de que en ningún lado existe un conjunto único, integrado de reglas, ya sea codificadas en la ley del Estado [...] Simplemente en ninguna sociedad existe un código universal indiscutible para guiar la vida de la gente. El modelo del estado en la sociedad aquí empleado se centra en las interacciones cargadas de conflictos de múltiples conjuntos de directrices, formales e informales, que

establecen cómo actuar y que son promovidas por diferentes agrupaciones de la sociedad [...] En resumen, todas las sociedades tienen batallas en curso entre grupos que promueven diferentes versiones de cómo debería comportarse la gente. La naturaleza y los resultados de estas luchas dan a las sociedades su estructura y su carácter distintivos. En este sentido, los Estados no difieren de cualquier otra organización formal o de las agrupaciones sociales informales. Sus leyes y regulaciones deben competir con otros tipos muy diferentes de comportamiento sancionado, con frecuencia con resultados completamente inesperados para las sociedades que los Estados pretenden gobernar.[269]

Este punto de partida es útil para comprender, en primer lugar, que la normatividad que proviene del Estado y que rige la vida de la gente en una sociedad no es inamovible, sino producto de luchas y conflictos entre distintos grupos (con visiones a veces radicalmente opuestas entre sí) de cómo organizar la vida social en su conjunto, y que esa lucha nunca termina; y, en segundo lugar, que junto a las leyes oficiales conviven otras normas no oficiales defendidas por grupos opuestos a los gobiernos. Con respecto a esta segunda cuestión, la convivencia en un mismo país de normatividades diferentes por la existencia de grupos con visiones e intereses distintos, el ejemplo más claro es el de las organizaciones criminales. Son parte de la sociedad y también luchan por imponer las normas que corresponden a sus intereses (entre éstas la ley de "plata o plomo"), y en gran medida lo logran en regiones donde tienen superioridad militar, como en el caso de muchos municipios donde ni autoridades ni ciudadanos pueden ser defendidos por las policías municipales y estatales —porque son muy débiles o trabajan para los delincuentes—; y entonces, en esas regiones quienes mandan e imponen las normas, e incluso los "impuestos" (la extorsión a las empresas es, para todo efecto práctico, un impuesto), son los líderes de las bandas criminales. Esa capacidad de imponer un orden legal y social alterno al del Estado coloca

---

[269] *Ibid.*, p. 27.

a los ciudadanos en una encrucijada: ante la indefensión en que se encuentran (el Estado que debería defenderlos está ausente o en complicidad con los criminales) sus opciones consisten en oponer resistencia o aliarse con los criminales que los extorsionan cotidianamente. La decisión, la mayoría de las veces, es colaborar para evitar males mayores. Ello establece una relación de complicidad social con los criminales y con su "orden". Leopoldo Franchetti, que escribió un excelente análisis de la mafia siciliana en el siglo XIX, lo expresó así: "Cuando los malhechores se entrometen en la mayoría de las relaciones sociales y las dominan, (…) el mismo acto que nos salva de su hostilidad (pagar las extorsiones) nos puede traer su amistad con todas las ventajas asociadas a ella." Para complementar esa relación de "beneficio" del ciudadano que colabora con la mafia, Diego Gambetta, el mejor estudioso de la mafia, afirma que:

> La violencia de la extorsión y el propio interés de la "víctima" se combinan y proporcionan un conjunto inextricable de razones para la cooperación: por eso la ventaja de "ser amigo" de los que nos extorsionan dinero o bienes no es simplemente la de evitar posibles daños que de otra forma serían seguros, sino que se puede extender hasta incluir la ayuda para deshacerse de los competidores, o la protección frente a la amenaza de bandidos aislados y la prevención de ser timados en el curso de transacciones comerciales.[270]

En otras palabras, ante la ausencia del Estado que proteja y promueva los intereses de los ciudadanos, por ejemplo de los campesinos que no tienen opciones productivas; de jóvenes sin oportunidades de mejora social y económica; de empresarios que ven en su asociación con el narcotráfico una manera de hacer crecer sus negocios; la tolerancia, complicidad o colaboración de esos grupos sociales fortalecen al crimen organizado. Esa fortaleza o poderío de los criminales le facilita extender su dominio y sus reglas frente al orden legal "defendido" por el Estado.

[270] Diego Gambetta, "La mafia: el precio de la desconfianza", en Franchetti Tocqueville Mosca, Los orígenes de la Mafia, Capitan Swing Libros, España, 2009, p. 30.

De esa consideración de Migdal con respecto al Estado hay que concluir que en una sociedad no hay sólo una normativa, sino tantas como grupos con visiones e intereses específicos existan; la del Estado es una más sujeta a disputas y conflictos; que los diferentes agentes sociales (empresarios, sindicatos, burócratas, iglesias, medios de comunicación y, por supuesto, la delincuencia organizada) están permanentemente empeñados en convencer de sus visiones de qué se puede y debe hacer, de cómo puede y debe vivir la gente, en leyes sancionadas por el Estado. Incluso algunos grupos le disputarán al Estado la capacidad de dictar normas y hasta se dotarán de medios para hacerlas valer, como en el caso de las grandes organizaciones criminales. El riesgo de estas últimas es que su lucha por hacer valer sus intereses y normas la lleva a cabo mediante el uso creciente e indiscriminado de la violencia; y mientras más poderoso sea y cuente con la complicidad de la sociedad y la omisión del Estado, más probabilidades hay de que gane terreno y convierta al Estado en aparato mafioso.

Los datos y reflexiones anteriores perfilan la complejidad del problema de la corrupción asociada al narcotráfico en México, que se agravó con el fenómeno de la captura de estructuras de gobierno en el ámbito local. El grado de expansión que alcanzó en todos los ámbitos del gobierno habla de la facilidad con que las organizaciones criminales compraban protección y complicidad de las autoridades, y la facilidad con que éstas aceptaban no sólo proteger a quienes actuaban en la ilegalidad, sino traspasar la frontera y convertirse en parte de tales organizaciones (o incluso llegará a formar las suyas propias). Para comprender este proceso dual (de las organizaciones hacia el Estado y desde el Estado a las organizaciones) no basta señalar la falta de ética de policías y funcionarios, ni el carácter corrupto del Estado mexicano, pues el problema no es afecta únicamente a México. En el fondo y con anterioridad está la debilidad del Estado de derecho —el conjunto de leyes y reglas que rigen la vida social, las instituciones que las ponen en práctica y los modos en que se aplica— que se agrava y retroalimenta con la corrupción y la captura de instituciones, en las cuales se inmiscuyen cada vez más grupos y actores sociales, convirtiendo el problema en un círculo vicioso muy difícil de romper.

La debilidad del Estado de derecho en nuestro país tiene causas muy mexicanas; pero también otras que comparte con el resto de los países. Entre las primeras están: *a)* la tradición heredada de la época colonial, con su mentalidad premoderna del derecho (resumida en la famosa frase de "obedézcase, pero no se cumpla"); *b)* la organización corporativa y patrimonialista del Estado posterior a la Revolución mexicana, que hizo de la aplicación discrecional de las leyes un arte para el control político y social, y convirtió la ley en una mercancía que cualquiera, con un poco de poder, podía negociar, comprar o vender; *c)* las severas debilidades presupuestales y operativas de las instituciones. Entre las causas más generales, no exclusivas de nuestro país, están: *a)* la inevitable distancia entre el marco normativo y la realidad, ya sea por el carácter aspiracional de las leyes (la ley como un ideal de convivencia al que se debe llegar) o por su desfase con respecto a los cambios sociales, económicos y políticos (las nuevas realidades que hacen obsoletas muchas normas); *b)* la complejidad del funcionamiento de los Estados modernos, que al ser organizaciones burocráticas muy grandes que operan con lógicas de corto plazo y de supervivencia (mantenerse en el poder), crean incentivos para que muchos grupos operen con elevados grados de autonomía e incluso con intereses contrarios a los del Estado mismo; *c)* la existencia de grupos sociales y económicos que disputan al Estado el monopolio de la violencia y la capacidad de dictar e imponer las reglas con respecto a cómo debe organizarse y vivir la sociedad.

El narcotráfico es un negocio muy rentable que produce organizaciones criminales. Es cierto que mientras exista la demanda, difícilmente desaparecerá, siempre habrá quienes decidan correr el riesgo de participar en ese mercado ilegal de la producción, trasiego y venta de drogas. En ese sentido puede argumentarse, con razón, que la delincuencia organizada que se dedica al narcotráfico no se terminará mientras se mantenga el régimen de prohibición de estupefacientes. Ése es el gran nudo económico del problema: la criminalidad asociada a un negocio con utilidades muy elevadas. Sin embargo, nótese que la aseveración anterior se refiere a la delincuencia organizada, sin calificarla. Que las organizaciones del narcotráfico sean muy poderosas no depende únicamente del nudo económico, de la rentabilidad del mercado. Lo que permite que éste se expanda, sus utilidades se multipliquen y sus capacidades de generar violencia, corromper y capturar instituciones de seguridad y justicia crezcan, al grado de poner en jaque al Estado mismo, es, fundamentalmente, la debilidad de éste. Tal es el nudo político del problema. Y ambos nudos son necesarios para fortalecer la criminalidad asociada al narcotráfico.

Es necesario repetirlo. Peter Reuter, el gran estudioso del crimen organizado en Estados Unidos, rompió el mito de la mafia estadounidense, como una organización todopoderosa. Su aportación fundamental es afirmar que la delincuencia organizada en ese país no se convirtió en una gran corporación, sino que está compuesta por muchas pequeñas organizaciones; por redes de empresas familiares, pandillas de barrio y bandas de delincuentes y por eso la delincuencia organizada es considerada un problema de seguridad pública. Dada la imposibilidad de crecer al estilo de las empresas multinacionales, operan *sin* el Estado y con el Estado *en contra*. Por tanto, que en nuestro país creciera como hidra de mil cabezas y se haya fortalecido al grado de desatar guerras con miles de muertos, se debe a que la oposición estatal ha resultado muy deficiente. El Estado ha operado en contra del narcotráfico de manera enclenque, sin la seriedad que merece y sin las capacidades adecuadas. Y eso también está registrado por varios estudiosos del crimen organizado.

Un Estado de derecho sólo en el papel, sin fuerza ni autoridad moral para enfrentar a las organizaciones criminales, que no contrarreste las condiciones socioeconómicas de la expansión del consumo de drogas y aleje de la población la tentación de incorporarse al círculo de esas organizaciones, es la mejor garantía de que la delincuencia organizada devore y suplante al Estado; que lo arroje a una espiral de debilitamiento que se resuelva en la aparición de un Estado mafioso, eliminando no sólo al Estado de derecho, sino a la democracia y, con ello, a las libertades ciudadanas. La delincuencia organizada como un problema de gobernabilidad y de seguridad nacional. El nudo político: si no se deshace, aunque se legalicen las drogas, el monstruo pervivirá.

SEGUNDA PARTE

CRIMEN ORGANIZADO, VIOLENCIA E INSTITUCIONES

NARCOTRÁFICO, VIOLENCIA E INSEGURIDAD

Desde finales de 2006 y principios de 2007 se puede hablar de una nueva etapa en la historia de la delincuencia organizada en México. Fue entonces cuando se registró un punto de quiebre cuando menos en dos variables fundamentales: *a)* un declive en el consumo de cocaína en Estados Unidos, la principal fuente de ingresos de los narcotraficantes y, *b)* el inicio de una nueva política del gobierno para combatirlo; ambos fenómenos afectarían las organizaciones del narcotráfico. Además, a partir de 2008, se recrudecieron los conflictos entre las organizaciones dedicadas al tráfico de estupefacientes, desatando una ola de violencia que dura ya cinco años, ha producido decenas de miles de asesinatos y estragado a toda la sociedad de nuestro país.

Como nunca en la historia del país, en los años recientes se ha debatido lo concerniente al narcotráfico, la violencia y la inseguridad. No obstante, la discusión aún es joven. Eso es natural porque los problemas analizados todavía se desarrollan y es imposible tener un entendimiento cabal de procesos inacabados. Por tanto, el objetivo de los dos capítulos de esta segunda parte es aportar elementos al debate desde la perspectiva del analista externo, y de un participante en los acontecimientos. Pero en las dos perspectivas la meta es comprender la realidad para intervenir en ella con respuestas estatales y sociales más eficaces.

De todo lo realizado y ocurrido en los últimos seis años en el combate al narcotráfico y a la delincuencia organizada en general, sólo analizaré dos aspectos: la violencia y la debilidad institucional, pues considero que son las dos caras de la misma moneda —las dos grandes tragedias de México en cuanto a seguridad y Estado de derecho— que difícilmente pueden ser entendidas por separado. Mientras la primera se ha estudiado con relativa profusión, la segunda apenas recientemente se ha abordado con la misma seriedad e intensidad.

MERCADO DE DROGAS, ORGANIZACIONES CRIMINALES EN CONFLICTO Y VIOLENCIA

La situación del crimen organizado en 2006

La presencia y la violencia de la delincuencia organizada han sido tan apabullantes en los últimos años que pareciera que todo comenzó en diciembre de 2006, cuando al principio de su sexenio el presidente Felipe Calderón dio luz verde al operativo contra el narcotráfico en Michoacán. No son pocos quienes atribuyen a esa decisión presidencial el estallido de las guerras entre las organizaciones delictivas y, por tanto, de la violencia. Sin embargo, a lo largo de ese año la situación de la delincuencia organizada ya presentaba una gran complejidad. Se tenían suficientes indicios, en el gobierno federal y en los estatales, de que la inseguridad y el narcotráfico estaban adquiriendo dimensiones muy peligrosas.

Con el fin de precisar la situación a la que se enfrentaba la nueva administración, es necesario realizar una breve relación de los principales rasgos de las organizaciones criminales, de las características de su relación con el Estado y de la situación en que estaban las instituciones gubernamentales en diciembre de 2006, pues al tratarse de problemas ya existentes, ello ayudará a dar claridad al debate con respecto a lo ocurrido en los últimos seis años.

La fragmentación

Aunque parezca una obviedad hay que decirlo: la fragmentación
de las organizaciones criminales se originó en 1989; la división
territorial por plazas no comenzó en 2007 con las acciones del gobierno federal en su contra. Obedeció, en primer lugar, a la
existencia de una gran organización dominante en las décadas de
los años setenta y ochenta, la del Pacífico o Sinaloa, compuesta
por clanes familiares y estructuras regionales, que operaban de
manera independiente pero coordinada bajo el liderazgo de Miguel Ángel Félix Gallardo y de Ernesto Fonseca. Cuando el gobierno la descabezó con la detención de sus dos líderes en la
segunda mitad de la década de los ochenta, reaccionando a las
presiones de Estados Unidos por el asesinato del agente de la DEA,
Enrique Camarena, se dio el reparto de plazas acordado, según
las versiones periodísticas existentes, entre los mismos capos y algunos comandantes de la Policía Judicial Federal. Además, al desaparecer las "barreras de entrada" económicas (la desaparición de
la empresa dominante) y políticas (el fin de la Dirección Federal
de Seguridad que "regulaba" el negocio del tráfico de drogas) surgieron otras organizaciones, como la del Golfo y La Familia, y algunas efímeras como los Valencia en Michoacán y los Amezcua
Contreras en Colima. Ese proceso de concentración y fragmentación de las "empresas" del negocio del narcotráfico obedeció a la
combinación de varios factores. En primer lugar, a la lógica con
la que operan los mercados de bienes y servicios ilegales y, también, a decisiones políticas, es decir, al tipo de intervención que las
diferentes agencias estatales realizan en esos mercados.

Las organizaciones y su presencia territorial

En el territorio del país abundaban organizaciones del narcotráfico. Su presencia física, originalmente en el noroeste (Sinaloa,
Durango, Sonora, Chihuahua y Baja California), se había extendido especialmente a partir de 1990, a toda la frontera con Estados
Unidos (desde Tijuana hasta Matamoros), y hacia el sur y centro
del país. El Pacífico o Sinaloa dominaba todos los estados aledaños

a ese océano, desde Oaxaca hasta Sonora (con excepción de Michoacán), además de Durango, Baja California Sur, Estado de México, Puebla y Morelos. Los Arellano Félix mantenían el control de Baja California. Al este, la organización del Golfo-Zetas dominaba desde Tamaulipas hasta Chiapas, pasando por Veracruz, Tabasco, Campeche y Quintana Roo; además, tenían presencia en estados del centro y centro-norte: Nuevo León, Coahuila, San Luis Potosí, Zacatecas, Aguascalientes, Hidalgo. La organización de Ciudad Juárez, además de Chihuahua, estaba presente en Quintana Roo. La Familia se disputaba Michoacán con Los Zetas y, al mismo tiempo, invadía Guanajuato, Guerrero, Querétaro y Estado de México. En el Distrito Federal convivían las principales agrupaciones. En total dos organizaciones del narcotráfico "nacionales" (Pacífico y Golfo-Zetas) y tres "regionales" (Juárez, Tijuana y La Familia) que cubrían, para efectos prácticos, casi todo el país. Esa expansión territorial es producto del hecho simple de que en 2006, el narcotráfico en México cumplía 80 años de actividades ininterrumpidas.

Organizaciones grandes y complejas

Las organizaciones del narcotráfico eran estructuras grandes y complejas. Contraria la apreciación de una delincuencia organizada en pequeña escala y fragmentada, válida en países en donde el Estado opera de manera sistemática en su contra y le impide desarrollarse a gran escala, en México encontró condiciones adecuadas para su expansión y fortalecimiento. No se trataba de pequeñas empresas, sino de organizaciones desarrolladas debido a varios factores. Primero, la diversidad del narcotráfico, pues al participar en cuatro mercados (marihuana, cocaína, heroína y metanfetaminas) desarrollaron estructuras dedicadas a producir, transportar y cruzar esas drogas a Estados Unidos. Ello implicó organizar la producción con la participación de miles de campesinos, crear y operar laboratorios de heroína y metanfetaminas con sus mecanismos de abasto de materias primas; sistemas sofisticados y eficientes de recolección, almacenaje y transporte (terrestre, marítimo y aéreo). Todo ello en un territorio muy grande y disperso como México y que alcanzó dimensiones continentales (desde América del Sur hasta Estados Unidos y Canadá) cuando esas grandes organizaciones se incorporaron al mercado de la cocaína.

Segundo, debieron organizar y mantener un sistema de protección política y policiaca muy complejo por la diversidad de agencias estatales con las cuales coexistían. Por la fragmentación del poder presidencial a partir de la década de los noventa, ya no era viable un acuerdo nacional o general entre el narcotráfico y el Estado; por tanto, cada organización tenía que comprar la protección de muchas policías municipales y estatales; agentes del ministerio público, alcaldes, secretarios de seguridad pública, jueces; directores de cárceles; comandantes de la judicial federal, militares de guarniciones y zonas militares, etcétera. Y cuando la protección no les alcanzaba o los operativos en su contra eran ordenados desde áreas que no estaban sobornadas, necesitaban un sistema de información sofisticado que les permitiera de antemano conocer los movimientos de policías federales y del ejército. Para monitorear a las autoridades fuera de su control y a las organizaciones del narcotráfico con las cuales competían, desarrollaron sistemas de inteligencia y contrainteligencia muy avanzados que incluían miles de informantes o "halcones" (taxistas, despachadores de gasolina, limpiadores de zapatos en las terminales de autobuses, vendedores de periódicos, etcétera) y sistemas de comunicación encriptados que operan sobre redes de antenas y retransmisores propias, instaladas en ocasiones sobre la infraestructura de la Secretaría de Comunicaciones y Transportes o de empresas privadas.

Las organizaciones se complementaban con las estructuras administrativas necesarias para llevar el control de las nóminas (propia y de los agentes estatales comprados); de la compra y administración de insumos necesarios para la operación (cientos o miles de teléfonos celulares, armamento, uniformes, vehículos de todo tipo, etcétera); del sistema de cobro de los ingresos generados en toda la cadena criminal y del sistema de "seguridad social" (pagos para mantener a las familias de miembros de la organización asesinados o detenidos). Finalmente, también desarrollaron estructuras para el lavado y almacenamiento del dinero ganado. No sólo tenían operadores financieros en el sistema bancario de Estados

Unidos y México, también poseían casas de cambio; compraban o abrían cientos de pequeños negocios (distribuidores de teléfonos celulares, restaurantes y bares, salones de belleza, *boutiques)* y adquirían grandes propiedades inmobiliarias (hoteles, desarrollos turísticos, ranchos, edificios de apartamentos). Para almacenar dólares construyeron depósitos subterráneos, diseñados y equipados para que el papel moneda no se deteriorara.

Organizaciones militares sofisticadas y violentas

Deliberadamente excluí del apartado anterior el componente de las organizaciones dedicado al ejercicio de la violencia. Hay quienes afirman que el inicio de las operaciones del gobierno de Felipe Calderón contra las organizaciones criminales dio el banderazo para que éstas se armaran y pudieran defenderse. Los hechos demuestran que ese proceso comenzó por lo menos seis años antes. En el apartado correspondiente a la organización del Golfo, se explicaron las razones por las cuales Osiel Cárdenas, quien entonces la dirigía, tuvo que crear a fines de los noventa un aparato paramilitar de grandes dimensiones, Los Zetas, y lo que significó para el resto de las organizaciones criminales, en cuanto a magnitud y profesionalismo de sus grupos armados. Sinaloa y los Beltrán Leyva formaron, en los primeros años del nuevo siglo, grupos de sicarios bien entrenados y armados, las FEDA (Fuerzas Especiales de Arturo); "Los Pelones" también al servicio del "Chapo". Ciudad Juárez creó La Línea como grupo de ataque y defensa; La Familia, desde sus inicios en 2006, fue una organización formada por Los Zetas, de estilo paramilitar, con campos de entrenamiento en varias partes de Michoacán de clara inspiración kaibil.[271] También desde principios de 2000 ya existen datos del uso de las pandillas locales, incluyendo a los maras (pandilla de salvadoreños con presencia desde su país hasta Estados Unidos) como soldados rasos de las organizaciones de narcotráfico. Por tanto lo real es que a fines

---

[271] Los kaibiles fueron el grupo de élite del ejército de Guatemala en la época de la guerra contra la guerrilla de ese país; fueron entrenados como verdaderas máquinas de exterminio, utilizando métodos de crueldad extrema para infundir terror a sus adversarios.

de 2006 existían en México cinco organizaciones de narcotraficantes armadas hasta los dientes, empeñadas en un proceso alucinante de fortalecimiento organizativo y militar, de confrontación violenta por el control del mercado y territorios (es cierto que de proporciones mucho menores a la que se registrará en los siguientes años). El volcán estaba a punto de estallar.

Además, en 2004 el presidente George Bush no renovó la disposición legal que prohibía la venta de armas automáticas y de asalto, establecida 10 años antes por el presidente Bill Clinton. Y aunque antes de esa fecha los narcotraficantes podían conseguir cualquier tipo de armas en el mercado negro, que a partir de ese año pudieran adquirirlas a precios más accesibles y sin impedimentos legales en las más de 11 mil armerías ubicadas a menos de un centenar de millas de la frontera con México, les facilitó enormemente la tarea de equiparse como si fueran ejércitos profesionales.

Conflictos entre organizaciones y violencia en ascenso

Otro punto de vista más o menos generalizado apunta que la lucha contra el narcotráfico del presidente Calderón, al provocar la fragmentación de las organizaciones del narcotráfico, causó de manera indirecta la guerra entre ellas. Pero como señalamos en el apartado "Los años ochenta", a partir de los primeros años de la década siguiente, se iniciaron los enfrentamientos por el control de plazas estratégicas (Tijuana, Nuevo Laredo, Ciudad Juárez, Michoacán) y que, a fines de 2006, estaban en curso tres "guerras" (Tijuana contra Pacífico; Golfo contra Pacífico; Los Zetas contra La Familia Michoacana). La alianza que habían mantenido Pacífico y Juárez se quebró violentamente en 2004 (asesinatos de Rodolfo Carrillo, hermano de Vicente Carrillo, líder de Juárez, y de Arturo Guzmán Loera, hermano del "Chapo"). Esos conflictos produjeron en 2006 más de dos mil asesinatos, pocos si comparamos esa cifra con los que se registrarán después, pero que revelan que se desarrollaban con una violencia creciente.

El gran motor de la carrera armamentista, iniciada a fines del siglo pasado, fueron los conflictos entre esas organizaciones de la delincuencia organizada, caracterizados a partir de 2001 por el uso creciente de la violencia (difícilmente se puede afirmar que se armaron en respuesta a las acciones del gobierno de Vicente Fox, que también le declaró la guerra al narco al principio de su mandato).

Diversificación de las actividades del crimen organizado

Otro dato relevante es que a principios de 2007 ya estaba en marcha un nuevo modelo de actividad criminal desarrollado principalmente por Los Zetas, pero también utilizado por La Familia Michoacana y por algunos grupos de la organización de Tijuana. Consistía en incrementar los ingresos de las organizaciones mediante delitos cometidos sistemáticamente que expropiaban a los ciudadanos su patrimonio (secuestros y extorsiones, clasificados como delitos de extracción de rentas sociales). También se apropiaron y ampliaron los mercados locales de drogas mediante el control de las redes de narcomenudeo ya existentes. Evidentemente ese modelo no había alcanzado la dimensión ni la gravedad que tuvo pocos años después, cuando además derivó en una federación nacional que agrupó a las bandas delictivas locales y que luego integraron, por la fuerza, a otros grupos de la delincuencia organizada (tráfico de migrantes, robo de hidrocarburos, etcétera). Sin embargo, es necesario señalar la existencia previa al sexenio del gobierno de Felipe Calderón, de ese proceso de evolución de las organizaciones criminales, producto de su propia naturaleza.

Si su militarización fue una evolución natural derivada de su fragmentación y de los conflictos que ésta generó, asimismo lo fue el desarrollo de los grupos de sicarios de las organizaciones criminales que los convirtió en bandas dedicadas a la extracción de rentas sociales.[272] Esa diversificación de fuentes de ingreso mediante secuestros, extorsiones y venta de protección, era producto de la necesidad de financiar a esos grupos de sicarios cada vez más grandes

---

[272] Aquí cabrían los estudios sobre la disponibilidad de mano de obra para las organizaciones del narcotráfico, generada ya sea por condiciones sociales, económicas y culturales que alientan a jóvenes de todos los niveles a ver en el narcotráfico una opción de ingresos, o por situaciones institucionales como el despido de miembros de las fuerzas de seguridad.

y costosos; y la manera más sencilla de hacerlo era poniendo en práctica ese tipo de delitos que lesionan directamente a la sociedad, pues ya tenían la infraestructura necesaria para hacerlo en gran escala. Por ejemplo, usaban teléfonos encriptados para llamar a los extorsionados o a las familias de los secuestrados; tenían armamento y sicarios para cumplir la amenaza del uso de la violencia; controlaban casas de seguridad donde recluir a los secuestrados; poseían sistemas de cobro, etcétera. Otro factor que se debe agregar es la creciente autonomía con que operaban los grupos de sicarios con respecto a sus jefes, pues el poder que otorgan las armas neutralizaba la sujeción que pudieran ejercer éstos. En otras palabras, Los Zetas y la mayoría de los grupos paramilitares de las organizaciones de narcotraficantes eran verdaderos Frankensteins: monstruos que tarde o temprano se saldrían de control.

Relación entre crimen organizado y el Estado

Otros diagnósticos de lo ocurrido en el sexenio de Felipe Calderón señalan que la ofensiva gubernamental rompió los pactos tácitos existentes, con los que se regulaban las actividades de los mercados ilegales y las organizaciones criminales; acuerdos que eliminaban una de sus características más dañinas, es decir, el uso excesivo de la violencia en contra de la población. Ante esta conclusión, es necesario hacer algunas precisiones con respecto a las circunstancias de las relaciones entre crimen organizado y Estado a fines de 2006. En primer lugar, recordemos que el "acuerdo" de alcance nacional entre el narcotráfico y el gobierno federal, operado básicamente por la Dirección Federal de Seguridad (con el apoyo de la Policía Judicial Federal) y la organización de Sinaloa, comandada entonces por Miguel Ángel Félix Gallardo, concluyó en 1985, cuando desapareció la DFS y comenzó el descabezamiento de aquella organización criminal. A partir de entonces, y producto del proceso de democratización del sistema político mexicano (descentralización de la fuerza de la presidencia respecto a los gobiernos estatales y equilibrio entre los poderes), y de la fragmentación de las organizaciones criminales, ha sido imposible reeditar un acuerdo como el que existió antes de 1985.

Desde entonces las relaciones entre el Estado y esas organizaciones se volvieron más complejas. Los narcotraficantes continuaron buscando y obteniendo la protección de autoridades de todas las jerarquías (Amado Carrillo logró contratar al general Gutiérrez Rebollo y al gobernador Mario Villanueva); en el ámbito estatal y municipal el pan nuestro de cada día eran las policías de ambas instancias de gobierno al servicio de los narcos. Sin embargo, las reglas habían cambiado. Si antes el Estado mandaba sobre las organizaciones criminales —les otorgaba la concesión y se las quitaba cuando se volvían incómodos o rompían los acuerdos— ahora ya no funcionaba bien este mecanismo. Las organizaciones se independizaron porque se volvieron más poderosas, y comenzaron a imponer sus condiciones. Además, las relaciones eran pragmáticas y de escasa duración, la confianza era reducida y no era una garantía a largo plazo. Por un lado, los narcotraficantes sabían que desde los niveles altos del gobierno los podían perseguir en cualquier momento (ya fuera por decisión del mismo gobierno o por presiones de Estados Unidos), tuvieran a quien tuvieran en la nómina, por tanto la confianza en los funcionarios con los que pactaban era mínima. Por el lado de los agentes del gobierno, los que entraban en componendas sabían que no garantizaban protección absoluta; además, sólo podían pactar con una organización, pues si lo hacían con otra, se consideraba una traición que se pagaba con la muerte.

En los estados y municipios, esas relaciones favorecían a los delincuentes. Ellos pagaban y la mayoría de las agencias estatales no tenían la fuerza para escapar del control de los narcotraficantes. La afirmación del comandante Enrique Ibarra Santés en el sentido de que en Tijuana "toda la policía estatal y buena parte de la policía federal eran sus sirvientes" lo ilustra claramente. Es posible que en algunos municipios donde la policía municipal tenía más fuerzas operativas o en algunos estados en los que el gobernador mantenía una política de combate real a los narcotraficantes y se tenía capacidad de enfrentarlos, hayan existido arreglos —difícil saber si eran tácitos o explícitos— para establecer límites a cierto tipo de actividades o conductas de los criminales.

Sin embargo, si en esos arreglos había una "cláusula" relativa a la contención de la violencia o la prohibición de delitos en contra de la sociedad, como secuestros, se puede suponer que dado el poder que tenían los criminales podían simplemente incumplirla. En el libro *Sicario. Autobiografía de un asesino a sueldo*, el personaje, asesino de la organización de Juárez narra varios hechos que demuestran cómo esas cláusulas podían ignorarse:

Un día cayó la orden de que en treinta días exactos nadie, absolutamente nadie, tenía permitido vender un solo paquete de cocaína. Ni siquiera una pizca podía ser vendida en Ciudad Juárez. ¿Por qué? Acababan de anunciar que algo así como tres mil kilos de cocaína habían desaparecido. Pero los vendedores al menudeo, que interferían con el cártel en el control de la plaza, no hicieron caso de esa orden porque no entendían el poder de la organización y pensaban que podían desobedecer al cártel. ¿Y qué pasó? La gente que había robado la droga, y que la estaba vendiendo por su cuenta, fue identificada y ejecutada. Estamos hablando de una ejecución masiva, de alrededor de setenta personas. Un poco antes hubo otro problema con el robo de carros. Nadie controlaba lo que hacían los ladrones. Se convirtió en un problema real y la policía pidió ayuda al cártel para desmantelar a las bandas de ladrones. Y ahí hubo otra limpieza masiva de una banda de alrededor de cuarenta y cinco vagos que vendían carros robados [...] La operación incluyó a elementos de la policía municipal y de los policías estatales y judiciales federales que trabajaban con el cártel. Estamos hablando de alrededor de ochocientos elementos trabajando juntos para deshacerse de una banda de setenta *dealers* y de otra de cuarenta y cinco ladrones de carros que estaban causando muchos problemas. Y estos cuerpos están ahora enterrados en varias colonias, en distintas casas de la ciudad. Y en el caso de que algún día los encuentren, no podrán identificarlos. Si es difícil reconocer cinco cuerpos en una fosa común, imagínate lo que será tratar de identificar setenta cuerpos, completamente desnudos, que llevan ahí años revueltos con la tierra.[273]

El relato anterior confirma que los pactos se rompían por las necesidades de la organización criminal o de las autoridades corruptas que aceptaban y participaban en los métodos de "limpieza" de los narcotraficantes. La "cláusula de la no violencia" era violada cuando les convenía, no necesitaban de ataques del gobierno federal. Eran ya otros tiempos, el crimen organizado desbordaba a las autoridades y si bien existían acuerdos, éstos ya no eran garantía de estabilidad ni de una "paz" duradera. Se convertían en letra muerta con el menor pretexto.

Otro sicario, entrevistado por un periodista de Tijuana, narra la lógica y dinámica de la relación entre los narcotraficantes y los policías:

En los bares de toda la República hay siempre un encargado que sabe quién es el que vende la droga y detrás de ese siempre hay un policía, un director de Seguridad Pública, un presidente municipal [...] Los funcionarios del gobierno, como muy pocos, son unos atascados. Y no se conforman con el dinero, los muy hijos de puta piden que hasta se les mande su bolsita de perico [cocaína] [...] El dinero que se mueve es mucho y toda la gente metida en esto quiere que se le deje trabajar en paz. No así la policía ni las autoridades. El gobierno siempre quiere la rebanada más grande del pastel [...] Pinches agentes federales: los placas no tienen llenadera. Primero se les da un aviso: se les rafaguea. La cosa es que aquí, en realidad, no hay ni segundo ni tercer aviso. Si con eso no entienden, pues a chingar a su madre. Asesiné a muchos funcionarios que no cumplieron con sus partes del trato.[274]

---

[273] Molly Molloy y Charles Bowden, *Sicario. Autobiografía de un asesino a sueldo*, Grijalbo, México, 2012, p. 113.
[274] Juan Carlos Reyna, *Confesión de un sicario. Testimonio de Drago, lugarteniente de un cártel mexicano*, Grijalbo, México, 2011, p. 41.

Ese sicario huyó de la organización criminal cuando su jefe intentó asesinarlo. Desesperado por encontrar ayuda para esconderse, buscó a gente de su confianza en la propia organización y ninguno le respondió; pero un policía federal que trabajaba para él y con quien creía había hecho amistad, sí le contestó. Después de comentarle su situación, le pidió ayuda. El policía se puso a sus órdenes y le prometió ayudarlo. Quedaron de verse al día siguiente en un hotel. Al llegar, los agentes que acompañaban al federal golpearon y sometieron al sicario. Después entró el federal y le dijo: "Si serás pendejo, ¿qué chingados pensaste que era? ¿Tu amigo?" Entonces se comunicó con el jefe del sicario para negociar el precio de la entrega.[275] No se pusieron de acuerdo, lo que le salvó la vida al sicario y fue entregado al ministerio público.

Si son ciertos esos episodios —por casos semejantes que conocí no sería extraño que lo fueran— revelan la fragilidad de las relaciones entre narcotraficantes y autoridades en los años noventa y en los primeros de la siguiente década. Los delincuentes estaban obligados a establecerlas, sabiendo que los policías y funcionarios ya no eran gentes de fiar; los tenían que dominar, controlar y hasta humillar.[276] Las autoridades necesitaban que la inseguridad no se disparara a niveles alarmantes y pactaron ciertos límites a la actividad criminal. Pero, al mismo tiempo, como sabían de lo efímero e intercambiable del apoyo que prestaban a los criminales, los extorsionaban al máximo y siempre por esa visión de corto plazo. Eran acuerdos pragmáticos, con lealtades fingidas, que pendían

---

[275] *Ibid.*, pp. 42-45.

[276] El sicario relata que estuvo presente en una entrevista de su jefe (presumiblemente uno de los hermanos Arellano Félix) con un poderoso directivo de la PGR en un restaurante de la Ciudad de México, una vez que éste había aceptado los sobornos del capo. Describe de esta manera la entrevista. El funcionario le preguntó qué tipo de vino le gustaba, cosa que no le cayó en gracia y la respuesta del narco fue la siguiente: "Tú sabes de qué se trata mi negocio, así que nos ahorraremos pagarte una puta botella de vino, es más, nos vamos a ahorrar esta puta comida, me voy a ahorrar ver tu pinche cara de mongol yendo directamente al grano: a partir de ahora trabajas para mí. ¿Me oyes? Tú eres mío. Dejé que me conocieras nomás para que sepas quién es el verga. Dejé que me conocieras para que sepas quién es tu padre, pinche chilango maricón de mierda. Sé que mi gente ya habló contigo y te dijo qué hacer. Sé también que mi gente ya te dio tu dinero. Ese dinero salió de mí, pinche joto de mierda, no lo olvides, tú comes de mi mano" (*Ibid.*, p. 59).

de hilos muy delgados que se rompían fácilmente. ¿Por qué respetar acuerdos con las autoridades que impiden abrir nuevas áreas de negocio que incrementarían la rentabilidad de la organización, como los secuestros, la extorsión y la venta de protección a otras organizaciones de delincuentes? Además las policías también podían participar en esos nuevos negocios. Hay testimonios recientes de policías municipales de Ciudad Juárez y de Tamaulipas que secuestraban gente para entregarla a sus verdaderos jefes, los narcotraficantes. Así han sido las relaciones entre los líderes del narcotráfico y los agentes del Estado en los últimos años; los acuerdos entre ellos, aunque siguen existiendo, efímeros y pragmáticos, desde hace ya varios años no eran garantías sólidas. Los criminales, sobre todo, comenzaron a romperlos porque interferían con sus nuevas líneas de negocio. La corrupción misma pudrió los pactos producto de la corrupción.

Instituciones débiles

Recientemente se ha comentado tanto la debilidad de las instituciones responsables de la seguridad y la justicia que ya es común señalarlo. En el ámbito federal había una policía federal, surgida en 1999, pero que no había crecido en los siguientes años; y alrededor de 10 mil policías a fines de 2006 eran muy pocos frente a las necesidades que planteaban las organizaciones criminales. La Policía Judicial Federal se había transformado en la Agencia Federal de Investigaciones (AFI) pero aún estaba lejos de experimentar una renovación profunda. Esa debilidad junto a la escasez de agentes del ministerio público y la persistencia de sistemas de trabajo inadecuados, resultaba en averiguaciones previas insuficientes y muchas veces mal integradas; las capacidades del sistema judicial estaban rebasadas por la cantidad de expedientes y las fallas estructurales del sistema de justicia penal y del funcionamiento ineficaz del ministerio público; el sistema carcelario federal y estatal también adolecía de graves fallas: sobrepoblación, sistemas de readaptación casi inexistentes, corrupción, instalaciones obsoletas. Si las fallas eran serias en el ámbito federal, en el local eran peores: las policías estatales y municipales que podían considerarse como tales, se contaban con los dedos de las manos, por lo que la indefensión de los ciudadanos era prácticamente total. Había un estado de la federación infestado de narcotraficantes y con un elevado índice de secuestros, que tenía 123 policías estatales preventivos.

En síntesis, una apabullante insuficiencia de capacidades físicas reales de las instituciones para proveer seguridad y justicia, sin hacer mención de la otra gran debilidad, es decir, la corrupción sobre la cual no es necesario insistir. A pesar de su trascendencia y sus enormes implicaciones, es notable y sintomático que en los debates y análisis este tema haya sido ignorado. La desventaja en organización, preparación y capacidad de fuego de la mayoría de las policías estatales y municipales, tuvo mucho que ver con la fácil y rápida expansión de las organizaciones criminales y de que sus operaciones las realizaran a plena luz del día e, incluso, con la captura física y política de los ayuntamientos. La operación normal del crimen organizado es clandestina, lo más secreta posible, pues si son visibles los delincuentes, más fácil es detectarlos y aprehenderlos. ¿Qué pasa cuando las fuerzas de los criminales son mayores y superan las capacidades de las policías? La operación criminal se hizo pública, descarada, cínica. Literalmente se paseaban por las calles como por su casa. Al no haber una fuerza concreta que opusiera resistencia a su presencia y a sus actividades, los comandos de 10, 15 o hasta 20 camionetas con cuatro sicarios cada una, podían armar balaceras en el centro de las ciudades sin interferencia alguna; podían llegar a una prisión y liberar a todos los presos; podían desplegar mantas y cadáveres de sus enemigos en los puentes más transitados y asesinar mujeres en las puertas de un palacio de gobierno estatal; podían llegar a los palacios municipales, tomarlos y someter al alcalde y a la policía municipal entera; podían viajar desde Tamaulipas hasta Sonora sin que los detuvieran; podían tomar discotecas y cerrarlas para celebrar sus fiestas; podían llegar a una aduana y secuestrar a sus funcionarios, en medio de la sorpresa y temor de los testigos. Era el poder de las armas, de pequeños ejércitos con gran movilidad y capacidad de fuego frente a policías locales incapaces, atemorizadas, sin preparación para enfrentarlos y en no pocas ocasiones en colusión con ellos. Y una policía federal con sólo 10 mil policías para un territorio de dos millones de kilómetros cuadrados.[277]

Al unísono con esas debilidades —capacidades escasas y corrupción— el panorama institucional se agravaba porque empezó la captura de ayuntamientos por parte de la delincuencia organizada, lo que suponía ya una complicidad mayor de autoridades no sólo policiacas y la búsqueda de legitimidad política y social; es decir, la transformación gradual de instituciones públicas en instituciones mafiosas, en las cuales ya no se busca el bien común sino los intereses de un grupo criminal.

El cáncer y la metástasis

Ésa era la situación de la delincuencia organizada, de las instituciones y de sus relaciones en 2006. El grado de conocimiento que se tenía entonces de esa situación no era, obviamente, el mismo seis años después. Sabíamos (gobierno y sociedad) del problema del narcotráfico, de su crecimiento y teníamos noticias de los enfrentamientos en Nuevo Laredo, Uruapan, Acapulco, Tijuana y Ciudad Juárez (los medios reportaban algunos sucesos violentos), pero no del nivel de encono entre las organizaciones, ni de las estrategias de guerra de las diferentes organizaciones. Estábamos enterados de que Los Zetas eran un grupo de ex militares que operaban para la organización del Golfo y de los delitos de extorsión que cometían en algunas entidades, pero no de la transformación del modelo criminal que se estaba llevando a cabo. Conocíamos el enorme poder corruptor del narcotráfico y la corrupción legendaria de las policías mexicanas, pero apenas teníamos alguna idea de que el narcotráfico había dado un paso adelante en la captura de agencias estatales y que comenzaba a apoderarse de ayuntamientos; sabíamos de policías que recibían sobornos y eran omisos con sus responsabilidades, pero se desconocía hasta qué grado se habían convertido en colaboradores activos de las organizaciones criminales. Se sabía, como lo dijo el presidente Calderón, que el paciente tenía cáncer pero hasta que avanzó la operación se pudo

---

[277] España tiene 504 mil kilómetros cuadrados y dos policías nacionales que suman más de 150 mil elementos.

diagnosticar el nivel de metástasis que existía. Y probablemente de un nuevo tipo de cáncer, desconocido en nuestro país, mucho más agresivo.

El gobierno federal no era el único enterado del problema. La Conferencia Nacional de Gobernadores (Conago) elaboró a mediados de 2006 una propuesta titulada "Hacia un nuevo Sistema Integral de Combate al Crimen Organizado" (presentada al nuevo titular del Ejecutivo en enero de 2007), en cuyo diagnóstico planteaba el problema de la siguiente manera:

> El fenómeno del narcotráfico se ha transformado en estos últimos años; ya no es sólo un problema de producción y de tráfico de drogas, sino que se ha convertido en una red de grupos supraestatales, organizados, que combaten entre sí para apoderarse de regiones, ciudades o plazas. Su objetivo es asegurar el tráfico y el control de los narcóticos en el mayoreo y en el menudeo; organizar otro tipo de actividades delictivas como el contrabando, el robo de mercancías, de vehículos; apoderarse de giros negros y de lavado de dinero.
>
> Esto ha llevado a la conformación de una especie de anti-Estado o anti-Gobierno, que tiene como resultado una población que opera sobre un territorio y ejerce su poder a través de dinero, del manejo de la violencia física y de las armas o de la amenaza de su utilización.
>
> En este año han aumentado radicalmente el número de ejecuciones, siendo más de dos mil las que se han registrado, impactando además, la forma indignante y dramática en que se dan estos enfrentamientos, cómo se realizan las ejecuciones y el hecho de que ahora se dirijan hacia servidores públicos de los poderes Ejecutivo y Judicial del Gobierno. El crimen organizado es responsable del asesinato de altos funcionarios de la administración federal, estatal y municipal, así como de jueces cumplidos, desafiando de esta manera abiertamente al Estado.

Esta situación conlleva, además, a que en forma paralela se eleven los niveles de drogadicción en el país, con todas las consecuencias negativas que ello implica.[278]

Las señales de alerta estaban dadas y los procesos principales del conflicto estaban en curso. Fue entonces cuando algunos gobernadores solicitaron al entonces presidente electo Felipe Calderón, el apoyo del gobierno federal ante la delincuencia organizada que, por su enorme poder de fuego y corrupción, rebasaba las capacidades de las fuerzas estatales y ponía en riesgo la gobernabilidad de sus entidades.

LA ESCALADA DE VIOLENCIA

Explicar por qué la violencia asociada a la delincuencia organizada alcanzó esos grados tan altos de desarrollo es una tarea en extremo complicada. Pretendemos en este capítulo aportar elementos para comprender el fenómeno. En los tres últimos años se han publicado múltiples estudios, reportajes, relatos y testimonios que, además de describir la enorme tragedia social y humana del masivo derramamiento de sangre, han apuntado diversas hipótesis que intentan construir explicaciones desde diversas perspectivas, ya que este fenómeno no tiene sólo una causa.[279] Aunque aún

---

[278] Conferencia Nacional de Gobernadores. Comisión de Seguridad Pública de la Conago. Documento en: http://www.conago.org.mx/Comisiones/Actuales/SeguridadPublica/Default.aspx.

[279] La bibliografía al respecto es abundante. Entre los estudios destacados se encuentran: Fernando Escalante Gonzalbo, "Homicidios 1990-2007", *Nexos*, septiembre de 2009; "La muerte tiene permiso. Homicidios 2008-2009", *Nexos*, enero de 2011; "¿Puede México ser Colombia? Violencia, narcotráfico y Estado", *Nueva Sociedad*, núm. 220, marzo-abril de 2009. También los artículos de Eduardo Guerrero, "Las tres guerras. Violencia y narcotráfico en México", *Nexos*, septiembre de 2009; "Pandillas y cárteles, la gran alianza", *Nexos*, junio de 2010. Rosana Reguillo, "De las violencias: caligrafía y gramática del horror", *Desacatos*, núm. 40, septiembre-diciembre de 2012; Marcelo Bergman, "La violencia en México: algunas aproximaciones académicas". Asimismo, Natalia Mendoza hizo un estudio etnográfico sobre la presencia del narco en el poblado de Altar, Sonora que contiene, entre otras cosas, un análisis del significado de la violencia para esa comunidad. Para profundizar en el tema, Natalia publicó en la revista *Nexos* una trilogía

estamos lejos de tener explicaciones completas y satisfactorias, hay avances importantes. Este capítulo, por tanto, quiere ser una contribución más en ese debate fundamental, mediante el planteamiento de una hipótesis de carácter general, y la aportación de elementos que enriquezcan la discusión de otras hipótesis de diversos estudiosos del problema.

Sobre el alcance de la información

Como lo señala Fernando Escalante Gonzalbo en "Crimen organizado. La dimensión imaginaria", excelente artículo publicado en la revista *Nexos*,[280] el primer problema al que se enfrenta cualquiera que intente reflexionar sobre el asunto del narcotráfico es el de la información. Aunque la violencia delictiva se expresa de muchos modos: asesinatos, secuestros, extorsiones, intimidaciones, robos, etcétera, aquí se referirán básicamente los primeros y aun así, el problema de la información es considerable. Cuando ocurren asesinatos, importa saber quiénes son las víctimas (sus nombres, edades, sexo, ocupación, antecedentes personales, si tenían algún tipo de vínculo con las organizaciones criminales, etcétera) y quiénes son victimarios (las mismas variables que para las víctimas, tanto para los autores materiales como para los intelectuales); cuáles fueron las circunstancias en que ocurrieron los asesinatos (dónde, a qué hora, cómo, con qué tipo de arma) y, finalmente, los motivos por los que son privadas de la vida. Obtener respuestas a todas esas interrogantes es una tarea que puede tomar semanas, meses o años a un agente del ministerio público —la instancia obligada por ley a aclarar los hechos y a presentar ante un juez a

---

sobre la violencia en ese municipio sonorense en los meses de marzo, abril y junio de 2012. Además, se destacan los libros: *Panorama estadístico de la violencia en México* (Centro de Investigación y Estudios en Seguridad de la Secretaría de Seguridad Pública-El Colegio de México, 2012); *Las bases sociales del crimen organizado y la violencia en México* (México, 2012); y *Fuego cruzado. Las víctimas atrapadas en la guerra del narco* (Grijalbo, 2011) de Marcela Turati. Por otra parte, Alejandro Hope tiene el mejor blog de seguimiento y análisis de la violencia en México, titulado Plata o plomo, http://www.animalpolitico.com/blogueros-plata-o-plomo/#axzz2URMHP5k5.

[280] Fernando Escalante Gonzalbo, "Crimen organizado. La dimensión imaginaria", *Nexos*, núm. 418, octubre de 2012, pp. 32-44.

los responsables— apoyado por policías judiciales, peritos e investigadores.

Las primeras investigaciones, realizadas en el momento en que se conoce un homicidio, aportan un mínimo de información básica que depende de las circunstancias. Por ejemplo, si ocurre a plena luz del día, con testigos y con la aprehensión de los agresores, se tendrá más información que si aparecen los cadáveres abandonados en un camino sin identificación alguna y varios días después de haberse cometido los asesinatos; no se diga si se trata de fosas clandestinas con cuerpos mutilados y a meses de haber sido enterrados. A partir de entonces comienza la investigación del ministerio público para completar la información y dar con los responsables. Las dificultades aumentan cuando éste no cuenta con los recursos necesarios y suficientes para llevar a cabo su labor (escasez de personal, de equipo, además de técnicas de investigación deficientes y, en ocasiones, hasta falta de voluntad política para investigar a fondo) y, peor aún, cuando el número de asesinatos es de tal magnitud que las escasas capacidades de las procuradurías de justicia de los estados (a la que pertenecen los agentes del ministerio público, los policías judiciales, peritos, etcétera) son rebasadas de tal manera que es materialmente imposible cumplir con sus responsabilidades. Por ejemplo, en Chihuahua, en enero de 2008 había 465 agentes del ministerio público dedicados a realizar averiguaciones previas y 200 peritos; en 2007 se cometieron 901 homicidios; por lo que cada agente tenía que investigar un promedio de casi dos homicidios, mientras que a cada perito le tocaban 4.5; en 2010 se cometieron 4368 homicidios, es decir, el promedio ahora era de casi 10 asesinatos a resolver por el ministerio público y más de 20 por cada perito[281] (además de las investigaciones de otros delitos como 29 mil robos de 2007 y 40 mil de 2010).

Estas dificultades son la causa de las quejas de Escalante Gonzalbo con respecto a la escasa y deficiente información de los homicidios vinculados a la actividad de la delincuencia organizada en México:

---

[281] Secretaría de Gobernación, Centro Nacional de Información del Sistema Nacional de Seguridad Pública, Incidencia delictiva del Fuero Común, 2007 y 2010.

Si se toma como término de referencia Boca del Río [evento ocurrido en septiembre de 2011 en ese municipio vecino del Puerto de Veracruz, en el que aparecieron en una vía rápida los cuerpos de 35 personas asesinadas] es claro que falta información, incluso información básica para saber con certeza lo que ha sucedido. Faltan los nombres de las víctimas, con frecuencia falta incluso el número exacto de las víctimas, falta cualquier otro detalle concreto que pudiera servir para identificarlas, para entender la violencia. Y, desde luego, aparte de atribuciones genéricas, falta información sobre los victimarios [hasta que aparecen, días o meses después, detenidos gracias a tareas de "inteligencia" cuya naturaleza nunca está del todo clara, y directamente confiesan varias decenas de asesinatos, sin mayores explicaciones]. Donde hay un comunicado de prensa de las autoridades para explicar un enfrentamiento, un atentado, una masacre, el hallazgo de un cadáver, faltan casi todos los elementos que permitirían contrastar la información. Es acaso uno de los rasgos fundamentales de estos años: no sólo que no hay, sino que se sabe que no va a haber información suficiente para entender lo que sucede.[282]

Sin minimizar la importancia del señalamiento de Escalante Gonzalbo, es conveniente señalar que la escasez de información tiene diversas causas e importa precisarlas porque algunas de ellas son imputables a la omisión o ineficacia de las autoridades (fundamentalmente, pero no sólo, de las procuradurías locales ya que ellas son las responsables de iniciar las averiguaciones previas, puesto que los homicidios son delitos del fuero común); mientras que, en otros casos, la falta de información y, por lo tanto, de solución puede ser ajena a la voluntad de las autoridades (cuando la complejidad de los homicidios hace muy difícil investigarlos, como en los casos de fosas con decenas de cuerpos hace mucho tiempo enterrados o de cadáveres calcinados o disueltos en ácido). Lo que de ninguna manera se justifica es el incumplimiento de la obligación legal de iniciar las investigaciones y continuarlas hasta donde

---

[282] Fernando Escalante Gonzalbo, *op. cit.*, p. 35.

sea posible. Y sobre este punto hay que poner en la mesa la cuestión de las capacidades limitadas de las procuradurías estatales, las cuales eran insuficientes antes de la irrupción de la violencia de los últimos años, y que su número no se ha incrementado al ritmo que los acontecimientos demandan. Es claro que de este asunto tienen que rendir cuentas los gobiernos estatales. Sin embargo, debe asumirse el hecho, más allá de los casos particulares, y aceptar que el Estado mexicano vio rebasada su capacidad de procurar justicia por la escasa importancia que durante décadas se le ha asignado al Estado de derecho y que, por desgracia, el tiempo que toma fortalecer las instituciones para cerrar la brecha entre capacidades y necesidades es mayor de lo que se quisiera. Además de un tema de responsabilidades políticas, se está frente a un problema sistémico.

Esta digresión con relación a las dificultades a la hora de buscar información necesaria y adecuada para analizar y comprender lo sucedido en términos de la violencia en México es relevante, pues establece los límites de lo que se puede o no saber. El siguiente análisis se basa en la información generada por el Gabinete de Seguridad Nacional del gobierno federal, con respecto a la evolución de los homicidios en los cuales estaban presentes indicios para suponer que podían estar vinculados a la delincuencia organizada. Es información que recababan las dependencias federales —Policía Federal, PGR, Ejército, Marina y Cisen— en el lugar de los hechos con base en un procedimiento y una ficha de información básica acordados de manera conjunta, que luego era concentrada, revisada y analizada cada semana en oficinas centrales por un equipo del gabinete. Es importante aclarar que se trataba de información para uso de inteligencia (conocer la evolución de los conflictos, indagar las estrategias de las organizaciones criminales, determinar en la medida de lo posible el perfil de las víctimas, obtener tendencias temporales y regionales, etcétera) y no con fines judiciales (llevar ante la justicia a los responsables) que era tarea de las autoridades locales (aunque la información que se recababa se compartía con ellas). De esa manera, se construyó la base de datos que fue abierta durante un tiempo en la página de internet del

HISTORIA DEL NARCOTRÁFICO EN MÉXICO

Sistema Nacional de Seguridad Pública.[283] Es claro que esa base es incompleta, pues no siempre era posible recabar la totalidad de la información básica (por ejemplo, cuando las personas asesinadas no tenían identificación o llevaban mucho tiempo muertas, no se disponía de datos básicos como nombre, edad, lugar de nacimiento, etcétera).

Son indispensables dos aclaraciones más sobre la información. Primera: se trata de homicidios cometidos en principio por la delincuencia organizada, considerando las características que presentaban los asesinatos: uso de armas que un delincuente común difícilmente tiene (fusiles o pistolas de alto poder, de uso exclusivo del ejército); participación organizada de un grupo de criminales con recursos logísticos (realización previa de secuestro o "levantón" de las víctimas, lo que supone planificación, vehículos, casas de seguridad); uso propagandístico de ejecuciones que incorpora un recurso político de la violencia, lo cual es una característica de la delincuencia organizada. Independientemente de la validación judicial, el hecho de que los asesinatos cumplieran con las características mencionadas permite inferir que, no obstante que se desconozca a los autores de cada asesinato, se trata de grupos de criminales con capacidades, recursos y organización suficiente para ejecutarlos, sepamos o no los nombres de los victimarios o de la organización a la que pertencen (Golfo, Zetas, La Familia). Ocasionalmente alguien que no pertenezca a la delincuencia organizada puede hacer parecer un homicidio como realizado por una organización criminal, pero eran casos excepcionales.

Segunda: suponer que se trata de homicidios realizados por la delincuencia organizada no significa que las víctimas fueran necesariamente delincuentes. Para concluir lo anterior se requiere la investigación del ministerio público y el procedimiento judicial correspondiente. Esa información no la contiene la base de datos aquí utilizada, por la simple razón de que tanto la averiguación como el proceso judicial son procedimientos que tardan mucho tiempo, y la base de datos era para uso inmediato, por lo que las fichas se llenaban en un plazo máximo de siete días posteriores a cada suceso.

---

[283] El análisis aquí presentado se elabora sobre esa base de datos hasta septiembre de 2011, fecha hasta la que tuve acceso a ella. La información fue retirada en 2012.

Entonces, de las víctimas sólo se puede suponer que presumiblemente tenían algún tipo de vinculación con las organizaciones o actividades criminales. Esa primera conclusión se deriva de un supuesto: las organizaciones que entran en conflicto en principio sólo asesinan a sus enemigos, incluyendo los que los han traicionado o no han cumplido con los mandatos o tareas, o a quienes creen que forman parte de las organizaciones criminales enemigas.[284] En principio, han sido muy raros los casos en que deliberadamente las organizaciones criminales atacan a la población civil, como el de las granadas que estallaron el 15 de septiembre de 2008 en la plaza principal de Morelia, Michoacán, durante el festejo del Grito de Independencia. Afortunadamente no han convertido a la sociedad en el blanco principal de la violencia, con la excepción de Los Zetas que han instrumentado un modelo criminal diferente y ejercen una violencia de nuevo cuño (la extracción de rentas vía secuestros y la extorsión generalizada).

La palabra vinculación es muy amplia y no necesariamente implica pertenencia a las organizaciones criminales, pero quienes realizan los homicidios suponen que sus víctimas son miembros de organizaciones enemigas. Hay vinculaciones directas o indirectas. Por ejemplo, los amigos o familiares de algún narcomenudista están vinculados indirectamente; o hay vinculaciones directas pero de distinto grado: no es lo mismo un jefe de plaza o sicario, que un informante ocasional. El punto es que probablemente existía algún vínculo, pero sin poder precisar más, debido al desfase de las investigaciones o porque no se han hecho. Por tanto, esta base de datos no permite saber de las personas asesinadas cuáles pertenecían a organizaciones criminales, cuáles tenían vínculos débiles o indirectos y las que eran completamente ajenas a ellas. Pero lo que sí es posible afirmar es, por la modalidad del homicidio, que prácticamente todas fueron víctimas de las organizaciones criminales dedicadas fundamentalmente al narcotráfico.

---

[284] Por supuesto que su creencia no siempre puede corresponder con la realidad y, por tanto, matan a inocentes, como fue el segundo caso de migrantes asesinados en San Fernando, Tamaulipas, a fines de marzo de 2011, cuando las víctimas eran personas que viajaban de Morelia a Matamoros y los asesinos creían que eran miembros de La Familia Michoacana que iban a sumarse al conflicto que Los Zetas mantenían con el Golfo.

La anatomía de los homicidios

La base de datos de homicidios del Gabinete de Seguridad Nacional incorpora, por un lado, únicamente asesinatos que cumplen con una o varias características que permiten suponer que su autoría es la delincuencia organizada (uso de armas de fuego de alto poder, tiro de gracia, con signos de violencia extrema —decapitados, incinerados, desmembrados—, cadáveres enterrados en fosas clandestinas o utilizadas para mandar mensajes, secuestrados o "levantados" antes de matarlos); pero no permite saber cuál de las organizaciones fue la ejecutora. Por el otro, incluye las muertes

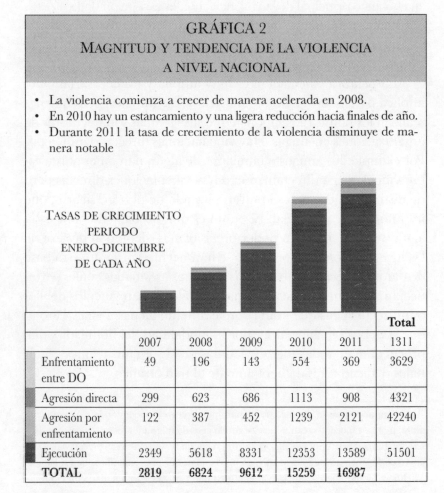

GRÁFICA 2
MAGNITUD Y TENDENCIA DE LA VIOLENCIA
A NIVEL NACIONAL

- La violencia comienza a crecer de manera acelerada en 2008.
- En 2010 hay un estancamiento y una ligera reducción hacia finales de año.
- Durante 2011 la tasa de creciemiento de la violencia disminuye de manera notable

TASAS DE CRECIMIENTO
PERIODO
ENERO-DICIEMBRE
DE CADA AÑO

	2007	2008	2009	2010	2011	Total
						1311
Enfrentamiento entre DO	49	196	143	554	369	3629
Agresión directa	299	623	686	1113	908	4321
Agresión por enfrentamiento	122	387	452	1239	2121	42240
Ejecución	2349	5618	8331	12353	13589	51501
TOTAL	**2819**	**6824**	**9612**	**15259**	**16987**	

ocurridas en enfrentamientos entre fuerzas públicas (policías de los tres niveles de gobierno y fuerzas armadas) y grupos criminales. La suma de estos dos registros arroja un total de 51 501 homicidios entre el 1 de enero de 2007 y el 31 de diciembre de 2011.[285] Su distribución en los primeros cinco años del gobierno del presidente Calderón da una idea de la evolución de esa violencia.

De la gráfica anterior, lo primero que se infiere es que el aumento de la violencia expresada en homicidios se inició en 2008, al registrarse más de 6 800, un incremento de 142 por ciento con respecto a 2007. En segundo lugar, la presencia de una tendencia creciente de homicidios que se prolonga hasta 2011, alcanzando la estremecedora cifra de 17 mil homicidios en ese año. En tercer lugar, en ese último año, aunque los asesinatos continuaron aumentando, lo hicieron a una tasa mucho menor (11 por ciento) en comparación con los años previos, lo que sugiere cierta estabilización de la violencia pero aún en nivel muy elevado. La cifra de 16 987 asesinados en 2011 era la suma de 47 personas que cada día (dos cada hora) perdían la vida. En 2007, el promedio diario de víctimas de la violencia homicida era de ocho. Ese promedio se multiplicó por seis en apenas cuatro años.

El primer paso para comprender esa ola de violencia creciente era la caracterización de los sucesos en que ocurrían los asesinatos. Se definieron cuatro tipos de homicidios según sus características:

1. Ejecuciones: acciones planeadas por una organización para eliminar presuntos miembros de organizaciones rivales o elementos de la propia que habían cometido alguna falla o traición. La violencia tiene una finalidad evidente: mostrar el mayor poder posible a los enemigos y generar miedo y disciplina en las filas internas que eviten la deslealtad. Esas acciones planeadas se realizan con un patrón similar y presentan una o varias de las siguientes características: las víctimas son identificadas, localizadas y secuestradas. Una vez realizado el "levantón" son conducidas a una casa

---

[285] Esta cifra no es la oficial del total de homicidios dolosos ocurridos en el país en ese periodo. La estadística oficial de homicidios dolosos (los que son intencionales, a diferencia de los homicidios culposos que no lo son, como el caso de un atropellado) es la que emite el INEGI. El número total de homicidios dolosos es mayor, pues incorpora todos los asesinatos sin importar quién lo haya cometido.

de seguridad para torturarlas, obtener información y filmar sus declaraciones; más tarde son ejecutadas con armas de alto poder y, muy frecuentemente, con tiro de gracia. A medida que se enconaban los conflictos entre las organizaciones criminales, se comenzaron a usar con mayor frecuencia medidas de violencia extrema: decapitaciones, mutilaciones de los cadáveres. Finalmente, preparaban los cuerpos para hacerlos públicos: atarlos con cinta, encobijarlos, vendarles los ojos, eventualmente escribir una manta o un cartón con un mensaje y, finalmente, tirarlos en la vía pública (avenidas, carreteras, baldíos, colgarlos en algún puente, etcétera). Es importante señalar que esta tipología de asesinatos no es una categoría jurídica o penal. Es una tipología para efectos de inteligencia, y se utilizó para identificar los homicidios de las organizaciones criminales y de esa manera dimensionar y ubicar geográficamente un fenómeno asociado presumible, y principalmente, a las organizaciones de narcotraficantes.

2. Un segundo tipo en el que ocurren asesinatos son los enfrentamientos entre grupos de delincuentes armados. A diferencia del anterior, en este caso no se trata de una acción unilateral de una organización en contra de otra, sino de un encuentro violento entre personas armadas o sicarios de dos organizaciones enemigas. Normalmente son acontecimientos no planificados.

3. Un tercer tipo de homicidio es el que ocurre en enfrentamientos entre un grupo de personas armadas, en principio miembros de alguna organización criminal, y autoridades, ya sea policías locales o fuerzas federales (policía federal, ejército o marinos). Este tipo se dio especialmente en Tamaulipas y Nuevo León a partir de 2010, entre el ejército y Los Zetas.

4. Por último, está la categoría de homicidios provocados en agresiones directas o unilaterales de organizaciones criminales en contra de autoridades de cualquier tipo, es decir, agresiones unilaterales en las que no hubo respuesta violenta de estas últimas: emboscadas a patrullas municipales en que morían los policías sin responder a la agresión; o arrojar granadas a oficinas de policías estatales desde vehículos en marcha.

La distribución de los 51501 homicidios en esas cuatro categorías arroja los siguientes datos:

GRÁFICA 3
Tipología de los fallecimientos vinculados al crimen organizado

Tipología de fallecimientos ocurridos
por presunta rivalidad delincuencial
total: 51501 (ene-2007 a dic 2011)

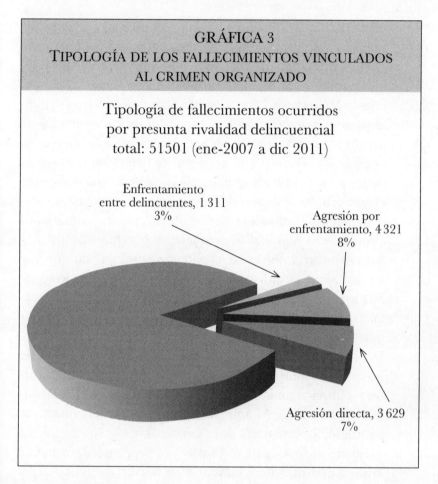

Enfrentamiento
entre delincuentes, 1 311
3%

Agresión por
enfrentamiento, 4 321
8%

Agresión directa, 3 629
7%

- Ocho de cada diez, 82 por ciento, que en números absolutos significan 42 240 asesinatos, presentaron características que permiten afirmar que se trató de "ejecuciones". Este dato es muy relevante, pues define con claridad el principal fenómeno que produce la violencia; es decir, la causa inmediata de los homicidios ha sido conflictos internos o entre diversas organizaciones criminales. Recuérdese que éstas atentan tanto contra sus miembros al traicionar a sus jefes o fallar en la realización de alguna tarea, como contra quienes son señalados miembros de organizaciones enemigas. Con la información disponible es imposible asegurar que todos los "ejecutados" hayan pertenecido efectivamente a alguna organización criminal y, por tanto, es posible que haya un número indeterminado de víctimas ajenas a las organizaciones criminales. Sin embargo, el escalamiento de los conflictos entre estas organizaciones —las respuestas cada vez más violentas entre ellas— es un hecho innegable y permite afirmar que un porcentaje considerable de los asesinados en principio sí participaban en actividades de la delincuencia organizada. Por esta razón, se puede decir que la mayoría de los asesinatos no fueron causados por la "guerra" entre el gobierno de Felipe Calderón y los narcotraficantes, sino debido a las disputas entre éstos. Para romper el argumento circular –los homicidios demuestran que hay conflictos y para demostrar que existen conflictos basta señalar que hay asesinatos—, es indispensable ubicar las causas de los conflictos y responder la pregunta: ¿por qué se recrudecieron a tal grado las luchas violentas entre las organizaciones criminales en estos años?; cuestión que se abordará más adelante. Debe quedar claro que la afirmación de que la mayoría de los muertos son producto de conflictos entre narcotraficantes no implica ningún juicio de valor del tipo: *¡Qué bueno que se maten entre ellos!* Aunque fueran miembros del crimen organizado, forman parte de la terrible tragedia que ha vivido México y que obliga a formular otra pregunta: ¿por qué el crimen organizado se convirtió en opción de "vida" para tantas personas?

• Otro tres por ciento de asesinatos, 1 311, ocurrió en enfrentamientos abiertos entre diversas organizaciones criminales, lo que vuelve a ser indicativo de la existencia de los conflictos. La desproporción entre muertos de manera clandestina mediante ejecuciones y los asesinados en balaceras con la participación de sicarios de dos organizaciones criminales, revela la predilección de éstas por la acción unilateral y alevosa que les permite el uso mediático de la violencia.

• Las dos categorías restantes de homicidios se refieren a sucesos en los que participan las autoridades por un lado y las organizaciones criminales por el otro. El 15 por ciento restante de los asesinatos, 7 950, corresponden a estos dos tipos:

los enfrentamientos a balazos entre las partes mencionadas produjo 4 321 muertos, la mayoría pertenecientes a organizaciones criminales. La mayor parte de estos actos se dieron entre el ejército y Los Zetas o la organización del Golfo, en los estados de Nuevo León y Tamaulipas, y entre la policía federal y La Familia Michoacana, pues eran las organizaciones

---

GRÁFICA 4

DISTRIBUCIÓN GEOGRÁFICA DE LA VIOLENCIA-ESTADOS

Como puede observarse, sigue existiendo
una alta concentración de la violencia a nivel estatal:

Fallecimientos, % por Estado
ene-2007 a dic-2011
Total: 51 501

• En cuatro entidades han ocurrido la mitad de los fallecimientos por presunta rivalidad delincuencial (51%).
• En 7 estados han tenido lugar más de 2/3 partes (66%).

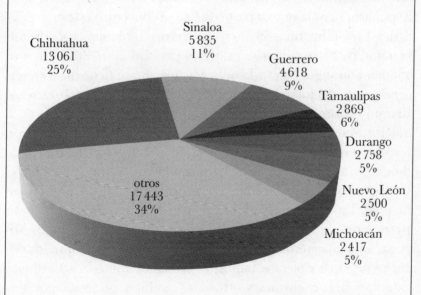

Chihuahua
13 061
25%

Sinaloa
5 835
11%

Guerrero
4 618
9%

Tamaulipas
2 869
6%

Durango
2 758
5%

otros
17 443
34%

Nuevo León
2 500
5%

Michoacán
2 417
5%

que más desplazamientos hacían en las carreteras de esas entidades; cuando las fuerzas federales comenzaron a vigilar de manera permanente las carreteras, fueron inevitables los choques entre narcotraficantes y policías o soldados. En el caso de las agresiones directas, los muertos son miembros de las autoridades, ya que en estos sucesos no hubo respuesta de parte de éstas. De igual manera que en los enfrentamientos, las organizaciones más agresivas contra las fuerzas estatales han sido La Familia y Los Zetas. De estas víctimas de la violencia se puede decir que fueron producto de la intervención estatal. En la medida en que las fuerzas del Estado comenzaron a ejercer tareas de vigilancia y persecución de las actividades criminales, la respuesta de las organizaciones ha sido defender su negocio mediante la violencia. Que las fuerzas armadas y las policías cumplan con su tarea no significa que ellas sean las responsables de la respuesta violenta de la delincuencia organizada.

Un segundo elemento de la anatomía básica de la violencia consistió en ubicarla geográficamente.

En la medida en que avanzaban los conflictos entre las organizaciones criminales la violencia se extendía a muchos estados de la República; pero la mayor parte de ésta se concentró en pocas entidades. En Chihuahua, Sinaloa, Guerrero y Tamaulipas ocurrieron la mitad de los asesinatos durante el periodo 2007-2011. Y si se añaden Durango, Nuevo León y Michoacán, se tiene que dos terceras partes del total de homicidios tuvieron lugar en siete estados. El resto se distribuyó en los 25 estados restantes. La geografía de la muerte asociada al crimen organizado coincide con la distribución territorial de las principales actividades del negocio del tráfico de drogas: tres son estados fronterizos con lugares estratégicos para el trasiego de los estupefaciente a territorio de Estados Unidos (Chihuahua, Tamaulipas y Nuevo León) y los otros cuatro son entidades productoras de marihuana y amapola (Sinaloa, Durango, Michoacán y Guerrero). Algunos estados, que no están entre los primeros siete más violentos, también son estados fronterizos (Coahuila, Sonora y Baja california) y otros más también son productores de drogas (Nayarit, Jalisco, Veracruz, Oaxaca, etcétera). Ese comportamiento diferente en términos de violencia en estados con características similares obliga a introducir más factores locales que expliquen por qué en algunos la violencia es mayor que en otros.

Con estos primeros datos —cantidad, distribución temporal y geográfica, más la tipología de los homicidios— se puede afirmar, en síntesis, que la explosión de la violencia de los últimos cinco años se debió fundamentalmente a un incremento significativo de conflictos entre las diversas organizaciones criminales (82 por ciento de los asesinatos fueron ejecuciones), dedicadas al tráfico de estupefacientes; y, aunque los homicidios se extendieron en una parte significativa del territorio nacional, se concentró en siete entidades (66 por ciento del total de homicidios). La pregunta pertinente es: ¿cuándo y por qué se desataron esas guerras entre narcotraficantes?

Los conflictos en 2007 y los primeros operativos del gobierno federal

Los conflictos que ya estaban en curso al comienzo del gobierno de Felipe Calderón —Sinaloa contra Tijuana; Sinaloa contra el Golfo-Zetas; Sinaloa contra Juárez y La Familia contra Los Zetas— siguieron en 2007 una tendencia creciente, pero no muy acelerada si se compara con lo que sucedería a partir de 2008.

En ese primer año del sexenio calderonista se registraron 2 819 asesinatos[286] y de éstos 73 por ciento ocurrieron en los diez estados donde tenían lugar esos conflictos: en Michoacán y Estado de México, donde se disputaban el control Los Zetas y La Familia, hubo 439 (15.5 por ciento); en Tamaulipas, Nuevo León, Sonora y Guerrero donde peleaban el Golfo y Los Zetas contra Pacífico, se registraron 650 homicidios (23 por ciento); en Baja California la violencia entre los seguidores de los Arellano Félix y de Joaquín Guzmán produjo 209 asesinatos (7 por ciento) y en Chihuahua,

---

[286] Algunos reportes periodísticos y de la Conago señalaron que en 2006 hubo alrededor de dos mil homicidios vinculados al narcotráfico. Si se da por buena esa cifra, el crecimiento de la violencia en 2007 habría sido de 800 asesinados, que aunque en términos relativos es relevante, 40 por ciento, en números absolutos, serían pocos respecto a las cifras de los años posteriores.

Durango y Sinaloa, escenario de la lucha entre Juárez y Pacífico, se cometieron 778 asesinatos (27.5 por ciento). En otras palabras, la violencia de ese año no fue producto de los operativos del gobierno federal, sino la continuación de conflictos que ya estaban en marcha.

CUADRO 8
Homicidios vinculados al crimen organizado 2007

Entidad	Trim. 1-2007	Trim. 2-2007	Trim. 3-2007	Trim. 4-2007	Trim. 1-2008
Baja California	28	55	54	72	209
Michoacán	80	102	82	64	328
Estado de México	16	24	23	48	111
Durango	24	33	18	33	108
Sinaloa	55	100	134	137	426
Chihuahua	54	38	73	79	244
Nuevo León	46	32	25	27	130
Sonora	35	64	21	21	141
Tamaulipas	12	17	12	39	80
Guerrero	32	104	87	76	299
Resto de los estados	136	193	192	229	750
México	518	762	721	825	2826

Fuente: Base de datos del Sistema Nacional de Seguridad Pública.

En 2007 se iniciaron los operativos del gobierno federal —en Michoacán en diciembre de 2006; Tijuana, Guerrero y otro en la Sierra Madre, orientado a la erradicación de plantíos, pues comprendía el llamado triángulo dorado—, como respuesta a la crítica situación en las entidades en las que se libraban esas disputas violentas, las cuales se habían agravado entre septiembre y diciembre de 2006. Ese diagnóstico era compartido por los gobernadores, quienes en noviembre de ese año le hicieron llegar al entonces presidente electo Felipe Calderón la ya mencionada propuesta "Hacia un nuevo Sistema Integral de Combate al Crimen Organizado". En ella sugerían realizar acciones coordinadas entre la federación y los gobiernos estatales que estaban siendo más afectados por la actividad del narcotráfico. En la primera reunión de la Conferencia Nacional de Gobernadores con el presidente Felipe Calderón, realizada en Tlaxcala en febrero de 2007, los mandatarios estatales aprobaron un pronunciamiento:

> En el marco de los trabajos de la XXXI Reunión Ordinaria de la Conferencia Nacional de Gobernadores, expresamos nuestro reconocimiento y adhesión a las estrategias que el Gobierno Federal ha puesto en marcha, así como nuestro total apoyo a las acciones emprendidas para combatir al crimen organizado, que incluye operativos de fuerzas y corporaciones federales en diversas regiones del país, así como la extradición de peligrosos delincuentes. Ambas muestran compromiso y determinación en esta lucha. Reconocemos, asimismo, la disposición del Gobierno Federal para incorporar a sus estrategias las propuestas formuladas por la Comisión de Seguridad Pública de la Conferencia Nacional de Gobernadores, en materia de combate al crimen organizado.[287]

El combate al crimen organizado por la administración calderonista no fue una iniciativa gratuita, ajena a la problemática que se vivía en el país, por medio de la cual buscara legitimar su mandato, cuestionado por elecciones sumamente controvertidas; fue la respuesta a la expansión del crimen organizado que estaba produciendo una violencia inusitada en ese momento (recuérdense las seis primeras decapitaciones en Acapulco realizadas entre abril y agosto de 2006 y las cinco cabezas aventadas en una discoteca de Uruapan en septiembre de ese mismo año). La respuesta contó con el respaldo de los gobernadores, quienes también veían en el crimen organizado una seria amenaza para la sociedad y la gobernabilidad del país: consistió en poner en marcha operativos militares para

---

[287] Conferencia Nacional de Gobernadores. Acuerdos de la Comisión Nacional de Seguridad Pública. Página web de la Conago.

contener la movilidad, sin límite alguno, de los criminales e iniciar una estrategia de desarticulación de sus organizaciones.

Es importante realizar dos precisiones con respecto a la estrategia y los operativos del gobierno federal. La primera se refiere a la razón por la cual se tomó la decisión de combatir al crimen organizado. Se ha manejado mucho la tesis de que las operaciones contra el narcotráfico ordenadas por el presidente Calderón obedecieron a la necesidad de ganar legitimidad política, la cual era escasa debido al reducido margen con el que derrotó en las urnas a Andrés Manuel López Obrador. Esa tesis supone además que el problema de la violencia y el narcotráfico no ameritaba una respuesta como la que dio el gobierno. Dos datos al respecto. Uno, la legitimidad del presidente es producto de los resultados de la elección avalados por las autoridades electorales; por tanto, en ese sentido, el presidente no careció de esa legitimidad otorgada por los electores y constatada por el IFE y el TRIFE. Que una parte de la población (alrededor de 30 por ciento) no creyera en esa legitimidad, no eliminaba el hecho de que él era efectivamente el presidente legítimamente electo. Además, el nivel de respaldo social a Felipe Calderón en sus primeros meses de gobierno era elevado, según las diversas encuestas de opinión de los medios de comunicación (Consulta Mitofsky registró 64 por ciento de aprobación en noviembre de 2006), por lo que no existía la necesidad de "legitimar" la figura presidencial con el uso del ejército en el combate a los narcotraficantes. Además, el sector que cuestionaba la legitimidad del presidente era la izquierda, los seguidores de López Obrador, a quienes difícilmente se hubiera ganado con una política en materia de seguridad; si hubiera habido la intención de buscar respaldo de ese grupo social, se hubieran definido otras políticas del agrado de los perredistas. Dos, la gravedad del problema de la delincuencia organizada sí era real; no sólo en el gobierno federal se sabía de él; el documento ya citado de la Conferencia Nacional de Gobernadores revela que éstos también eran conscientes del peligro que representaba para la sociedad y para el manejo las organizaciones dedicadas al narcotráfico, además, las encuestas que medían las percepciones de la población acerca de los problemas del país, revelan que la inseguridad estaba invariablemente entre los dos primeros.

En lo que se refiere a la estrategia definida por el gobierno federal para enfrentar el reto de la seguridad pública en general y del narcotráfico en particular, de la cual los operativos a cargo del ejército eran un componente muy importante pero no el único, es necesario explicar por qué se decidió la participación de los militares. Como se dijo en el capítulo anterior, los dos rasgos característicos de la evolución de la delincuencia organizada en el periodo 1990-2006 fueron, por un lado, la fragmentación de las organizaciones, lo que significó que al mismo tiempo que expandían sus territorios de acción, se fortalecían militarmente y se diversificaban para emprender acciones y quitarle a la población su patrimonio vía las extorsiones y el secuestro. El segundo rasgo era el agravamiento de la debilidad y una mayor corrupción y sometimiento de las fuerzas policiacas municipales y estatales. Además, las organizaciones criminales requerían cada vez más movilidad y presencia abierta; para ello se desplazaban por carreteras, pueblos, avenidas de ciudades, en convoyes de cuatro, cinco o hasta 10 o 12 camionetas, cada una con cuatro sicarios armados con rifles de alto poder, lanzagranadas, pistolas, etcétera. Esos comandos tomaban ayuntamientos para amedrentar y someter a los presidentes municipales; perseguían y asesinaban a sus enemigos en la costera Miguel Alemán, de Acapulco; liberaban presos en la cárcel de Apatzingán, o secuestraban policías y funcionarios de las aduanas en plena luz del día; esos grupos paramilitares armaban balaceras en las principales avenidas de Nuevo Laredo y Tijuana sin importar la hora o la presencia de civiles en las calles.

Cuando se llega a ese grado de inseguridad por ese accionar en público, descarado, cínico de los delincuentes, es por la ausencia de cuerpos policiacos con una fuerza o capacidad de fuego superior, o al menos equivalente, que inhiban sus desplazamientos y actividades criminales. ¿Qué resistencia podían oponer los 20 elementos policiacos de un municipio rural de Tamaulipas o de Michoacán, mal entrenados y mal armados o los 20 custodios de la cárcel de Apatzingán, o las tres patrullas que circulan por la costera Miguel Alemán (en el supuesto de que no estuvieran compradas ya por el crimen organizado) contra esos convoyes de hasta 40 sicarios mejor entrenados y armados?

Es claro que las estrategias de control y combate a la delincuencia organizada y para fortalecer la seguridad pública no pueden consistir únicamente en la utilización de las fuerzas gubernamentales; sin embargo, es indispensable tener fuerza pública eficaz y confiable para situaciones como las descritas, en las que el Estado debe reclamar para sí y hacer valer, en nombre de la seguridad ciudadana y de la existencia misma de las instituciones estatales, el monopolio del uso legítimo de la fuerza. Además, casi todas las acciones políticas, sociales y económicas que componen una estrategia integral de seguridad pública con enfoque de seguridad ciudadana, suponen y requieren necesariamente la existencia de policías o, en su defecto, de fuerzas públicas confiables y eficaces. Sin ellas, las acciones no policiacas pierden solidez y durabilidad. Por ejemplo, la reapropiación de un parque público que ha sido espacio de venta de drogas, para que una comunidad lo utilice en actividades recreativas o culturales requiere de la vigilancia de la policía local; una estrategia de fomento de microempresas para emplear jóvenes no podrá ser eficaz si una vez creadas son extorsionadas y no hay una policía confiable a la cual recurrir para que lo impida.

En 2007, ante la irrupción cada vez más violenta de las organizaciones criminales y sin la posibilidad de implementar acciones de contención, control y debilitamiento de la delincuencia organizada por la insuficiencia, debilidad y corrupción de las policías locales, el gobierno de Felipe Calderón no tenía otra opción que recurrir a la única fuerza pública del Estado con las capacidades numéricas y de fuego para comenzar a hacer frente al despliegue criminal. En ese entonces, la policía federal apenas superaba los 10 mil elementos y la mayoría de las policías estatales y municipales no tenían esas capacidades. Por eso la participación del Ejército y la Marina. No son policías, es cierto; lo óptimo era que las policías se encargaran del problema; pero era lo único con que contaba el Estado mexicano para hacer frente a las organizaciones criminales. Su participación no fue, por tanto, una decisión para mostrar el respaldo del Ejército a un "presidente débil", como algunos analistas han afirmado. Los gobernadores lo sabían y lo entendían muy bien y por eso comenzaron a solicitar la presencia del las fuerzas armadas en sus estados. La salida de los militares de los cuarteles a realizar tareas de seguridad pública fue indispensable para generar las condiciones y el espacio temporal para la depuración y el fortalecimiento de las policías locales. No fue un capricho presidencial. ¿Qué sucedió en el sexenio del presidente Calderón en las entidades respecto a la renovación de las policías estatales y municipales? Lo veremos adelante. Aquí lo relevante era señalar las razones por las cuales, las fuerzas armadas protagonizaron los primeros operativos del gobierno federal. El otro tema a discutir es la eficacia de los operativos para detener la violencia.

Los conflictos 2008-2011 y la caída del mercado de la cocaína

La historia de la violencia fue otra a partir de 2008. Ese año se elevó el número de asesinatos cometidos por las organizaciones criminales de una manera sorprendente: de 2 819 a 6 824, cuatro mil más, lo que representó un incremento de 142 por ciento; y ya no se detendría la tendencia creciente hasta alcanzar casi 17 mil homicidios en 2011. Para entender ese incremento, lo primero que debe señalarse es que no varió la distribución de homicidios según el tipo de sucesos. De los cuatro sucesos considerados (ejecuciones, enfrentamientos de organizaciones, agresiones a autoridades y enfrentamientos de éstas con grupos de las organizaciones criminales) el porcentaje de asesinatos correspondiente a las dos primeras categorías —las cuales pueden ser asignadas a los conflictos dentro y entre organizaciones— se mantuvo en alrededor de 85 por ciento, mientras los correspondientes a las dos últimas —que pueden ser asignados a la participación de las autoridades y a las acciones de éstas para combatir organizaciones criminales— oscilaron alrededor de 15 por ciento. En 2011 la violencia asociada a los conflictos se redujo a 82 por ciento y la derivada de las acciones gubernamentales se incrementó a 18 por ciento.

Estas cifras revelan que, pese al incremento de las fuerzas federales en operativos en más entidades federativas, la mayor parte de la violencia siguió asociada a la lucha entre organizaciones por el control del negocio del narcotráfico o de otras actividades delictivas. Aunque también es cierto que en 2010 y en 2011 tuvieron lugar la mayor parte (5 381, 68 por ciento) de las 7 950 muertes producto de la intervención de las fuerzas estatales.

CUADRO 9
Homicidios vinculados al crimen organizado por tipo de suceso (2007-2011)

Tipo de evento	2007	2008	2009	2010	2011	Total
Ejecuciones	2349	5618	8331	12353	13589	42240
Enfrentamiento entre organizaciones	49	196	143	554	369	1311
Agresión	299	623	686	1113	908	3629
Enfrentamiento						
Autoridades	122	387	452	1239	2121	4321
Total	2819	6824	9612	15259	16987	51501

Fuente: Base de datos del Sistema Nacional de Seguridad Pública.

CUADRO 10
Homicidios vinculados al crimen organizado según tipo de suceso agrupado (2007-2011)

Tipo de evento	2007	2008	2009	2010	2011	Total
Violencia entre organizaciones	85.07 %	85.20 %	88.16 %	84.59 %	82.17 %	84.56 %
Violencia por combate a crimen organizado	14.93 %	14.80 %	11.84 %	15.41 %	17.83 %	15.44 %

Fuente: Base de datos del Sistema Nacional de Seguridad Pública.

Lo que ocurrió a partir de 2008 fue la intensificación de algunos conflictos que se desarrollaron años antes y el surgimiento de nuevas disputas; la más importante la comenzaron a protagonizar la organización del Pacífico y la de los hermanos Beltrán Leyva. En enero de 2008, el ejército detuvo a Alfredo Beltrán Leyva, alias "El Mochomo", en Culiacán, producto de una delación que los hermanos del detenido atribuyeron al "Chapo" Guzmán. En mayo de ese mismo año, Édgar Guzmán López, hijo del "Chapo", fue asesinado también en Culiacán al parecer en venganza por la detención del "Mochomo". A partir del segundo trimestre de 2008, la violencia en Sinaloa y otros estados donde operaban ambas organizaciones, estalló con fuerza inusitada. Los Beltrán Leyva formaban parte de la organización del Pacífico y al romper con ella establecieron alianzas con la organización de Ciudad Juárez y Los Zetas, las dos enemigas del "Chapo" Guzmán. Por tanto, los conflictos entre la organización del Pacífico y el cártel de Juárez y Los Zetas adquirieron mayor virulencia.

La lucha por el control de Ciudad Juárez y del estado de Chihuahua fue particularmente violenta, al grado de convertir ese

GRÁFICA 5

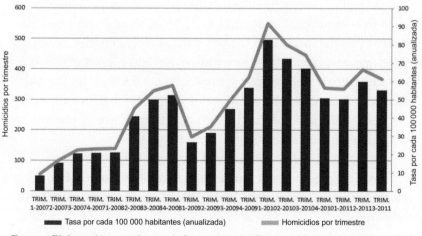

Sinaloa: Homicidios presuntamente relacionados con el crimen organizado

Fuente: Elaboración propia con información del Sistema Nacional de Seguridad Pública.

puerto fronterizo en la ciudad con el mayor índice de homicidios en todo el país. A la importancia estratégica de ese paso de droga a Estados Unidos (ahí comienza la ruta para la distribución a todo el centro de ese país y a la importante región de Chicago, además de la cercanía con las regiones productoras de marihuana y amapola en la sierra de Chihuahua), se sumaron los agravios personales de los dos líderes (recuérdese que los hermanos de Vicente Carrillo y Joaquín Guzmán fueron asesinados), factores que ayudan a entender ese elevado nivel de violencia. Sin embargo, la explicación se queda corta si no se consideran las particularidades socioeconómicas y políticas, asimismo, la descomposición aguda de la relación de las instituciones de seguridad con el crimen organizado en Ciudad Juárez e, inclusive, los fenómenos derivados de la compleja relación con Estados Unidos. A reserva de detallar un poco más algunos de esos aspectos en el siguiente apartado, una especificidad del conflicto fue la incorporación de por lo menos tres pandillas locales, lo cual fue una variable decisiva en la masificación que alcanzó la violencia.

Es probable que al "Chapo" Guzmán le fuera más fácil y barato contratar mano de obra local que llevar sicarios desde Sinaloa. El caso es que los "Mexicles" y los "Artistas Asesinos", dos pandillas de las zonas marginales de la ciudad, se convirtieron en los grupos de choque y ejecutores de un gran número de homicidios. La organización de Juárez complementó su grupo paramilitar, la "Línea", con la pandilla binacional "Los Aztecas". De esa manera, en algún momento el conflicto se bifurcó, pues además de las crueles matanzas entre organizaciones del narcotráfico, se dieron enfrentamientos brutales entre pandillas (por ejemplo, en la cárcel de Juárez hubo masacres de aztecas y luego de mexicles que estaban presos, es decir, fueron asesinados entre 15 y 20 pandilleros) que al parecer ya no obedecían a la lógica del conflicto original.

En la lucha entre Tijuana y el Pacífico, desde finales de 2006 se había incrementado la violencia por la detención de Francisco Javier Arellano Félix, alias "El Tigrillo". Esa detención en los últimos meses del gobierno de Vicente Fox provocó una disputa en la organización por el liderazgo, el cual recayó en Eduardo Arellano Félix, alias "El Doctor". Un grupo comandado por Teodoro

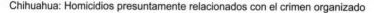

GRÁFICA 6

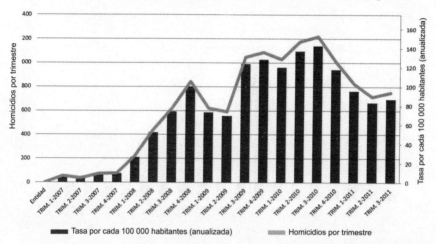

Chihuahua: Homicidios presuntamente relacionados con el crimen organizado

■ Tasa por cada 100 000 habitantes (anualizada)   ▬ Homicidios por trimestre

Fuente: Elaboración propia con información del Sistema Nacional de Seguridad Pública.

García Simentel, alias "El Teo", comenzó a actuar por su cuenta y posteriormente al servicio del "Chapo" Guzmán. En abril de 2008, las pugnas eran evidentes, como lo reveló una balacera ocurrida una madrugada en el cruce de dos importantes avenidas de Tijuana, entre gente del "Teo" y de Jorge Briceño, en la que resultaron muertas 15 personas y 11 heridas. Se ha argumentado que la estrategia gubernamental es la causa de la violencia, debido a su interés por detener a los líderes, ya que cuando se captura a uno se provoca una disputa en la organización entre quienes aspiran a suceder al detenido. Si bien es cierto que en algunos casos así sucedió (hay otros en que no ocurre), como cuando en octubre de 2008 a la captura de Eduardo Arellano Félix, siguió un pico de violencia en el último trimestre de ese año; pero también lo es que esos periodos de violencia son cortos, pues una vez resuelta la sucesión cesan las hostilidades. Por tanto, para explicar los conflictos de larga duración habría que pensar en otras causas y no sólo en la intervención gubernamental.

En 2010, la violencia se agravó debido al estallido de tres nuevos conflictos. El primero incendió principalmente los estados de

GRÁFICA 7

Baja California: Homicidios presuntamente relacionados con el crimen organizado

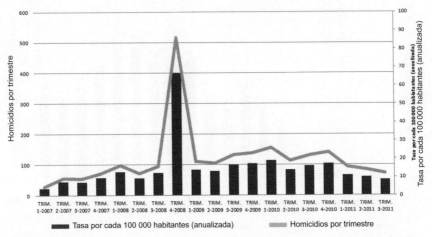

Tasa por cada 100 000 habitantes (anualizada)   Homicidios por trimestre

Fuente: Elaboración propia con información del Sistema Nacional de Seguridad Pública.

Tamaulipas y Nuevo León y, en menor medida, los de Veracruz, Coahuila, San Luis Potosí y Zacatecas por la ruptura entre la organización del Golfo y Los Zetas. Es probable que los desacuerdos que causaron la ruptura fueran por el monto de la participación de Los Zetas en las utilidades que generaba el tráfico de estupefacientes a Estados Unidos. Recuérdese que éstos abrieron, con el permiso de sus entonces patrones, los líderes del Golfo, la línea de negocios de extorsiones, secuestros y control de la delincuencia local y otras organizaciones criminales, como las de tráfico de migrantes y robo de hidrocarburos. Esas actividades delictivas, que comenzaron a operar desde los primeros años del presente siglo, servían para su autofinanciamiento y probablemente por ello el Golfo no les dio mucha participación en el negocio del narcotráfico. Si esa hipótesis es cierta, en el momento en que Los Zetas se sintieron con poder suficiente, dieron el paso para desplazar a sus antiguos jefes y apropiarse del negocio más rentable: la exportación de narcóticos. De esta manera daría inicio una cruenta batalla por el control de un territorio de enormes proporciones y varias plazas estratégicas (Nuevo Laredo, Reynosa, Matamoros, Tampico, Monterrey y sus municipios conurbados, Saltillo, Piedras Negras, Veracruz y Boca del Río, entre otras), lo que los obligaría a desplazar grandes contingentes de sicarios de una ciudad a otra, al involucramiento de pandillas en la ciudad de Monterrey y la alianza del Golfo con el Pacífico y La Familia michoacana. Esto último haría que se intensificara el ya antiguo conflicto entre Los Zetas y la organización del "Chapo" en zonas como La Laguna, Guerrero, y en nuevos territorios como Jalisco, Nayarit y Veracruz. Éste es el típico conflicto ocurrido en el sexenio de Calderón que estalló claramente sin ninguna intervención gubernamental (detención de algún líder, por ejemplo) y que al parecer obedeció a la dinámica propia de la organización: el fortalecimiento y la ambición económica de su cuerpo paramilitar, Los Zetas.

De las 4321 muertes ocurridas en los enfrentamientos entre autoridades y organizaciones criminales, la mayor parte (3 360, 78 por ciento) ocurrió en 2010 y 2011 en el contexto del conflicto entre el Golfo y Los Zetas. Ello obedeció a que los comandos de sicarios de ambas organizaciones se desplazaban continuamente por carretera, para atacar o defender alguna de las múltiples

GRÁFICA 8

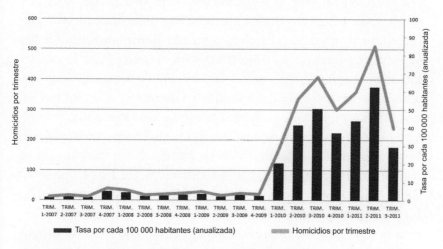

Tamaulipas: Homicidios presuntamente relacionados con el crimen organizado

Fuente: Elaboración propia con información del Sistema Nacional de Seguridad Pública.

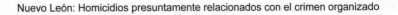

GRÁFICA 9

Nuevo León: Homicidios presuntamente relacionados con el crimen organizado

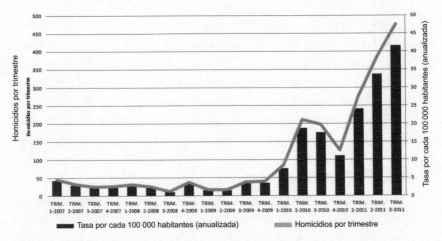

Fuente: Elaboración propia con información del Sistema Nacional de Seguridad Pública.

ciudades donde operaban: de Reynosa a Nuevo Laredo, de Monterrey a Matamoros, de Zacatecas a San Luis Potosí, etcétera. Era en esos trayectos donde se topaban con las fuerzas federales, lo que provocaba los enfrentamientos.

El segundo conflicto relevante de 2010 y 2011 fue provocado por la disgregación de la organización de los Beltrán Leyva en varias bandas delictivas —difícilmente se les puede llamar, como hacen algunos medios, cárteles, pues perdieron su fuerza y las capacidades financieras y logísticas para continuar con la exportación de drogas—, dedicadas a la exacción de rentas sociales (extorsión, secuestro) y al narcomenudeo. Guerrero y Morelos son los dos estados en los que principalmente ha tenido lugar este conflicto, con el agravante de que en ellos también operan grupos de la organización del Pacífico y de La Familia Michoacana, que se transformaría a la muerte de sus cabecillas, en Los Caballeros Templarios. Como hipótesis para complementar la explicación de los conflictos que generan la violencia en estas dos entidades habría que incorporar la importancia del mercado local de drogas en Cuernavaca y Acapulco, dos importantes centros turísticos fre-

Guerrero: Homicidios presuntamente ... n organizado

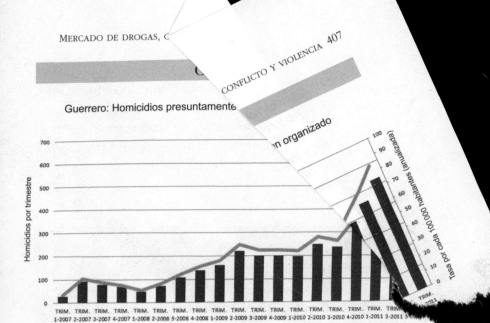

Fuente: Elaboración propia con información del Sistema Nacional de Seguridad Pública.

cuentados por cientos de miles de habitantes de la Ciudad de México durante los fines de semana y los periodos vacacionales.

En el tercer conflicto, Jalisco y Colima se convirtieron en otro escenario de la violencia por el enfrentamiento entre dos grupos que se disputaban, además del mercado local de drogas, el control de la producción de metanfetaminas. En esta disputa se enfrentaban grupos del Pacífico convertidos en el cártel de Jalisco Nueva Generación, y la Resistencia, organización escindida de La Familia Michoacana.

Por último, se tiene registrada una cantidad elevada de asesinatos en estados donde en principio no pareciera haber conflictos entre organizaciones criminales, pero todos tienen el común denominador de la presencia dominante de Los Zetas. Por ello, ese conjunto de homicidios es atribuible a la estrategia de esa organización para someter a las bandas delictivas locales y a las autoridades policiacas con el uso sistemático de la violencia.

De esa manera, al final de 2011 (al parecer la situación no cambió de manera significativa en 2012), el país estaba sumergido en una situación de violencia inédita caracterizada por varios

conflictos e... organizaciones criminales, las cuales
han contin... de fragmentación iniciado a fines de los
años ochen... e cuadro es una aproximación, lo más precisa posible... nes de inteligencia recabados por el entonces
Gabinete ...ad Pública, sobre la geografía de la violencia y
su vincula... los conflictos entre esas organizaciones.

CUADRO 11
¿Por qué tanta violencia en este sexenio?

Los conflictos entre cárteles que han contribuido al aumento de la violencia, y han derivado en la fragmentación de los grupos delictivos son:

Conflictos 2007-2010	Entidades	Homicidios
Pacífico/Arellano Félix	Baja California y Baja California Sur (1989-2011)	2 267
Pacífico/Beltrán Leyva	Aguascalientes, Nayarit, Sinaloa y Sonora (2004-2011)	7 813
Pacífico/Juárez	Chihuahua (2004-2011)	12 174
Pacífico/CIDA. Interna BL. RI H/La Barbie y entre fracciones de La Barbie	Distrito Federal, Guerrero y Morelos (2010-2011)	5 596
Pacífico/Zetas (antes Golfo Zetas)	Coahuila (Laguna), Durango, Querétaro y Quintana Roo.	3 797
Golfo/Zetas	Coahuila (resto de municipios), Nuevo León, Tamaulipas y Zacatecas (2010-2011)	4 877
Familia/Zetas e interna Familia	Michoacán, México y Guanajuato (2006-2011)	4 927
Zetas (depuración interna y contra organizaciones locales)	Campeche, Chiapas, Hidalgo, Oaxaca, Puebla, San Luis Potosí, Tabasco, Tlaxcala,	2 791
Cártel de Jalisco Nueva Generación/La Resistencia	Jalisco y Colima (2010-2011)	1 864
	Total	46 106

Cada una de esas cruentas l[...] diferentes detonantes iniciales: la captura o muerte d[...] ron por fuerzas de gobierno; las rencillas personales o fam[...]er cabecillas de las organizaciones criminales; la violación [...]tre una regla no escrita; la traición o rebelión de algún miembro [...] organización, etcétera; pero, considerando la duración y ma[...] de la violencia generada, es razonable suponer que esos deto[...] fueran contingentes, es decir, cualquier suceso similar, y ot[...]a causa profunda del conflicto. La confrontación entre el Pacífic[...] y los Beltrán Leyva puede ser un buen ejemplo de esto. En una prim[e]ra instancia, se puede señalar —como varios analistas lo han hecho— [q]ue la lucha estalló a causa de la detención de Alfredo Beltrán por el ejército, esto es, el detonante inicial fue ese suceso. Con base en esa afirmación, se concluye que la acción del gobierno es la causa del estallido de la violencia. Sin embargo, lo curioso es que los Beltrán Leyva no se vengaron de los militares que detuvieron al "Mochomo", ni comenzaron a atacar blancos gubernamentales, sino que su reacción consistió, primero, en asesinar al hijo del "Chapo" y luego aliarse con sus enemigos (Juárez y Zetas) para intentar acabar con su organización delictiva. La respuesta dada apunta a que la detención de Alfredo Beltrán, aunque realizada por el gobierno calderonista, fue producto, desde la óptica del resto de los hermanos Beltrán, de una delación del "Chapo" Guzmán. Si éste no hubiera sido el responsable de la detención del "Mochomo", hubiera tratado de convencer a Arturo Beltrán de su inocencia y ayudado a encontrar al responsable. Pero eso no sucedió y comenzaron las hostilidades que, tres años después, tuvieron un saldo de 7813 muertos.

¿Por qué razón "El Chapo" y los Beltrán decidieron mantener un conflicto de esa magnitud? ¿Vengar la detención de un hermano y el asesinato de un hijo eran motivo suficiente para ese baño de sangre? Aunque la violencia tiene un significado para las organizaciones criminales (disciplina interna, expansión de territorios mediante el sometimiento de grupos rivales o competidores, castigar traiciones e incluso vengar afrentas), los líderes también saben que el exceso de violencia eleva los costos (pérdida de gente y de recursos, contratación de sicarios, reposición de vehículos y armas; mala image... precio de la protección de agentes estatales corrupto... ...a, mayor persecución gubernamental y, por tanto, eleva... de llegar un momento en que se vuelva contraproduce... ...ay racionalidad en los líderes de las organizaciones crim... ...entonces es probable que detrás de esos miles de asesinatos ... en juego otros intereses y no sólo las venganzas y represalia...

Este ...amiento también es válido para el resto de los conflictos ...or ...o, al revisar el cuadro de enfrentamientos y saber qui...es so... los principales protagonistas —por un lado, el Pacífico y ...or el otro, Los Zetas—, es evidente que esas dos organizaciones ...an estado dispuestas a pagar el precio de librar de manera simultánea varias guerras para eliminar a sus competidores y apropiarse de la mayor parte posible del mercado de drogas. Aunque suene demasiado obvio, es una lucha por la recomposición de la industria y por volverse la empresa dominante del narcotráfico. Después de más de 15 años de fragmentación de las empresas, proceso que se inició en 1989, pareciera que en 2008 "El Chapo" decidió acelerar su ofensiva para reconstruir el carácter dominante de su organización. Al vencer a los Arellano Félix, el premio para el Pacífico sería Tijuana; al derrotar a Vicente Carrillo, la recompensa sería Ciudad Juárez; al sacar del negocio a los Beltrán Leyva, Sonora y Nogales caerían bajo su control. En esos tres frentes, su estrategia ha sido la ofensiva. En caso de ganar, recuperaría los territorios que manejaban Miguel Ángel Félix Gallardo y Ernesto Fonseca en los "buenos tiempos" de los años setenta y ochenta.

En el caso de su conflicto con Golfo-Zetas, parece más una guerra de defensa de sus territorios, pues después de sus intentos fallidos, entre 2001 y 2005, de apoderarse de Nuevo Laredo, "El Chapo" ya no ha vuelto a atacarlos en su territorio y las zonas donde se enfrentan son La Laguna (que sería la frontera entre los territorios de ambas organizaciones), Guerrero, especialmente en Acapulco, y algunas zonas de Jalisco y Veracruz.

Con relación a Los Zetas, la lógica de sus conflictos también aparece relativamente clara: en primer lugar eliminar a la organización del Golfo para quedarse no sólo con Tamaulipas, sino con la tajada del narcotráfico que ha manejado; en segundo lugar, afianzar su "federación de band... las rentas sociales y gubernament...nales locales" para extraer punta de balazos, de ayuntamientos...iante el sometimiento, a delincuentes. En tercer lugar, mantene...ías, pandillas y demás posible quitarle alguna de su plazas impo...a al Pacífico y de ser para mantener el control de algún puerto de...es como Acapulco, habían sido expulsados de Michoacán. ...cífico, puesto que

Falta la respuesta a las preguntas: ¿por qué se intensificaron y multiplicaron los conflictos a partir de 2008? ¿Fue la ofensiva gubernamental la que desató la ira de los narcotraficantes o había otra razón? Uno de los argumentos utilizados para establecer la relación causal entre la decisión del presidente Calderón de combatir al crimen organizado dedicado al narcotráfico y el estallido de la violencia, es la coincidencia en el tiempo entre ambos fenómenos. El razonamiento básico es el siguiente: el narcotráfico existe en México desde hace muchos años y no era tan violento como en el periodo 2007-2012; puesto que el presidente Calderón le declaró la guerra al narco y mandó al ejército a combatirlo, entonces el despliegue de éste y el de la policía federal en las zonas donde operan los narcotraficantes, así como las acciones realizadas en su contra (detenciones, decomisos, etcétera) son la causa del incremento en los asesinatos. Establecida la relación causal entre ambos fenómenos, se hace un juicio de carácter político: el presidente es el responsable de los miles de asesinatos.

El silogismo es atractivo por simplista; pero la realidad es más compleja. La premisa inicial —la existencia del narcotráfico durante décadas y su comportamiento no violento— es una verdad a medias. La antigüedad del tráfico de drogas es un fenómeno innegable y ahí radica parte de la verdad de la premisa. La otra parte, su carácter poco violento o por lo menos no como en los últimos años, es lo que no concuerda con la realidad. En el razonamiento se da por supuesta la existencia de un crimen organizado inmutable, que en esos 80 años no se modificó y siempre fue poco violento; se asume que el narcotráfico en 2006 es el mismo al de los años cincuenta u ochenta del siglo pasado. La primera parte de este libro da cuenta de la delincuencia organizada en constante transformación, y en el cuarto apartado, se analizan los rasgos de su

evolución a partir de   uando se convirtió en más poderosa
y violenta: su expans   gmentación y la diversificación de sus
actividades crimina   ieron indispensables el crecimiento y la
profesionalización   is ejércitos de sicarios. Además se registran
los cuatro confli   revios a 2006 con los que las organizaciones
comenzaron n   strar un comportamiento crecientemente violento. Por nto la parte sustantiva de esa primera premisa no se
sostiene orque no concuerda con la realidad.

Al no reconocer ese hecho (la conversión de la delincuencia
organizada mexicana en otra crecientemente violenta producto
de factores internos, como su fragmentación y diversificación, y
económicos, como la evolución del mercado de las drogas en Estados Unidos) se recurre a la variable externa más clara y a la
mano: la decisión gubernamental de combatirlo, expresada en el
despliegue de las fuerzas federales. Ésta es la segunda premisa del
silogismo. El hecho es que las acciones del Estado en contra de
los criminales pueden desatar violencia, es cierto; pero no siempre
y de manera automática; quienes sostienen este razonamiento
suponen que la intervención de las fuerzas federales es la causa
directa e inmediata de toda la violencia. Revisemos los hechos.
No es la primera vez que el ejército sale a combatir a los narcotraficantes; lo ha hecho desde hace varias décadas (la más relevante, la Operación Cóndor a mediados de los setenta, en la que
participaron 10 mil soldados) y nunca habían reaccionado las organizaciones criminales de manera violenta; ello a pesar de que las
acciones que realizaba entonces y las que llevó a cabo en los últimos años no variaron mucho (erradicación de cultivos; vigilancia
en carreteras; patrullaje en zonas urbanas conflictivas; operativos
especiales para detención de líderes, etcétera). ¿Por qué ahora sí
lo hicieron? Quienes lo afirman deben ser más específicos para
fundar su punto de vista.

Otro factor que ayuda a establecer la relación causal entre el
ejército y la violencia es cronológico. El incremento de homicidios
entre 2008 y 2011 es simultáneo al mayor despliegue de fuerzas
federales, y de esa coincidencia se concluye que el segundo es la
causa del primero. No obstante, habría que ser más cuidadosos al
afirmar esa relación, pues también se da el caso inverso: que el in-

cremento de la violencia haya provocado la presencia de soldados y policías. Sería igual que responsabilizar a los bomberos de los incendios, pues siempre que hay fuego ellos llegan.

De hecho, los operativos militares y policiales se dieron como respuesta al agravamiento de la violencia en estados donde ya había un conflicto entre organizaciones delictivas: *a)* en Michoacán el operativo comenzó en diciembre de 2006 y el pleito entre La Familia y Los Zetas ya llevaba por lo menos cuatro meses, pues el caso de los descabezados de la discoteca de Uruapan sucedió en septiembre de ese año; *b)* en Baja California y Guerrero se iniciaron en enero de 2007, pero la violencia ya estaba presente en el segundo desde abril cuando Los Zetas aparecieron en el puerto de Acapulco y comenzaron las decapitaciones; en Tijuana se recrudeció la violencia en los últimos meses entre bandos que se disputaban el liderazgo de la organización, ya que Francisco Arellano Félix había sido detenido en agosto de 2006; *c)* en Culiacán el operativo militar comenzó en mayo de 2008, posterior al estallido de la violencia en esa ciudad que ocurrió en los primeros días de abril y que repuntó con el asesinato del hijo del "Chapo", el 8 de mayo; la violencia se desplazó rápidamente a Navolato en el mes de junio y el operativo militar se extendió a ese municipio en julio; *d)* en Chihuahua los militares llegaron en abril de 2008, fecha posterior al inicio de las hostilidades; pero antes de la escalada de la violencia; *e)* el operativo Noreste en Tamaulipas y Nuevo León comenzó en 2010, meses después de la ruptura entre el Golfo y Los Zetas en enero de ese año. Todos estos datos confirman que la causa original de la violencia no fue la presencia de las fuerzas federales. Sin embargo, también es cierto que la violencia no se frenó, sino que se incrementó de manera sustantiva pese a los operativos gubernamentales. Dicho de otra manera, si bien éstos no fueron la causa del comienzo de la violencia, también es cierto que no han sido capaces de detenerla, cuando menos en el corto plazo. Una cosa es generar violencia y otra ser incapaz de frenarla. Sin embargo, comienzan a darse casos de éxito. Además de Tijuana, en Ciudad Juárez la reducción de los homicidios en 2012 ha sido relevante. A reserva de que se realice un estudio a fondo de los factores que han provocado ese descenso de la violencia, se pueden apuntar tres: *a)* cuatro años de operativos militares y policiacos (la policía federal sustituyó al ejército desde 2009) lograron debilitar a las organizaciones en pugna y generaron operativos de vigilancia y contención eficaces; *b)* una intensa política de reconstrucción de los tejidos sociales y de reducción de graves rezagos sociales, apoyada en la participación de importantes sectores de la sociedad civil de esa ciudad y, *c)* el proceso de depuración y fortalecimiento de la policía municipal junto con una mayor voluntad de participación del nuevo gobierno estatal y lo que ello implicaba en términos de la coordinación de los tres niveles de gobierno.

Otro dato que hace dudar de la relación directa entre la llegada de las fuerzas federales y el incremento de los homicidios es que las organizaciones, ante la presencia de los soldados y policías, no dirigieron sus ataques contra ellos. En los primeros tres años (2007-2009) las muertes por agresiones a las autoridades fueron muy pocas. Como ya se señaló, la violencia aumentó por la vía de las ejecuciones en contra de miembros de las organizaciones rivales. ¿Cuál es la lógica en el hecho de que a partir de la presencia de las

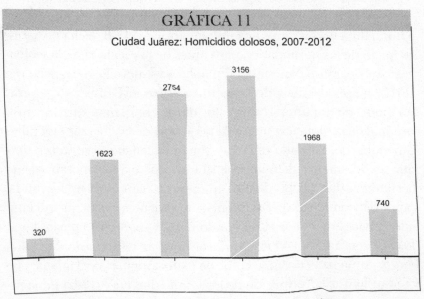

GRÁFICA 11

Ciudad Juárez: Homicidios dolosos, 2007-2012

320 — 1623 — 2754 — 3156 — 1968 — 740

Fuente: Fiscalía General del Estado de Chihuahua, *Diario de Juárez*.

fuerzas del Estado, las organizaciones se ataquen entre sí con más fuerza? Una respuesta podría ser la táctica utilizada en otras ocasiones por una organización de "calentarle la plaza" a otra organización rival para hacer que el gobierno mande fuerzas a atacarla, desplazando así la atención e impidiendo que lo haga con ella. Sin embargo, ese razonamiento era válido cuando el despliegue del ejército o la policía era selectivo y no generalizado en contra de todas las organizaciones.

Para algunos analistas la intervención del ejército y la policía provocó la violencia y ponen el énfasis no en su presencia sino en sus acciones. Aseguran que la detención de líderes generó luchas intestinas entre subalternos por convertirse en los nuevos jefes y que la desarticulación de algunas organizaciones, como la de los Beltrán Leyva, produjo la atomización de las organizaciones en bandas aún más violentas. En ciertos casos, algunas detenciones o decomisos importantes por el gobierno pudieron haber provocado periodos de luchas intestinas en las organizaciones afectadas como, al parecer, fue el caso entre lugartenientes de los Beltrán Leyva después de la muerte de Arturo Beltrán y las detenciones de Sergio Villarreal alias "El Grande" y Edgar Valdez alias "La Barbie"; o las purgas en La Familia después de la muerte de Nazario Moreno, alias "El Chayo" y la detención de Jesús Méndez, "El Chango".[288] No obstante, esas recomposiciones fueron menores en comparación con la reestructuración mayor que estaba ocurriendo con los conflictos anteriores a la administración de Felipe Calderón y los que se añadieron durante su gobierno (Pacífico *vs*. Beltrán y Golfo *vs*. Zetas) que no fueron provocados por las acciones del gobierno, sino que claramente obedecían a razones de control del mercado de las drogas.

La decisión del "Chapo" Guzmán de acelerar a partir de 2008 las luchas para eliminar o someter competidores pudo deberse a lo que estaba sucediendo en el mercado de las drogas y su consumo en Estados Unidos, tal como lo muestra el siguiente cuadro.

---

[288] Al mismo tiempo debe reconocerse que otras acciones de las fuerzas federales (como la detención de jefes de sicarios) redujeron la violencia en algunas localidades e incluso, en no pocas ocasiones, el ejército liberó a personas secuestradas que estaban a punto de ser ejecutadas.

CUADRO 12 Estimación de usuarios, en números absolutos (miles), de drogas en la población de Estados Unidos mayor de 12 años: 2005-2011*							
Droga/Año	**2005**	**2006**	**2007**	**2008**	**2009**	**2010**	**2011**
Todas las drogas ilegales	19700	20400	19900	20100	21813	22622	22500
Mariguana y hachís	14600	14800	14400	15200	16718	17373	18100
Cocaína	2400	2400	2100	1900	1637	1466	1400
Crack	682	702			492	378	
Heroína	136	338	161	213	193	239	281
Metanfetaminas		731	529	314	502	353	439

Fuente : Substance Abuse and Mental Health Services Administration (SAMHANSA), National Survey on Drug Abuse and Health, 2006, 2007, 2008, 2009, 2010 y 2011. Página web: http://www.samhsa.gov/data/NSDUH.aspx.

* La suma de consumidores de las cinco drogas consideradas en el cuadro y el total de consumidores no coincide pues hay usuarios de otras drogas ilegales, no incluidas en el cuadro, pero que no son exportadas por las organizaciones mexicanas de narcotraficantes.

Dos son los datos centrales en la evolución del consumo de drogas entre 2006 y 2011: la caída de la cocaína (en cinco años un millón de estadounidenses la abandonaron, lo que representa una disminución de casi 40 por ciento) y un incremento en el consumo de marihuana (3.4 millones de consumidores más en el mismo periodo, es decir, 23 por ciento de incremento). Debe considerarse que la venta de cocaína constituye el principal ingreso de las organizaciones del narcotráfico mexicanas y que la mayor parte de esa droga ellas la introducen. En cambio, la marihuana mexicana encuentra cada vez más competencia en la producción local, es decir, en Estados Unidos y la proveniente de Canadá. Según las estimaciones de Rand Corporation, México provee alrededor de 55 por ciento de la marihuana que se consume en Estados Unidos. En cuanto a las metanfetaminas y la heroína, el consumo es pequeño, inferior a medio millón en el primer caso y menos de 300 mil personas en el segundo.

La disminución de la demanda de cocaína y un precio estable (hasta 2007 no se había incrementado y costaba alrededor de 200 dólares el gramo al menudeo, según un estudio de la Office of National Drug Control Policy, ONDCP, dependencia de la Casa Blanca responsable de la política contra las drogas de Estados Unidos), significó una contracción significativa en los ingresos de las organizaciones mexicanas. No hay datos confiables con respecto a si el aumento en el consumo de la marihuana compensó sus pérdidas; pero es muy probable que, por la competencia local y por un precio sin cambios (entre 2006 y 2007 el gramo costaba alrededor de dos dólares en paquetes de 100 gramos, según la Casa Blanca[289]) no lo hubiera hecho.

En 2008, los capos del narcotráfico ya estarían resintiendo la reducción del consumo de la cocaína en el país vecino y una merma en sus ingresos. De esa manera, se creó una situación propicia para la intensificación de los conflictos entre las organizaciones delictivas que mostraban nítidamente su vocación de empresas dominantes y agresivas: el Pacífico y Los Zetas. Por un lado, la participación de más empresas dedicadas a la exportación de estupefacientes —la fragmentación de la industria había comenzado a principios de los años noventa y de existir solamente una, en 2008 ya eran siete: Pacífico, Tijuana, Ciudad Juárez, Golfo, Zetas, Beltrán Leyva, La Familia—; por el otro, un mercado a la baja del producto de exportación más rentable. Mientras a fines de los años ochenta Félix Gallardo y sus amigos se quedaban con la totalidad de los ingresos de un mercado de cocaína de 2.4 millones de consumidores, y de otro de marihuana de 11 millones, ahora se disputaban entre siete las utilidades del mercado decreciente de la cocaína (1.4 millones de consumidores) y otro creciente de marihuana, pero con la competencia de productores estadounidenses y canadienses.

La fragmentación del narcotráfico más la vocación y voluntad expansionista de dos de sus organizaciones (Pacífico a partir de los noventa y Zetas a partir del año 2000) explicaría el inicio de los conflictos violentos. La reducción del mercado de la cocaína —per-

---

[289] *The Price and Purity of Illicit Drugs: 1981-2007.*

cibida con claridad en 2008— habría sido el factor que aceleró e intensificó las luchas que provocaron el estallido de la violencia. Esta hipótesis estructural y nacional explicaría la multiplicación de conflictos y las decenas de miles de muertos. Subrayo el carácter estructural y nacional de la hipótesis, pues es sólo el marco general —el mercado de las drogas en Estados Unidos, la estructura de la industria del crimen organizado en México asociada a la debilidad y distorsión de sus instituciones públicas de seguridad y justicia— dentro del que ocurren las historias de la violencia. Esa hipótesis general, por tanto, no explica por qué la violencia se dio con tal magnitud en Ciudad Juárez y no en Nogales. Tampoco da cuenta de todos sus tipos y matices de la violencia: si todos los asesinatos que se imputa a Los Zetas realmente fueron cometidos por ellos o por grupos que se apropiaron de su nombre; si en realidad todas las muertes obedecieron al conflicto por los mercados de la droga, o si en ese conflicto general se esconden otros desacuerdos sociales, económicos y políticos. En otras palabras, la hipótesis aquí sostenida sólo da cuenta de una parte del fenómeno de la violencia. Esta explicación estructural de la evolución del crimen organizado y sus conflictos es necesaria pero insuficiente. Es indispensable construir y explorar otras hipótesis en el ámbito local, para incorporar otras variables que complementen la explicación de la violencia.

La dimensión local de la violencia

La violencia es inherente a los mercados ilegales, tal como se analizó en los apartados de la Primera Parte. Pero es un fenómeno gradual. Existen niveles y formas de violencia diferentes, y aunque es un instrumento necesario para la supervivencia y el éxito de una organización involucrada en la economía ilegal —y ése es el principal beneficio que les genera—, también es cierto que la violencia no sólo tiene costos económicos —construir y mantener grupos bien entrenados y equipados para que ejerzan la violencia no es barato y se encarecen en tiempos de conflictos—, sino también de otro tipo: por ejemplo, una persecución implacable de las autoridades, el desvío de recursos y energía hacia la guerra y no al negocio, o la derrota frente a un enemigo más poderoso que incluso pudieran llegar al mayor de los costos: la desaparición de una organización, ya sea por la muerte o detención de sus principales miembros. Por ello las organizaciones criminales más duraderas han comprendido que la violencia es, en principio, un recurso de uso moderado, lo más selectivo posible y que utilizan en mayor medida la amenaza de ejercer la violencia y en menor medida su ejercicio real. En otras palabras, existen mecanismos internos y externos que contienen el uso de la violencia e impiden que se vuelva indiscriminada.

La hipótesis que ahora se debe considerar para completar la explicación del desbordamiento de la violencia en gran parte de la geografía nacional es que hubo una ruptura de los mecanismos de contención de la violencia y que ese sistema de contención operaba en estados y municipios. Esta hipótesis retoma las conjeturas planteadas por Fernando Escalante Gonzalbo en un ensayo muy sugerente escrito en 2011.[290] Escalante señala que la convivencia cotidiana supone la existencia de muchos acuerdos con los cuales se negocian los derechos de todos los grupos e individuos, de manera que esos acuerdos, al asegurar aunque sea mínimamente el interés de todos, inhiben el uso de la violencia. Hay pactos que regulan el funcionamiento de todos los órdenes de la vida económica y social de las comunidades y que, asimismo, operan para normar y permitir el funcionamiento de manera no violenta de los mercados legales e ilegales. En este último caso, Escalante Gonzalbo afirma que

> la policía municipal, corrupta, ineficiente y abusiva como puede ser, tiene que organizar los mercados informales y los mercados ilegales. Se dirá que eso significa complicidad con los delincuentes: es verdad y es trivial. En cualquier país del mundo hace falta una fuerza pública arraigada localmente para organizar esos mercados, porque no van a desaparecer, y porque implican transacciones cotidianas, regulares, en las

---

[290] Fernando Escalante Gonzalbo, "Homicidios 2008-2009. La muerte tiene permiso", *Nexos*, enero de 2011, pp. 36-49.

que participa buena parte de la sociedad. La policía municipal también tiene que mantener vías de comunicación con las pandillas, tiene que supervisar una infinidad de tráficos que están más o menos en los límites de la legalidad.[291]

Asimismo, Fernando Escalante plantea que, ante la crisis de las policías municipales de numerosas ciudades, la decisión de sustituirlas por el ejército provocó la ruptura de los pactos locales; ello creó condiciones para que aflorara la violencia indiscriminada, no sólo de la delincuencia organizada dedicada al narcotráfico, también la de otros actores sociales:

> Por eso es tan grave la crisis de la policía municipal. Donde falta esa fuerza local, capaz de ordenar los mercados informales e ilegales, el resultado es perfectamente previsible, porque la incertidumbre genera violencia […] Mi impresión es que en los últimos años, en el empeño de imponer el cumplimiento de la ley, en el empeño de imponer el Estado de derecho a la mala, desde el ejecutivo federal, se han roto los acuerdos del orden local y cada quien tiene que proteger lo suyo de mala manera: lo suyo es el lindero de un ejido, un estero donde desembarcar contrabando, un puesto en la calle para vender juguetes, el tránsito o la embarcación de mercancía sin pagar impuestos, la madera de un bosque, una esquina donde vender marihuana.[292]

Coincido con la idea de la crisis e inoperancia de las policías municipales. Sin embargo, creo que debe matizarse, o al menos discutirse, la conclusión de que sustituirlas con militares fue la causa de la ruptura de los pactos de convivencia y la creación de situaciones de incertidumbre y anarquía que devinieron en la violencia sin límites. Es posible que en algunos casos haya sucedido, como lo sugiere Escalante, pero en Ciudad Juárez, Monterrey y en la mitad de los municipios de Tamaulipas, que son los casos más relevantes en los que el ejército o la policía federal asumieron las

---

[291] *Ibid.*, p. 49.
[292] *Idem.*

tareas de policía municipal, los acuerdos que regulaban el funcionamiento de los mercados ilegales ya eran inoperantes debido al proceso de captura de esas tareas por las organizaciones criminales. Y aquí es importante señalar la diferencia entre una policía corrupta y una capturada.

La primera es la que acepta el soborno de los criminales para permitir ciertas actividades delictivas, con límites claros de lo que se puede o no se puede hacer, y que aplica selectivamente la ley. Es decir, que pese a su participación en ciertas actividades ilegales o de su tolerancia con respecto a las mismas, esa policía mantiene cierta autonomía y superioridad con respecto a los diversos grupos que operan los mercados ilegales. Una policía capturada es la que se entrega al crimen organizado y se pone a su servicio, ya sea por un pago cuantioso, o porque es sometida violentamente, asesinando mandos y policías como advertencia; en algunos casos, esa captura se da también por la compra o el sometimiento de los alcaldes, que entregan el mando de la policía a los criminales. De esa manera la policía pierde la autonomía (además estaba en inferioridad de fuerza frente a los narcotraficantes) y al hacerlo pierde su capacidad de regular y administrar los pactos que facilitan el funcionamiento de los mercados ilegales o no. El poder pasa a mano de los criminales, los cuales ya no enfrentan límites en sus actividades, y el resto de la vida social y económica, como lo señala Escalante, queda a la deriva. Los delincuentes locales, además de los de la delincuencia organizada, también "gozan de su abril y mayo" y muchos ciudadanos se suman, por miedo o por conveniencia, a ese estado de anarquía y violencia. Cuando llegan los militares e intentan restablecer el orden, les es muy difícil, porque, señala Escalante: desconocen los acuerdos que existían y a los grupos y líderes con los cuales pactar nuevas reglas. Pero en muchos casos, no fueron las causantes de la desaparición de los acuerdos de la convivencia que mantenía contenida la violencia. La fuerza y la dinámica de la competencia de las organizaciones criminales, sin aparatos de contención, ya había rebasado y estallado los antiguos marcos de los "acuerdos". En cualquier caso, las historias locales necesitan documentarse con todo detalle.

Un ejemplo de esa ruptura de pactos, de la ineficacia de la policía municipal para operar como contenedor de la violencia y del estado de permisividad social ante la delincuencia organizada, fue el caso de la que se considera la segunda masacre en San Fernando, Tamaulipas, ocurrida en los últimos días de marzo de 2011.[293] Los Zetas estaban en lucha a muerte con el Golfo el que, según los primeros, recibía apoyo de La Familia michoacana. En San Fernando operaba un grupo de Zetas integrado por 10 "estacas" (cada una formada por un jefe y cuatro sicarios) que recibieron la instrucción de frenar el flujo de miembros de La Familia que llegaban de ciudades michoacanas. Entonces, ese grupo organizó el secuestro y la ejecución de todos los michoacanos que les parecieran sospechosos de ir a apoyar a sus enemigos. Para ello, se les ocurrió detener algunos autobuses de pasajeros que provenían de Morelia o Uruapan con destino a Matamoros. Las novias de dos sicarios trabajaban como informantes y se ubicaban en la entrada de San Fernando. Cuando veían que se acercaba un autobús, avisaban al jefe de la plaza quien ordenaba a varias estacas colocarse en las afueras de esa pequeña ciudad situada entre Ciudad Victoria y Matamoros. Las estacas tenían como tarea armar un retén para detener el camión, bajar a los pasajeros, seleccionar a todos los hombres adultos y trasladarlos a un rancho en las afueras de San Fernando (las mujeres y los niños continuaban el viaje). En esta última tarea solicitaban las camionetas *pick up* de la policía municipal, que las proporcionaba sin problema. Ya en el rancho, propiedad de los narcotraficantes, eran asesinados y enterrados en una fosa, la cual fue cavada por un operario de nombre Serafín, de una compañía de la ciudad que rentaba trascabos y maquinaria para construcción. En tres días secuestraron varios camiones y mataron a más de 200 hombres.

Cuando el viernes 31 de marzo por la noche autoridades federales se enteraron en la Ciudad de México de la desaparición de dos pasajeros que habían salido de Morelia el día anterior sin llegar a su destino, se ordenó preguntar a las autoridades municipales y estatales si sabían de ello; su respuesta fue que se rumoraba que

---

[293] Este relato está basado en las declaraciones hechas por varios de los detenidos que participaron en la masacre y por uno de los sobrevivientes.

en los últimos días habían secuestrado algunos autobuses, pero no tenían la certeza ni más información de cuántos ni en dónde. El sábado 1 de abril se realizó un operativo de búsqueda a partir de las seis de la mañana. Cuando un helicóptero del ejército sobrevolaba los alrededores de San Fernando, fue atacado desde tierra. El piloto se comunicó a la base militar e informó las coordenadas del lugar donde fue la agresión. Soldados llegaron al sitio indicado y encontraron el rancho donde ejecutaban a los pasajeros michoacanos. Algunos fueron rescatados con vida.

Este episodio, quizá el más violento de todos estos años —más de 200 personas asesinadas a sangre fría en 48 o 72 horas—, es una muestra incontrastable de la ruptura de cualquier límite de la violencia. Los elementos que lo hicieron posible son muy reveladores. Los ejecutores fueron, sin duda alguna, sicarios, algunos profesionales, otros no tanto. Miembros de la delincuencia organizada. Pero la masacre que realizaron contó con la ayuda de ciudadanas que por tener una relación sentimental con ellos (novias) prestaron su colaboración (¿estarían enteradas de para qué servía la información que proporcionaban?); la policía municipal no sólo no defendía a las víctimas, sino que prestaba sus vehículos para transportarlas al matadero; el alcalde no se enteraba o si lo sabía nunca dijo nada de que su policía estaba al servicio de Los Zetas, ni tomó medidas al respecto; los responsables de la policía estatal y municipal algo sabían, pero no movieron ni un dedo para investigar y frenar los secuestros. Serafín, que excavó la fosa, al parecer lo hizo como cualquier otro trabajo, pues tampoco se molestó por informar de lo que se hacía en ese rancho. Seguramente estaba amenazado de muerte. Y los choferes de los autobuses tampoco comentaron a la empresa para la que trabajaban que habían secuestrado a sus pasajeros. Participación voluntaria, silencio y complicidad por todos lados, producto del miedo muy probablemente, pero quizá también por conveniencia: ganarse un dinero extra y fácil; omisiones descaradas, por decir lo menos, de las autoridades municipales y estatales. Decisiones de ciudadanos ajenos al crimen organizado (colaborar o no; informar o no) y de autoridades ineficaces o corruptas (prestar o no las camionetas, investigar o no; avisar a la federación; depurar o no policía) que en la perspectiva de cada uno de ellos pudo no haber sido gran cosa, se tradujeron en una de las peores masacres. El mal banal, diría Hannah Arendt.[294] Pero en términos de lo que estamos analizando, eso se llamaría la desaparición de los pactos de regulación del funcionamiento de los mercados legales e ilegales y de la convivencia social; la anulación de las autoridades y la puesta de la policía al servicio de la delincuencia organizada. Era el sometimiento de la sociedad y de los poderes públicos locales a las reglas e intereses de una organización criminal. La ausencia de Estado, y el que existía había sido capturado y reconfigurado al servicio del crimen organizado.

Después de la masacre de San Fernando, el ejército sustituyó a más de 20 policías municipales de Tamaulipas, de un total de 41. A reserva de hacer los estudios detallados de cada municipio, los niveles de violencia y de captura de las policías hacen pensar que las cosas ya estaban rotas; la contención policial ya no operaba.

Ciudad Juárez es, sin duda alguna, el paradigma de la violencia en el sexenio calderonista. Durante cuatro años los homicidios crecieron sin parar, al grado de que uno de cada cinco asesinatos cometidos en el país tenía lugar en esa urbe. Además del enfrentamiento entre las organizaciones del Pacífico, por un lado, y de Juárez y los Beltrán Leyva, por el otro, por lo menos cinco factores locales contribuyeron a crear esa situación. El primero es histórico: se tiene registro de la presencia de organizaciones dedicadas al narcotráfico desde los años treinta del siglo pasado; el negocio del narcotráfico está arraigado como en pocos lugares del país y la imbricación entre narcotraficantes y el resto de la sociedad, y de la economía juarense, es compleja; la base social (cantidad y diversidad de gente que participa directa o indirectamente en el negocio) sobre la cual ha prosperado la venta local y la exportación de drogas, es muy amplia.

---

[294] Hannah Arendt fue una filósofa judía alemana que investigó el holocausto de judíos durante la Segunda Guerra Mundial. Al conocer el testimonio que prestó ante un jurado, en un juicio en contra de nazis, un comandante responsable de organizar los campos de concentración y la ejecución masiva de los judíos en las cámaras de gas, descubrió que ello fue posible por la participación de cientos de personas que no eran demonios, ni la encarnación del mal, sino soldados comunes y corrientes, que formaban parte de una cadena de decisiones y acciones pequeñas y aparentemente intrascendentes vistas de manera separada. A eso le llamó el mal banal.

En segundo lugar está el carácter estratégico que tiene para el narcotráfico actual. La orografía del estado de Chihuahua es adecuada para la producción de marihuana y amapola y esas zonas productoras encuentran en Ciudad Juárez un cruce fronterizo cercano (la proximidad es mayor que la que existe entre las zonas productoras en Sinaloa y la frontera en Nogales o Tijuana). Una vez en El Paso, Texas, la droga está en un lugar privilegiado para su distribución a todo el medio oeste estadounidense y a los centros consumidores del este, como Nueva York. Para la organización del Pacífico, que no tiene control de las plazas de Tamaulipas, Juárez resulta ideal para abastecer a sus clientes de esas regiones, pues de otra manera la tendrían que trasladar de Chihuahua hasta Sonora y luego volverla a llevar hacia el este.

El tercero es el modelo de "desarrollo" seguido a partir de los años setenta: el crecimiento económico se basó en la creación de una planta de maquiladoras para la exportación. Este tipo de industria aprovecha la abundancia de mano de obra barata (especialmente la femenina, por ser más dócil y eficiente) y la cercanía de la frontera. En pocos años, en Juárez había cientos de maquiladoras que llegaron a emplear a más de 200 mil personas. Es tradicional que en México esos polos de crecimiento económico nunca han considerado el resto de elementos que debiera contener el desarrollo integral de una ciudad: servicios públicos como educación y salud; servicios urbanos como planeación, viviendas con agua, drenaje y electricidad; transporte público; áreas de recreo y ocio; servicios culturales; seguridad pública, etcétera. Además, la abundante oferta de trabajo generada por las maquilas provocó una migración masiva (muchas mujeres jóvenes y solas), por lo que el crecimiento demográfico fue explosivo. De esa manera Ciudad Juárez se caracterizó por desequilibrios sociales profundos: ciudad rica por tener una planta industrial de exportación de primer orden, con población pobre y graves carencias de infraestructura social y urbana. No es necesario insistir sobre las oportunidades que una situación como ésta ofrece a la delincuencia.

Para complicar la situación, entre 1995 y 2009, tres crisis económicas pusieron a prueba la viabilidad económica de la ciudad, pues la industria maquiladora se redujo drásticamente y los empleos disminuyeron casi a la mitad en sólo 15 años. Las condiciones sociales de la población, especialmente la de los jóvenes, se agravaron. Otra característica de Juárez eran miles de hogares en los que el jefe de familia era la madre sin pareja, que trabajaba en la maquila. Los hijos crecían en la calle, "educados" por las pandillas.

El cuarto factor es la relación con Estados Unidos. Por razones desconocidas, las autoridades migratorias de ese país decidieron repatriar por Ciudad Juárez a buena parte de los mexicanos indocumentados que detenían en todo su territorio. Desde California, Arizona, Illinois, Colorado, Nueva York, etcétera, los trasladaban a El Paso y luego los hacían cruzar la frontera sin aviso a las autoridades mexicanas. Todos los días entraban a Juárez 300 o más ciudadanos (más de 100 mil al año), sin un peso en la bolsa que les permitiera mantenerse, ni trasladarse a sus lugares de origen. Para agravar el problema, entre esos repatriados llegaban mexicanos que habían estado presos. Podían haber sido arrestados sólo por no tener papeles migratorios, pero también podían ser delincuentes de todo tipo. Al no tener información, no había manera de que las autoridades mexicanas hicieran algo con esa población potencialmente peligrosa. Muchos de esos miles de mexicanos abandonados a su suerte y sin recursos eran presa fácil de las organizaciones criminales de todo tipo.

Finalmente, la variable institucional. Al igual que el resto de las ciudades fronterizas con antecedentes en materia de narcotráfico, las policías de los tres niveles de gobierno de Juárez estaban infiltradas. Ya se mencionaron ejemplos de cómo éstas apoyaban tareas criminales (eliminación de narcomenudistas y de bandas de robacoches); y hasta el caso de un jefe de la policía municipal detenido por autoridades de Estados Unidos al intentar introducir un cargamento de marihuana a ese país. De los dos mil policías municipales la mayor parte no pasó los controles de confianza y fueron despedidos; el C4 (centro policial donde se reciben las denuncias y las llamadas de emergencia, y desde donde se controlan las patrullas) estaba operado por agentes al servicio de la organización de Juárez. Ya con el conflicto estallado, la disputa entre la organización de Juárez y la del Pacífico por hacerse de los servicios de las policías municipal y estatal, derivaron en situaciones como

la publicación de listas negras de policías que según Juárez se habían pasado a proteger a la gente del "Chapo" e iban a ser asesinados por traidores, lo que efectivamente ocurrió. Ese nivel de
vinculación policial con el crimen organizado la hacía un dique
ineficaz ante la ofensiva que se desataría con la llegada de los sinaloenses y la participación de las pandillas locales detrás de los
dos grupos de narcotraficantes.

Todos esos elementos locales contribuyeron a convertir a Ciudad Juárez en el mayor polvorín del país. Cuánto y de qué manera
contribuyó cada factor debe ser tarea de investigaciones urgentes,
del mismo modo que también debe ser evaluada la actuación
federal —los operativos militares; el traspaso a la policía federal de
las tareas policiacas locales; la oportunidad y eficacia del programa
social "Todos somos Juárez"— y la de los gobiernos estatal y municipales con el fin de averiguar, con detalle y precisión, los detonantes de la violencia, los factores que impidieron frenarla y los
que posteriormente contribuyeron a su desaceleración. No basta
saber que ahí hubo un conflicto entre dos organizaciones del narcotráfico. La dimensión, duración y rasgos del conflicto se los dieron factores locales: tipo de autoridades y policías; situación social
y económica de la ciudad; grado de participación de la sociedad
con el crimen organizado; estrategias de intervención gubernamental y grado y calidad de la coordinación entre distintos niveles
de gobierno; cercanía e impacto de políticas de Estados Unidos,
entre otros. Igual en Juárez que en Tijuana, Monterrey, Acapulco
y demás lugares copados por la violencia.

Con estos dos ejemplos —Juárez y San Fernando— retomo
las conjeturas de Escalante Gonzalbo con respecto a la relevancia
de los factores locales en el desarrollo de la violencia, con la idea de
completar y avanzar su hipótesis. La tesis central de que la ruptura
de los pactos que hacen posible la convivencia social "pacífica" y
la regulación de los mercados informales e ilegales dentro de límites de "ilegalidad" tolerables, socialmente es una de las principales
causas que facilitan la violencia, tiene elementos para sostenerse.
Es el equivalente a la desaparición del sistema de contención. Creo
que existen evidencias para defender el hecho de que la desaparición de esos pactos es previa a la llegada de las fuerzas federales y

no producto de su presencia. Pero los estudios de cada caso deberán precisar este aspecto. Consideramos que revertir el estado de anomia (ausencia de normas) y violencia que surge tras la ruptura de los pactos de convivencia pacífica, depende de la concurrencia de dos factores.

El primero es en realidad un grupo de variables que tiene que ver con las instituciones: *a)* el tipo de actuación de la fuerza pública que toma el control de la situación, sea el ejército, la policía federal o estatal. En la generación de violencia intervienen grupos de la delincuencia organizada y otros actores que no lo son. Los primeros tratan de imponer su propias normas y sólo aceptarán un nuevo orden de cosas si el representante del Estado tiene la fuerza suficiente para someterlos; por lo tanto es indispensable una estrategia de disuasión y control de la violencia de esos grupos; pero también será necesaria otra basada en información e inteligencia, que reconstruya las relaciones y los pactos con los grupos diferentes del crimen organizado; *b)* la actuación del ministerio público y la policía judicial para resolver casos relevantes de violencia, de manera que se comience a mandar el mensaje de que la impunidad tenderá a disminuir; *c)* la voluntad política del gobernador y los presidentes municipales, además de los recursos presupuestales, para reconstruir las policías locales y fortalecer los ministerios públicos lo más rápido posible, y *d)* la coordinación institucional entre las distintas instancias estatales y federales. Tijuana y Juárez son ejemplos de cómo operaron relativamente bien estas cuatro variables para el control de la violencia. En Acapulco y Monterrey ha sido mucho más complicado y lento el proceso.

El segundo factor es el nivel de participación y la actitud que asumen los grupos sociales que tienen nexos con el crimen organizado. La definición de las nuevas reglas del juego, de los pactos que restablecerán la convivencia sin violencia, supone el apoyo y compromiso de la sociedad en el acatamiento de esas nuevas normas. El silencio, la omisión y la complicidad de grupos sociales ante la violencia no puede ser parte de esas nuevas reglas, tal como sucedió en San Fernando con la masacre de michoacanos; o, por ejemplo, el rechazo de vendedores de coches usados y de algunas organizaciones sociales en Ciudad Juárez de la disposición de regularizar en un plazo perentorio los autos viejos importados de Estados Unidos y prohibir el uso de cristales polarizados de autos que circulaban sin placas y con este tipo vidrios, ya que eran utilizados por el crimen organizado para desplazarse y cometer asesinatos y secuestros. Pero quizá más significativo es el hecho de que grupos que ni original ni necesariamente forman parte de la delincuencia organizada, como las pandillas o bandas de jóvenes, decidan ya sea inmiscuirse en los conflictos de las organizaciones del narcotráfico, o aprovechar el estado de anomia, de inexistencia de límites a las acciones delictivas y de violencia, para saldar cuentas con otros grupos o iniciar sus propias actividades criminales, que normalmente suelen ser la puesta en marcha de extorsiones y secuestros, como lo ilustra perfectamente el caso de Monterrey.

Aunque los dos puntos anteriores son sólo adelantos temáticos, esos factores —procesos institucionales y grado de participación de algunos sectores sociales en la construcción de nuevas reglas de convivencia—, junto con el nivel de intensidad alcanzado por los conflictos entre las organizaciones del narcotráfico, serían los elementos a considerar en un análisis local de la violencia.

APUNTES PARA EL DEBATE SOBRE LA RECONSTRUCCIÓN INSTITUCIONAL

En este libro se ha sostenido que una gran parte de la violencia que ha azotado a nuestro país y provocado una tragedia de dimensiones colosales tiene su origen en la existencia de la delincuencia organizada con un gran poder –económico, social, militar— que está inmerso, desde hace por lo menos 20 años, en un proceso de reestructuración de su negocio (la tensión creada entre la tendencia a la fragmentación de las organizaciones y las aspiraciones por construir un monopolio). Ese empoderamiento se dio de la mano con una larga historia de corrupción, complicidad e incapacidad de las instituciones estatales para impedir ese fortalecimiento (en realidad, en algún tiempo, creyendo controlarlo se le ayudó a fortalecerse). Otra parte de la explicación reside en la manera como se crean estados de anomia o ruptura de las reglas y los pactos que fundamentaban la convivencia pacífica en las comunidades donde hay una gran presencia de las organizaciones criminales y una enorme debilidad de las instituciones locales de seguridad y justicia. Por eso es inevitable considerar que la otra cara de la moneda de la poderosa y agresiva delincuencia organizada mexicana y de la violencia que ha generado, es la debilidad e ineficacia de las instituciones de seguridad y justicia del país. En otras palabras, la ausencia y debilidad histórica del Estado mexicano.

Si esto resulta convincente, el fin de la violencia de manera estructural, y no sólo coyuntural, pasa necesariamente por el fortalecimiento del Estado en esa parte vital para la democracia y el desarrollo: la seguridad pública y la vigencia del estado de derecho.[295] Y reconstruir las policías para volverlas eficaces, con apego, reconocimiento y respeto social; refundar el sistema de justicia, con todas sus implicaciones como reinventar al ministerio público y a todo el sistema judicial en materia penal; limpiar y redefinir el modelo penitenciario, son asuntos muy complejos y lentos. Por desgracia, no hay atajos. Han sido muchas décadas de omisión y de esfuerzos limitados y discontinuos.

En el gobierno del presidente Calderón se diseñó una propuesta en este sentido y se trabajó para volverla realidad. El debate sobre la violencia opacó este aspecto de la política de combate a la delincuencia organizada. Sin embargo, es indispensable rescatarlo, pues tiene que ver con las capacidades para reducir la violencia asociada a las disputas de las organizaciones criminales y el narcotráfico, y avanzar en la construcción de un Estado de derecho sólido y duradero. La manera de abordar el tema no pretende ser la de un informe de gobierno, es decir, un recuento de logros y faltantes, sino de apuntar las condiciones que facilitaron y las que dificultaron un esfuerzo que debiera estar más allá de los debates partidistas coyunturales,[296] pues lo que está en juego con el fortalecimiento del Estado en esta materia es frenar la tragedia e impedir que se repita.

---

[295] También deberá ser considerado un tercer factor: los aspectos sociales como la reconstrucción de los tejidos familiares y comunitarios, la ampliación de oportunidades de todo tipo para grupos proclives a incorporarse a las actividades delictivas (jóvenes, campesinos), el fomento de la cultura de la legalidad en la población en general, etcétera.

[296] El debate sobre la pertinencia de la decisión de combatir al crimen organizado y en torno a las estrategias aplicadas, así como las causas y responsabilidades de la violencia, ha estado muy polarizado. Los enconos ideológicos, partidistas y hasta personales que rodean y se cuelan en muchos análisis no ayudan a la comprensión del fenómeno.

La propuesta de reconstrucción de las instituciones de seguridad y justicia

Al evaluar el primer año de gobierno del presidente Calderón en materia de combate a la delincuencia organizada, en el Gabinete de Seguridad se confirmó la tesis de que recuperar los niveles de seguridad que demandaba la sociedad dependía, en gran medida, de las capacidades estatales para frenar el proceso de fortalecimiento de las organizaciones criminales y la escalada de violencia que estaba provocando. Por tanto, una de las conclusiones de la evaluación fue la importancia de ampliar y apuntalar los esfuerzos estatales mediante una mayor cooperación de los tres poderes de la Unión —Ejecutivo, Legislativo y Judicial— y de los tres niveles de gobierno –federal, estatal y municipal—, de tal forma que la política del gobierno federal contra el narcotráfico y la delincuencia organizada se convirtiera en una política del Estado mexicano, es decir, por la seguridad y la legalidad. Fue entonces que se decidió convocar a la firma de un pacto nacional con ese objetivo.

Las premisas de las que se partió para definir su contenido fueron tres. Primera: era necesario realizar un esfuerzo inédito para reconstruir y fortalecer toda la cadena institucional de seguridad y justicia del país, es decir, tendrían que atender los rezagos y deficiencias de las policías de los tres niveles de gobierno; de los ministerios públicos del fuero común y federal (las procuradurías de justicia estatales y general de la República); del sistema de impartición de justicia (leyes y códigos penales, juzgados, y pasar al sistema de juicios orales, puesto que se acababa de aprobar la reforma del sistema de justicia penal) y del sistema penitenciario. La ausencia de castigo a los delincuentes es uno de las factores que más favorecen la inseguridad pública y para reducir los elevadísimos niveles de impunidad existentes en México, o se fortalece toda la cadena institucional o no se abate la impunidad. Policías que prevengan el delito y que persigan con eficacia y respeto a la ley a los delincuentes de poco sirven si luego los ministerios públicos son incapaces de realizar averiguaciones bien fundadas que permitan llevar ante un juez a los presuntos delincuentes. Si policías y ministerios cumplen bien sus funciones pero en la impartición de justicia los jueces fallan al cumplir su tarea, la impunidad seguirá incólume. Si por fin el presunto infractor es encontrado culpable y mandado a un centro de readaptación social a cumplir una condena pero son centros de capacitación para el crimen y además ofrecen facilidades para que se escapen los detenidos, de poco habrá servido el esfuerzo de policías, ministerios públicos y jueces. Por tanto, el pacto a firmar tenía que considerar toda la cadena institucional, si se quería eficacia en los resultados.

Segunda: el compromiso real de todas las partes y la coordinación entre los tres niveles de gobierno era otro componente esencial. Sin ella, los esfuerzos y los recursos del Estado corrían el riesgo de duplicarse, dispersarse, minimizarse o quedar incompletos. La participación real y la coordinación eran condiciones para la eficacia del esfuerzo que debía emprenderse. No obstante que es una verdad de Perogrullo, lograr esas dos condiciones nunca ha sido fácil, no sólo en México, sino en cualquier otro país, debido a las diferentes competencias e incluso rivalidades entre dependencias y niveles de gobierno, a la lógica y las inercias burocráticas y a la mutua desconfianza que en estas esferas suele haber por la corrupción. Además de voluntad política para lograrlo, era necesario encontrar mecanismos que facilitaran esa participación y coordinación.

Por último, tomando en cuenta la segunda premisa y experiencias previas de acuerdos nacionales que no se cumplían, desde un principio se consideró indispensable, por una parte, que el contenido del acuerdo fuera lo más claro y concreto posible, estableciendo fechas para su cumplimiento, de manera que se facilitaran el seguimiento puntual de cada compromiso y la rendición de cuentas. Al ser este punto vital, se convocó a la sociedad para que, por medio de un observatorio ciudadano, fuera la que llevara las tareas de supervisión e informara a todos de los avances e incumplimientos de cada uno de los firmantes.[297]

El Acuerdo Nacional por la Seguridad, la Justicia y la Legalidad se integró con 73 compromisos y lo firmaron en agosto de

---

[297] Las premisas y el contenido del Acuerdo Nacional por la Seguridad, la Justicia y la Legalidad pueden consultarse en el Diario Oficial de la Federación, del 25 de agosto de 2008.

2008, además del gobierno federal, los 32 gobernadores; representantes de los gobiernos municipales; los presidentes de las cámaras de Diputados y Senadores y de la Suprema Corte de Justicia. También hubo representantes sociales: líderes empresariales, sindicales, religiosos; medios de comunicación y organizaciones civiles dedicadas a los temas de seguridad. Los aspectos centrales de los 73 compromisos eran los siguientes:

A) Policías. Es una verdad de Perogrullo, pero pareciera que en México no se ha entendido que policías suficientes, eficaces y confiables son una condición necesaria, aunque no suficiente, para garantizar la seguridad de los ciudadanos. Algunos datos: excluyendo al Distrito Federal que tiene una policía numéricamente suficiente —93 mil agentes, lo que da una tasa de más de 10 policías por cada mil habitantes—, el resto de los estados tiene en total 132 mil elementos policiacos (entre policías estatales preventivos y judiciales), lo que arroja una tasa de apenas 1.3 policías por cada mil habitantes, cuando lo recomendable es tres policías. En el ámbito municipal, existían en fechas recientes 175 mil elementos (1.6 policías por cada mil habitantes), la mitad de los requeridos; únicamente 47 de los 2 500 municipios tienen más de 500 policías. Pero a esa escasez, hay que añadir los problemas de la calidad: siete de cada 10 policías sólo tiene escolaridad básica (primaria o secundaria) y seis de cada 10 ganan cuatro mil pesos; las deficiencias en capacitación policiaca son enormes, pues no hay academias suficientes y las que existen tienen carencias y calidad muy deficiente: "según la Auditoría Superior de la Federación, en 2007 sólo uno de cada cuatro elementos había recibido algún tipo de capacitación".[298] Todo eso sin mencionar el problema de la corrupción.

Frente a ese panorama, en el Acuerdo se propusieron varias ideas para comenzar a reconstruir las policías y volverlas eficaces y confiables: diseño y aplicación de un sistema nacional de desarrollo policial, lo que implicaba la definición de normas y criterios, sistemas de organización y funcionamiento homogéneos para todas las policías del país (sancionado por una ley propia); el fortalecimiento

---

[298] Genaro García Luna, *Para entender el Nuevo Modelo de Seguridad para México*, Nostra Ediciones, México, 2011, p. 21.

de la policía federal con su ley respectiva; la creación de un sistema nacional de información criminal para fundar la tarea policiaca en la inteligencia; el diseño y la aplicación estricta de un modelo nacional de control y evaluación de la confianza que reduzca las probabilidades de corrupción, sobre el cual se iniciara el proceso de depuración de todas las policías del país. Aunque las propuestas eran muy ambiciosas y su cumplimiento total tomaría varios años, se plantearon en etapas medibles y en periodos de tiempo más cortos, de manera que se pudieran cumplir por etapas.

Cada uno de los aspectos considerados, por ejemplo, aplicar de manera sistemática y estricta el modelo de evaluación y control de confianza, suponía un proyecto en sí mismo y un enorme esfuerzo para construir una nueva institución en los gobiernos estatales y municipales y en las dependencias cuyo personal tuviera que ser evaluado de manera permanente. Este modelo no es otra cosa que un mecanismo para saber de forma constante si el personal de las policías reúne los requisitos necesarios (conocimientos, aptitudes, valores) para desempeñar adecuadamente su tarea. Además es indispensable para reducir la posibilidad de que se corrompa (no la elimina, pues no existe la manera de evitar por completo la corrupción). Consiste en realizar cinco tipos de exámenes (médico, psicológico, de conocimientos y actitudes, adecuación de nivel de vida socioeconómico con ingresos y polígrafo[299]) a los aspirantes a ingresar a las policías y a los que ya lo son, para corroborar que son dignos de confianza.

Antes del Acuerdo existían cinco o seis centros de evaluación de control de la confianza en México. Cumplir el compromiso de crear 32 centros, uno en cada estado, para depurar los cuerpos policiacos, implicaba construir instalaciones, comprar equipo, seleccionar con rigor y formar al personal que aplicaría los exámenes; abrir nuevas partidas presupuestales, crear plazas laborales,

---

[299] El polígrafo es un instrumento que se conoce popularmente como detector de mentiras, lo cual es inexacto, aunque la idea es ésa. Lo que sí detecta son respuestas emocionales a cierto tipo de preguntas incómodas como ¿usted ha tenido o no tratos con delincuentes o ha recibido sobornos en el cumplimiento de su deber? ¿Ha consumido usted drogas en los últimos seis meses? Si el polígrafo detecta reacciones emocionales, puede ser que esté mintiendo, pero no se tiene la certeza. Con la reacción emocional lo que se sabe es que la investigación de los antecedentes del sujeto deben profundizarse.

etcétera. Por más que se quisiera apresurar el ritmo de los trabajos, la tarea tomaría tiempo. El caso de los técnicos que aplicarían las pruebas de polígrafo ejemplifica lo anterior, pues en México sólo existía una escuela autorizada por la SEP en esa especialidad y con capacidad para 20 estudiantes anualmente. De repente, se necesitaban por lo menos 600 poligrafistas. Había que ampliar su capacidad, pero sin perder el rigor en su formación; para ello fueron necesarios seis meses (se requiere de instalaciones especializadas) sólo para formar 210 poligrafistas al año, pues si se masificaba el proceso formativo se corría el riesgo de perder calidad y en este aspecto eso es inceptable. Por tanto, el tiempo mínimo para tener los técnicos necesarios en el uso del polígrafo era de tres años y no había manera de acelerar el proceso.

Y lo mismo se podría decir de la creación del sistema único de información criminal, fundado en el proyecto tecnológico Plataforma México, el cual tendría como objetivo que "por primera vez en el país se pueda operar mediante el intercambio de información relacionada con la seguridad pública entre los tres órdenes de gobierno, para obtener así los insumos básicos que permitan el desarrollo de inteligencia policial en el combate a la criminalidad".[300] Para concretar ese compromiso era necesario desarrollar varios proyectos, entre otros, consolidar las bases de datos a nivel nacional con respecto al fenómeno delictivo (personas con antecedentes penales, huellas digitales, fotografías, delitos cometidos por estado, vehículos y placas, licencias de conducir, policías municipales y estatales, policías dados de baja por corrupción o cualquier otra irregularidad, reclusos en las prisiones según tipo de delito, voces de secuestradores, etcétera); la homologación de procedimientos para el uso y la explotación de la información relacionada con la seguridad pública; el diseño y uso de una ficha básica de información policial homologada (que todos los policías del país llenen una misma forma para reportar todos los incidentes y la introduzcan al sistema); construir los enlaces de comunicación segura entre todas las dependencias de la seguridad pública y de procuración de justicia del país que incorporarán y utilizarán la

---

[300] Genaro García Luna, *op. cit.*, p. 41.

información del sistema; implementar sistemas de actualización permanente, verificación, depuración, resguardo y archivo de las bases de datos que integran el sistema único de información criminal. Este proyecto, una vez puesto en operación, cambiaría radicalmente la labor policiaca. Su construcción y alimentación cotidiana permitiría de verdad fundar las tareas de prevención, investigación y persecución del delito sobre bases muy diferentes a las utilizadas así hasta ahora por las policías en México.

En lo local, los gobiernos estatales y municipales se comprometieron a crear sus centros de evaluación y control de la confianza con el fin de iniciar un proceso real de depuración y, al adoptar el modelo nacional de desarrollo policial, quedaron obligados a impulsar la profesionalización de los cuerpos policiacos (formación y capacitación permanente, establecimiento de la carrera policial, mejoras salariales, etcétera), a sumarse al esfuerzo de instaurar el sistema único de información criminal y unidades especializadas en el combate al secuestro y otros delitos.

B) Ministerios públicos. En el caso de la procuración de justicia, todos los estudiosos del tema coinciden en las múltiples deficiencias de esta institución, que se traducen en un nivel de impunidad elevadísimo en nuestro país. Ya no se sabe cuál desastre es peor, si el de las policías o el de los ministerios públicos. Algunos datos. Guillermo Zepeda, uno de los principales investigadores del tema, señala: "En México, durante 2000, cada agente del ministerio público recibió en promedio 279 casos, que se sumaron a los pendientes de años anteriores. En el caso extremo de Yucatán cada agente investigador recibió dos mil expedientes ¿Podemos esperar investigaciones de calidad?"[301] Otra dato del mismo Zepeda: de cada 100 ilícitos reportados, sólo se concluye la investigación en 23, poniéndose a disposición de los jueces sólo 6.7 expedientes.

Pero aun si se destinaran recursos para contratar miles de nuevos ministerios públicos, el problema no se resolvería, pues además hay un problema de concepción y métodos de trabajo del sistema

---

[301] Guillermo Zepeda Lecuona, "Entre la delincuencia y la impunidad: el desempeño de las instituciones de procuración de justicia penal de México frente a los desafíos de la seguridad ciudadana", Criminalia, Academia Mexicana de Ciencias Penales, Porrúa, año LXVIII, núm. 3, México, septiembre diciembre, 2002, p. 216.

de procuración de justicia. Ana Magaloni, una de las expertas en el tema de la justicia, afirma en un excelente artículo con relación a las deficiencias del ministerio público, que "el sistema de persecución criminal mexicano se diseñó para funcionar en un contexto político autoritario y en un país con baja incidencia delictiva. Al desaparecer estas dos condiciones que lo hacían funcionar, lo que ha quedado es una procuración de justicia obsoleta, ineficiente e impotente para alcanzar resultados medianamente satisfactorios para la ciudadanía"; y lo ejemplifica:

> Todos los operadores del sistema operan bajo el entendido de que el apego a la verdad no es un valor institucional. Así, por ejemplo, el Ministerio Público puede ordenar a la policía judicial que lleve a cabo determinada diligencia y la policía presenta un informe por escrito en donde señala que no obtuvo la información que se le solicitó, aunque en realidad no haya siquiera hecho el intento. También el Ministerio Público le puede ordenar a un perito que se traslade al lugar de los hechos a realizar la criminalística de campo y el perito lleve a cabo su reporte con la sola información del expediente y sin haber ido nunca al lugar de los hechos. Asimismo, el Ministerio Público, al momento de tomar la declaración del detenido, escribe en el acta en forma rutinaria que antes de que declarara el detenido se le informaron cuáles eran sus derechos constitucionales, pero en realidad no fue así. También, cuando el detenido confiesa su participación en los hechos delictivos, el Ministerio Público señala por escrito que estuvo asesorado por el defensor público como lo dispone la Constitución, pero en realidad dicho defensor nunca estuvo presente y sólo pasó a firmar las constancias respectivas en otro momento. Así, la simulación y la mentira forman parte de la cultura institucional [...] Esta cultura de la simulación y la mentira es una herencia del autoritarismo. Desde sus orígenes, la procuración de justicia se diseñó para ocultar lo que sucedía todos los días en los sótanos de esa institución. El Ministerio Público se dedicaba a simular un proceso investigativo que nunca había existido y a ocultar la

enorme arbitrariedad con la que operaba la policía judicial. El juez, por su parte, simplemente ratificaba ciegamente la acusación. Todos sabían que el proceso era una mentira, que los legajos de papel eran falsos, pero, parte de la función que tenían que desempeñar, era simular que no era así.[302]

Los compromisos del Acuerdo Nacional en materia de procuración de justicia eran semejantes a los de la policía. La PGR se comprometió a diseñar y aplicar un sistema nacional de desarrollo de los ministerios públicos en coordinación con la conferencia nacional de procuradores; para iniciar un cambio de cultura y de métodos de trabajo, la Procuraduría General de la República se comprometió a formular el protocolo de actuación e investigación, inicio de averiguaciones previas y procedimientos judiciales para mejorar la eficacia en la obtención de sentencias condenatorias. La evaluación y depuración del personal de las procuradurías (agentes del ministerio público, policías judiciales o ministeriales, peritos, etcétera) fue otro de los acuerdos de gran importancia. Las procuradurías compartían con las áreas de seguridad pública el compromiso de crear o fortalecer las unidades especializadas contra el secuestro, considerando que abatir ese delito era una de las principales demandas ciudadanas.

No obstante la trascendencia de esos acuerdos, el principal cambio comprometido en materia de procuración e impartición de justicia ya estaba en marcha. Un par de meses antes de la firma del Acuerdo, en junio de 2008, se había promulgado una reforma constitucional (el presidente Calderón había enviado una iniciativa al respecto en marzo de 2007) que modificó por completo el sistema de justicia penal mexicano, al pasar de uno inquisitivo a otro acusatorio. Las principales diferencias entre ambos son: *a)* en el nuevo, la autoridad que investiga el delito y el que lo juzga son diferentes, mientras que en el inquisitivo, aunque formalmente están separadas (el ministerio público investiga y un juez juzga), en la realidad el primero influye de manera decisiva en la inocencia o

---

[302] Ana Laura Magaloni, *El Ministerio Público desde adentro. Rutinas y métodos de trabajo en las agencias del MP*, Documentos de Trabajo del Centro de Investigación y Docencia Económica (CIDE), México, 2009, p. 20.

culpabilidad ya que sus pruebas tienen más valor que las de la defensa; *b)* en el acusatorio, una autoridad investiga (la policía investigadora), otra acusa (el ministerio público); otra, un juez de garantías, acepta o rechaza la procedencia del caso y dicta medidas cautelares para proteger los derechos de las víctimas y de los acusados; y, finalmente, otra autoridad, el juez del juicio oral, juzga y declara la culpabilidad o no del acusado y dicta la sentencia en su caso; *c)* el acusatorio es un proceso oral, público y, por tanto, abierto y transparente, mientras que el inquisitivo es documental, todo por escrito, cerrado y secreto; *d)* en el nuevo sistema el juez tiene que estar presente en las audiencias, mientras que en el anterior delega en funcionarios menores algunas etapas procesales. Sin entrar en más detalles, estas modificaciones, que entrarán en vigor en 2016, para preparar todos los cambios que ello requiere —desde construir juzgados para la realización de los juicios, hasta capacitar a policías, ministerios públicos y jueces, pasando por modificar numerosas leyes y todos los códigos penales, entre otras cosas— terminarán con las inercias y los vicios del ministerio público que señala Magaloni en su estudio, y como lo apunta Miguel Carbonell en el exhaustivo análisis que hace sobre la reforma:

> La reforma constitucional nos suministra la base para realizar una profunda transformación del sistema penal mexicano. Sus disposiciones tocan varios de los ámbitos que abarcan temas como la seguridad pública (cuerpos policiacos y prevención del delito), la procuración de justicia (el trabajo del ministerio público, el monopolio de la acción penal que desaparece, al menos en parte), la administración de justicia (a través de la incorporación de elementos del debido proceso legal y de los llamados juicios orales) y la ejecución de las penas privativas de la libertad [...] Se trata de una de las reformas más importantes de los últimos años [...] que no solamente era necesaria, sino también urgente.[303]

---

[303] Miguel Carbonell, *Los juicios orales en México*, Porrúa, México, 2010, p. 3.

C) La reforma del sistema penal comprometió al Poder Judicial en su conjunto, el cual tendría que comenzar a trabajar en su transformación para responder a las nuevas circunstancias y demandas de la sociedad. Sin embargo, también participó en el Acuerdo Nacional y propuso realizar varios cambios que incidieran en un mejor servicio: abrir nuevos juzgados para atender la demanda creciente de juicios y establecer los juzgados de control (para atender de manera permanente la emisión de órdenes de cateo, de arraigo y de intervención de comunicaciones); mejorar los procesos de selección (mayor transparencia en los procedimientos de concurso) e intensificar la capacitación y especialización de los jueces en materia penal; fortalecer la autonomía e independencia e imparcialidad de los jueces y magistrados, mediante un sistema de protección y seguridad de su integridad física.

D) Cárceles. El último eslabón de la cadena institucional de la seguridad y la justicia también adolecía de graves deficiencias. El diagnóstico presentado por Patricio Patiño es muy claro: no sólo existía una sobrepoblación crónica de reclusos (34 por ciento en promedio nacional; pero en algunas entidades rebasaba el 80 por ciento, como en el Distrito Federal y Nayarit, Estado de México y Sonora), sino que las condiciones físicas de las cárceles y los sistemas deficientes o inexistentes de readaptación social las convertían en reproductoras de actividades criminales. Un hecho particularmente grave es que 42 por ciento de los reclusos aún están sujetos a proceso judicial y la constitución prohíbe que en una misma cárcel convivan los reos sentenciados y los sujetos que aún no lo han sido. Además, existe una enorme corrupción en la mayoría de los 432 reclusorios del país. La conclusión de Patiño es muy grave:

> El orden, la legalidad y la seguridad al interior de los centros de reclusión contribuyen a fortalecer la hipótesis de que la institución carcelaria tiende a conformar un universo propio de relaciones que se caracteriza por el predominio de un régimen extralegal. Esto es, que como diversos estudios lo han documentado, las cárceles son espacios que propician la existencia de una normatividad y una organización paralelas al orden institucional formal, lo que algunos autores

han mencionado como el cogobierno de las cárceles o, peor aún, los denominados autogobiernos.[304]

En otras palabras, las cárceles no sólo están fuera de la ley, sino en manos de los mismos delincuentes. Y quien lo afirma no es un académico, sino el subsecretario responsable de los reclusorios federales.

Ésa es la razón de los numerosos motines en las cárceles, es decir, las disputas por el control del penal y de las actividades criminales que se desarrollan en su interior; motines en los que resultaban muertos decenas de reclusos de los grupos en pugna, normalmente vinculados a alguna organización del narcotráfico; o el caso prototípico del reclusorio de Gómez Palacio, Durango, por el hecho de que las autoridades y los custodios prestaban a los reclusos vehículos y armas oficiales para que en las noches salieran a asesinar miembros de una organización criminal enemiga y después de cometer los homicidios regresaban al penal. O las fugas masivas de los penales de Tamaulipas, especialmente del de Matamoros, o aquel asalto en que alrededor de 40 sicarios tomaron la cárcel de Fresnillo, Zacatecas y liberaron 52 reclusos.

Un tema adicional era la escasa capacidad del sistema de centros federales de readaptación social (los llamados Ceferesos) destinados a reos del fuero federal peligrosos. En 2009, de los 230 mil reclusos en todo el sistema carcelario, poco más de 54 mil pertenecían al fuero federal de los que 6 727 estaban en los Ceferesos, el resto estaba detenido en las cárceles estatales, por lo que el gobierno federal pagaba a los estatales una determinada cantidad por concepto de manutención; ese pago es conocido como el socorro de ley.[305]

En el Acuerdo Nacional se aceptaron un par de compromisos para mejorar el sistema carcelario federal: construir y poner en operación dos Ceferesos de alta seguridad en los que se incluyeran módulos especiales para secuestradores y revisar el monto de dinero asignado al socorro de ley.

---

[304] José Patricio Patiño Arias, *Nuevo modelo de administración penitenciaria*, Porrúa, México, 2010, pp. 82-114.

[305] *Ibidem.*

Además de estos compromisos con respecto a los cuatro componentes de la cadena institucional de la seguridad pública y la procuración e impartición de justicia, el Acuerdo Nacional contenía otros tendientes a reducir la incidencia de dos delitos; uno de ellos particularmente lesivo para la sociedad, el secuestro, y otro estratégico en la lucha contra el narcotráfico, el lavado de dinero. Otro grupo de compromisos correspondía a proyectos sociales que ayudaban a prevenir la inseguridad (atención a personas con adicciones, rescate de espacios públicos, escuela segura y promoción de la cultura de la legalidad).

Finalmente, se incluyeron varios compromisos de enorme importancia para la viabilidad del Acuerdo, cuya responsabilidad era del Poder Legislativo. Los legisladores quedaron comprometidos a: 1. aprobar el paquete de iniciativas que enviaría el Ejecutivo para dar cumplimiento a los acuerdos en los distintos aspectos; entre ellas estaban las propuestas de leyes orgánicas de la PGR, del Sistema Nacional de Seguridad Pública, de la Policía Federal, general del secuestro, de extinción de dominio, etcétera. 2. Otorgar los recursos presupuestales suficientes para los diversos proyectos (fortalecimiento de las policías y los ministerios públicos, creación de los centros de evaluación y control de la confianza, construcción de cárceles, etcétera), puesto que sin el financiamiento adecuado el Acuerdo no tendría sentido; el Ejecutivo solicitaría en los presupuestos de los años siguientes los montos necesarios y el Congreso debería discutirlos y aprobarlos, sobre la base de que ya existían los acuerdos de su pertinencia en los tres niveles de gobierno y, en teoría, de los partidos. 3. Revisar y mejorar las reglas de operación y los criterios de distribución de los recursos entre la federación y los gobiernos locales en materia de seguridad y justicia. 4. Garantizar un buen uso de los recursos y la consiguiente rendición de cuentas, mediante la realización de auditorías a las 32 entidades federativas, llevadas a cabo por la Auditoría Superior de la Federación.

Ya se mencionó al principio que el seguimiento y la verificación del cumplimiento de los compromisos del Acuerdo recayó en un observatorio ciudadano que, además, diseñaría un sistema de indicadores de cada uno de los compromisos y presentaría anualmente los avances e incumplimientos.

El Acuerdo consideraba prácticamente todos los componentes institucionales y aunque la profundidad y extensión de los compromisos de cada uno de ellos —policías, ministerios públicos, etcétera— eran diferentes (como en cualquier propuesta de política pública, el contenido era perfectible y, de hecho, sobre la marcha se fueron corrigiendo o ampliando algunos aspectos), en su conjunto el Acuerdo Nacional ponía al país en el rumbo de una profunda renovación, cuyo objetivo era fortalecer al Estado, probablemente como nunca se había planteado. El reto de ponerlo en marcha y traducirlo en resultados sería mayúsculo.

LA INSTRUMENTACIÓN DEL ACUERDO NACIONAL

Antes de analizar los principales logros y aspectos en que los avances fueron escasos, es importante reflexionar con respecto a las condiciones que rodearon la instrumentación del Acuerdo (algunas lo potenciaron, otras lo frenaron, pues no se trataba de un experimento de laboratorio, alejado de las condiciones reales), a fin de obtener conclusiones sobre la manera en que se dan las transformaciones institucionales. Se trata en ocasiones de productos abstractos que es necesario colocar bajo la luz para que los esfuerzos futuros, tanto en el ámbito federal como en el estatal o municipal, caminen mejor.

La visión común y la voluntad política

El Acuerdo Nacional fue firmado en agosto de 2008 en una coyuntura muy especial que facilitó que todos los convocados estuvieran dispuestos a respaldarlo. En junio de ese año fue secuestrado en la capital del país un joven de 14 años, Fernando Martí Haik, hijo del empresario Alejandro Martí. Casi dos meses después, el 31 de julio, no obstante que el rescate había sido pagado, se descubrió su cadáver. El crimen conmocionó a la Ciudad de México y al país entero. No era la primera vez que la sociedad se conmovía y enfurecía ante un secuestro. Desde mediados de la década de los noventa se manifestaban crispaciones sociales por los numerosos secuestros. El reclamo social era fuerte, por lo que no respaldar un esfuerzo nacional para recuperar la seguridad hubiera significado un grave desacierto político por el que se hubiera pagado un precio elevado.

Aunque los tres poderes y los tres niveles de gobierno se comprometieron a poner en marcha los contenidos del pacto, los avances disparejos y el debate partidista respecto a quién le correspondía la responsabilidad frente al narcotráfico y la violencia, que estalló en los meses siguientes —sobre todo entre diciembre de 2008 y junio de 2009 como parte del proceso electoral por medio del cual se renovó la Cámara de Diputados y se eligieron varios gobiernos estatales— revelaron que en realidad no existía aún una visión compartida, un diagnóstico aceptado en común con relación a la gravedad del problema; y, por tanto, el compromiso y la voluntad política para llevarlos a sus últimas consecuencias no eran homogéneas: la firma del Acuerdo no necesariamente significaba que hubiera acuerdo en todo ni entre todos.

En realidad, en 2008 y 2009 aún había un ambiente político polarizado, presente desde el inicio del sexenio —principalmente por la izquierda que se negaba a reconocer al presidente Calderón— del cual se prohijaba una tesis —ya mencionada y analizada en el apartado anterior— que tuvo aceptación en sectores académicos, políticos y líderes de opinión, en el sentido de que "la guerra" contra el narcotráfico era innecesaria y si se había emprendido las razones de ello eran políticas. Frente a eso, los esfuerzos de comunicación gubernamental para convencer a esos sectores críticos de que el país estaba frente a un problema de dimensiones mayúsculas y que se requería de una acción decidida de todo el Estado y no sólo del gobierno federal, resultaron insuficientes.

El agravamiento y la expansión de la violencia fue un factor relevante en el proceso de generar una visión común con relación al diagnóstico de lo que sucedía en el país. Se avanzó en cuanto a identificar a la delincuencia organizada como el enemigo real de la sociedad y del Estado (a diferencia de cuando se pensaba que el problema lo había magnificado el presidente Calderón buscando legitimación). Este avance, es decir, alcanzar mayor acuerdo en ese punto, fue particularmente importante en el caso de algunos gobernadores y presidentes municipales, pues ello permitió trabajar más rápido y con una mejor coordinación. Cuando se compartió el diagnóstico y la definición de las acciones a realizar, hubo voluntad política para cumplir los compromisos asumidos incluyendo los más costosos: someter a evaluación y control de confianza a todos los altos mandos estatales de seguridad y procuración de justicia; avanzar en la creación del mando policíaco único, o que los estados destinaran mayores recursos presupuestales para afrontar el problema y no sólo contar con las aportaciones federales.

Sin embargo, el debate con otros sectores políticos y sociales se trasladó a la cuestión de la estrategia aplicada para combatirlo. Se argumentaba que la decisión de privilegiar el uso de la fuerza (despliegue del ejército y la policía) con relación a otras estrategias posibles (avanzar en la legalización de las drogas; aplicar medidas sociales y preventivas; darle énfasis al uso de la inteligencia y a instrumentos para neutralizar el lavado de dinero, y afectar las finanzas de las organizaciones del narcotráfico) era la causante de tanta violencia. El gobierno respondía que, exceptuando la legalización de las drogas, se llevaban a cabo las acciones para combatir la delincuencia organizada que la sociedad reclamaba, pero sin éxito en la tarea de convencer a los críticos. Esta polarización se trasladó al Congreso cuando le enviaron las polémicas iniciativas, es decir, el modelo de un mando policial único en cada estado; la participación del ejército en tareas policiacas y las facultades que debían otorgársele para combatir a las organizaciones criminales; el fuero militar, la ley de víctimas y de extinción de dominio, entre otras, razón por la que algunas quedaron pendientes.

Con esta descripción de las dificultades concretas para generar una visión compartida (diagnóstico y soluciones viables y óptimas) a consecuencia del contexto político (la polarización inicial del sexenio, el proceso electoral intermedio, las luchas internas de los partidos), además de otras circunstancias (la crudeza de la violencia desatada por las organizaciones criminales, la novedad y el desconocimiento del problema por la mayoría de los actores políticos y sociales, y hasta por protagonismos de algunos políticos), sólo pretendo señalar un hecho: al país le tomó un sexenio ponerse de acuerdo con respecto a la gravedad del problema que representa la delincuencia organizada. Quizá hasta ahí llegó el consenso. No debe haber duda de que la lentitud para generar acuerdos se tradujo necesariamente en ritmos diferenciados en el cumplimiento de los compromisos del Acuerdo Nacional. La voluntad política —algo tan intangible, pero tan real y tan determinante— no apareció en muchos actores políticos con la contundencia que se necesitaba, pese a que la predicaban. La reconstrucción institucional podía esperar. Verdad de Perogrullo: sin acuerdos, el Estado avanza lentamente; pero verdad dolorosa: las organizaciones criminales se aprovechan de esa puerta abierta que significa la lentitud de la acción estatal, para continuar asesinando de manera salvaje y masiva. Así ha sido hasta ahora —responsabilidad de todos— la construcción social y política de acuerdos y su traducción en voluntad política y acciones consecuentes. ¿Cuánto tiempo le llevará al país ponerse de acuerdo con respecto a la estrategia concreta para combatir más eficazmente a la delincuencia organizada?

Los cuellos de botella

Otros datos que se debieran considerar al implementar el Acuerdo Nacional son las diversas circunstancias —legales, financieras, políticas— del país y de las entidades donde se vivían las peores manifestaciones de la seguridad: se convirtieron en verdaderos cuellos de botella, exhibiendo la complejidad de los cambios y provocando lentitud en los avances gubernamentales.

La depuración y renovación de las policías locales, uno de los aspectos centrales del fortalecimiento institucional y una variable decisiva para el control de la violencia en el ámbito municipal, es un proceso que ejemplifica muy bien esas dificultades. Cuando se manifestó la inseguridad en algunas de estas ciudades: Ciudad Juárez, Monterrey, Veracruz-Boca del Río, Acapulco por mencionar las más emblemáticas en el escenario de la violencia reciente, y se decide depurar y renovar la policía municipal, los pasos a seguir fueron los siguientes:

- ¿Qué hacer con la policía que demostró su ineficacia? ¿Se despide a todos sus elementos (borrón y cuenta nueva) o se rescatan a los que no son corruptos o ineptos, pues su experiencia y conocimiento de la localidad los convierte en activos muy valiosos para la nueva policía? Lo práctico es despedir a todos y comenzar de cero; lo sensato y justo es aprovechar lo rescatable y no despedir a quien no lo merece, pues además, si se va a correr a todos, los montos de las indemnizaciones pueden ser elevadísimos. Por tanto, hay que hacer un primer examen de evaluación y control de la confianza para identificar y separar a los buenos de los malos elementos. Siguientes preguntas: ¿quién puede hacer esos exámenes y cuánto tiempo será necesario, pues el centro estatal de evaluación y control de la confianza aún no funciona o no tiene la capacidad para evaluar a dos mil gentes? Que apoyen los evaluadores de la policía federal, el Cisen y el ejército. Si se reunían diez equipos de evaluación (no era fácil hacerlo, considerando la demanda que existía de los evaluadores de los centros federales) y cada uno podía realizar cuatro exámenes al día, a marchas forzadas (cuarenta diarios), se necesitan cincuenta días sin descanso para evaluar a los dos mil policías en activo. Dos meses nada más para saber quién se podía quedar y quién debía ser dado de baja. Mientras, los criminales continuaban su labor y todos los días aparecían más cadáveres, más empresarios extorsionados, más ciudadanos secuestrados, más vialidades bloqueadas y más narcomantas que exhibían la ineficacia de las autoridades y aumentaban la indignación y el reclamo social.

• Los policías también tienen derechos laborales. Digamos que 70 por ciento de los policías no pasaron la evaluación de confianza o no cumplían los requisitos para desempeñarse como tales, y procede su baja de la corporación. Al ser despedidos habría que indemnizarlos a menos que se les demostrara que cometieron una falta grave, de lo cual no se tenían pruebas; además, en la legislación laboral no se consideraba, por no existir antecedentes al respecto, que el no aprobar un examen de control de confianza fuera motivo justificado de despido. En otras palabras, no se les podía despedir, pues si los elementos dados de baja recurrían a una demanda laboral, los tribunales ordenarían su reinstalación; eso ya había ocurrido en varias ocasiones en la PGR, que despidió a policías judiciales corruptos, quienes posteriormente ganaron los juicios laborales y regresaron a sus antiguos puestos. Primer problema a resolver: fundar legalmente los despidos, lo que suponía modificar leyes estatales, para impedir que regresaran. Congresos locales, por favor apúrense. Mientras tanto, los policías no aptos tendrían que permanecer en la corporación ocupando sus plazas y recibiendo sus salarios, con la implicación obvia de que mientras no las desocuparan, el municipio no tendría el dinero disponible para las nuevas contrataciones. Segundo problema: cómo impedir que esos policías probablemente vinculados al crimen organizado no siguieran apoyando a los criminales; ¿qué tareas asignarles? Por ejemplo, si se les convertía en policías de tránsito desde sus esquinas podrían mantenerse como informantes. Tercer problema: resuelto el problema del fundamento legal del despido, ¿de dónde se obtendría el dinero para pagar las indemnizaciones de más de la mitad de los policías o de todos? Los municipios y los gobiernos estatales no tenían recursos para hacerlo y en los fondos federales asignados a seguridad pública que se les entregan a los gobiernos locales no se considera una partida para ese concepto y la ley es muy especifica sobre el destino que se les podía dar a esos recursos. Las discusiones con respecto a qué porcentaje ponía cada nivel de gobierno y los cambios en las reglas de operación de los fondos federales de apoyo o las leyes presupuestales estatales también fueron una parte, y no la más sencilla, del proceso. Mientras, los criminales continuaban su labor y todos los días aparecían más cadáveres, más empresarios extorsionados, más ciudadanos secuestrados, más vialidades bloqueadas y más narcomantas que voceaban la ineficacia de las autoridades y aumentaban la indignación y el reclamo social.

• El problema de los números. Al mismo tiempo que se iniciaba el proceso de depuración de la policía municipal, había que resolver su sustitución inmediata por fuerzas federales (soldados, marinos o policías federales), lo cual tampoco era un asunto fácil. Entre 2008 y 2011 entraron en crisis de manera simultánea o muy seguida, Ciudad Juárez, Tijuana, Culiacán y sus alrededores, la zona metropolitana de Monterrey, Acapulco y también la Costa Chica y Grande de Guerrero, y hasta Morelos; todo Tamaulipas (Nuevo Laredo, Matamoros, Reynosa, San Fernando, Ciudad Victoria, Tampico), La Laguna (Torreón, Gómez Palacio y Lerdo), el puerto de Veracruz y el municipio conurbado de Boca del Río, y la región de Tierra Caliente en Michoacán. En todos los casos, las demandas de los gobernadores tenían carácter urgente. No podían enfrentar el desbordamiento de la inseguridad, producto de la ruptura de los mecanismos de contención de la violencia; y no confiaban en sus policías. Las solicitudes llegaban al Gabinete de Seguridad del gobierno federal donde se debía decidir a quién mandar (ejército, marina o policía federal), cuántos elementos y por cuánto tiempo. La ONU recomienda un parámetro para definir el tamaño de los cuerpos policiales: tres agentes por cada mil habitantes. Si una localidad tiene 1 millón 200 mil habitantes, como Ciudad Juárez, lo recomendable, en tiempo normales, es una policía de casi cuatro mil elementos. Si se trata de ciudades con índices de violencia elevados, los expertos que han comandado cuerpos policiacos en lugares muy inseguros y violentos como Nueva York, Los Ángeles, Nueva Orleans, Teherán y Belfast, el parámetro se eleva a ocho policías por cada mil habitantes (algunos consideran que en casos extremos, probablemente como el de Ciudad Juárez, esa cifra debía ser incluso de hasta 15 o 20 agentes; pero dejémoslo en ocho). Eso significaba que para apagar el incendio en Juárez se necesitaba una fuerza de 9 600 hombres; para la zona metropolitana de Monterrey (3 millones de personas), la recomendación mínima era de 9 mil, la óptima de 24 mil; Acapulco con medio millón de habitantes, necesitaba entre 1 700 y cuatro mil policías más… Hagamos la suma. Y eso sin considerar el descanso, pues recuérdese que la tarea policiaca es de 24 horas al día, los siete días de la semana y los 365 días del año; ningún policía o soldado puede tener jornadas laborales de 168 horas a la semana. Hay que añadir un porcentaje extra para los relevos y descansos.

- El debate del modelo policiaco del país. El hecho es que los números no checaban y el gobierno federal tenía que priorizar, repartir y desplazar constantemente sus fuerzas, y como los procesos de renovación de las policías municipales y estatales avanzaban lentamente, se buscaron opciones, encaminadas al mismo objetivo, pero con mayor viabilidad y rapidez. Se diseñaron módulos de policía acreditada, o unidades modelo (conformadas por poco más de 300 policías que tenían su mandos bien entrenados y capacitados, áreas de inteligencia e investigación de campo, más el grupo de operaciones), cuya construcción estaría a cargo del gobierno federal con recursos de los gobiernos estatales (se consiguieron recursos adicionales asignados por el Congreso) con la posibilidad de que algunos estados pudieran financiar más de una de esas unidades que comenzaran a hacerse cargo de zonas muy conflictivas. Sin embargo, la insuficiencia de recursos federales para atender la totalidad de las solicitudes de estados y municipios, más la complejidad de la depuración y el fortalecimiento de las policías locales, provocaron un nuevo debate sobre qué tan viable era que los 2 500 municipios lo hicieran. No se necesitaba ser experto para responder que, en el corto plazo, la probabilidad de que ello ocurriera era muy reducida. Entonces la discusión se amplió: qué modelo de policía necesita México. Había quienes se inclinaban por el modelo de Colombia: una policía nacional, lo que supondría desaparecer las policías estatales y municipales, o dejar algunas con funciones menores como las de tránsito y vialidad. La segunda alternativa, considerando la inviabilidad política de una solución que dejara a los gobernadores y presidentes municipales sin el control de ninguna fuerza pública y toda ella se concentrara en el Ejecutivo federal, era mantener y seguir ampliando la policía federal y, además, construir 32 policías estatales fuertes, responsables de las tareas sustantivas de la seguridad pública —prevención, investigación y persecución del delito— apoyada sólo por aquellas policías municipales que, en un plazo razonable, pudieran demostrar que habían alcanzado los estándares de calidad establecidos por el sistema nacional de desarrollo policial. Pero habría un mando único, es decir, que las policías municipales sobrevivientes estarían comandadas por un jefe estatal. Esta propuesta implicaba cambiar el actual modelo de distribución de competencias en materia de seguridad publica establecidas en los artículos 21 y 115 de la Constitución, es decir, dejar atrás un federalismo inviable en materia de seguridad. Los gobernadores estuvieron de acuerdo con la alternativa de las policías estatales con mando único. Por tanto, el Ejecutivo federal elaboró una iniciativa de ley y la envió al Congreso en 2011. Contra todo pronóstico, los legisladores no se pusieron de acuerdo y la propuesta se estancó. De manera que desde entonces no hay una solución de fondo, estructural, al deficiente modelo federalista de distribución de competencias en materia de seguridad. Y mientras ello no ocurra y no se defina un nuevo modelo policial para el país, y se acelere su instrumentación, el ejército tendrá que seguir cargando con la inclemente tarea de suplir a las policías ineficaces por todo el país. Y mientras los legisladores discutían y frenaban la iniciativa, los criminales continuaban su labor: todos los días aparecían más cadáveres, más empresarios extorsionados, más ciudadanos secuestrados, más vialidades bloqueadas y narcomantas que gritaban la ineficacia de las autoridades y aumentaban la indignación y el reclamo social.

- ¿Quién quiere ser policía en Monterrey? Pero regresemos al proceso de la formación de las nuevas policías locales. Una vez que llegaban al estado o municipio las fuerzas federales (lo cual implicaba resolver asuntos logísticos no menores que también consumían tiempo, como alojamiento de los miles de soldados o policías; en ocasiones hubo que construir cuarteles o por lo menos barracas, comedores, baños, etcétera), debían acelerarse los pasos para formar la nueva policía. En el caso de Nuevo León, en 2010, en el segundo año de su periodo, el gobernador se adelantó a la decisión del Congreso y decidió crear una policía estatal con mando único. Sus estudios señalaron que esa nueva policía debía contar con 15 mil elementos y se comprometió a dejarla integrada y funcionando al final de su mandato. Como le restaban cinco años, se planeó incorporar tres mil nuevos agentes cada 12 meses, 250 cada mes en promedio. Diseñaron y lanzaron una campaña en los medios de comunicación para reclutar jóvenes con escolaridad de preparatoria y universidad (sus salarios serían atractivos, dignos y tendrían las prestaciones adecuadas, como asegurar la educación de sus hijos, créditos para vivienda, etcétera). La experiencia de reclutamiento en otras instituciones de seguridad revela que cuando la preselección de aspirantes es buena, una tercera parte —uno de cada tres—, aprueban la evaluación inicial de confianza. Para que Nuevo León incorporara al mes 250 policías nuevos, debían presentarse a los exámenes de control y evaluación de confianza por lo menos 750 aspirantes, 25 diariamente. Los primeros meses y no obstante la intensa campaña publicitaria, no se presentaron ni 100 candidatos. El arraigado desprestigio de las policías de Monterrey (fenómeno no exclusivo de esa ciudad, sino de todo el país) junto a la elevada probabilidad de ser amenazado o ultimado por la delincuencia organizada (las noticias de asesinatos de policías municipales y estatales, de mandos policiacos de todo tipo y hasta de alcaldes de municipios en el estado de Nuevo León eran cotidianas) nulificaron la campaña publicitaria; el miedo superó a los incentivos económicos y el gobierno estatal tuvo que buscar opciones de reclutamiento. Extendieron su campaña al sur del país y comenzaron a reclutar jóvenes de esa región del país. No sólo se retrasó el cumplimiento de las metas, sino que, además, la aspiración de contar con una policía integrada por población local, que conociera el medio en que operaría, no podría cumplirse.[306] El reclutamiento policial en otras entidades enfrentó problemas similares. En la medida en que se fueran incorporando los nuevos cadetes iniciaba su proceso de formación; ello también requería de planeación (la demanda podría superar la capacidad instalada de las escasas academias regionales donde se les formaba), de la renovación de los métodos, las técnicas y los contenidos de la enseñanza básica de los futuros nuevos policías y de la disposición de maestros e instructores suficientes. Más tiempo. Y mientras, los criminales continuaban su labor: todos los días aparecían más cadáveres, más empresarios extorsionados, más ciudadanos secuestrados, más vialidades bloqueadas y narcomantas que aullaban la ineficacia de las autoridades y aumentaban la indignación y el reclamo social.

- ¿Quién paga la cuenta? El modelo de desarrollo policial considerado en el Acuerdo Nacional tiene como finalidad crear cuerpos policiacos eficaces y confiables. Eso quiere decir, entre otras cosas, erradicar en la mayor medida posible[307] la endémica corrupción que ha aquejado a las policías mexicanas. Las disposiciones y los mecanismos considerados para que este nuevo intento de renovación tenga éxito incluyen elementos nuevos como la obligatoriedad de aplicar la evaluación y el control de confianza de manera sistemática y permanente.[308] Los centros responsables que se incrementan en las dependencia federales y se crean en todos los gobiernos

---

[306] No tengo cifras actualizadas del avance de la conformación de la nueva policía neoleonesa para saber si se cumplieron las metas. Pero el punto era señalar las dificultades del proceso de reclutamiento en un contexto de deterioro institucional severo, que no fue el caso único de Nuevo León.

[307] No existe en el mundo una policía 100 por ciento inmune a la corrupción, ni método infalible para desterrarla por completo. Sin embargo, sí es posible reducirla a casos marginales o excepcionales.

[308] Es necesario insistir en que la evaluación y el control de la confianza no se reduce a la aplicación del polígrafo. Éste es sólo uno de los cinco elementos que la componen. Por tanto, señalar que el polígrafo no siempre es eficaz (su eficacia no es perfecta) no invalida a ese instrumento, ni mucho menos debe concluirse que el sistema de control y evaluación de la confianza en su conjunto es inútil.

estatales y en algunos municipales, constituyen una institución nueva, que si se le consolida y no se le pervierte, pueden establecer una enorme diferencia en el combate a la corrupción.[309] Aunque crear y mantener esos centros tiene un costo económico, éste no es relevante en el conjunto del gasto en materia de seguridad y justicia. El resto de los componentes del sistema de desarrollo policial —las condiciones salariales y laborales; el sistema de formación y capacitación; la carrera policial; las nuevas áreas de trabajo (investigación, policía científica)— orientados a dotar de mayores capacidades, pero también a reducir el riesgo de corrupción, sí inciden de manera sustantiva en el presupuesto. La seguridad pública cuesta más, mucho más de lo que históricamente el Estado mexicano le ha destinado. Si 60 por ciento de los policías municipales ganaba cuatro mil pesos mensuales, subirles el salario a 10 mil a todos (un ingreso apenas un poco más digno) tendría un costo adicional mensual de 1277 millones de pesos y más de 16 mil millones al año, considerando su aguinaldo. El Fondo de Aportaciones para la Seguridad Pública (FASP) que el Congreso federal aprueba cada año para apoyar a las 32 entidades federativas en esa materia, creció apenas de 6 600 millones en 2006 a 9 500 en 2012; además, el gobierno creó otros fondos para respaldar a los municipios, el Subsidio a la Seguridad Pública Municipal (Subsemun), el cual destinó, a partir de 2008, más de cuatro mil millones de pesos; también se crearon el Subsidio de Apoyo a Programas en Materia de Seguridad Pública (Prosap) y Subsidio para la Policía Acreditable (SPA). En 2012, estos recursos sumaron 17 300 millones de pesos, casi el triple de lo que se destinaba seis años antes. (Muy pocos rubros del presupuesto federal registraron en ese periodo incrementos de esa magnitud.) Aun así, se quedaban cortos frente a las

---

[309] Los centros de evaluación y control de la confianza debieran gozar de autonomía tanto de las dependencias cuyo personal evalúan (secretarías de Seguridad Pública, procuradurías de Justicia y altos mandos del área de seguridad de los gobiernos estatales y municipales), como de los gobernantes en turno. Además, deben ser dirigidos por personas con una honestidad e independencia a prueba de toda duda.

necesidades crecientes. Por eso, cuando llegaba el momento de contratar a los nuevos policías conforme a las nuevas reglas establecidas por el Sistema de Desarrollo Policial, los gobiernos estatales y municipales entraban en un complicado proceso de negociaciones con el gobierno federal para conseguir financiamiento. La discusión remitía necesariamente al modelo de federalismo fiscal (¿cuánto debe poner la federación y cuánto los estados de sus propios recursos?); a la opacidad de las cuentas de los gobiernos estatales; a los subejercicios del FASP por muchos estados; a la necesidad de que, al igual que el gobierno federal reasignaba recursos de otros programas para priorizar el gasto en seguridad, los gobernadores también hicieran un esfuerzo y cambiaran las prioridades de sus presupuestos estatales para destinar más fondos a la seguridad pública. Algunos gobernadores entendieron que una parte importante de los recursos debían ser locales e hicieron lo conducente. Pero no era la actitud general del resto de gobernadores.

• El sindicato no quiere. La información es decisiva para las organizaciones criminales y para el Estado. No hay acción de ninguno de ellos que no esté fundada en algún tipo de información –buena o mala, suficiente o insuficiente, correcta o falsa— y, por tanto, dotarse de mecanismos para allegarse de la mayor cantidad de ella es vital para ser eficaz. En el caso de la lucha entre el Estado y las organizaciones criminales, saber quiénes las integran, dónde se esconden, qué hacen, por dónde y a qué hora se mueven, cuáles son sus debilidades, etcétera, es condición necesaria para derrotarlas. Para los delincuentes conocer qué piensan hacer los policías o soldados que los persiguen es indispensable para nulificar sus acciones. Muy simple y obvio, pero de vital importancia. Las policías de los municipios grandes tienen una instancia llamada C-4 o Centro de Comando, Control, Comunicación y Cómputo, que es el lugar donde se reciben todas las llamadas de emergencia de los ciudadanos (desde las quejas por el ruido de una fiesta y accidentes viales, hasta los asesinatos, pasando por las denuncias de violencia intrafamiliar, etcétera). Desde esos centros se avisa a las otras agencias relacionadas con estos asuntos (bomberos, procuraduría estatal, cuartel del ejército, etcétera) y desde ahí se despachan (cuando hay) patrullas, bomberos, ambulancias, etcétera. Cuando esos centros funcionan bien, las denuncias se van archivando en bases de datos con los cuales se elaboran mapas delictivos, y también pueden disponer de cámaras de vigilancia para observar en tiempo real lo que ocurre por toda la ciudad. Son pues una instancia estratégica, un punto neurálgico para las autoridades. En esa lucha por hacerse de información y apropiarse de la del Estado, los criminales sabían de la relevancia de los C-4 y no les fue muy difícil, en muchos casos, ponerlos a su servicio. De esa manera, los narcotraficantes estaban informados minuto a minuto de lo que pasaba en la ciudad, por dónde se desplazaban los policías y el ejército, quién los denunciaba por teléfono, negaban el servicio cuando les convenía, etcétera. En los municipios donde el gobierno federal llevaba a cabo operativos y se quedaba con la responsabilidad de la seguridad pública de los municipios o de una región del estado, una de las primeras tareas era recuperar el control de los C-4 y convertirlos en verdaderos centros de información e inteligencia, dotándolos de mayores recursos (sistemas informáticos y de telecomunicaciones de punta; cámaras de videovigilancia, sistemas de control del despliegue de patrullas para mejorar la capacidad de respuesta a las llamadas de los ciudadanos). En un caso, el obstáculo que se enfrentó para que las fuerzas federales tomaran el mando del C-4 fue la negativa del gobernador de la entidad, pues alegaba que no podía despedir a los empleados que allí trabajaban porque estaban sindicalizados, y no tenía presupuesto para indemnizarlos. Pasaron los meses y no hubo manera de que resolviera el asunto; se tuvo que construir un centro paralelo con la consiguiente pérdida de tiempo y dinero. Y mientras, los criminales continuaban su labor: todos los días aparecían más cadáveres, más empresarios extorsionados, más ciudadanos secuestrados, más

vialidades bloqueadas y narcomantas que berreaban la ineficacia de las autoridades y aumentaban la indignación y
el reclamo social.

Estas notas de algunas circunstancias y obstáculos que rodearon el
inicio del proceso de la depuración y el fortalecimiento de las policías locales, dan una idea de lo lento y complejo que es construir
instituciones. Un estudioso de la administración pública podría
analizarlas y realizar un análisis de caso preguntándose si los procesos de toma de decisiones, generación de consensos para garantizar la participación de las organizaciones participantes, coordinación
interinstitucional, seguimiento del cumplimiento de instrucciones
y rendición de cuentas, entre otros, fueron los adecuados o no. Es
evidente que aparecerían aciertos y errores. Sin duda. Son procesos perfectibles que podrían ser más eficientes y ahorrar algo de
tiempo.

Sin embargo, aun disponiendo de los mejores diseños y prácticas de organización, hay fenómenos estructurales difícilmente mo-
dificables, que influyen para que las burocracias estatales sean lentas
por definición, en México y en el resto del mundo. Por ejemplo,
garantizar la participación de los tres niveles de gobierno (federal,
estatal y municipal) que son autónomos, tienen origen partidista
diferente, con intereses no siempre coincidentes, horizontes de trabajo distintos (había elecciones y renovación de autoridades todos
los años), con grados de eficacia administrativa heterogénea, es mucho más lento que cuando el Ejecutivo federal no tiene que consultar con nadie sus decisiones y no existen gobiernos locales
autónomos. Para completar el cuadro e iluminar su complejidad
real, también deben incorporarse los tiempos y ritmos del Poder
Legislativo para la aprobación de iniciativas de leyes y presupuestos,
los cuales no se han distinguido por su rapidez.

El proceso para convencer y, posteriormente, alinear las capacidades y los recursos de múltiples agencias estatales en pos de
un objetivo común, que nunca había adquirido el carácter de prioritario y que además implicaba un cambio radical frente a lo que
se había hecho anteriormente, ha sido muy lento. Además, las
inercias burocráticas, las resistencias naturales debido a la ruptura

de intereses creados muy poderosos, el desconocimiento de cómo llevar a cabo un cambio de fondo en el sistema policiaco y la tentación de recurrir a soluciones tradicionales pero ineficaces, hicieron aún más complejo avanzar en este esfuerzo inédito.

Ahora una anécdota para ilustrar lo anterior. El gobernador de un estado con fuerte presencia de organizaciones del narcotráfico inició su administración con una gran voluntad política para enfrentar el problema; entonces creó una unidad élite en la policía estatal de alrededor de 40 integrantes. Para ello seleccionó a los mejores elementos considerando su honestidad y capacidad, y les encargó la tarea de perseguir a los grupos más violentos del crimen organizado. A los pocos días, la delincuencia organizada emboscó a un convoy en el que se trasladaban 15 policías de esa unidad y los asesinó a todos. El golpe fue devastador. El mandatario estatal pidió ayuda al gobierno federal, por lo que acudió a una reunión del Gabinete de Seguridad: "Mándenme al ejército o a la policía federal, por favor", solicitó de entrada. Le respondieron que se haría un esfuerzo para ayudarlo, pero también se le dijo que mandar mil o dos mil soldados no resolvería el problema, ya que no podrían permanecer indefinidamente, pues ni con el ejército ni la policía federal enteras se podrían cubrir las necesidades de seguridad de todo el país de manera permanente. "Pero entonces, ¿qué hago?" preguntó el gobernador. La respuesta fue simple: "Tiene que renovar todas las policías de su entidad." "Pero todas están infiltradas y si se les despide se van a pasar a trabajar para los narcotraficantes", afirmó el mandatario. La réplica fue: "No se van a pasar, por que ya se pasaron hace tiempo; además es mucho mejor que si ya están del lado del crimen organizado, como usted dice, el Estado mexicano deje de pagarles y les retire la placa y la pistola." Es intolerable que siendo criminales se ostenten como policías al servicio de los ciudadanos y que, además, con impuestos de éstos reciban un salario para atacarlos.

El asesinato de casi la mitad de miembros de la unidad élite hizo que el gobernador comprendiera que una medida aislada y casi simbólica no era una respuesta eficaz para la fuerza de las organizaciones criminales y la violencia que generaban. Una vez que entendió, primero, que las fuerzas federales sólo eran una respuesta temporal y, segundo, que mantener el *statu quo* (dejar intactas a las policías municipales y estatales por el miedo a que se pasaran al narco) no sólo no era una solución sino una medida contraproducente, el resto de la reunión versó sobre las complejidades de iniciar la depuración y renovación de las policías: la depuración vía la aplicación del modelo de evaluación y control de la confianza; el proceso de despido y liquidación de los elementos que no aprobaran; la necesidad de reasignar recursos del presupuesto estatal para pagar las liquidaciones; modificar la legislación laboral estatal para fundar legalmente el despido; el proceso de reclutamiento, selección y formación de los nuevos policías; los mecanismos de apoyo federal, etcétera. "Pero todo eso lleva mucho tiempo y cuesta mucho dinero", comentó el gobernador. "Sí, sin duda, pero no hay de otra si quiere resolver el problema de la inseguridad y la violencia en su estado".

El caso es que México estaba ante dos hechos incontrovertibles, sin solución real y duradera en el corto plazo. Por un lado, una sociedad que exigía, con toda razón, que sus autoridades cumplieran con su obligación de garantizar la seguridad de los ciudadanos, por el otro, un Estado (que no el gobierno, sino el Estado) muy débil, de manera que los resultados que demandaba la población se alcanzarían en el mediano plazo, una vez que se avanzara en la reconstrucción de las instituciones de seguridad y justicia. Dicho de otra manera, se concretó la ominosa frase: "Cuando el futuro nos alcance", pues se volvió realidad lo que durante décadas se pensó que no ocurriría y para lo cual el país no se preparó. En otras palabras, no se trataba de hacer un arreglo menor, sino de una empresa de enormes proporciones: reconstruir el Estado en su dimensión básica y originaria, la que le permita garantizar la seguridad de los ciudadanos.

CONSIDERACIONES FINALES

APUNTES PARA LA EVALUACIÓN DE LA POLÍTICA
CONTRA EL CRIMEN ORGANIZADO

El narcotráfico ha sido uno de los materiales con que se tejió la historia de México durante el siglo pasado. Al principio apenas se notaba. Unos chinos y sus fumaderos de opio en Sinaloa y Baja California; unos políticos haciéndose ricos con la venta de goma de opio en Estados Unidos; campesinos de Sinaloa, Michoacán y Guerrero, miles pero marginados y lejos de cualquier mirada social o estatal, que sobrevivían un poco menos mal cultivando marihuana que maíz; los primeros capos que eran vistos más como personajes pintorescos —que motivaron las primeras leyendas contadas en narco corridos— que como una amenaza a la sociedad y al Estado.

Entre tantos hilos que anudaron nuestra historia en las décadas de 1920 a 1980 (la construcción del nuevo Estado posrevolucionario, el desarrollo económico en el campo y las ciudades, los partidos políticos y la democracia, las luchas sindicales y campesinas, etcétera), el crimen organizado dedicado al narcotráfico pasó prácticamente inadvertido y menospreciado —igual que lo hacían casi todos los temas relacionados con el estado de derecho— hasta por lo menos la mitad de los años ochenta y, sobre todo, en los noventa, cuando se hizo notar de manera más frecuente por eventos violentos de enorme impacto mediático y político, como los asesinatos de un agente de la DEA o del cardenal Posadas Ocampo en Guadalajara.

Es a mediados de la década de los ochenta que el narcotráfico, en ese entonces con ya seis décadas de experiencia y crecimiento ininterrumpido, comienza una nueva etapa de enriquecimiento (por su participación en el multimillonario tráfico de cocaína) y fortalecimiento, que le permite cambiar las reglas del juego en su relación con el Estado. Encuentra en la debilidad y la corrupción de las instituciones de seguridad y justicia un factor decisivo para su expansión. Si antes existió un arreglo tácito en el cual el Estado permitía y regulaba el negocio a cambio de una parte de las ganancias y poniendo algunos límites a la actividad criminal, tanto en términos de violencia como de no realizar otro tipo de delitos; a partir de la década de los noventa y en particular a principios del presente siglo, el acuerdo se modificó drásticamente.

Las modificaciones del Estado (el sistema presidencialista se desmanteló y el poder político se democratizó tanto entre los poderes ejecutivo, legislativo y judicial, como entre los tres niveles de gobierno: federal, estatal y municipal) y del narcotráfico (fragmentado en varias organizaciones confrontadas entre sí) hicieron imposible desde entonces un acuerdo nacional entre ambos sujetos. Lo que se dio fueron arreglos locales o regionales propiciados y comandados por las organizaciones criminales, que necesitaban la protección y colaboración de las autoridades de los tres niveles en sus áreas de influencia. En esos arreglos, las reglas fueron establecidas por los criminales por la simple razón de que eran más poderosos que las autoridades locales y porque las acciones del gobierno federal en contra de ellos carecían de la fuerza y la contundencia para someterlos.

El Estado mexicano se percató entonces de que aquella actividad de campesinos pobres, capos de leyenda y policías y funcionarios corruptos ya no era un asunto tan inocente y controlable como parecía. Sin embargo, aunque en el discurso oficial había voluntad de combatirlo, en la práctica las acciones eran aisladas y, por tanto, discontinuas; además, se carecía de instituciones fuertes y confiables y en todas ellas había muchos que trabajaban más para el crimen organizado que para el Estado. Así, en esos años se agudizó la esquizofrenia estatal.

Se perseguía al narcotráfico y, eventualmente, se detenía algún capo o se desmantelaba alguna pequeña organización como la de los Amezcua Contreras; al mismo tiempo las autoridades locales (en especial las policías municipales y estatales, pero también algunas políticas y del sistema judicial) fueron quedando atrapadas cada vez con mayor fuerza en la telaraña del crimen organizado. Policías judiciales estatales y federales actuaban cada vez más abiertamente como parte de las organizaciones de Juárez, Tijuana, Pacífico, el Golfo. Las municipales eran parte del sistema de información de los narcotraficantes. Los jueces les temían y algunos los liberaban con gran facilidad cuando eran atrapados. Las sucesivas reestructuraciones de la PGR nunca pudieron terminar con el cáncer de la corrupción.

Esa debilidad histórica de las instituciones responsables de la seguridad y la justicia en México fue un factor decisivo en la evolución histórica del crimen organizado. Entre su complicidad y su ineficacia eliminaron, para efectos prácticos, una de las características que en la mayoría de los países lo definen: operan con el Estado en su contra; es decir, la condición natural del crimen organizado donde existen instituciones de seguridad y justicia con las capacidades y los recursos para desempeñar sus tareas (defender a la sociedad, hacer valer la ley) es vivir perseguido, acosado, hostigado y, así, acotado de manera sistemática. Esto no sólo no ocurrió en México, sino que durante varias décadas el Estado mismo lo "reguló", permitiendo y aun amparando su crecimiento. Cuando el narcotráfico se sintió lo suficientemente fuerte, en el contexto de un mercado ampliado comenzó a imponer sus reglas, sin que el Estado tuviera las capacidades y los recursos para impedírselo.

Los noventa y los primeros seis años del nuevo siglo fueron años muy buenos para el negocio de la exportación de drogas desde México. Con el cierre de las rutas del Caribe las organizaciones mexicanas se consolidaron como los principales proveedores de cocaína —la droga más rentable de todas—, cuyo mercado creció entre 1990 y 2006 de 2.4 a 3.1 millones de consumidores regulares de cocaína y crack; en el caso de la marihuana, su consumo creció significativamente, pues los fumadores regulares de la yerba aumentaron en ese periodo de 11 a 15 millones.

Además, en Estados Unidos hubo algunos cambios que favorecieron el negocio y las organizaciones. En primer lugar, el gobierno del presidente George W. Bush invirtió la prioridad presupuestal pues a partir de 2000 y durante los ocho años que estuvo en la Casa Blanca dedicó 65 por ciento de los recursos destinados al problema de las drogas a la persecución de los narcotraficantes (detener la oferta) y sólo 35 por ciento a la prevención del consumo y tratamiento de los adictos (reducir la demanda), cuando en las décadas previas la prioridad fue la inversa. En segundo lugar, y para completar el contexto favorable a las organizaciones del narcotráfico, en 2004, el presidente Bush no renovó la prohibición, establecida diez años antes por el presidente Bill Clinton, de vender armas de asalto o de alto poder a cualquier persona, lo que facilitó el proceso de equipamiento de los cada vez más profesionales y letales ejércitos privados al servicio del narcotráfico. Un estudio reciente demuestra la relación positiva entre el incremento de la violencia en México y el fin de esa prohibición.[310]

Este brevísimo y apretado repaso sirve sólo para tener presentes los factores que, combinados como la *tormenta perfecta*, resultaron en la doble tragedia de México de los últimos años: por un lado, un crimen organizado crecientemente fragmentado y confrontado entre sí, pero extremadamente extendido, poderoso y violento. Por el otro, un Estado histórica y estructuralmente omiso y débil en materia de seguridad y justicia, en el que la fragilidad e ineficacia de sus instituciones en esas materias (policías, ministerios públicos, jueces y cárceles) se sumó a la presencia sistemática de la corrupción y, recientemente, a su captura y reconfiguración en el ámbito

---

[310] Luke Chicoine, *Exporting the Second Amendment. U. S. Assault Weapons and the Homicide Rate in Mexico*, University of NotreDame, Department of Economics, 2010. El autor sostiene que existe una correlación positiva entre el número de homicidios en los municipios fronterizos de México y la disponibilidad de armas de asalto. Su investigación señala que por lo menos 16.4 por ciento de los homicidios ocurridos entre 2004 y 2008 se debió a la terminación de la prohibición de las armas de asalto.

local, como verdaderos elementos orgánicos de las organizaciones criminales. Es necesario insistir en que el tamaño y el poder desproporcionados de éstas (y, por tanto, también una buena parte de la violencia) sólo se pueden explicar por las características de las instituciones del Estado que, cuando son fuertes y eficaces, operan como mecanismos de contención tanto del poder de las organizaciones como de la violencia que ejercen. Pero en nuestro país acusaban tal fragilidad y complicidad que se convirtieron en el piso firme sobre el cual las organizaciones construyeron sus imperios criminales.

Así, en 2006, el gobierno de Felipe Calderón se encontró con un problema de seguridad nacional, no de seguridad pública. El síntoma más claro y evidente no era el preocupante incremento del consumo de drogas en México (fenómeno que, no obstante, debía ser enfrentado a riesgo de convertirlo no sólo en un grave problema de salud pública, sino en una fuente alternativa de ingresos del crimen organizado, considerando que el mercado de Estados Unidos se reducía y se hacía más competitivo). Lo crucial era la expansión territorial de las organizaciones y de sus actividades criminales diversificadas, la creciente violencia de los enfrentamientos entre ellas y, sobre todo, la debilidad y el proceso creciente de captura de las instituciones del Estado del área de seguridad y justicia. Las expresiones de la debilidad eran múltiples y todas graves: policías por todo el territorio nacional al servicio de los criminales con la consecuente indefensión de los ciudadanos; fuerzas federales insuficientes para atender las demandas de los gobernadores y cubrir la ausencia y debilidad de las fuerzas estatales y municipales; deficiencias y rezagos severísimos en la procuración e impartición de justicia; una policía federal mínima; sistemas de información e inteligencia policial y criminal incipientes o inexistentes; mecanismos de coordinación escasos y poco operativos entre dependencias y niveles de gobierno; presupuestos federal y estatales muy por debajo de los requeridos.

Así, la amenaza a la seguridad nacional que representaba el crimen organizado planteaba un serio dilema, pues implicaba poner en marcha una política para enfrentarla, pero con deficiencias y carencias estructurales, no atribuibles al gobierno, sino al Estado mismo. Es decir, no importaba quién fuera el presidente ni a qué partido perteneciera, los recursos institucionales disponibles eran insuficientes y muchos se encontraban en situación crítica, ya sea por la corrupción o por las graves carencias presupuestales, materiales y organizativas. Hubo críticas a la decisión del presidente Calderón de emprender las acciones contra las organizaciones del narcotráfico en las condiciones en que estaban las instituciones. Sin embargo, un presidente no puede política ni legalmente argumentar la inacción del Estado y pedirle a las poblaciones sometidas a la violencia y la inseguridad que se esperen quince o veinte años a que se rehagan las instituciones. La gravedad del problema exigió poner en marcha una política pública al mismo tiempo que renovar y fortalecer las instituciones responsables. No es lo ideal, sin duda, pero la otra opción —dedicarse sólo a fortalecer instituciones sin acciones en contra de las organizaciones criminales— significaba seguir permitiendo la expansión de las organizaciones y el agravamiento de la inseguridad.

La ecuación era simple: la mayor fortaleza del crimen organizado se había sustentado en la debilidad de las instituciones estatales de seguridad y justicia. Por ello, la urgencia era doble: comenzar a contener y debilitar al primero y al mismo tiempo fortalecer a las segundas. Todo indica que esas dos realidades operan como vasos comunicantes. Así, en la medida en que el Estado recuperara y aumentara sus capacidades operativas (por ejemplo, el crecimiento y la profesionalización de la policía federal; la mejoría de las condiciones laborales del ejército para reducir las deserciones de soldados; la implantación de los sistemas de control de confianza en las policías de todo el país como el primer paso de su depuración); de inteligencia en los tres niveles —estratégica, táctica y operativa—; de procuración e impartición de justicia, etcétera, en esa medida sus acciones para desarticular y debilitar a las organizaciones criminales ganarían eficacia y contundencia.[311]

---

[311] Vuelvo a insistir en que la ecuación completa debe incorporar al tercer factor clave, que es la sociedad. Que por razones de tiempo no esté considerado en este estudio el tema del papel que tiene la sociedad tanto en el crecimiento y en el debilitamiento de la criminalidad, no debe significar que no debe incluirse en investigaciones futuras.

Y esa fue la apuesta estratégica: revertir la tendencia de la ecuación, pues el proceso de empoderamiento del narcotráfico, en particular, y del crimen organizado, en general, se venía dando prácticamente sin obstáculos desde hacía varias décadas. No es que el Estado no hubiera hecho cosas, pero el tema nunca tuvo la prioridad política ni presupuestal que debió tener de manera sostenida y sistemática, por lo menos desde mediados de los ochenta. Esta ecuación puede ser uno de los puntos de partida para emprender la necesaria evaluación de los primeros años de la lucha por recuperar la seguridad de los mexicanos. Es evidente que la evaluación no debe perder de vista el objetivo central de la política: la seguridad de los ciudadanos y, por tanto, la eficacia final del esfuerzo de los gobiernos debe medirse en términos de la reducción de los delitos que generan la inseguridad: homicidios, secuestros, extorsiones, robos con violencia, etcétera.

Sin embargo, antes de concluir que lo realizado durante el gobierno del presidente Calderón fue un fracaso total, considerando que al final de 2012 la violencia y la inseguridad registraron niveles elevados, es necesario plantear bien los términos de la evaluación, pues de lo contrario se tendrán juicios sumarios, útiles para los discursos políticos y las contiendas electorales, pero inútiles y aun peligrosos para disponer de elementos serios y fundados que ayuden a mejorar y perfeccionar las políticas y estrategias a fin de llegar al objetivo de tener una sociedad segura y un estado de derecho.

Sin duda alguna, reducir la violencia debe ser uno de los objetivos fundamentales de la política de combate al crimen organizado, pero para que esa meta sea realista una variable fundamental debe ser el tiempo, toda vez que en ninguna parte del mundo donde se han presentado ese tipo de olas de violencia la disminución es drástica, de un día para otro. En Colombia, por ejemplo, el incremento de los asesinatos ligados al narcotráfico y a la guerrilla comenzó en 1984, al pasar de alrededor de 30 a 80 homicidios por cada 100 mil habitantes en 1991, cuando se alcanzó el pico máximo de violencia. La disminución se inició en 1992 y en 2004, doce años después, cuando se había reducido a 40 homicidios por cada 100 mil habitantes. Es decir, lograron una caída de 50 por ciento en un periodo de doce años. Otro referente utilizado en todo el mundo como ejemplo de reducción de violencia es el de la ciudad de Nueva York, que en 1990 alcanzó un máximo histórico de diez homicidios por cada 100 mil habitantes; la disminución de 60 por ciento, a cuatro asesinatos por cada 100 mil habitantes les llevó exactamente una década.[312]

En un análisis elaborado por Alejandro Hope —quien se ha convertido en uno de los principales estudiosos del tema de la violencia— para GEA (Grupo de Economistas y Asociados), México, se identifica el ciclo de violencia en México: "La incidencia de delitos violentos aumentó en el sexenio pasado. Ese hecho es incontrovertible: la tasa de homicidio pasó de 9 a 21 por 100 000 habitantes entre 2007 y 2011, de acuerdo con las estadísticas de mortalidad de INEGI. No se trató, sin embargo, de un ascenso ininterrumpido. La mayor parte del incremento de la violencia criminal durante el gobierno de Felipe Calderón se produjo en un periodo de 30 meses, entre el primer trimestre de 2008 y la mitad de 2010. En esa etapa, el promedio diario de homicidios más que se duplicó, pasando de 29 a 60."

"A partir de junio de 2010, la serie tendió a estabilizarse en torno a 60 homicidios diarios, con la excepción de un periodo de alta violencia en el segundo trimestre de 2011. A partir de ese punto, la tendencia se volvió descendente. En los últimos 18 meses del gobierno de Calderón, el promedio diario de homicidios disminuyó 26.5 por ciento, de 68 a 50. Con ello, el número de homicidios en 2012 se redujo 8.5 por ciento, la primera caída para un año desde 2007".[313]

Con estos datos, la evaluación del sexenio en términos de los homicidios ya no puede ser tan categórica y aseverar que fue un fracaso total, pues la tendencia creciente no sólo se detuvo, sino que comenzó a disminuir. Para hacer una evaluación completa y justa, hay que añadir, por tanto, otras variables como el tiempo

---

[312] Pablo Casas Dupuy y Paola González Cepero, *Políticas de seguridad y reducción del homicidio en Bogotá. Mito y realidad*, Colombia, Fundación Seguridad y Democracia, s.f., pp. 243-245, 279.

[313] Alejandro Hope, Homicidios, *¿De dónde venimos y cómo vamos?*, documento interno, Grupo de Economistas y Asociados (GEA), marzo de 2013.

GRÁFICA 12

Homicidios dolosos, enero 2008-mayo 2010
(Promedio diario)

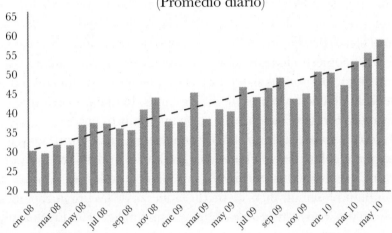

Fuente: SESNSP.

GRÁFICA 13

Homicidios dolosos, junio 2010-febrero 2013
(Promedio diario)

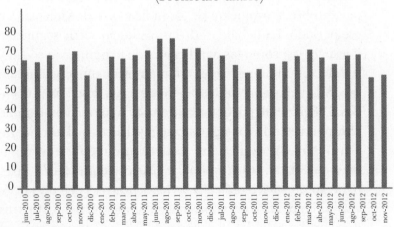

Fuente: SESNSP.

y las causas que la provocaron. Respecto a este último punto, quienes califican negativamente al gobierno de Felipe Calderón lo hacen con base en un juicio que supone que su estrategia fue la causante de la violencia. Hasta ahora, una buena parte de los estudios sobre la violencia ha centrado la explicación de la violencia en el efecto de algunas políticas y el tipo de actuación de las agencias del gobierno federal sobre las organizaciones criminales. Las más conocidas son las siguientes: el despliegue de las fuerzas federales; la detención o muerte de los capos, lo que provoca que se dividan las organizaciones y entren en conflicto entre sí; cuando el ejército asume las funciones de policía municipal rompe los pactos que regulan, en el ámbito local, el funcionamiento de los mercados ilegales y que contienen la violencia; además, se puso a combatir al narcotráfico sin medir la fuerza de las organizaciones criminales, con instituciones débiles y sin inteligencia. En síntesis, la hipótesis de que el gobierno le pegó al avispero y éste se le salió de control.

Sin embargo, el asunto es más complejo que eso. El análisis citado de Alejandro Hope presenta una síntesis apretada de las probables causas y señala que aún no se tiene un conocimiento acabado sobre el tema:

> ¿Qué puede explicar ese incremento inusitado de la violencia criminal? Sin duda, diversos factores estructurales, tanto sociales como institucionales, pudieron haber tenido un impacto sobre la evolución de los indicadores de violencia en ese periodo. La debilidad de las instituciones de seguridad y justicia, así como las condiciones de marginación social y sus efectos criminogénicos, están ampliamente documentados. Sin embargo, esos fenómenos existen desde hace décadas. Difícilmente pueden explicar por sí mismos un cambio abrupto de tendencia en indicadores delictivos. Para encontrar una mejor explicación, es necesario remitirse a causas más inmediatas. ¿Qué cambió en México entre 2007 y 2011 para dar un vuelco radical a las tendencias del delito y la violencia? La política del gobierno, en primer término. A partir de su arribo al poder, el presidente Felipe Calderón puso en

marcha una estrategia mucho más agresiva de persecución de las bandas de la delincuencia organizada. En términos esquemáticos, se han identificado dos tipos de medidas que pudieron haber incrementado involuntariamente los niveles de violencia:

a. Despliegue masivo de fuerzas federales: a solicitud de diversos gobernadores, empezando con el de Michoacán, el gobierno federal inició, a partir de diciembre de 2006, operativos conjuntos de las fuerzas armadas y de la Policía Federal en diversos puntos del territorio. Diversos analistas han mostrado que parece existir una correlación robusta entre el anuncio del inicio de los operativos conjuntos y el disparo de violencia en los estados involucrados. Sin embargo, el mecanismo causal no está claro. Fernando Escalante Gonzalbo sugiere que la presencia de elementos federales pudo haber roto arreglos preestablecidos entre autoridades locales y grupos delictivos. La teoría no es descabellada, pero se requiere más investigación sobre el tema y, en particular, una explicación de los casos donde se registró un incremento significativo de la violencia previo al inicio de los operativos federales correspondientes (p.e., Tamaulipas, Nuevo León, Jalisco).

b. Decapitación de organizaciones delictivas: a partir de 2007, el gobierno federal instrumentó una política activa de decapitación y desmembramiento de las bandas del narcotráfico. En espacio de cinco años, se logró la captura o abatimiento de 21 de los 37 principales dirigentes de los cárteles, además de un número no cuantificado de operadores medios. En teoría, una política de decapitación como la implementada pudo conducir a la violencia por tres canales: a) provocando una disputa sucesoria al interior de la organización, b) incentivando la ruptura de mandos medios y la creación de nuevas organizaciones, y c) generando vacíos que pueden ser aprovechados por grupos rivales. Sin embargo, existe un debate sobre el impacto real de la política de decapitación. Eduardo Guerrero, por ejemplo, ha argumentado que en 22 de 28 casos analizados, la detención o abatimiento de un capo produjo un incremento de violencia en su zona de influencia. En cambio, Alejandro Poiré, en ese entonces secretario técnico del Gabinete de Seguridad Nacional, analizó 10 detenciones o abatimientos de capos y encontró que en siete no hubo un incremento del número de homicidios posterior al hecho. Sin entrar a los detalles de esa discusión, parece indudable que, en algunos casos, la decapitación de algunas organizaciones pudo haber provocado un aumento en la incidencia de algunos delitos violentos en algunas regiones, pero esa afirmación no es generalizable a todos los casos y a todo el país…

"La política del gobierno —continúa el análisis de Hope— no fue lo único que cambió entre 2007 y 2010. Al mismo tiempo, se registraron cambios importantes en el entorno internacional:

a. Entre el primer trimestre de 2007 y el cuarto trimestre de 2008, el precio al menudeo de la cocaína se duplicó en Estados Unidos, de acuerdo con información de la DEA. Ese disparo parece haber sido resultado de un cambio en las prioridades antinarcóticos del gobierno de Colombia: a partir de 2006, las autoridades de ese país empezaron a privilegiar la interdicción de flujos de cocaína por encima de las tareas de erradicación. Eso llevó a un incremento de 60 por ciento en los decomisos de cocaína en Colombia en 2007. En un contexto de menor disponibilidad de producto y mayores precios, los narcotraficantes pudieron haberse ajustado reduciendo el tamaño promedio de cada envío. Ello pudo haber exacerbado para los narcotraficantes los problemas de seguridad interna (evitar robos de empleados y contratistas), seguridad externa (evitar robos de rivales o decomisos de las autoridades) y cobranza. En ese contexto, no es improbable que las bandas del narcotráfico hayan optado por hacer un uso más intensivo de la violencia. De hecho, en un trabajo reciente, Daniel Mejía y Pascual Restrepo, investigadores de la Universidad de los Andes, encontraron una relación estadística robusta entre decomisos de cocaína en Colombia y el número de homicidios en México, particularmente en municipios fronterizos y costeros...

GRÁFICA 14

Violencia en México y precios de cocaína en EUA
2007-2009 (por trimestre)

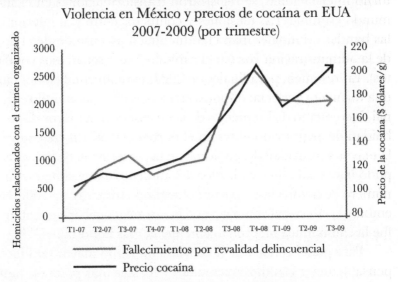

Fallecimientos por revalidad delincuencial

Precio cocaína

Nota: precios ajustados por pureza. Promedio trimestral Nacional.
Fuente: Presidencia de la República y *National Drug Intelligence Center* (base de datos STRIDE).

b. Como es bien conocido, Estados Unidos eliminó en 2004 la prohibición a la venta de rifles de asalto. Con alta probabilidad, ese hecho generó un incremento en la disponibilidad de armas de grueso calibre en México. Dos trabajos académicos recientes en Estados Unidos[314] muestran una relación estadística significativa entre esa decisión regulatoria del gobierno estadounidense y el incremento de la violencia en México…

c. Por último, el número de ex convictos repatriados de Estados Unidos casi se duplicó entre 2002 y 2010. Con alta probabilidad, ese fenómeno generó un incremento de la incidencia delictiva en las comunidades receptoras en la zona fronteriza, tal como sucedió una generación antes en Centroamérica. Sin embargo, resulta difícil evaluar la magnitud del impacto…

---

[314] http://themonkeycage.org/2012/12/17/the-expiration-of-the-u-s-assault-weapons-ban-increased-violence-in-mexico/.

Además de cambios en la estrategia gubernamental y en el entorno internacional, se registraron transformaciones en el submundo criminal. Las tensiones y conflictos entre y al interior de las bandas criminales iban claramente en ascenso desde el final de la administración Fox (en el capítulo 5 se reseñan esos conflictos). En resumen, para finales de 2007, existían condiciones para una tormenta perfecta: disputas crecientes en el submundo criminal, incremento de los precios de la cocaína y una mayor disponibilidad de armas y hombres en el norte del país. En ese entorno, la mayor agresividad del gobierno en la persecución de los cárteles pudo haber sido un catalizador del aumento extraordinario en el número de homicidios a partir del segundo trimestre de 2008. Sin embargo, es crucial subrayar que la estrategia gubernamental no fue la causa única ni, probablemente, la más importante."[315]

Para poder reducir la violencia a un ritmo mayor será indispensable tener estudios nacionales y locales más precisos, tanto sobre las causas que provocan las olas de asesinatos y el disparo de otros delitos como los secuestros y extorsiones, como de los factores que la contienen. Ciudad Juárez fue la capital de la violencia durante esos años de pesadilla de 2008-2010. Los operativos del gobierno federal se reforzaban año tras año, además se puso en marcha un ambicioso proyecto social, llamado *Todos somos Juárez*, para atender los graves rezagos en ese ámbito (escuelas, hospitales, rehabilitación de espacios públicos, proyectos deportivos, culturales, etcétera), sustentados además en una amplia participación de organizaciones comunitarias y de la sociedad civil. Al final del gobierno de Calderón, los resultados positivos eran evidentes: "A finales de 2010, en el pico de la violencia, se registraban en esa localidad más de 300 homicidios por mes. Para mediados de 2012, la cifra había disminuido 90 por ciento, a menos de 30 por mes. Medido por año, la disminución absoluta fue de 2 416 homicidios entre 2010 y 2012."[316]

---

[315] Alejandro Hope, *op. cit.*
[316] *Ibid.*

GRÁFICA 15

Ciudad Juárez: Homicidios dolosos 2007-20012

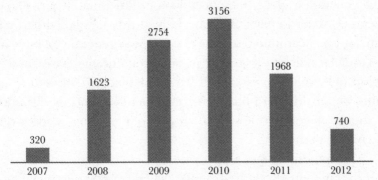

Fuente: Fiscalía General del Estado de Chihuahua, *Diario de Juárez*.

Falta hacer una evaluación detallada de la contribución específica de los distintos factores (las estrategias policiacas, la participación social, los programas sociales, la situación política local, la depuración de la policía municipal) que intervinieron, de manera que el aprendizaje de Juárez pueda ayudar a mejorar las estrategias en otras localidades con tasas elevadas de violencia.

A reserva de que se tengan esos estudios sobre la disminución de la violencia en Juárez, cualquiera que sean los resultados específicos, en ellos se habrán respondido tres preguntas fundamentales: *1)* ¿Qué tanto se fortalecieron las instituciones del Estado y se incrementó su presencia y su eficacia? *2)* ¿Qué tanto se debilitó a las organizaciones criminales? *3)* ¿Cuánta ciudadanía activa y responsable se construyó y participó en el esfuerzo? Por esa razón, para poder responder a la pregunta clave de la evaluación de las políticas públicas en materia de seguridad —¿cuánto tiempo nos tomará reducir la violencia y la inseguridad?—, es indispensable responderse antes las interrogantes sobre cuánto se ha revertido la ecuación básica que generó la crisis de violencia e inseguridad: Estado débil y organizaciones criminales fuertes.[317]

---

[317] La ecuación completa es en la que se añade el factor social, una ciudadanía débil y en la que una parte de ella es cómplice —voluntaria o involuntariamente— del crimen organizado; pero como ese gran tema no fue abordado en este estudio, considero solamente su parte básica.

El presidente Calderón entendió bien el problema y por eso planteó como uno de los componentes fundamentales de la estrategia general fortalecer toda la cadena institucional, y para ello se diseñó el Acuerdo Nacional para la Seguridad, la Legalidad y la Justicia. En el capítulo 6 expuse el contenido general y planteé algunas de las dificultades que se presentaron durante la instrumentación del Acuerdo; esos apuntes pueden servir sólo como un punto de partida para hacer una evaluación a fondo y seria que permita conocer en qué se avanzó y en qué no, qué ayudó y qué dificultó esa tarea.

Mi hipótesis es que a partir de 2007 se comenzaron a construir los cimientos y algunos muros del edificio de una nueva institucionalidad. En primer lugar, se mandó hacer un diseño total del edificio (el Acuerdo Nacional de 2008), cosa que nunca se había hecho; se podrá modificar y mejorar, pero existe una propuesta general que incorpora los tres poderes de la Unión y los tres niveles de gobierno, es decir, al Estado entero. Consideró además, todo el proceso de la seguridad y la justicia: desde la definición de un nuevo modelo aplicable a todas las policías del país, con especial énfasis en las locales y sus tareas básicas (la prevención e investigación de los delitos) hasta la construcción de cárceles federales, pasando por la reforma de todo el sistema de justicia penal (ministerios públicos y juzgados penales).

La reconstrucción pudo iniciarse debido a la inclusión de dos aspectos indispensables para la viabilidad: el sustento legal (leyes orgánicas de la PGR, de la policía federal, del sistema Nacional de seguridad Pública, etcétera) y los recursos presupuestales adicionales. Y ya en cuanto a los cimientos mismos construidos destacan, desde mi punto de vista: a) la policía federal que es un legado institucional muy relevante no obstante los defectos e imperfecciones que supuso su acelerado crecimiento; b) los centros de control de confianza como cimientos reales —en el sentido de ser una parte de las instituciones que normalmente no se ve, pero que sin ella es más fácil que se derrumben los edificios— de la depuración y profesionalización de las policías locales y, c) la reforma del sistema de justicia penal.

En el proceso de revertir el sentido de la ecuación básica —debilitamiento del crimen organizado y fortalecimiento del Estado— hay un espacio estratégico de lucha entre ambos: el control por los municipios. Se trata de los esfuerzos del Estado por recuperar territorio, pero no sólo eso, sino también el mando sobre los alcaldes, los jefes de las policías y sus elementos, sobre los recursos del municipio. Esta lucha es imposible de librarla sin hombres armados, aunque ello no necesariamente signifique que tenga que ser violenta. Para recuperar los municipios tomados es indispensable la presencia de la fuerza del Estado (soldados y/o policías bien equipados), que ponga un límite a la movilidad de las bandas armadas de las organizaciones criminales y que defiendan a las autoridades de las amenazas de los narcotraficantes. Como las policías municipales o estatales no son confiables o no tienen la cantidad de hombres y la fuerza suficiente para proteger a todos los presidentes municipales y a la población, la presencia del ejército o de la policía federal es indispensable. Los operativos federales significaron el principio de la lucha del Estado por recuperar lo que le corresponde.

Sin embargo, es una batalla que está lejos de estar ganada, pues sobre el control de esos territorios y recursos se asienta en gran medida el poderío de las organizaciones criminales. Los han defendido a muerte y si el Estado avanza algo en el control, las organizaciones se repliegan temporalmente y luego vuelven a atacar; en cuanto hay elecciones y nuevas autoridades vuelven a desplegar su poderío para someterlas por las buenas o por las malas y si los gobiernos estatales y federal se descuidan un poco o bajan la guardia, el crimen organizado logra recuperarlos. Aunque parezca poca cosa, pero por lo menos se puede decir que cuando menos ya están en disputa, pues antes las organizaciones criminales simplemente se iban apropiando de las alcaldías sin ninguna resistencia. De manera silenciosa se fue dando su proceso de captura y reconfiguración, para pasar a formar parte de los activos criminales. Se sabía, pero no se actuaba.

La lucha será larga, pues sólo se podrá avanzar más rápido y en más territorios en la medida en que se vayan recomponiendo las fuerzas policiales locales, toda vez que ni el ejército ni la policía federal tienen los hombres suficientes para desplegar de manera permanente a sus elementos en todos los territorios con fuerte presencia del crimen organizado y que ya están en manos de él o tienen un riesgo elevado de estarlo. La presencia del Estado en esos territorios municipales debe ser integral, es decir, con sus dos principales facetas: la de la ley y la fuerza, pero también la de generador de bienestar social.

Si evaluar el fortalecimiento de las instituciones es complicado, averiguar qué pasó con precisión en las organizaciones criminales en estos seis años es aún más difícil. ¿Qué tanto se debilitaron? Ésa sería la pregunta a responder. Al igual que en el caso del fortalecimiento del Estado sólo apunto algunas líneas de investigación. En primer lugar, habría que seguir investigando el impacto de las modificaciones del mercado de las drogas en Estados Unidos en el futuro de la industria local del narcotráfico (menor consumo de cocaína, avances de la legalización de la marihuana, mayor competencia local de productores de esta última droga, etcétera). En segundo lugar, parece ser evidente que tanto la política de combate a las organizaciones, como los conflictos entre ellas han tenido un elevado costo económico: los decomisos de drogas, de vehículos y de armas; las detenciones de operadores de todos los niveles; el incremento de precios de la protección política y policiaca y de los costos de las guerras entre ellos (contratación y entrenamiento de sicarios, compra de armamento, vehículos blindados, y más). Es imposible cuantificar ese incremento generalizado de los costos, pero sumado a la eventual reducción de sus ingresos es posible que la rentabilidad haya disminuido, aunque aún no sea posible dimensionarla.

Una segunda línea de exploración es el impacto que tuvo en la estructura de la industria del narcotráfico la política gubernamental de combatirlas, en concreto, los efectos en el proceso de fragmentación/consolidación, producto entre otras cosas de la detención de 25 de los 37 jefes más importantes. Del mapa de las organizaciones existentes al inicio del sexenio al del final hay cambios significativos. Los cárteles regionales fuertes —Tijuana, Juárez y La Familia Michoacana— se debilitaron producto ya sea a causa de las guerras con las organizaciones nacionales (Tijuana y Juárez contra el Pacífico) o de las detenciones o muertes de sus líderes. El Golfo prácticamente desapareció con las detenciones de sus líderes y de la guerra que sostiene con Los Zetas. El Pacífico sufrió la fractura de los Beltrán Leyva —organización que después de perder a sus principales jefes se fragmentó en numerosos grupos dedicados al narcomenudeo y a la extracción de rentas sociales en Morelos y Guerrero— y la pérdida de Ignacio Coronel, quien era el responsable de la división de metanfetaminas en Guadalajara. Por su parte, Los Zetas perdieron a uno de sus dos capos, Heriberto Lazcano, y han sufrido golpes severos en Estados Unidos. Sin embargo, el Pacífico y Los Zetas mantienen sus ambiciones de convertirse en las organizaciones líderes.

La evolución del crimen organizado parece darse en dos sentidos: por un lado, la permanencia de dos organizaciones nacionales (Pacífico y Los Zetas que desplazaron a su antigua organización, el Golfo) que mantienen la primacía en la exportación de drogas a Estados Unidos. La segunda línea de evolución es la de las organizaciones que han perdido poder y capacidades para mantenerse como exportadoras de drogas y se convierten en bandas dedicadas al narcomenudeo y a la extracción de rentas sociales. Esta "degradación" de empresas de narcotráfico y su transformación en bandas muy violentas que se disputan el control del mercado interno de las drogas y hacen de la extorsión (la venta de protección) su segunda actividad generadora de ingresos se facilitó por la debilidad de las policías estatales. Los Zetas son una organización que se maneja en ambas vertientes.

Desde esta perspectiva, la respuesta a la pregunta sobre si se debilitó al crimen organizado y cuánto, no es fácil. Algunas organizaciones —Tijuana, Juárez, La Familia, los Beltrán Leyva, el Golfo— claramente se debilitaron como empresas dedicadas al narcotráfico. Dejaron de ser empresas trasnacionales y se transformaron en organizaciones más centradas en el mercado interno y en la extracción de rentas sociales. Algunas se volvieron más violentas. Dejaron se ser parte de una amenaza al Estado y a la seguridad nacional para convertirse en un serio problema de seguridad pública, agravado por la ineficacia de las policías estatales y municipales. El balance es más difícil en el caso del Pacífico y Los

CUADRO 13

Líneas de evolución
del crímen organizado en México 2006-2011

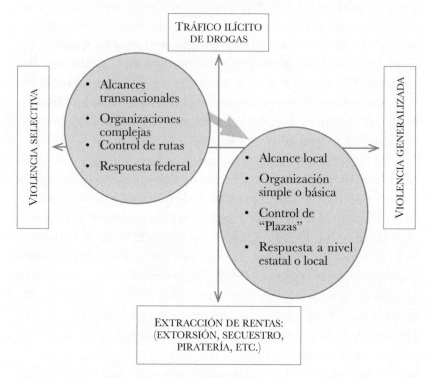

Zetas. Sufrieron golpes severos en sus liderazgos y en la merma de sus estructuras operativas, enfrentan costos de operación mayores y una resistencia y acoso más severos de parte del Estado, pero han sobrevivido como organizaciones nacionales y probablemente se han apoderado de las rentas de otras organizaciones, por lo que es difícil determinar el saldo neto. Lo que sí es un hecho es que la tendencia de la ecuación cambió en esos seis años: los narcotraficantes enfrentaron, en vez de acuerdos tácitos y permisividad, el acoso sistemático, severo y generalizado de parte del Estado.

Si estas hipótesis se comprueban, controlar los aspectos más negativos de este nuevo mapa de la criminalidad organizada en México dependerá de la estrategia del nuevo gobierno. Una de ellas deberá estar orientada a mantener el acoso sistemático a las dos grandes organizaciones —Pacífico y Zetas— que además les castigue de manera eficaz su comportamiento violento, pues ello las obligará a reducirse y a transformarse en una red de pequeñas empresas que no usen indiscriminadamente la violencia, con el fin de evadir lo mejor posible la persecución estatal. Sería probablemente algo parecido a los microcárteles colombianos. Si se les deja de perseguir, se consolidará el duopolio de dos grandes organizaciones nacionales o monopolio en caso de que alguna de ellas logre derrotar a la otra. La otra parte de la estrategia tiene que ver con el control de las organizaciones criminales orientadas a la extracción de rentas, para lo cual lo pertinente será acelerar la conformación y fortalecimiento de las 32 policías estatales con mando único.

Estos apuntes de la evolución del crimen organizado permiten señalar una vez más que la consistencia, seriedad y velocidad con que se depuren y fortalezcan las instituciones de seguridad y justicia será un factor decisivo en la determinación de la naturaleza y magnitud de la amenaza que represente el crimen organizado para la sociedad mexicana en el futuro. No será el único factor, no será condición suficiente para reducirlo al máximo posible, pero sí será la condición necesaria.

Este libro se terminó de imprimir en el mes de marzo de 2014,
en Corporativo Prográfico S.A. de C.V. Calle Dos Nº 257, Bodega 4,
Col. Granjas San Antonio, C.P. 09070, Del. Iztapalapa, México D.F.